中华人民共和国
—— 侵权责任法 ——
条文说明、立法理由及相关规定

全国人大常委会法制工作委员会民法室 编

# 中华人民共和国
# 侵权责任法

条文说明、立法理由及相关规定

图书在版编目(CIP)数据

《中华人民共和国侵权责任法》条文说明、立法理由及相关规定/全国人大常委会法制工作委员会民法室编.—北京:北京大学出版社,2010.1
ISBN 978-7-301-16542-3

Ⅰ.中… Ⅱ.全… Ⅲ.侵权行为-民法-法律解释-中国 Ⅳ.D923.05

中国版本图书馆 CIP 数据核字(2009)第 233931 号

书　　　名:《中华人民共和国侵权责任法》条文说明、立法理由及相关规定
著作责任者:全国人大常委会法制工作委员会民法室　编
责 任 编 辑:孟　瑶
标 准 书 号:ISBN 978-7-301-16542-3/D·2531
出 版 发 行:北京大学出版社
地　　　址:北京市海淀区成府路 205 号　100871
网　　　址:http://www.yandayuanzhao.com
电　　　话:邮购部 62752015　发行部 62750672　编辑部 62117788
　　　　　　出版部 62754962
电 子 邮 箱:law@pup.pku.edu.cn
印　刷　者:北京宏伟双华印刷有限公司
经　销　者:新华书店
　　　　　　650 毫米×980 毫米　16 开本　24.25 印张　459 千字
　　　　　　2010 年 1 月第 1 版　2010 年 1 月第 1 次印刷
定　　　价:48.00 元

未经许可,不得以任何方式复制或抄袭本书之部分或全部内容。
版权所有,侵权必究
举报电话:010-62752024　电子邮箱:fd@pup.pku.edu.cn

# 编写说明

《中华人民共和国侵权责任法》已经十一届全国人大常委会第十二次会议通过，自2010年7月1日起施行。为了更好地宣传侵权责任法，使社会各界了解侵权责任法的规定，保证侵权责任法的顺利实施，全国人大常委会法制工作委员会民法室编写了这本《〈中华人民共和国侵权责任法〉条文说明、立法理由及相关规定》，对《中华人民共和国侵权责任法》逐条作了说明，并附立法理由和相关规定，便于准确理解和把握立法原意。

本书由全国人大常委会法制工作委员会民法室主任姚红同志任主编，副主任扈纪华、陈佳林同志任副主编，参加本书编写工作的作者有：姚红、贾东明、扈纪华、陈佳林、杜涛、郝作成、段京连、李文阁、王瑞娣、石宏、李倩、庄晓泳、水淼、孙娜娜、许灿、赵光等。

编著者

2009年12月

# 目录 | Contents

第一章　一般规定 …………………………………………………… 1
第二章　责任构成和责任方式 …………………………………… 20
第三章　不承担责任和减轻责任的情形 ………………………… 98
第四章　关于责任主体的特殊规定 ……………………………… 123
第五章　产品责任 ………………………………………………… 172
第六章　机动车交通事故责任 …………………………………… 201
第七章　医疗损害责任 …………………………………………… 222
第八章　环境污染责任 …………………………………………… 266
第九章　高度危险责任 …………………………………………… 286
第十章　饲养动物损害责任 ……………………………………… 313
第十一章　物件损害责任 ………………………………………… 343
第十二章　附则 …………………………………………………… 365
附录　《中华人民共和国侵权责任法》条文索引 ……………… 367

# 第一章　一般规定

本章共5条,主要对《中华人民共和国侵权责任法》(以下简称《侵权责任法》)的立法目的、侵权人的责任以及本法的适用范围,侵权责任的请求权人,侵权责任与刑事责任和行政责任的关系,《侵权责任法》与其他法律的关系等内容作了规定。

**第一条**　为保护民事主体的合法权益,明确侵权责任,预防并制裁侵权行为,促进社会和谐稳定,制定本法。

【说明】

本条是关于《侵权责任法》立法目的的规定。

根据本条规定,《侵权责任法》的立法目的主要包括以下四个方面:

一、保护民事主体的合法权益

《侵权责任法》作为民法的重要组成部分,其主要目的就是对民事主体的合法权益进行充分保护。

保护被侵权人的合法权益是《侵权责任法》的基本作用之一,甚至可以说是最主要的作用。《中华人民共和国民法通则》(以下简称《民法通则》)规定,公民享有生命健康权、姓名权、肖像权、名誉权、婚姻自主权等人身权,享有所有权、使用权等物权,享有合同等债权,享有著作权、商标专用权、专利权等知识产权。公民享有的许多民事权利法人也享有。法律规定的公民、法人的民事权益受到侵害怎么办,这就需要从维护被侵权人的利益考虑,尽可能地对被侵权人提供充分的保护。我国法院受理侵权案件2007年86.3万件,2008年99.2万件。《侵权责任法》是民事权利制度的保障,是审理侵权案件、解决侵权纠纷的依据。需要指出,保护被侵权人不是抽象概念,不同时期保护被侵权人的含义既有阶段性,又有延续性。随着经济、文化的发展,对人的价值认识不断深化,对人的全面发展的要求不断提高,对被侵权人的保护范围不断扩大,保护水平不断提高,保护方式日趋多样。

《侵权责任法》体现"以人为本"的精神,其基本的制度和规则都是适应"以被侵权人保护为中心"建立起来的,但也充分考虑到其他方面的合法权益。《侵权责任法》既要保护被侵权人的合法权益,使其遭受的损害得到补偿,也要充分尊重行为人的行为自由。根据本法第6条、第7条的规定,行为人因过错侵害他人民事权益时,应当承担侵权责任;行为人损害他人民事权益,不论行为人有无过错,法律规定应当承担侵权责任的,承担侵权责任。本法还在第二章明确了侵权责任构成、承担侵权责任的方式、损害赔偿额的标准,在第三章和关于特殊侵权行为的规定中明确了行为人不承担责任和减轻责任的各种情形等。这些规定都完整地体现了《侵权责任法》保护民事主体合法权益的精神。

二、明确侵权责任

侵权责任,就是侵害民事权益后应当承担的民事责任。明确侵权责任,就是明确侵权责任如何构成和侵权责任如何承担的问题。侵权责任是否构成主要由归责原则解决,责任如何承担主要由责任方式解决。《侵权责任法》的基本内容、基本规范就是归责原则和责任方式。整部《侵权责任法》从不同角度回答侵权责任是否构成和责任如何承担这两个问题。

明确侵权责任作为《侵权责任法》的立法目的之一,是实现《侵权责任法》其他立法目的的基础。只有明确了侵权责任,才能有效地教育不法行为人,引导人们正确行为,在民事活动中约束自己的行为;才能鼓励行为人采取积极的预防措施,减少侵权行为,努力避免和减少损害的发生。明确了侵权责任,在侵权行为发生后,侵权人才能清楚地知道自己应当承担的责任范围并积极主动地去履行应尽的义务,被侵权人也能够依法请求侵权人承担侵权责任,捍卫自己的合法权益。在此基础上,才能维护社会的正常秩序,进一步保护人民群众安居乐业,促进社会和谐稳定。

三、预防并制裁侵权行为

《侵权责任法》通过对可归责的当事人科以责任,惩罚其过错和不法行为,对社会公众产生教育和威慑作用,从而可以预防侵权行为的发生,抑制侵权行为的蔓延。首先,《侵权责任法》要求一切人遵纪守法,尊重公民、法人的人身权和财产权,谨慎行事,避免差错,不得侵害国家、集体和他人的合法权益。其次,《侵权责任法》要求企业加强管理,提高科学技术水平。进入工业社会,侵权行为大量发生在企业生产经营中,如产品责任、环境污染、生产安全事故等。《侵权责任法》通过损害赔偿等方式,促使企业提高产品安全性能,保护人民群众生命财产安全;促进清洁生产,提高资源利用效率,减少环境污染;加强安全生产管理,减少安全生产事故。最后,《侵权责任法》还促使企业和个人权衡得失,不冒险进入可能给公民、法人带来高度危险的行业。《侵权责任法》要求行为人对自己的行为负责,促使侵权人吸取教训,其他人保持警惕,达到预防并减少侵权行为的目的。因此,《侵权责任法》规定的责任要有一定威慑力。

侵权行为是侵害他人民事权益的行为,具有一定的社会危害性,因此应受到法律的制裁。制裁侵权行为是法律对漠视社会利益和他人利益、违背义务和公共行为准则的行为的谴责和惩戒,它意味着《侵权责任法》依据社会公认的价值准则和行为准则对某种侵权行为所作的否定性评价。在有些情况下，侵权人实施侵权行为造成被侵权人的损害的时候，自己并没有因此获得利益，《侵权责任法》通过要求侵权人承担损害赔偿责任而使其财产利益减少，就体现了《侵权责任法》对侵权行为的制裁。本法第47条规定的惩罚性赔偿制度更是《侵权责任法》制裁侵权行为的突出表现。

四、促进社会和谐稳定

维护社会和谐稳定，是顺利推进改革发展的重要前提，是实现全面建设小康社会宏伟目标的重要保障。《侵权责任法》作为中国特色社会主义法律体系中的支架性法律，涉及广大人民群众日常工作、生活的方方面面，对整个社会的和谐稳定具有重大影响。《侵权责任法》的制定以邓小平理论和"三个代表"重要思想为指导，贯彻落实科学发展观，贯彻党的十六大和十七大精神，适应改革发展稳定的要求，妥善处理现实性与前瞻性、稳定性与变动性、原则性与可操作性的关系，坚持以人为本，着重解决与人民群众利益密切相关、矛盾突出、各方面意见又比较一致的问题。对现实生活中公民、法人受到的民事侵害，如产品缺陷、机动车交通事故、医疗损害、环境污染、网络侵权、动物致人损害等，要充分保护其合法权益，同时要考虑我国现阶段经济社会发展水平，公平合理地确定赔偿范围和赔偿标准。对存在争议，目前还没有把握的一些问题暂不作规定，根据实际情况进一步研究论证。从这些方面可以看出，在《侵权责任法》的立法过程中，促进社会和谐稳定的目的始终贯彻其中。

**【立法理由】**

《侵权责任法》是保护民事主体合法权益，明确侵权责任，预防并制裁侵权行为，促进社会和谐稳定的民事基本法律。我国《民法通则》、《中华人民共和国消费者权益保护法》（以下简称《消费者权益保护法》）、《中华人和民共和国产品质量法》（以下简称《产品质量法》）、《中华人民共和国环境保护法》（以下简称《环境保护法》）、《中华人民共和国道路交通安全法》（以下简称《道路交通安全法》）等法律对侵权责任作了一些规定，这些规定对于保护公民、法人的合法权益，维护社会秩序，起到了积极作用。但是，我国侵权法律制度也存在一些问题，主要是：随着经济社会的发展，新的侵权类型不断出现，而现行法律有些规定较为原则，缺乏可操作性；不少规定分散在单行法律中，缺乏对侵权责任共性问题的规定。从实际情况看，侵权案件逐年增多。2008年，我国法院受理一审侵权案件已达99.2万件。2003年以来，全国人大代表共有216人次提出了7件制定《侵权责任法》的议案和8件建议。一些部门、地方和专家、学者也不断提出制定《侵权责任法》的意见和建议。为了更好地保护民事主体的合法权益，促进社会和谐稳定，有必要对现实生活中迫切需要规范的侵权责任作出规定，制定一部较为完备的《侵权责任法》。

《侵权责任法》作为《中华人民共和国民法(草案)》中的一编,已经2002年12月九届全国人大常委会第三十一次会议初次审议。民法草案共9编、1200多条,由于涉及面广,内容复杂,一并研究修改历时较长,十届全国人大常委会采取了分编审议的方式。2008年12月,十一届全国人大常委会第六次会议对《侵权责任法》进行了第二次审议。2009年10月,十一届全国人大常委会第十一次会议对《侵权责任法》进行了第三次审议。2009年12月26日,十一届全国人大常委会第十二次会议审议通过了《侵权责任法》。

**【相关规定】**

《中华人民共和国民法通则》第1条

为了保障公民、法人的合法的民事权益,正确调整民事关系,适应社会主义现代化建设事业发展的需要,根据宪法和我国实际情况,总结民事活动的实践经验,制定本法。

《中华人民共和国国家赔偿法》第1条

为保障公民、法人和其他组织享有依法取得国家赔偿的权利,促进国家机关依法行使职权,根据宪法,制定本法。

《中华人民共和国消费者权益保护法》第1条

为保护消费者的合法权益,维护社会经济秩序,促进社会主义市场经济健康发展,制定本法。

《中华人民共和国产品质量法》第1条

为了加强对产品质量的监督管理,提高产品质量水平,明确产品质量责任,保护消费者的合法权益,维护社会经济秩序,制定本法。

**第二条** 侵害民事权益,应当依照本法承担侵权责任。

**本法所称民事权益,包括生命权、健康权、姓名权、名誉权、荣誉权、肖像权、隐私权、婚姻自主权、监护权、所有权、用益物权、担保物权、著作权、专利权、商标专用权、发现权、股权、继承权等人身、财产权益。**

**【说明】**

本条是关于侵权人的责任以及本法适用范围的规定。

一、国外关于侵权责任法适用范围的立法模式

关于侵权责任法的适用范围,争议很大,国外民法典的规定也有较大区别,大陆法系主要有两种立法模式:法国模式和德国模式,分别规定在《法国民法典》和《德国民法典》。《法国民法典》和《德国民法典》都是大陆法系的典范,对世界法律文化、法律思想有重大影响,但两者诞生于不同时期,有着不同的历史文化背

景,各有特色。《法国民法典》第1382条规定:"人的任何行为给他人造成损害时,因其过错致该行为发生之人应当赔偿损害。"第1383条规定:"任何人不仅因其行为造成的损害负赔偿责任,而且还因懈怠或者疏忽大意造成的损害负赔偿责任。"《德国民法典》第823条规定:"因故意或者过失不法侵害他人生命、身体、健康、自由、所有权或者其他权利者,对他人因此而产生的损害负赔偿责任。违反以保护他人为目的的法律,负相同的义务。"第826条规定:"以违反善良风俗的方式故意对他人施加损害的,行为人对他人负有损害赔偿义务。"法国模式和德国模式有三个不同点:

(1)《法国民法典》对侵权行为作了概括规定。《法国民法典》第1382条、第1383条的规定,可以用一句话概括,即因过错造成损害的要承担责任。日本则用一个条文作了规定,《日本民法典》第709条规定:"因故意或过失侵害他人权利或受法律保护的利益的人,负因此而产生的赔偿责任。"《德国民法典》没有作概括规定,而是在第823条、第826条规定了三种侵权形态:一是规定侵害权利,如生命、身体、健康、所有权等,对侵害权利的要承担责任;二是违反保护性法律的,即违反以保护他人为目的的法律;三是故意违反善良风俗造成损害的。

(2)《法国民法典》就侵害的对象没有区分权利和利益,对侵权造成的损害都要承担责任。《德国民法典》区分侵害权利和侵害利益,设定了不同的侵权标准。

(3)《法国民法典》在立法时有关侵权行为适用的是过错责任,即在归责原则上采用"一元论",但法国法院实务中采用的归责原则是"两元论",即区分人的责任和物的责任,人的责任适用过错责任,物的责任适用无过错责任。《德国民法典》在立法和实务上绝大部分适用过错责任,只有动物管理责任适用无过错责任,其他无过错责任由特别法规定。法国法中的无过错责任由《法国民法典》中物的责任和特别法的规定共同组成。在法国,有关侵权行为的特别法比较少,大概只有六七部,而在德国,特别法有近二十部。原因就在于《法国民法典》中物的责任适用无过错责任,解决了一部分问题,不需要制定那么多特别法。

二、我国《侵权责任法》的适用范围

在充分借鉴国外相关立法例的基础上,从我国的实际出发,考虑到与现行法律的协调一致,本条明确了《侵权责任法》的适用范围,其第1款规定:"侵害民事权益,应当依照本法承担侵权责任。"第2款规定:"本法所称民事权益,包括生命权、健康权、姓名权、名誉权、荣誉权、肖像权、隐私权、婚姻自主权、监护权、所有权、用益物权、担保物权、著作权、专利权、商标专用权、发现权、股权、继承权等人身、财产权益。"从这一规定可以看出:

1.《侵权责任法》的保护对象为"民事权益"

任何法律都要明确其保护对象的范围,与其他法律相比,《侵权责任法》的保护对象的范围更加宽泛,也就更容易产生争议。对于如何规定《侵权责任法》的保护对象,主要有两种观点:一种观点认为,应当尽可能详细地列举《侵权责任法》所保护的各种权利和利益;一种观点认为,应当采取抽象概括的模式。这两种观点各有利弊,前一种做法清楚、明白,在法律适用上较为方便,但详细列举难以穷尽,难免挂一漏万;后一种做法具有开放性和包容性,能够适应未来侵权责任发展,但对其具体范围容易产生分歧,不利于法律的统一适用。《侵权责任法》最终采取"概括+列举"的方式。本条第1款明确《侵权责任法》的保护对象为"民事权益",这就把民事权益之外的其他权益排除在《侵权责任法》的保护范围之外。比如,行政法上的知情权受到侵害,应当通过行政复议、行政诉讼等途径解决,而不能诉诸《侵权责任法》。第2款明确了民事权益的内涵,列举了一些具体的民事权益。根据本款规定,民事权益主要包括以下内容:

(1)生命权。生命权是指以自然人的生命安全利益为内容的人格权,它以生命安全和生命维持为客体,以维护人的生命活动延续为基本内容。

(2)健康权。健康权是指自然人以其机体生理机能正常运作和功能完善发挥,以其维持人体生命活动的利益为内容的人格权。

(3)姓名权。姓名权是指公民决定、使用和依照规定改变自己姓名的权利。

(4)名誉权。名誉权是指公民和法人就其自身属性和价值所获得的社会评价,享有的保有和维护的人格权。

(5)荣誉权。荣誉权是指民事主体对其获得的荣誉及其利益所享有的保持、支配的身份权。

(6)肖像权。肖像权是指公民对在自己的肖像上体现的精神利益和物质利益所享有的人格权。

(7)隐私权。隐私权是指自然人享有的对其个人的、与公共利益、群体利益无关的个人信息、私人活动和私有领域进行支配的人格权。

(8)婚姻自主权。婚姻自主权是指自然人享有的结婚、离婚自由,不受他人干涉的权利。

(9)监护权。监护权是指监护人对被监护人在人身和财产方面的管教和保护的权利。

(10)所有权。所有权是指所有权人对自己的不动产或者动产,依法享有的占有、使用、收益和处分的权利。

(11)用益物权。用益物权是指用益物权人对他人所有的不动产或者动产,依法享有的占有、使用或者收益的权利。

(12)担保物权。担保物权是指担保物权人在债务人不履行到期债务或者发生当事人约定的实现担保物权的情形,依法享有的就担保财产优先受偿的权利。

(13)著作权。著作权是指著作权人对其作品享有的人身权和财产权的总和,包括发表权、署名权、修改权、保护作品完整权、复制权、发行权、出租权、展览权、表演权、放映权、广播权、信息网络传播权、摄制权、改编权、翻译权、汇编权和应当由著作权人享有的其他权利。

（14）专利权。专利权是指发明创造人或者权利受让人对其发明创造在一定期限内依法享有的专有权和独占权。

（15）商标专用权。商标专用权是指注册商标的所有人在核准的商品或者服务项目上使用其注册商标的权利，以及禁止其他人未经许可擅自在与核准商品或者服务项目相同或者类似的商品或者服务项目上使用与其注册商标相同或者类似商标的权利。

（16）发现权。发现权是指集体或者个人在探索阐明自然现象、特性或者规律的科学研究中，取得前人未知的、对科技发展有重大意义的成果而依法享有的权利。

（17）股权。股权是指投资者因投资于公司成为公司股东而享有的权利。股权根据行使目的和方式的不同可分为自益权和共益权两部分。自益权指股东基于自身利益诉求而享有的权利，可以单独行使，包括资产收益权、剩余财产分配请求权、股份转让权、新股优先认购权等；共益权指股东基于全体股东或者公司团体的利益诉求而享有的权利，包括股东会表决权、股东会召集权、提案权、质询权、公司章程及账册的查阅权、股东会决议撤销请求权等。

（18）继承权。继承权是指公民依照法律的规定或者被继承人生前立下的合法有效的遗嘱而承受被继承人遗产的权利。

（19）其他人身、财产权益。除了上述权利之外，还有其他民事权益也属于侵权责任法的保护对象，比如死者名誉、胎儿人格利益等。考虑到民事权益多种多样，立法中难以穷尽，而且随着社会、经济的发展，还会不断地有新的民事权益纳入到《侵权责任法》的保护范围，因此，《侵权责任法》没有将所有的民事权益都明确列举，但不代表这些民事权益就不属于《侵权责任法》的保护对象。

2.《侵权责任法》对民事权利和民事利益在保护程度和侵权构成要件上没有作出区分

《侵权责任法》要不要区分对民事权利的保护和对民事利益的保护，设定不同的侵权构成要件，存在争议。有的意见认为，民事权利和民事利益在民事中的地位不同，对民事利益的保护有严格的限制，通常只有在行为人具有主观恶意等情况下，才有必要对受害人受到侵害的利益提供侵权责任法上的救济。建议《侵权责任法》借鉴德国模式，根据侵权行为的对象是民事权利还是民事利益的不同，确定不同的保护标准和侵权构成要件。《侵权责任法》最终没有采纳这种意见，主要是考虑到权利和利益的界限较为模糊，很难清楚地加以划分。对于什么是权利，意见纷纭。从权利的内容上看，对于权利的具体内容，有支配说、利益说和结合说几种观点。结合说是目前的通说，认为"权利乃享受特定利益的法律之力"，其落脚点实际上还是利益,很难把权利和利益划分清楚。从权利的形式上看,法律明确规定某某权的当然属于权利,但法律没有明文规定某某权而又需要保护的,不一定就不是权利。而且,权利和利益本身是可以相互转换的,有些利益随着社会发展纠纷增多,法院通过判例将原来认定为利益的转而认定为权利,即将利益"权利化"。德国、日本、我国台湾地区的司法实务都存在这种情况。所以,《侵权责任法》没有进一步区分权利和利益,而是统一规定:"侵害民事权益,应当依照本法承担侵权责任。"

3.《侵权责任法》不调整违约责任问题

合同债权也是一种民事权益,但它原则上不属于《侵权责任法》的保护范围。本条第1款明确规定,侵害民事权益,应当依照本法承担侵权责任。本法的规定不涉及违约责任问题,因此违约责任不受《侵权责任法》调整,而是由《中华人民共和国合同法》(以下简称《合同法》)调整。

对于第三人侵害债权是否受本法调整,没有明确作出规定,大多数意见认为第三人侵害债权应当属于侵权责任的范围。本条第2款列举了部分民事权益,最后用了"等人身、财产权益",这可以涵盖第三人侵害债权的问题。当然,对于第三人侵害债权的构成要件、责任方式等问题还可以进一步研究。

4.《侵权责任法》调整的侵权责任包括过错责任和无过错责任

《侵权责任法》是仅调整过错责任,还是包括过错责任和无过错责任,即在归责原则上是采用"一元论"还是"两元论"。这一点基本没有争议,应该采用"两元论"。中国在21世纪制定《侵权责任法》,如果仅仅规定过错责任原则,肯定是错误的。原因在于:

(1) 不符合中国的实际情况。2008年全国法院一审受理侵权行为案件共计99.2万件,适用无过错责任和过错推定的,比如道路交通事故、产品责任、医疗事故、环境污染、工伤事故这几类大约占41%,仅道路交通事故案件就有37万多件,占全国侵权行为案件总数的38%,也就是说,超过1/3的案件都是道路交通事故案件。此外,产品责任4000多件,环境污染1000多件,工伤事故6000多件,医疗事故1万多件。我们不能制定出一部《侵权责任法》,这41%的案件都不适用。

(2) 从国外的发展状况看,虽然对于实践中过错责任占的比重大,还是无过错责任占的比重大,过错责任更重要,还是无过错责任更重要这些问题,学术界有不同意见,但至少归责原则应该是"两元"的,过错责任和无过错责任并存,这是共识。所以,《侵权责任法》确定的归责原则是"两元"的,对于过错责任和无过错责任,都属于《侵权责任法》的调整范围。

5. 行政侵权责任是否属于《侵权责任法》的调整范围,没有明文规定

行政机关行使职权侵害民事权益是否属于《侵权责任法》的调整范围,也有争议。有的意见提出,《民法通则》第121条规定:"国家机关或者国家机关工作人

员在执行职务中,侵犯公民、法人的合法权益造成损害的,应当承担民事责任。"建议将这一条的内容纳入到《侵权责任法》中。这个问题主要涉及国家赔偿与民事赔偿的关系。从其他国家的立法历史上看,以前,国家赔偿包含在民事赔偿里,目前有些国家还是这样做。但随着经济、社会的发展,有的国家单独制定了国家赔偿法,专门调整行政侵权和刑事赔偿。我国1994年通过的《中华人民共和国国家赔偿法》(以下简称《国家赔偿法》)也规定了行政侵权责任。理论上看,《国家赔偿法》应当是民法的特别法,但随着国家赔偿制度的进一步发展,在一些重大问题上与民事赔偿存在差异,比如归责原则、赔偿程序、赔偿标准、救济途径等。这些重大问题与民事赔偿相比较,是共性大,还是差异性大,需要进一步研究。因此,《侵权责任法》既没有明确行政侵权责任包括在《侵权责任法》里,也没有明确将行政侵权责任从《侵权责任法》中排除出去。

【立法理由】

本条是关于侵权人的责任以及本法适用范围的规定。《侵权责任法》作为民法的重要组成部分,是从基本法的角度对侵权责任作出规定,但一部《侵权责任法》解决不了所有民事侵权问题,世界上也没有一部侵权责任法囊括所有民事侵权内容。因此,首先要解决《侵权责任法》的适用范围问题,即哪些权利和利益属于《侵权责任法》的保护范围,哪些侵权责任问题由《侵权责任法》调整。

【相关规定】

《中华人民共和国民法通则》第106条

公民、法人违反合同或者不履行其他义务的,应当承担民事责任。

公民、法人由于过错侵害国家的、集体的财产,侵害他人财产、人身的,应当承担民事责任。

没有过错,但法律规定应当承担民事责任的,应当承担民事责任。

《最高人民法院关于审理人身损害赔偿案件适用法律若干问题的解释》第1条第1款

因生命、健康、身体遭受侵害,赔偿权利人起诉请求赔偿义务人赔偿财产损失和精神损害的,人民法院应予受理。

《法国民法典》第1382条

任何行为致他人损害的,因其过错致行为发生之人,应对他人负赔偿责任。

《德国民法典》第823条

因故意或者过失不法侵害他人生命、身体、健康、自由、所有权或者其他权利者,对他人因此而产生的损害负赔偿责任。

违反以保护他人为目的的法律,负相同的义务。如果根据法律的内容并无过失也可能违反此种法律的,仅在有过失的情况下,始负赔偿义务。

《德国民法典》第 826 条

以违反善良风俗的方式故意对他人施加损害的,行为人对他人负有损害赔偿义务。

《意大利民法典》第 2043 条

对因任何故意或者过失行为给他人造成不法损害的,行为人应承担损害赔偿责任。

《荷兰民法典》第六编第 162 条

任何人对他人实施可被归责的侵权行为的,应当赔偿该行为使他人遭受的损害。

除有正当理由外,下列行为视为侵权行为:侵犯权利、违反法定义务或有关正当社会行为的不成文法规则的作为或者不作为。

侵权行为是由行为人过错的,或者依法律或者公认的准则应由其负责的原因所致的,归责于该行为人。

《俄罗斯民法典》第 1064 条

造成公民人身或财产损害及法人财产损害的,应由致害人赔偿全部损失。法律可以规定非致害人的损害赔偿责任。法律或合同可以规定致害人于赔偿损害之外有向受害人付补偿金的义务。

致害人如能证明损害并非因其过错所致,免负赔偿责任。但是,法律可以规定致害人虽无过错仍需要负责的情形。

合法行为致人损害,在法律规定的情形下,才负责任。损害如系应受害人的请求或者经其同意所致,致害人的行为又不违反社会道德准则的,可以拒绝赔偿。

《魁北克民法典》第 1457 条

任何人均有义务以不引起对他人损害的方式遵守依据情势、惯例或法律课加给他的行为规范。

任何人具有理性且未履行其义务的,应对他因过错造成的他人损害承担责任且有义务赔偿此等损害。损害之性质是否为身体上的、精神上的或物质上的,在所不问。

在某些情形,任何人也负有义务赔偿因他人的过错行为,或他监管的物造成的损害。

《埃塞俄比亚民法典》第 2027 条

任何人对因过失给他人造成的损害承担责任,而不论行为人为自己设定的责任如何。

在法律有规定的情形,一个人应对其从事的活动或所占有的物给他人造成的损害承担责任。

如果某人根据法律应对第三人负责,他应对该第三人因过失或依法规定发生的责任负责。

《日本民法典》第709条

因故意或过失侵害他人权利或受法律保护的利益的人,负因此而产生的赔偿责任。

我国台湾地区"民法"第184条

因故意或过失,不法侵害他人之权利者,负损害赔偿责任。故意以背于善良风俗之方法,加损害于他人者亦同。

违反保护他人之法律,致生损害于他人者,负赔偿责任。但能证明其行为无过失者,不在此限。

**第三条　被侵权人有权请求侵权人承担侵权责任。**

【说明】

本条是关于被侵权人请求权的规定。

在侵权人的行为构成侵权,侵害了被侵权人的民事权益时,被侵权人有权请求侵权人承担侵权责任。这种权利是一种请求权。所谓请求权,是指请求他人为一定行为或不为一定行为的权利。请求权人自己不能直接取得作为该权利内容的利益,必须通过他人的特定行为间接取得。

一、关于请求权的主体

侵权法律关系中,在权利受到侵害时,被侵权人有权请求侵权人承担侵权责任,如果进行诉讼,则为原告。这里的被侵权人指的是侵权行为损害后果的直接承受者,是因侵权行为而使民事权利受到侵害的人。被侵权人可以是所有具有民事权利能力的民事主体,只要具有实体法上的民事权利能力,又因侵权行为而使其民事权利受到侵害的人,就具有被侵权人的资格,包括自然人、法人和其他组织。被侵权人的资格不在于其是否具有民事行为能力,但是有无民事行为能力,关系到其是否可以自己行使请求侵权人承担侵权责任的权利。有完全民事行为能力的被侵权人,可以自己行使请求权,请求侵权人承担侵权责任;无民事行为能力或限制民事行为能力的被侵权人,自己不能行使请求权,应当由其法定代理人代其行使请求权。另外,根据本法第18条第1款规定,被侵权人死亡的,其近亲属有权请求侵权人承担侵权责任。被侵权人为单位,该单位分立、合并的,承继权利的单位有权请求侵权人承担侵权责任。

被侵权人可能是单个主体也可能是多个主体。在一个侵权行为有多个被侵权人的情况下,所有的被侵权人都享有请求侵权人承担侵权责任的权利,都可以提起侵权之诉,被侵权人的权利相互独立,一些被侵权人不请求不影响其他被侵权人提出请求权,被侵权人也可以提起共同诉讼。

二、关于侵权人

在侵权法律关系中,侵权人是承担侵权责任的主体,在诉讼中为被告。侵权人一般是直接加害人,直接加害人是直接实施侵权行为,造成被侵权人损害的人。直接加害人分为单独的加害人和共同的加害人,共同加害人的侵权责任根据本法共同侵权的相关规定承担。在替代责任形式的特殊侵权责任中,造成损害的行为人不直接承担侵权责任,承担侵权责任的主体是替代责任的责任人。如本法第34条第1款规定,用人单位的工作人员因执行工作任务造成他人损害的,由用人单位承担侵权责任。

三、关于侵权责任

侵权人承担侵权责任有多种方式。根据本法第15条的规定,承担侵权责任的方式主要有:停止侵害;排除妨碍;消除危险;返还财产;恢复原状;赔偿损失;赔礼道歉;消除影响、恢复名誉。以上承担侵权责任的方式,可以单独适用,也可以合并适用。

**【立法理由】**

侵权责任法律制度的作用,可从多个角度阐述。基本作用有两个:一是保护被侵权人;二是减少侵权行为。保护被侵权人是建立和完善侵权责任法律制度的主要目的。保护被侵权人的主要途径是赋予被侵权人在其权利受到侵害时享有请求权。我国《民法通则》规定,公民享有生命健康权、姓名权、肖像权、名誉权、婚姻自主权等人身权,享有所有权、使用权等物权,享有合同等债权,享有著作权、商标专用权、专利权等知识产权。公民享有的许多民事权利法人也享有。法律规定的公民、法人的民事权益受到侵害怎么办,要通过侵权责任法律制度保护被侵权人。被侵权人在其权利被侵权人侵害构成侵权时,有权请求侵权人承担侵权责任。被侵权人可以直接向侵权人行使请求权,也可以向法院提起诉讼,请求法院保护自己的合法权益。我国法院受理侵权案件2007年86.3万件,2008年99.2万件。

**【相关规定】**

《中华人民共和国国家赔偿法》第6条

受害的公民、法人或者其他组织有权要求赔偿。

受害的公民死亡,其继承人和其他有扶养关系的亲属有权要求赔偿。

受害的法人或者其他组织终止,承受其权利的法人或者其他组织有权要求赔偿。

《最高人民法院关于确定民事侵权精神损害赔偿责任若干问题的解释》第7条

自然人因侵权行为致死,或者自然人死亡后其人格或者遗体遭受侵害,死者的配偶、父母和子女向人民法院起诉请求赔偿精神损害的,列其配偶、父母和子女为原告;没有配偶、父母和子女的,可以由其他近亲属提起诉讼,列其他近亲属为原告。

《最高人民法院关于审理人身损害赔偿案件适用法律若干问题的解释》第1条第2、3款

本条所称"赔偿权利人",是指因侵权行为或者其他致害原因直接遭受人身损害的受害人、依法由受害人承担扶养义务的被扶养人以及死亡受害人的近亲属。

本条所称"赔偿义务人",是指因自己或者他人的侵权行为以及其他致害原因依法应当承担民事责任的自然人、法人或者其他组织。

《俄罗斯民法典》第1088条第1款

在受害人死亡时,有损害赔偿请求权的人是:依靠死者供养或在死者生前有权要求死者供养的无劳动能力的人;死者死后出生的子女;父或者母、配偶或其他家庭成员,否认有无劳动能力只要不工作并从事照管死者应供养的未满14周岁或者已满14周岁但根据医疗机构的证明其身体状况需要有他人照顾的死者的子女、孙子女、兄弟姐妹;靠死者供养并在死者死后5年内丧失劳动能力的人;父或者母、配偶或者不工作而从事照顾死者的子女、孙子女、兄弟姐妹并在照顾期间内也丧失劳动能力的家庭其他成员,他们在结束对上述人的照顾后,仍有损害赔偿请求权。

《埃塞俄比亚民法典》第2095条第1款

在发生死亡事故的情况下,死者的配偶、尊亲属及其卑亲属可为自己的利益请求因死者的死亡受到的物质损害。

《埃塞俄比亚民法典》第2096条

在发生死亡事故时,其他人不得为自己的利益请求赔偿,即使他们证明自己是死者生前提供物质帮助或抚养的人,也不得例外。

《日本民法典》第711条

侵害他人生命者,对于受害者的父母、配偶及子女,虽未害及其财产权,亦应赔偿损害。

《日本民法典》第721条

胎儿,就损害赔偿请求权,视为已出生。

我国台湾地区"民法"第194条

不法侵害他人致死者,被害人之父、母、子、女及配偶,虽非财产上之损害,亦得请求赔偿相当之金额。

**第四条** 侵权人因同一行为应当承担行政责任或者刑事责任的,不影响依法承担侵权责任。

因同一行为应当承担侵权责任和行政责任、刑事责任,侵权人的财产不足以支付的,先承担侵权责任。

【说明】

本条是关于侵权责任优先原则的规定。

法律责任按照不同的标准可以作不同的分类,根据法律责任的类型,法律责任可以分为民事责任、行政责任和刑事责任。民事责任是指公民或法人因违反民事法律、违约或者因法律规定的其他事由而依法承担的不利后果,包括侵权责任、违约责任等。行政责任是指因违反行政法律或行政法规而应当承担的法定的不利后果。刑事责任是指因违反刑事法律而应当承担的法定的不利后果。

一、侵权责任和行政责任、刑事责任的竞合

法律责任竞合,是指行为人的同一行为符合两个或两个以上不同性质的法律责任之构成要件,依法应当承担多种不同性质的法律责任的制度。民事责任、行政责任和刑事责任虽然是三种不同性质的法律责任,却可能因为同一法律行为而同时产生。一个行为既违反了民法又违反了行政法或者刑法,由此同时产生民事责任、行政责任或者刑事责任,即发生责任竞合。从法理上说,责任竞合的原因是法条竞合。例如,甲打伤了乙,乙因此花费医疗费1万元,甲的行为同时违反了《民法通则》第106条和《中华人民共和国治安管理处罚法》(以下简称《治安管理处罚法》)第8条、第43条的规定,因此甲需同时承担民事赔偿和治安行政处罚(其中有罚款的规定)两种责任。如《产品质量法》第四章"损害赔偿"专章规定了民事赔偿,第五章"罚则"专章规定了行政处罚,其形式包括行政罚款。由此,一个产品致害行为可能既适用第四章的规定需承担民事赔偿责任,又适用第五章的有关规定承担行政责任,情节严重时还可能违反《中华人民共和国刑法》(以下简称《刑法》)构成犯罪。这种民事与行政、刑事的法条竞合存在于我国现行法中,从而可能导致民事与行政、刑事的责任竞合的情形。

二、在财产赔偿和处罚上侵权责任优先

如前所述,一般情况下,民事责任、行政责任和刑事责任独立存在,并行不悖,但是在特定的情况下,如一责任主体的财产不足以同时满足承担民事赔偿责任和承担罚款、罚金及没收财产等行政或刑事责任时,三种责任就发生了冲突,难以同时适用,必然会产生哪一种责任优先适用的问题。民事责任优先原则就是解决这类责任竞合时的法律原则,即一责任主体的财产不足以同时满足民事责任、行政责任或者刑事责任时,优先承担民事责任。如一企业生产伪劣产品,造成消费者人身、财产损害,并构成生产伪劣产品罪,其需同时承担对消费者的侵权责任以及生产伪劣产品罪的刑事责任,如果刑事责任其被判处罚金,其财产不足以同时支付对受害人的赔偿以及罚金时,对受害人的侵权责任优先于罚金承担。

当然,民事责任优先原则的适用也是有条件的。第一,责任主体所承担的民事责任须合法有效,其发生的依据或基于法律的规定或基于约定。第二,责任主体的财产不足以同时满足民事责任、行政责任和刑事责任,如果都能满足,则三种责任并行不悖,责任人同时承担三种责任,只有在财产不足以同时满足时,才出现民事责任优先的问题。

**【立法理由】**

民事责任、行政责任和刑事责任作为三种性质不同的法律责任,各自有其不同的发生根据和特定的适用范围。一般情况下,三者各自独立存在,并行不悖。侵权责任是民事责任的一种,因此,本条第 1 款规定,侵权人因同一行为应当承担行政责任或者刑事责任的,不影响依法承担侵权责任。

侵权责任是民事责任的一种,当侵权责任与行政责任、刑事责任冲突时,优先承担侵权责任,因此,本条第 2 款规定,因同一行为应当承担侵权责任和行政责任、刑事责任,侵权人的财产不足以支付的,先承担侵权责任。

民事责任优先原则的确立有以下几个原因:

(1) 民事责任优先是实现法的价值的需要。民法、行政法、刑法虽然是三个不同的法律部门,各自有调整范围,但保护公民、法人的合法权益却是共同的目标和任务。在同一责任主体的财产不足以同时承担民事责任和缴纳罚款、罚金及没收财产等行政、刑事责任时,如果先执行罚款、罚金或没收财产,债权人的合法权益就难以得到有效的保护。国家和个人承受财产损失的能力差别很大,在不足以同时承担两种以上责任时,不缴纳罚款、罚金及没收财产等行政、刑事责任,不会使国家发生经济上的困难,但如果不履行民事责任却可能使个人陷入极大的困难乃至绝境。民事责任优先原则,体现了三个法律部门在保护公民、法人合法权益方面的一致性。在这些责任无法兼顾时,民事责任优先可以取得良好的社会效益,也更能体现法律的人道和正义。人道和正义是法的社会功能的体现,也是法所追求的主要价值所在。

(2) 民事责任优先是维护市场经济秩序和交易安全的需要。民事主体在民事活动中依法取得的权利,应具有法律的保障性。如果一方当事人对另一方当事人依法享有债权,但却因其承担财产性的行政、刑事责任后丧失清偿债务的能力而无法实现,必然造成当事人在以后的民事活动中投入一定注意查对该当事人是否存在违法或犯罪行为,否则可能影响自己权利的实现,这样必然影响当事人之间进行交易的信心和速度,也不符合市场经济秩序和交易安全应具有法律保障性的要求。民事责任优先,可以有效地克服这种弊端。

第 4 条　　　　　《中华人民共和国侵权责任法》条文说明、立法理由及相关规定

(3) 罚款、罚金及没收财产等行政责任、刑事责任体现了国家对行为人的惩罚。民事责任主要是平等主体之间发生的一方依法向另一方承担的责任,目的在于弥补权利人因他人的民事违法行为而给其造成的经济损失,补偿性是民事责任的显著特征。这种补偿性的责任一旦遭到破坏,权利人的权利则难以实现。

(4) 民事责任和行政责任、刑事责任的目的和功能不同。民事责任主要目的是给受害人以补偿损失、恢复权利;行政责任和刑事责任具有惩罚行为人、维护社会秩序的目的。在责任人的财产不足以承担两种以上的责任时,不承担民事责任,民事责任的目的就无法实现。行政责任、刑事责任的责任形式涉及人身和财产,除了财产性的罚款、罚金及没收财产外,还可以对责任主体进行人身制裁。与民事责任单一的财产性特征相比,行政、刑事责任具有人身性和财产性的双重特征。在三者发生竞合时,即使民事责任优先适用,结果可能造成财产性的罚款、罚金及没收财产等行政制裁或刑事制裁难以实施,并不影响责任人承担人身方面的行政责任、刑事责任,在一定程度上,行政责任、刑事责任还可以在对责任人人身制裁和财产制裁上进行选择,以达到制裁责任人的最终目的。

因此,在民事责任与行政责任、刑事责任发生冲突时,承担民事责任优先。

**【相关规定】**

《中华人民共和国民法通则》第 110 条

对承担民事责任的公民、法人需要追究行政责任的,应当追究行政责任;构成犯罪的,对公民、法人的法定代表人应当依法追究刑事责任。

《中华人民共和国物权法》第 38 条第 2 款

侵害物权,除承担民事责任外,违反行政管理规定的,依法承担行政责任;构成犯罪的,依法追究刑事责任。

《中华人民共和国刑法》第 36 条第 2 款

承担民事赔偿责任的犯罪分子,同时被判处罚金,其财产不足以全部支付的,或者被判处没收财产的,应当先承担对被害人的民事赔偿责任。

《中华人民共和国公司法》第 215 条

公司违反本法规定,应当承担民事赔偿责任和缴纳罚款、罚金的,其财产不足以支付时,先承担民事赔偿责任。

《中华人民共和国证券法》第 232 条

违反本法规定,应当承担民事赔偿责任和缴纳罚款、罚金,其财产不足以同时支付时,先承担民事赔偿责任。

《中华人民共和国食品安全法》第 97 条

违反本法规定,应当承担民事赔偿责任和缴纳罚款、罚金,其财产不足以同时支付时,先承担民事赔偿责任。

《中华人民共和国合伙企业法》第 106 条

违反本法规定,应当承担民事赔偿责任和缴纳罚款、罚金,其财产不足以同时支付的,先承担民事赔偿责任。

《中华人民共和国产品质量法》第 64 条

违反本法规定,应当承担民事赔偿责任和缴纳罚款、罚金,其财产不足以支付时,先承担民事赔偿责任。

《中华人民共和国证券投资基金法》第 99 条

违反本法规定,应当承担民事赔偿责任和缴纳罚款、罚金,其财产不足以同时支付时,先承担民事赔偿责任。

《中华人民共和国个人独资企业法》第 43 条

投资人违反本法规定,应当承担民事赔偿责任和缴纳罚款、罚金,其财产不足以支付的,或者被判处没收财产的,应当先承担民事赔偿责任。

《瑞士债务法》第 53 条

法院不应当依照有关刑事责任的规定或者依照刑事法院的无罪宣告来决定有无过错或者有无行为能力;刑事法院对过错和损害的判决也不得约束民事法院。

**第五条　其他法律对侵权责任另有特别规定的,依照其规定。**

【说明】

本条是关于《侵权责任法》和其他法律关系的规定。

我国规范侵权责任的法律有两个层次:第一个层次是《侵权责任法》。《侵权责任法》作为民法的重要组成部分,从基本法的角度对侵权责任作出规定。《侵权责任法》的规定有三类:一是普遍适用的共同规则;二是典型的侵权种类的基本规则;三是其他单行法不可能涉及的一些特殊规则。第二个层次是相关法律。许多单行法都从自身调整范围的角度对侵权责任作出一条或者几条规定。如《道路交通安全法》第 76 条规定了交通事故赔偿原则。有关侵权责任的法律是在宪法统率下相辅相成,共同规范侵权责任。

本条规定,其他法律对侵权责任另有特别规定的,依照其规定。按照法律的效力范围,法律可分为一般法和特别法,特别法优先于一般法。一般法是指在一国的范围内,对一般的人和事都有效力的法;特别法是指特定地区、特定人、特定事、特定时间内有效的法。一般法与特别法的区别在于:就地域来说,一般法适用于一国的全部地域,而特别法适用于局部地域,如《中华人民共和国民族区域自治法》(以下简称《民族区域自治法》);就人而论,一般法适用于所有的人,而特别法适用于特定的人,如《中华人民共和国兵役法》(以下简称《兵役法》);就时间而论,一般法适用于平时,特别法适用于特别时期,如《中华人民共和国戒严法》(以下简称《戒严法》);就事而论,一般法适用于一般的事,而特别法适用于特别的事。《侵权责任法》是关于侵权责任的一般法,其他法律如对侵权责任另有特别规定的,是特别法。《侵权责任法》和相关法律的关系,按照《中华人民共和国立法法》(以下简称《立法法》),同一机关制定的法律,"特别规定与一般规定不一致的,适用特别规定",原则上优先适用相关法律。如果《侵权责任法》生效后,相关法律规定的内容已经在《侵权责任法》中完全体现,没有必要保留的,可在修改相关法律时删除。

**【立法理由】**

改革开放以来,我国十分重视侵权责任法律制度的建立和完善。1986年制定的《民法通则》,专设"民事责任"一章,对归责原则、责任方式、典型的侵权类型作出规定,奠定了我国侵权责任法律制度的基础。除《民法通则》外,我国已有四十多部单行法对相关侵权问题作出规定,主要是:(1)侵害物权责任。《中华人民共和国物权法》(以下简称《物权法》)、《中华人民共和国农村土地承包法》(以下简称《农村土地承包法》)作了规定。(2)侵害知识产权责任。《中华人民共和国商标法》(以下简称《商标法》)、《中华人民共和国专利法》(以下简称《专利法》)、《中华人民共和国著作权法》(以下简称《著作权法》)作了规定。(3)侵害婚姻自主权和继承权等责任。《中华人民共和国婚姻法》(以下简称《婚姻法》)、《中华人民共和国继承法》(以下简称《继承法》)作了规定。(4)商事侵权责任。《中华人民共和国公司法》(以下简称《公司法》)、《中华人民共和国海商法》(以下简称《海商法》)、《中华人民共和国票据法》(以下简称《票据法》)、《中华人民共和国保险法》(以下简称《保险法》)、《中华人民共和国证券法》(以下简称《证券法》)、《中华人民共和国信托法》(以下简称《信托法》)作了规定。(5)交通事故责任。《道路交通安全法》、《中华人民共和国铁路法》(以下简称《铁路法》)、《中华人民共和国民用航空法》(以下简称《民用航空法》)作了规定。(6)产品责任。《产品质量法》、《中华人民共和国药品管理法》(以下简称《药品管理法》)、《中华人民共和国消费者权益保护法》(以下简称《消费者权益保护法》)作了规定。(7)环境污染责任。《环境保护法》、《中华人民共和国水污染防治法》(以下简称《水污染防治法》)、《中华人民共和国大气污染防治法》(以下简称《大气污染防治法》)、《中华人民共和国固体废物污染环境防治法》(以下简称《固体废物污染环境防治法》)、《中华人民共和国海洋环境保护法》(以下简称《海洋环境保护法》)、《中华人民共和国环境噪声污染防治法》(以下简称《环境噪声污染防治法》)、《中华人民共和国放射性污染防治法》(以下简称《放射性污染防治法》)作了规定。(8)生产事故责任。《中华人民共和国安全生产法》(以下简称《安全生产法》)、《中华人民共和国建筑法》(以下简称《建筑法》)、《中华人民共和国电力法》(以下简称《电力法》)、《中华人民共和国煤炭法》(以下简称《煤炭法》)作了规定。(9) 食品安全和传染病传播责任。《中华人民共和国食品安全法》(以下简称《食品安全法》)、《中华人民共和国传染病防治法》(以下简称《传染病防治法》)、《中华人民共和国献血法》(以下简称《献血法》)作了规定。(10) 其他侵权责任。《中华人民共和国人民防空法》(以下简称《人民防空法》)、《中华人民共和国公路法》(以下简称《公路法》)等法律作了规定。我国《民法通则》以及相关法律的规定,对明确侵权责任,保护公民、法人的合法权益,维护社会秩序,起到了积极作用。

《侵权责任法》对侵权责任的规定很重要,但一部《侵权责任法》解决不了所有民事侵权问题,世界上也没有一部侵权责任法囊括所有民事侵权内容。如德国,除民法典外,规范侵权责任的重要法律有《赔偿义务法》、《道路交通法》、《航空交通法》、《原子能法》、《污染防控法》、《药品法》、《产品责任法》、《基因技术法》、《水务法》、《反不正当竞争法》、《强制保险法》等法律。

【相关规定】

《中华人民共和国物权法》第 8 条

其他相关法律对物权另有特别规定的,依照其规定。

# 第二章 责任构成和责任方式

本章共20条,规定了侵权责任的归责原则、共同侵权、共同危险行为、承担侵权责任的方式、人身损害赔偿、财产损害赔偿、精神损害赔偿、公平责任、赔偿金的支付方式等内容。

**第六条** 行为人因过错侵害他人民事权益,应当承担侵权责任。

根据法律规定推定行为人有过错,行为人不能证明自己没有过错的,应当承担侵权责任。

【说明】

本条是对过错责任原则的规定。

根据本条规定,在过错责任原则制度下,只要同时满足以下条件,行为人就应承担侵权责任:

一、行为人实施了某一行为

若无行为人的行为,就不会产生侵权责任。在现代社会,"不侵害他人"是任何一个民事主体所应遵守的普遍性义务,没有合法依据或者法律授权,不得损害他人的民事权益,否则就可能承担一定的法律后果。这里的行为包括作为和不作为。在多数情况下,行为人都是因为对他人的民事权益实施了积极的加害行为而承担侵权责任,例如殴打某人,毁坏某人的财产,散布某人的谣言等。本法规定的侵权责任也大多是因为行为人的作为而产生的。

但是,在一些情况下,行为人不作为也有可能产生侵权责任,这是现代侵权责任法的一种发展趋势,即在特定情形下行为人还负有积极保护他人的义务,例如根据本法第37条的规定,宾馆、商场、银行、车站、娱乐场所等公共场所的管理人或者群众性活动的组织者,未尽到安全保障义务,造成他人损害的,应当承担侵权责任。不作为侵权是行为人应当履行某种法定作为义务而未履行该义务而产生的,若没有法定作为义务,行为人的不作为并不构成侵权。这种法定作为义务可能是某一法律明确规定的,可能是某人先前的危险行为产生的,还可能是基于当事人约定而产生的,等等。

二、行为人行为时有过错

在过错责任原则中,过错是确定行为人是否承担侵权责任的核心要件,也是人民法院审理侵权案件的主要考虑因素。行为人的行为造成损害并不必然承担侵权责任,必须要看其是否有过错,无过错即无责任。一位著名的法学家曾说:"正如使蜡烛燃烧的是氧气,而不是光一样,使行为人承担侵权责任的不是其行为,而是其过错。"过错就是行为人行为时的一种应受谴责的心理状态。正是由于这种应受谴责的心理状态,法律要对行为人所实施的行为作否定性评价,让其承担侵权责任。需要指出的是,过错仅适用于过错责任原则制度下的侵权责任,对于一些法律明确规定的特殊侵权责任,过错并非必要条件。对此,本法第7条规定,行为人损害他人民事权益,不论行为人有无过错,法律规定应当承担侵权责任的,依照其规定。第24条规定,受害人和行为人对损害的发生都没有过错的,可以根据实际情况,由双方分担损失。本法明确规定了一些不以过错为要件的具体侵权责任,如第五章的产品责任,第八章的环境污染责任,第九章的高度危险责任。但是需要强调的是,本法第7条、第24条规定的无过错责任和公平责任的适用范围是法律特别规定的情形。只要法律没有明确规定不以过错为要件的,过错仍是行为人承担侵权责任的要件。

过错分为故意和过失。故意是指行为人预见到自己的行为会导致某一损害后果而希望或者放任该后果发生的一种主观心理状态。过失是指行为人因疏忽或者轻信而使自己未履行应有注意义务的一种心理状态,其是侵权责任法中最常见的过错形态。故意与过失的主要区别是:故意表现为行为人对损害后果的追求、放任心态,而过失表现为行为人不希望、不追求、不放任损害后果的心态。故意是一种典型的应当受到制裁的心理状态,但它必须通过一定的行为表现出来。实践中,通过对行为人行为的调查可以认定行为人是否具有故意的心理状态,例如某人点着火把往另一人的房屋上扔这一行为本身就足以表明行为人具有故意的心理状态,受害人没有必要就行为人是否故意再承担举证责任。

如何判断某个人的过失,经历了一个发展过程。早期判断行为人是否有过失,主要考察行为人的主观心理状态,也叫主观判断标准。这需要分析特定行为人对自己的行为或后果的理解、判断、控制、认识等方面的状况及能力,从其意志活动过程来确定过失。但是这将导致受害人证明行为人的过错很困难,不利于保护其利益。发展到现在,对过失的认定逐渐客观化,不是从单个行为人的主观状态认定其过失,而是主要依据以下客观标准判断其有无过失:

(1) 行为人是否违反了法律、行政法规明确规定的义务。例如法律对某一特定领域规定了行为标准,行为人若违反了这些标准,就具有过失。

(2) 行为人是否违反了一个合理人的注意义务。"合理人的注意义务"即多数人在特定情况下应当达到的注意程度。根据该标准,判断被告是否有过失主要看一般人在被告所处的情况下,会怎么行为,若一般人会与被告做出同样的行为,被告就没有过失,反之,则有过失。"合理人的注意义务"原则上不照顾行为人的特殊弱点,不管其是性急、害羞、健忘,还是反应慢、粗心大意等,原则上适用同样的标准,并不因此而得到原谅;也不考虑行为人的经验、能力。例如一个没有经验的司机造成车祸所适用的判断标准与一个有多年驾驶经验的老司机所适用的标准是一样的。当然该标准原则上也不要求行为人比常人履行更高的注意义务,它只要求被告履行常人的一般注意义务即可。

客观判断标准有两种特殊情形:

(1) 专业人员的行为标准。"合理人的注意义务"主要是针对一般人的过失判断标准,但在现实生活中,还存在许多有特殊技能和知识的人,如医生、律师、会计师、建筑师等。这些专业人员的行为标准就应当比一般人的行为标准高一些,要求行为人的行为符合自己领域内公认的活动标准。判断某一专业人员是否有过失要看其是否履行了本领域内一个合格专业人员的注意义务。例如医生的合理注意义务应是其他医生普遍遵守的义务,不是"一般人"普遍遵守的义务。对此,本法第57条规定,医务人员在诊疗活动中未尽到与当时的医疗水平相应的诊疗义务,造成患者损害的,医疗机构应当承担赔偿责任。

(2) 无民事行为能力人或者限制民事行为能力人的行为标准。这类人主要包括未成年人、精神病人。专业人员的行为标准通常高于一般人的行为标准,而无民事行为能力或者限制民事行为能力人的行为标准通常低于一般人的行为标准。同样的行为造成同样的后果,对于具有完全民事行为能力的成年人可能就是过失,而对儿童来说就不是过失。在判断这类人是否履行合理注意义务时,应当考虑其年龄、智力和生理状况等因素。无民事行为能力人或者限制民事行为能力人造成他人损害的,由其监护人承担侵权责任。本法第32条对此相应规定,无民事行为能力人、限制民事行为能力人造成他人损害的,由监护人承担侵权责任。监护人尽到监护责任的,可以减轻其侵权责任。有财产的无民事行为能力人、限制民事行为能力人造成他人损害的,从本人财产中支付赔偿费用。不足部分,由监护人赔偿。

三、受害人的民事权益受到损害

损害是指行为人的行为对受害人的民事权益造成的不利后果。根据本法第2条第2款的规定,这里的民事权益包括生命权、健康权、姓名权、名誉权、荣誉权、肖像权、隐私权、婚姻自主权、监护权、所有权、用益物权、担保物权、著作权、专利权、商标专用权、发现权、股权、继承权等人身、财产权益。不利后果通常表现为:财产减少、生命丧失、身体残疾、名誉受损、精神痛苦等。需要强调一点,这里的"损害"是一个比较广的概念,不但包括现实的已经存在的"不利后果",也叫现实损害,如前面所列举的身体残疾、财产减少等,还包括构成现实威胁的"不利后果",如某人的房屋倾斜,但其不采取防范措施,导致房屋随时有可能倒塌伤害他人的人身、财产安全。实践中,受害人大多数情况下受到的是现实损害,这种损害相对容易被认定和证明。在一些情况下,行为人的行为也可能对受害人的民事权益造成现实威胁,为防止其转化成现实损害,行为人也应当承担侵权责任,这有利于保护受害人,体现了本法预防侵权行为的立法目的,也是现代侵权责任法的发展趋势。本法第21条规定的内容就包含了这层意思。根据该规定,侵权行为危及他人人身、财产安全的,被侵权人可以请求侵权人承担停止侵害、排除妨碍、消除危险等侵权责任。

四、行为人的行为与受害人的损害之间有因果关系

因果关系是指行为人的行为作为原因,损害事实作为结果,在二者之间存在的前者导致后者发生的客观联系。因果关系是侵权责任的重要构成要件,在行为与损害事实之间确定存在因果关系的,就有可能构成侵权责任,没有因果关系就必然不构成侵权责任。对一些比较简单的侵权行为,判断是否存在因果关系比较容易,例如某人开车闯红灯撞伤一行人,行人受伤与被告开车闯红灯之间是否存在因果关系一目了然,举证容易,不需要复杂的理论分析。但是,在现实生活中,侵权行为越来越多样化和复杂化,有的一因多果,有的多因一果,有的甚至多因多果,如何判断或者确定行为与损害之间是否存在因果关系就比较困难,也是审判实践面临的棘手问题。为了应对因果关系的复杂化,学者、法官创造了多种理论,例如"条件说"、"原因说"、"相当因果关系说"、"疫学因果关系说"、"法律因果关系说"、"盖然性因果关系说"等。

在立法中,有的也建议,考虑到因果关系的复杂性和重要性,为指导审判实践,应当明确规定因果关系的判断规则。草案一审稿曾规定:"受害人应当证明侵害行为与损害后果之间存在因果关系。""法律规定应当由侵权人证明因果关系不存在,如果侵权人不能证明的,视为存在因果关系。"但是,在征求意见过程中,有的提出,因果关系问题较为复杂,草案一审稿的规定比较简单,不足以解决问题,有可能束缚法官根据具体案情对一些复杂因果关系的判断。草案二审稿最终删除了这一规定。原则上,如何判断因果关系需要由法官根据个案的实际情况,依一般社会经验决定。对案情较为简单,一因一果的侵权,可以直接根据事实判定,没有必要舍本逐末,再用其他理论判断;对于虽然有其他条件介入,但行为与损害后果之间自然连续、没有被外来事件打断的,也可以认定存在因果关系;对多因一果、一因多果或者多因多果等复杂情形,则需要法官综合考虑当时的情况、法律关系、公平正义、社会政策等多种因素决定。

在侵权责任中,一般由原告承担证明损害与行为之间存在因果关系的责任,但在特定情形,例如环境污染责任中,不少环境污染损害有个积累过程,时间长,跨度大,受害群体分布广,且专业性较强,让普通受害者个人费时耗力地证明因果关系是否存在困难重重。为了保护这些受害者,需要减轻受害者的举证责任,由被告负责证明自己的行为与损害结果之间没有因果关系。适用这种特殊举证责任需要法律明确规定,法律没有明确规定的,原则上不能适用这样的证明规则。

本法第 66 条规定,因环境污染发生纠纷,污染者应当就法律规定的不承担责任或者减轻责任的情形及其行为与损害之间不存在因果关系承担举证责任。

在过错责任原则中,通常由受害人证明行为人是否有过错,但在一些情况下也适用过错推定。所谓过错推定是指根据法律规定推定行为人有过错,行为人不能证明自己没有过错的,应当承担侵权责任。在传统的过错责任原则下,受害人向加害人行使请求权时必须证明加害人具有过错,但过错是行为人的一种主观心理状态,受害人证明起来比较困难。加之,进入现代社会后,各种机器设备大量出现,专业分工亦极为细密,碍于专业知识所限,受害人证明加害人的过错就更为困难。为了既能维持过错责任原则的地位不被动摇,又能有效保护和救济受害人,一些国家和地区发展出了减轻受害人举证责任的规则,如英美法有"事实自证",德国法有"表见证明",而我国在司法实践中采用了"过错推定"。过错推定实质就是从侵害事实中推定行为人有过错,免除了受害人对过错的举证责任,加重了行为人的证明责任,更有利于保护受害一方的利益,也可更有效地制裁侵权行为。对此,本条第 2 款在《民法通则》的基础上,向前进了一步,明确规定了过错推定。

过错推定虽说包含在过错责任原则中,但与一般过错责任有较大的不同。近百年来,过错推定总是与本法第 7 条规定的无过错责任原则共同发展的,虽说二者不完全相同,但从其他国家过错推定实施和发展的结果看,过错推定近似于无过错责任原则。因此,对行为人而言,这是一种较重的责任,不宜被滥用,需要由法律对适用范围作严格限定,否则就有可能限制人们的行动自由。从境外的立法经验看,基本上都由法律明确规定在什么情况下适用过错推定。本条第 2 款也强调,法律规定行为人有过错,行为人不能证明自己没有过错的,应当承担侵权责任。法律没有规定过错推定的,仍应由受害一方承担过错的证明责任。目前,本法规定的机动车交通事故责任、物件损害责任主要适用过错推定,对无民事行为能力人在幼儿园、学校或者其他教育机构内受到损害的责任也适用过错推定。

**【立法理由】**

过错责任是指造成损害并不必然承担赔偿责任,必须要看行为人是否有过错,有过错有责任,无过错无责任。在奴隶社会和封建社会,结果责任在归责原则中占据统治地位。结果责任不考虑行为人实施行为时是否有过错,谁造成损害谁承担责任,在责任方式上呈现同态复仇特点。这种在任何领域不问行为人有无过错都要其承担责任的做法是不公平的,动辄得咎极大地限制了行为自由,且这种以野蛮的同态复仇作为责任方式的归责原则是人类文明不发达的表现。随着人类社会的发展和人类文明的进步,过错责任原则逐渐取代了结果责任原则,到了 19 世纪末 20 世纪初,过错责任取得了统治性地位。把过错责任作为一般原则写入法典的代表作是 1804 年的《法国民法典》。《法国民法典》第 1382 条规定:"任何行为造成他人损害时,因其过错致使行为发生的人,应当对他人承担赔偿责任。"其后的《德国民法典》、《日本民法典》、《瑞士民法典》等多数大陆法系国家和地区的民法典中,均规定了过错责任原则。过错责任、契约自由以及私权神圣是资本主义国家民法的三大支柱,共同为资产阶级的崛起提供了法律武器。过错责任原则的理论基础,是个人主义哲学,即个人有权在不违背法律的前提下自由行事,相应的,个人必须对自己的行为结果负责。以过错作为主要的归责基础可以较好协调"个人自由"与"社会安全"的关系。行为人若尽到合理注意义务,就没有过错,即免除侵权责任。这样个人的活动自由可以得到保障,聪明才智得到充分发挥,社会经济活动得以顺利进行。若人人都尽到合理注意义务,社会安全也会得到维护。

我国于 1986 年在《民法通则》第 106 条第 2 款规定,公民、法人由于过错侵害国家的、集体的财产,侵害他人财产、人身的,应当承担民事责任。该规定确认了过错责任原则在我国的法律地位。本条继承了《民法通则》的规定,重申过错责任原则是《侵权责任法》的基本归责原则。这是我国社会经济文化发展的需要,同时也是为更有效保护公民、法人的合法权益,教育公民、法人遵守法律和公共道德,预防和减少损害的发生,化解社会纠纷,促进社会和谐稳定。

**【相关规定】**

《中华人民共和国民法通则》第 106 条

公民、法人违反合同或者不履行其他义务的,应当承担民事责任。

公民、法人由于过错侵害国家的、集体的财产,侵害他人财产、人身的,应当承担民事责任。

没有过错,但法律规定应当承担民事责任的,应当承担民事责任。

《法国民法典》第 1382 条

任何行为致他人损害的,因其过错致行为发生之人,应对他人负赔偿责任。

《德国民法典》第 823 条

因故意或者过失不法侵害他人生命、身体、健康、自由、所有权或者其他权利者,对他人因此而产生的损害负赔偿责任。

违反以保护他人为目的的法律,负相同的义务。如果根据法律的内容并无过失也可能违反此种法律的,仅在有过失的情况下,始负赔偿义务。

《德国民法典》第 826 条

以违反善良风俗的方式故意对他人施加损害的,行为人对他人负有损害赔偿义务。

《意大利民法典》第 2043 条

对因任何故意或者过失行为给他人造成不法损害的,行为人应承担损害赔偿责任。

**《荷兰民法典》第六编第162条**

任何人对他人实施可被归责的侵权行为的,应当赔偿该行为使他人遭受的损害。

除有正当理由外,下列行为视为侵权行为:侵犯权利、违反法定义务或有关正当社会行为的不成文法规则的作为或者不作为。

侵权行为是由行为人过错的,或者依法律或者公认的准则应由其负责的原因所致的,归责于该行为人。

**《俄罗斯民法典》第1064条**

造成公民人身或财产损害及法人财产损害的,应由致害人赔偿全部损失。法律可以规定非致害人的损害赔偿责任。法律或合同可以规定致害人于赔偿损害之外有向受害人付补偿金的义务。

致害人如能证明损害并非因其过错所致,免负赔偿责任。但是,法律可以规定致害人虽无过错仍需要负责的情形。

合法行为致人损害,在法律规定的情形下,才负责任。损害如系应受害人的请求或者经其同意所致,致害人的行为又不违反社会道德准则的,可以拒绝赔偿。

**《埃塞俄比亚民法典》第2027条**

任何人对因过失给他人造成的损害承担责任,而不论行为人为自己设定的责任如何。

在法律有规定的情形,一个人应对其从事的活动或所占有的物给他人造成的损害承担责任。

如果某人根据法律应对第三人负责,他应对该第三人因过失或依法规定发生的责任负责。

**《日本民法典》第709条**

因故意或过失侵害他人权利或受法律保护的利益的人,负因此而产生的赔偿责任。

**我国台湾地区"民法"第184条**

因故意或过失,不法侵害他人之权利者,负损害赔偿责任。故意以背于善良风俗之方法,加损害于他人者亦同。

违反保护他人之法律,致生损害于他人者,负赔偿责任。但能证明其行为无过失者,不在此限。

**第七条** 行为人损害他人民事权益,不论行为人有无过错,法律规定应当承担侵权责任的,依照其规定。

【说明】

本条是对无过错责任原则的规定。

本法对无过错责任原则的立法经历了一个变化过程。草案一审稿、二审稿基本按照《民法通则》第106条第3款的行文对该原则作了表述,规定:"行为人没有过错,法律规定应当承担侵权责任的,依照其规定。"在征求意见过程中,有的提出,无过错责任原则的精髓并不是行为人没有过错也要承担侵权责任,而是在确定行为人是否承担侵权责任时,不管其有无过错,受害一方也不用证明行为人是否有过错。草案一审稿、二审稿的表述没有准确体现无过错责任原则的内涵,有可能让人误解为,只有在行为人无过错时才承担无过错责任,有过错时不承担无过错责任,仍需受害一方承担过错的证明责任。本法第7条最终对无过错责任原则的表述是:"行为人损害他人民事权益,不论行为人有无过错,法律规定应当承担侵权责任的,依照其规定。"该表述不仅准确体现了无过错责任原则的内涵,解决了对"无过错"的理解问题,也解决了无过错责任原则的责任构成要件问题。根据本条规定,无过错责任的构成要件有四个:一是行为;二是受害人的损害;三是行为与损害之间具有因果关系;四是不存在法定的不承担责任的情形。只要同时具备以上四个要件,且属于法律明确规定适用无过错责任原则的领域,行为人就应当承担侵权责任,而不问其有无过错,受害方也不用证明行为人有过错。

在许多适用无过错责任原则的领域,法律让行为人承担无过错责任,并非是因为其从事了法律禁止的活动,而恰恰相反,这些活动是社会经济发展所必需的,社会允许其存在。但是,由于这些活动充满不同寻常的危险,且这些风险多数是不可控制的,即使采取所有预防意外的措施,也不可以避免危险,如飞机遇到空中的飞鸟、突遇恶劣天气而坠机等。在这些危险活动中,行为人承担侵权责任,不是因为其知道意外的发生而没有加以防范,而是其为了自己的利益,使别人面临这种特殊风险,法律允许其活动的条件是他必须对这种风险产生的后果负责。

这里需要强调几点:

(1)设立无过错责任原则的主要政策目的,绝不是要使"没有过错"的人承担侵权责任,而主要是为了免除受害人证明行为人过错的举证责任,使受害人易于获得损害赔偿,使行为人不能逃脱侵权责任。事实上,从我国审判实践的情况看,适用无过错责任原则的大多数案件中,行为人基本上都是有过错的。

(2)无过错责任并不是绝对责任,在适用无过错责任原则的案件中,行为人可以向法官主张法定的不承担责任或者减轻责任的事由。例如,在产品责任案件中,产品制造者可以证明产品投入流通时,引起损害的缺陷尚不存在而免除自己的侵权责任;在高度危险物致损案件中,高度危险作业人可以证明受害人故意造成损害而免除自己的责任,等等。但是,法律根据行为的危险程度,对适用无过错责任原则的不同侵权类型规定了不同的不承担责任或者减轻责任的事由,例如根据本法规定,民用核设施发生核事故造成他人损害的,民用核设施经营人的不承担责任事由是战争等情形或者受害人故意;占有或者使用易燃、易爆、剧毒、放射性等高度危险物造成他人损害的,免责事由是受害人故意或者不可抗力。被侵权人对损害的发生有重大过失的,可以减轻占有人或者使用人的责任;从事高空、高压、地下挖掘活动,使用高速轨道运输工具造成他人损害的,免责事由是受害人故意或者不可抗力。被侵权人对损害的发生有过失的,可以减轻经营人的责任。

(3)在适用无过错责任原则的侵权案件中,只是不考虑行为人过错,并非不考虑受害人过错。如果受害人对损害的发生也有过错的,在有的情况下可减轻,甚至免除行为人的侵权责任。

(4)本条关于无过错责任原则的规定,是为了在一些特定领域排除过错责任原则的适用。第7条的规定本身只是为了表明无过错责任原则在我国是与过错责任原则并列的归责原则,其并不直接具有作为裁判根据的意义。要对某一案件适用无过错责任,必须是本法或者单行法明确规定该类案件不以过错为承担责任的条件。在立法中,有的建议,取消单行法对无过错责任的具体规定,由本法规定几个适用无过错责任原则的条件和标准。但是,考虑到某一领域是否适用无过错责任原则受多种因素的影响,例如危险程度、政策选择、事故发生的可能性、严重性等,且决定不同领域是否适用无过错责任原则的条件和标准也不完全相同,由法律统一规定哪些因素作为适用无过错责任原则的条件和标准很难,也没有把握,最终本法并没有规定这样的条件和标准。因此,适用无过错责任原则的案件,所适用的是本法或者其他法律关于无过错责任的具体规定。本法或者其他法律未明确规定适用无过错责任原则的案件,均属于过错责任原则的适用范围。法官不能在法律没有明确规定适用无过错责任原则的情况下,擅自适用该原则。强调这一点,主要是考虑到无过错责任是一种极为严格的责任,若由法官自由决定是否适用该原则,有可能妨碍人们的行为自由和社会进步。

立法者在决定哪些领域应当适用无过错责任原则时比较慎重。本法明确规定了几种适用无过错责任原则的特殊侵权行为,如第五章的产品责任、第八章的环境污染责任以及第九章的高度危险责任。其他单行法也可以根据实践发展和社会需要规定适用无过错责任原则的领域。这里需要注意的是,第九章规定的高度危险责任比较特殊,根据本法第69条的规定,从事高度危险作业造成他人损害的,应当承担侵权责任。该规定没有限制高度危险责任的具体适用范围,其适用范围是开放和动态的,只要从事高度危险作业的,就要承担无过错责任。高度危险作业的内涵和外延可以随着社会的发展而扩展。出现新的高度危险作业的,根据实践需要,可用司法解释或者立法解释的方式,也可用单行法的方式包含进来。该规定可以说为将来无过错责任原则的扩大适用留下了余地。

（5）适用无过错责任原则的,在赔偿数额上可能存在限制。许多适用无过错责任原则的活动是社会所需要的,法律允许这些活动的存在,但如果法律对这些领域发生的事故赔偿数额没有限制,就有可能过分加重行为人的负担,阻碍经济发展和企业壮大,且无过错责任原则往往与责任保险相连,责任保险可以确保无过错责任制度得以顺利实施,若赔偿数额过高,保险人的负担过于沉重,就可能放弃责任保险,不利于无过错责任制度的顺利实施。所以,在某些适用无过错责任原则的领域,对赔偿额度予以限制,是十分必要的。本法第77条规定,承担高度危险责任,法律规定赔偿限额的,依照其规定。我国的航空、海运、铁路等方面的特别法规,基于特定行业的风险性和保护该行业发展的需要,往往规定了最高赔偿数额,例如现在航空事故的赔偿限额是40万元,铁路事故的赔偿限额是15万元。

【立法理由】

无过错责任原则是指不以行为人的过错为要件,只要其活动或者所管理的人或者物损害了他人的民事权益,除非有法定的免责事由,行为人就要承担侵权责任。适用无过错责任原则的意义在于加重行为人的责任,及时救济受害人,使其损害赔偿请求权更容易实现。

在无过错责任原则出现以前,侵权责任法领域实行的是过错责任原则。行为人只有在有过错的情况下,才对自己侵害他人民事权益的行为承担侵权责任,无过错就无责任。但是,到了19世纪末20世纪初,随着工业化的加速,技术日新月异,经济飞速发展,伴随而来的是事故大量发生,极大地危害生命和财产安全。在这样的时代背景下,对这些事故继续实行过错责任原则,一是会使受害人证明行为人的过错更困难；二是行为人也会找出各种无过错的理由进行抗辩,以免除自己的责任。最终的结果是大量受害人得不到赔偿,激化了社会矛盾,影响到了社会的正常运行。为解决这一较为严重的社会问题,有的西方国家在坚持过错责任原则的同时,在交通肇事、矿山事故等纠纷中开始实行无过错责任原则。1838年,《普鲁士帝国铁路法》第25条针对火车事故首先规定了无过错责任原则。19世纪末20世纪初,美国、法国等西方国家相继以特别立法或判例的方式承认了这一原则。所以,无过错责任原则的产生是社会发展的必然结果。到了20世纪末,考虑到个案和单行法的规定有疏漏之处,有的国家出现以一般规则规定无过错责任原则的动向。

我国1986年颁布的《民法通则》确立了无过错责任原则。《民法通则》第106条第3款规定,没有过错,但法律规定应当承担民事责任的,应当承担民事责任。

同时,第 123 条规定,从事高空、高压、易燃易爆、剧毒、放射性、高速运输工具等对周围环境有高度危险的作业造成他人损害的,应当承担民事责任,如果能证明损害是由受害人故意造成的,不承担民事责任。这是无过错责任原则的一般规则,避免了单行法规定的疏漏。《民法通则》明文规定无过错责任,是现代社会发展的需要,也适应了《侵权责任法》发展的潮流,具有重大实践意义和理论意义。从《民法通则》多年的实施效果看,无过错责任原则不但有利于受害人及时获得赔偿,缓解社会矛盾,而且对切实保护人民群众人身、财产安全,促使高度危险作业人、产品制造者、环境污染者等行为人对自己从事的活动或者管理的物高度负责、谨慎从事,不断改进技术安全措施,提高工作质量,尽力保障他人和环境的安全发挥了积极作用。近年来,随着我国的工业化、城市化进程的快速推进,工伤事故处于易发期、多发期,环境污染加剧,火车进入高速时代,民航业蓬勃发展,人们已生活在高度危险的社会环境中,可以说,现代社会就是一个"风险社会",为增强行为人的责任意识,同时使受害人能够得到及时有效的赔偿,我国现阶段更应该突出和强调无过错责任原则,扩大无过错责任原则的适用范围。基于此,本法第 7 条继承了《民法通则》的规定,并在此基础上进一步明确了无过错责任原则的内涵。

**【相关规定】**

《中华人民共和国民法通则》第 106 条第 3 款

没有过错,但法律规定应当承担民事责任的,应当承担民事责任。

《中华人民共和国产品质量法》第 41 条

因产品存在缺陷造成人身、缺陷产品以外的其他财产(以下简称他人财产)损害的,生产者应当承担赔偿责任。

生产者能够证明有下列情形之一的,不承担赔偿责任:

(一) 未将产品投入流通的;

(二) 产品投入流通时,引起损害的缺陷尚不存在的;

(三) 将产品投入流通时的科学技术水平尚不能发现缺陷的存在的。

《中华人民共和国环境保护法》第 41 条第 1 款

造成环境污染危害的,有责任排除危害,并对直接受到损害的单位或者个人赔偿损失。

《中华人民共和国海洋环境保护法》第 90 条

造成海洋环境污染损害的责任者,应当排除危害,并赔偿损失;完全由于第三者的故意或者过失,造成海洋环境污染损害的,由第三者排除危害,并承担赔偿责任。

对破坏海洋生态、海洋水产资源、海洋保护区,给国家造成重大损失的,由依照本法规定行使海洋环境监督管理权的部门代表国家对责任者提出损害赔偿要求。

《中华人民共和国大气污染防治法》第 62 条第 1 款

造成大气污染危害的单位,有责任排除危害,并对直接遭受损失的单位或者个人赔偿损失。

《中华人民共和国水污染防治法》第 85 条第 1、2 款

因水污染受到损害的当事人,有权要求排污方排除危害和赔偿损失。

由于不可抗力造成水污染损害的,排污方不承担赔偿责任;法律另有规定的除外。

**第八条　二人以上共同实施侵权行为,造成他人损害的,应当承担连带责任。**

【说明】

本条是关于共同侵权制度的规定。

一、共同侵权的概念

共同侵权,是指数人共同不法侵害他人权益造成损害的行为。对共同侵权行为,有的学者称为"共同致人损害",有的学者称为"共同过错",还有的学者称为"共同不法行为"。

二、我国以及其他国家和地区的立法例

(一) 大陆法系

在大陆法系现代民法中,《法国民法典》一直没有对共同侵权行为作出一般性规定,今日法国所适用的共同侵权制度,乃判例、学说共同努力的成果。在法国,共同侵权行为问题被纳入到复数侵权行为的理论框架内加以探讨,并且不区分共同侵权行为和共同危险行为,对此类侵权通常使用数人之过误竞合(加害人不明时适用共同之过误、集团之过误)、全部赔偿义务及损害之同一性等概念展开探讨。

首次明确规定共同侵权制度的立法例出现在 1900 年施行的《德国民法典》中,其第 830 条规定:"数人因共同实施侵权行为造成损害的,各人对损害均负责任。"《德国民法典》的这一规定,对其他国家和地区的立法产生了重要影响。如,《日本民法典》第 719 条第 1 款规定:"由于多人共同的不法行为而对他人造成了损害时,各人对于该损害负有连带赔偿责任。无法得知共同行为人中的某一人是否施加了该损害时亦同样。"《意大利民法典》第 2055 条第 1 款规定:"如果损害行为可归责于多个人,则所有的人要承担连带赔偿的责任。"《韩国民法典》第 760 条第 1 款规定:"数人因共同不法行为(侵权行为)给他人造成损害时,对其损害

有连带赔偿责任。"《瑞士债务法》第 50 条第 1 款规定:"如果数人共同造成损害,则不管是教唆者、主要侵权行为人或者辅助侵权行为人,均应当对受害人承担连带责任和单独责任。"我国台湾地区"民法"第 185 条第 1 款中规定:"数人共同不法侵害他人之权利者,连带负损害赔偿责任。"

但近 20 年来,有些国家的学者对共同侵权行为的适用范围不断变宽以及共同侵权行为人承担连带责任提出了批评:

1. 法国

近几十年来,法国一些学者一直批判共同侵权行为中的连带责任,认为连带责任与为自己行为负责之间可能存在矛盾,令共同侵权行为人负连带责任将会使那些有经济能力赔偿的人而不是过错程度较重的人承担更重的责任,破坏了加害人之间的利益平衡。

批评者主张每个行为人只应对自己行为导致的部分损害后果承担责任,假如损害是由于数个原因造成的,应当让数个行为人分别承担责任。理由在于:首先,尽管赔偿义务人的行为是损害的发生原因,但是,毕竟其行为只是损害发生原因的一部分。其次,尽管承担赔偿责任的行为人有权向其他行为人进行追偿,但这种追偿不仅存在风险,同时也增加了最终使整个纠纷得以解决的成本投入。最后,加害人赔偿不能的风险越来越小,尤其是因为越来越多的侵权行为人都已经投了保险,破产的风险被降低了,不至于因为分别承担责任而其中又有责任人破产,致使受害人不能得到清偿。因此,这样就没有必要一定要由一个行为人对全部的损害结果负责。

2. 日本

长期以来,日本学术界对共同侵权制度采纳"主观说"还是"客观说"一直存在争议。最终,日本法院于 1967 年的一个判例中采纳了"客观共同说"。

目前,为了避免本应承担很小份额的行为人承担过重的责任,日本学术界和法院对《日本民法典》第 719 条进行了更细的分类:一类适用第 719 条第 1 款前段对因果关系的判定,也就是共同行为人之间有主观上的共同意思,或者是关联性非常强的客观上的共同行为,如一个工业区里的数家工厂都排放有毒气体,相互之间没有主观关联,但客观关联性非常强。另一类适用第 719 条第 1 款后段,有客观上的关联行为,但关联性比较弱,可以推定因果关系,如果一部分加害人能够证明自己的行为与损害之间不存在因果关系,或者能够证明基本上没有责任,就有可能被免责或者淡化责任比例。

上述主张在日本有关环境污染的单行法中得到了体现。《日本大气污染防止法》第 25 条之 2 规定:"对于由两个以上的事业者向大气中排放有害健康的物质而引起的该损害赔偿责任,适用民法第 719 条第 1 款的规定(共同不法行为)的情形下,当认为事业者对于该损害的造成应负责任明显很小时,裁判所在决定该事业者的损害赔偿金额时可以对这一情况加以考虑。"《日本水质污浊防止法》也有同样的规定。

（二）英美法系

尽管英美法在法律体系上与大陆法系不同,但对于共同侵权制度有着相似性。在英美法系的侵权法中,并没有明确的共同侵权行为的概念,学者通常以"连带和分别责任"为标题展开对数人侵权致人损害的讨论。

在英美法中,因数人侵权致人损害产生连带责任的主要有三种情形:(1)施加于原告的不可分割的损害是由于两个或两个以上行为人的行为导致的,如由双方驾驶员的过失发生撞车事故,而殃及行人导致其左半身偏瘫。(2)数个行为人的共同侵权行为导致了原告遭受损害。(3)依据法律规定而应负连带责任。共同侵权行为只是数人侵权制度中的一个方面,是指数个侵权行为人因实施单一的侵权行为而造成受害人同一损害,由全体人员就全额负连带责任的情形。共同侵权行为人又可分为三种样态,即代理关系与替代责任、共同义务之违反以及共同行为。前两种情形是基于责任人之间的特殊关系而认为具有主观的共同,需承担连带责任;共同行为,是指数个行为人基于共同的目的或共通的目的而对他人实施的侵权行为,相当于德国侵权法中狭义的共同侵权行为。

由美国法学会起草的《美国侵权行为法重述·第二次》第876条(a)款规定:"行为人与他人共同从事侵权行为或与该他人为达成共同计划而从事侵权行为,则其应就该他人侵权行为致使第三人的伤害承担责任。"《美国侵权行为法重述·第三次·责任分担》第15条也规定:"当多人因共同行为而承担责任时,所有各方应对分配给参与该共同行为的每一方的比较责任份额承担连带责任。"只要数人是为了共同的目的而在共同行为之中,即便只是其中的一部分人实施了导致损害发生的侵权行为,全体人员即为共同侵权行为人。比如两人一起搜寻煤气在哪泄漏,其中一人点燃了火柴导致爆炸,由于两人属于从事共同事务,一方的侵权行为发生在从事共同事务过程中,两人应为共同侵权行为人。在共同侵权行为中,无论受害人的损害是否可以分割,行为人都必须承担连带责任。比如三个匪徒一起袭击了公园里的行人,第一个人偷了这个人的手表,第二个人用刀刺伤了他,而第三个人将油漆倒在他身上。

（三）我国

我国于1986年颁布实施的《民法通则》第130条规定:"二人以上共同侵权造成他人损害的,应当承担连带责任。"该条规定首次在立法上使用了"共同侵权"这一制度性概念。2003年颁布的《最高人民法院关于审理人身损害赔偿案件适用法律若干问题的解释》对这一规定进行了细化,其中第3条第2款规定:"二人以上共同故意或者共同过失致人损害,或者虽无共同故意、共同过失,但其侵害行为直接结合发生同一损害后果的,构成共同侵权,应当依照民法通则第一百三十条规定承担连带责任。"

三、我国学者对共同侵权制度的论述

在对共同侵权制度的研究中,如何理解"共同"的含义至关重要,我国学者对共同侵权制度的研究也主要集中在这个方面。经过梳理,主要有以下几种学说:

(一)意思联络说

有的学者认为,意思联络是共同侵权行为的必要条件,要使主体各自的行为统一起来,成为一个共同行为,就必须要有他们的愿望和动机,即共同的意思联络,或曰共同通谋,或曰共同故意。有了意思联络,便在主体间产生了两个方面的统一:一方面是主体意志的统一,另一方面是主体行为的统一。

(二)共同过错说

有的学者认为,只要几个行为人之间在主观上有共同致害的意思联系,或者有共同过失,即具有共同过错,就应当作为共同侵权行为处理。共同过错就是数个行为人对其行为或结果具有共同的认识或对某种结果的发生应该共同尽到合理的注意而没有注意的情形,包括共同故意与共同过失两类。后者又可以分为两种情形:一是各行为人对其行为所造成的共同损害后果应该预见或认识,而因为疏忽大意或不注意致使损害后果发生;二是数人共同实施某种行为造成他人损害,不能确定行为人对损害结果的发生具有共同故意,但可根据案件的情况,认定行为人具有共同的过失。

(三)关联共同说

有的学者认为,共同侵权行为的构成不应以共同的意思联络为必要条件,只要数人在客观上有共同的侵权行为,就应当承担共同侵权行为的民事责任。有的学者认为,民法上之共同侵权行为与刑法上之共犯不同,尚各自之行为,客观上有关联共同,即为足已。有的学者认为,数人之加害行为,虽无意思联络,但其行为有关联共同者(即各行为造成一共同之损害,无法分别何行为造成何部分之损害),亦属共同加害行为。

(四)折中说

持折中说的学者既不完全采纳意思联络说,也不完全采纳关联共同说,而是认为应当区分不同的情况分别处理。有的学者认为,单纯的主观说或客观说都不足采,正确的理论应当是把握加害人与受害人之间的利益平衡,而不可偏执于一端。在共同侵权行为的构成要件上既要考虑各行为人的主观方面,也要考虑各行为人的行为之间的客观联系。从主观方面而言,各加害人应均有过错,或为故意或为过失,但是不要求共同的故意或者意思上的联络;过错的内容应当是相同或者相似的。从客观方面而言,各加害人的行为应当具有关联性,构成一个统一的不可分割的整体,而且都是损害发生不可或缺的共同原因。

持该学说的学者对共同侵权行为进行了分类:法律、法规等明文规定的共同侵权行为,为共同侵权行为;基于数个加害人有意思联络的故意加害行为属于共同侵权行为;基于数个加害人内容相同或者相似的过失侵害同一受害人相同或者相近的民事权益之行为,属于共同侵权行为;基于相同内容的过失与故意之结合或者基于内容相同或相近的过失行为的结合,而侵害同一受害人相同或相近民事权益的行为,也属于共同侵权行为。

四、对本条的具体理解

根据本条规定,构成共同侵权的,数个行为人对受害人承担连带责任,受害人可以要求任一行为人承担全部侵权责任。构成共同侵权行为需要满足以下几个要件:

(一)主体的复数性

共同侵权行为的主体必须是二人或者二人以上,当行为人只有一人时,不可能成立共同侵权。行为人可以是自然人,也可以是法人。

(二)共同实施侵权行为

这一要件中的"共同"主要包括三层含义:(1)共同故意。上文介绍了多种学说,无论学者采纳哪一种学说,都一致认为,数个行为人基于共同故意侵害他人合法权益的,应当成立共同侵权行为。(2)共同过失。"共同过失"主要是数个行为人共同从事某种行为,基于共同的疏忽大意,造成他人损害。(3)故意行为与过失行为相结合。

(三)侵权行为与损害后果之间具有因果关系

在共同侵权行为中,有时各个侵权行为对造成损害后果的比例有所不同,但必须存在法律上的因果关系,如果某个行为人的行为与损害后果之间没有因果关系,不应与其他行为人构成共同侵权。

(四)受害人具有损害

这是受害人请求加害人承担侵权责任的一个基本要件。无损害,则无救济,如果没有损害,根本不可能成立侵权责任。

根据本条规定,一旦满足上述构成要件,成立共同侵权行为,那么,数个行为人就必须对外承担连带责任,被侵权人有权请求部分或者全部行为人承担全部责任。

本条关于共同侵权行为的规定,是在综合考察其他国家和地区的立法例以及司法实务演变,并具体结合我国实际情况的基础上制定的。"共同实施侵权行为",这一表述与《民法通则》第130条的表述是基本一致的,可以根据社会发展的需要作出相应的限缩或者扩张解释,便于司法实践灵活掌握。

需要说明的是,在我国,共同侵权与连带责任的适用范围并不完全重合。数人承担连带责任的原因,除了共同侵权行为外,还有其他一些适用连带责任的情形,如本法第51条规定,拼装或者报废机动车的转让人和受让人承担连带责任;

第 74 条规定,高度危险物的所有人与管理人承担连带责任等。

**【立法理由】**

共同侵权制度是《侵权责任法》中非常重要的制度,我国《民法通则》第 130 条对此作了规定。根据共同侵权制度,数人共同实施侵权行为造成他人损害的,应当承担连带责任,受害人可以要求任一行为人承担全部侵权责任。连带责任的重要意义在于增加责任主体的数量,加强对受害人请求权的保护,确保受害人获得赔偿。当部分行为人不具有清偿能力时,这就凸显出了连带责任在保护受害人方面的重要作用,但这也可能使得对外承担全部责任的部分行为人无法从其他行为人处获得相应的清偿。

如果共同侵权制度的适用范围过于宽泛,会使行为人动辄与他人承担连带责任,哪怕其本身只需要承担一小部分的份额,他也必须首先对外承担全部责任,然后再向其他行为人追偿,不仅增加了诉讼成本,而且可能使得具有清偿能力的人承担了其本不应承担的份额,蒙受不公平,反而使本应担更多份额的行为人得以逃脱。

如果共同侵权制度的适用范围过于狭窄,将不利于充分发挥该制度迅捷救济受害人的设计初衷,受害人需要证明数个行为人的侵权行为在损害后果中所占的份额,增加了诉讼难度。

因此,在构建共同侵权制度时,需要在行为人与受害人之间寻找到一个合适的平衡点。准确界定其适用范围有利于司法审判准确适用共同侵权。

**【相关规定】**

《中华人民共和国民法通则》第 130 条

二人以上共同侵权造成他人损害的,应当承担连带责任。

《最高人民法院关于审理人身损害赔偿案件适用法律若干问题的解释》第 3 条第 1 款

二人以上共同故意或者共同过失致人损害,或者虽无共同故意、共同过失,但其侵害行为直接结合发生同一损害后果的,构成共同侵权,应当依照民法通则第一百三十条规定承担连带责任。

《最高人民法院关于审理涉及计算机网络著作权纠纷案件适用法律若干问题的解释》第 3 条

网络服务提供者通过网络参与他人侵犯著作权行为,或者通过网络教唆、帮助他人实施侵犯著作权行为的,人民法院应当根据民法通则第一百三十条的规定,追究其与其他行为人或者直接实施侵权行为人的共同侵权责任。

**第九条** 教唆、帮助他人实施侵权行为的,应当与行为人承担连带责任。

教唆、帮助无民事行为能力人、限制民事行为能力人实施侵权行为的,应当承担侵权责任;该无民事行为能力人、限制民事行为能力人的监护人未尽到监护责任的,应当承担相应的责任。

【说明】

本条是关于教唆侵权和帮助侵权的规定。

一、我国以及其他国家和地区的立法例

但凡规定共同侵权行为的民法典,大多都对教唆和帮助侵权作出了明确规定。如,《德国民法典》第830条第2款规定:"教唆人和帮助人视为共同行为人。"《日本民法典》第719条第2款规定:"教唆行为人者及帮助行为人者看作共同行为人,适用前款规定。"《瑞士债务法》第50条规定:"如果数人共同造成损害,则不管是教唆者、主要侵权行为人或者辅助侵权行为人,均应当对受害人承担连带责任和单独责任。法院有权自由裁决责任人是否以及在多大程度上分担责任。教唆者的责任限于其获得的利益和由于其帮助造成的损失的范围。"《韩国民法典》第760条第3款规定:"教唆人或帮助人视为共同行为人。"我国台湾地区"民法"第185条第2款规定:"造意人及帮助人,视为共同行为人。"

我国《民法通则》仅仅规定了共同侵权制度,没有对教唆、帮助侵权作出具体规定。《最高人民法院关于贯彻执行〈中华人民共和国民法通则〉若干问题的意见(试行)》弥补了这一空白,其第148条规定:"教唆、帮助他人实施侵权行为的人,为共同侵权人,应当承担连带民事责任。教唆、帮助无民事行为能力人实施侵权行为的人,为侵权人,应当承担民事责任。教唆、帮助限制民事行为能力人实施侵权行为的人,为共同侵权人,应当承担主要民事责任。"

二、教唆、帮助行为与共同侵权行为之间的关系

关于教唆、帮助行为与共同侵权行为之间的关系,学者之间有着不同的认识。

有的学者认为,共同侵权行为的主体是共同加害人,共同加害人按其行为的特点,可以分为实行行为人、教唆行为人和帮助行为人,因而,教唆行为和帮助行为都是共同侵权行为人实行的行为,都是典型的共同侵权行为。

有的学者认为,如果某人教唆或者帮助他人从事侵权行为,由于各行为人具有共同故意,其行为已与其他共同侵权行为人的行为构成一个共同的、不可分割的整体,因此都是共同侵权行为人。

有的学者认为,教唆或者帮助他人实施侵权行为的人并未直接从事加害行为,原则上是不应承担侵权责任的,但是,如果不令这些教唆人或者帮助人承担侵权责任必将大大违背社会正义观念,而且也不利于遏制此等教唆行为或帮助行为之发生,因此,在《侵权责任法》中将这两类人与直接从事侵权行为的人同样对

待,视其为共同侵权行为人。

也有的学者认为,在数人侵权的情况下,有时法律因特别目的特别规定数人承担连带责任的,属于法定的共同侵权。法律有明文规定的时候,只要符合该法律规定的特别要件,不论其是否符合共同侵权的构成要件,均当然按照共同侵权责任处理。教唆和帮助行为即属于法定的共同侵权行为中的一种类型。

三、教唆、帮助完全民事行为能力人实施侵权行为

本条第1款中的"他人"指的是完全民事行为能力人。根据本款规定,教唆、帮助完全民事行为能力人实施侵权行为需要满足以下构成要件:

1. 教唆人、帮助人实施了教唆、帮助行为

教唆行为,是指对他人进行开导、说服,或通过刺激、利诱、怂恿等方法使该他人从事侵权行为。教唆行为只能以积极的作为方式作出,消极的不作为不能成立教唆行为,教唆行为可以通过口头、书面或其他形式加以表达,可以公开进行也可以秘密进行,可以当面教唆也可以通过别人传信的方式间接教唆。帮助行为,是指给予他人以帮助,如提供工具或者指导方法,以便使该他人易于实施侵权行为。帮助行为通常是以积极的作为方式作出,但具有作为义务的人故意不作为时也可能构成帮助行为。帮助的内容可以是物质上的,也可以是精神上的,可以在行为人实施侵权行为前,也可以在实施过程中。一般认为,教唆行为与帮助行为的区别在于:教唆行为的特点是教唆人本人不亲自实施侵权行为,而是唆使他人产生侵权意图并实施侵权行为或危险行为;帮助行为可能并不对加害行为起决定性作用,只是对加害行为起促进作用。

2. 教唆人、帮助人具有教唆、帮助的主观意图

一般来说,教唆行为与帮助行为都是教唆人、帮助人故意作出的,教唆人、帮助人能够意识到其作出的教唆、帮助行为所可能造成的损害后果。在帮助侵权中,如果被帮助人不知道存在帮助行为,也并不影响帮助行为的成立。

3. 被教唆人、被帮助人实施了相应的侵权行为

这一要件要求教唆行为、帮助行为与被教唆人、被帮助人实施的侵权行为之间具有内在的联系。如果被教唆人、被帮助人实施的侵权行为与教唆行为、帮助行为没有任何联系,而是行为人另外实施的,那么,就该行为所造成的损害不应要求教唆人、帮助人承担侵权责任。这一点与《刑法》中的教唆犯罪存在明显区别,在《刑法》中,即便被教唆人没有按照教唆人的意图实施犯罪行为,教唆人的教唆行为仍然可能构成教唆未遂的犯罪。

根据本款规定,教唆人、帮助人实施教唆、帮助行为的法律后果是,教唆人、帮助人与行为人承担连带责任。受害人可以请求教唆人、帮助人或者行为人中的一人或者数人赔偿全部损失。

四、教唆、帮助无民事行为能力人或者限制民事行为能力人实施侵权行为

本条第2款是针对被教唆、被帮助对象是无民事行为能力人或者限制民事行为能力人所作出的特别规定。相比第1款的规定,本款规定的法律后果有所不同。

(1) 教唆人、帮助人明知被教唆人、被帮助人为无民事行为能力人或者限制民事行为能力人时,仍然实施教唆、帮助行为的,应当承担侵权责任

即便教唆人、帮助人主观上不知道被教唆人、被帮助人是无民事行为能力人或者限制民事行为能力人的,为了体现法律对教唆、帮助行为的否定性评价,也应当适用本款规定,由教唆人、帮助人承担侵权责任。

(2) 如果被教唆、被帮助的无民事行为能力人或者限制民事行为能力人的监护人未尽到监护责任的,应当承担相应的责任

监护,是为保护无民事行为能力人和限制民事行为能力人的人身和财产权利而由特定公民或组织对其予以监督、管理和保护的制度。根据《民法通则》的有关规定,监护人的职责主要有以下几项:① 保护被监护人的人身、财产及其他合法权益;② 管理被监护人的财产;③ 代理被监护人参加各类民事活动;④ 教育和照顾被监护人;⑤ 在被监护人的权利受到侵害或发生争议时,代理其进行诉讼。如果监护人未尽到教育和照顾被监护人的职责,疏于履行监护责任,应当对被监护人给他人造成的损害承担侵权责任。

在起草过程中,有的人提出无论监护人是否尽到监护责任,都应当由监护人与教唆人或者帮助人承担连带责任。在存在教唆人、帮助人的情形下,监护人也要承担连带责任,过于严厉。本法没有规定监护人需要承担连带责任。

【立法理由】

教唆、帮助侵权制度主要规范的是教唆人、帮助人与行为人如何对受害人承担侵权责任。我国《民法通则》仅规定了共同侵权制度,没有规定教唆、帮助侵权制度,有必要在《侵权责任法》中对这一制度作出具体规定,本条根据被教唆、被帮助对象的不同,区分完全民事行为能力人和非完全民事行为能力人两种情形分别作出规定。

【相关规定】

《最高人民法院关于贯彻执行〈中华人民共和国民法通则〉若干问题的意见(试行)》第148条

教唆、帮助他人实施侵权行为的人,为共同侵权人,应当承担连带民事责任。

教唆、帮助无民事行为能力人实施侵权行为的人,为侵权人,应当承担民事责任。

教唆、帮助限制民事行为能力人实施侵权行为的人,为共同侵权人,应当承担

主要民事责任。

**第十条** 二人以上实施危及他人人身、财产安全的行为,其中一人或者数人的行为造成他人损害,能够确定具体侵权人的,由侵权人承担责任;不能确定具体侵权人的,行为人承担连带责任。

【说明】

本条是关于共同危险行为的规定。

一、我国以及其他国家和地区立法例

共同危险行为制度广泛存在于其他国家和地区的民法典中,但对于共同危险行为制度的起源,学者们有不同认识。有的学者认为,共同危险行为起源于罗马法的"流出投下物诉权"制度,根据罗马法规定,在有物体从共同住宅窗户投下、坠落或有物流出,造成行人或他人受损害,而又无法查明投下物或流出物为何人所为时,应由共同住宅中全体居民(无论是自有、租赁、借住)负连带责任。有的学者对此表示质疑,并认为大陆法系的共同危险行为理论实际上是在法国和德国审理的一系列"狩猎案"中逐渐确立和成熟的。但通说认为共同危险行为制度起源于德国民法,后为各国立法所确认。

《德国民法典》第830条第1款规定:"数人因共同实施侵权行为造成损害的,各人对损害均负责任。不能查明数关系人中谁的行为造成损害的,亦同。"在德国,存在两个非常典型的共同危险行为的案例:一是"猎人案件",多个猎人同时向一个方向开枪,路过的行人被射中,但无法查明,究竟是哪个猎人射出的子弹击中了该行人。另一个是"摔炮案件",在一个啤酒花园中,坐在一个桌上的6个人向另外一个桌上的客人扔出了摔炮,其中一个摔炮炸伤了受害人的眼睛,但受害人无法指认,究竟是哪个摔炮导致其眼睛遭受了损害。

《日本民法典》第719条第1款规定:"由于多人共同的不法行为而对他人造成了损害时,各人对于该损害负有连带赔偿责任。无法得知共同行为人中的某一人是否施加了该损害时亦同样。"《韩国民法典》第760条规定:"数人因共同不法行为(侵权行为)给他人造成损害时,对其损害有连带赔偿责任。不构成共同侵权行为的数人行为造成了损害,却不知谁的行为造成的情况下,同前款。"《荷兰民法典》第六编第99条规定:"在损害可能产生于两个或者两个以上的人各自应当承担责任的事件时,如果能够认定损害至少产生于此等事件之一,这些人中的每一个人都对赔偿承担责任,除非他能证明损害不是由于他所负有责任的事件造成的。"《魁北克民法典》第1480条规定:"数人共同参与了导致损害的过错行为或分别犯有可以导致损害的过错的,在这两种情形,如不能确定损害实际上由他们中的何人或诸过错中的何过错引起,则他们就赔偿此等损害负连带责任。"我国台湾地区"民法"第185条第1款规定:"数人共同不法侵害他人之权利者,连带负损害赔偿责任;不能知其中孰为加害人者,亦同。"

在英美侵权行为法中,不存在独立的共同危险行为,而是将其纳入共同侵权行为,作为共同侵权行为的一种表现形式。英美法通过判例的形式确立了解决加害人不明侵权行为的基本规则:如果数个行为人的共同行为是处于协同行动的状态中,其中某一人或部分人的行为导致受害人的损害发生,虽然不能确知谁具体实施了加害行为,但被害人只要能举证侵权行为存在,数个共同行为人即可认定为共同侵权行为人,需就受害人的全部损害承担连带责任;如果数个行为人的共同行为并非处于协同行动的状态中,不能认定共同行为人全体造成受害人的同一损害,而是在于行为人中仅一人的行为与损害结果之间具有因果关系,如果受害人不能证明该侵权行为系其所起诉的被告实施,则不能获得胜诉判决。

我国《民法通则》没有对共同危险行为制度作出明确规定,但《最高人民法院关于审理人身损害赔偿案件适用法律若干问题的解释》第4条规定:"二人以上共同实施危及他人人身安全的行为并造成损害后果,不能确定实际侵害行为人的,应当依照民法通则第一百三十条规定承担连带责任。共同危险行为人能够证明损害后果不是由其行为造成的,不承担赔偿责任。"

二、共同危险行为的构成要件

根据本条规定,构成共同危险行为应当满足下列几个要件:

1. 二人以上实施危及他人人身、财产安全的行为

行为主体是复数,这是最基本的条件,这才有可能不能确定谁是具体侵权人。

在起草过程中,有的人提出需要加上"共同"二字,即"二人以上共同实施……"经研究,在共同危险行为制度中,"共同"的含义主要是要求数个行为人的行为必须是在同一时间、同一场所的行为,即"时空上的共同性",如果各被告的行为在时间上、场所上发生了分离,就不属于共同危险行为。本法第8条有关共同侵权规定中的"共同"与此处的"共同"的含义是不一样,在同一部法律中,不宜出现表达相同但含义不同的法律术语。所以,没有采纳这一建议。

有的人提出数个行为人需要具有共同过错,认为共同危险行为人负担连带责任的根据在于他们具有共同过错,这种共同过错表现为共同过失。还有的人认为,把行为人连接在一起的是共同过错,这种共同过错既非共同故意也非单独故意,而只能表现为共同过失,即共同地疏于对他人权利保护的注意义务。经研究,共同危险行为制度的初衷是防止因无法指认具体侵权人而使受害人的请求权落空,重要的是每个行为人都实施了危及他人人身、财产安全的行为。而且,共同危险行为不仅在一般过错责任中适用,在过错推定责任、无过错责任中也有适用余地。

2. 其中一人或者数人的行为造成他人损害

虽然实施危及他人人身、财产行为的是数人,但真正导致受害人损害后果发

生的只是其中一个人或者几个人的行为。

3. 不能确定具体侵权人

一般而言,受害人只能请求侵权人就其侵权行为所造成的损害予以赔偿,侵权人也仅对其侵权行为所造成的损失进行赔偿。但在共同危险行为制度中,数个行为人实施的危及行为在时间上、空间上存在偶合性,事实上只有部分行为人的行为造成了损害后果,但是,由于受害人无法掌握各个行为人的行为动机、行为方式等证据,无法准确判断哪个行为才是真正的侵权行为。为了保护受害人的合法权益,降低受害人的举证难度,避免其因不能指认真正侵权人而无法行使请求权,同时由于每个行为人都实施了危及行为,在道德上具有可责难性,所以规定由所有实施危及行为的人承担连带责任是合理的。如果受害人能够指认或者法院能够查明具体侵权人,就不能适用本条规定,只能要求具体侵权人承担侵权责任。

根据本条规定,适用共同危险行为制度的法律后果是,数个行为对受害人承担连带责任。

三、共同危险行为制度的免责事由

对于部分行为人能否通过证明其不可能是侵权人或者其行为与损害后果之间不存在因果关系来免除责任,学术界历来都有两种主张:一种是肯定说,他们认为,只要数人中有人能够证明自己根本没有加害他人的可能的,也就证明了自己没有实施危险行为,此时即便其他人中仍然不能确知谁为侵权人,也应当将该人排除在共同危险人之外,使其免除责任。另一种是否定说,他们认为,即便数人中的某人能够证明自己没有侵权行为,也不能当然地令其他人负赔偿责任,倘若其他人也如法炮制证明自己没有侵权行为,则势必会发生全体危险行为人逃脱责任的现象,受害人所受损害根本无法获得补救,因此,行为人能够证明自己并非侵权人并不能免责。

关于本法应当采纳哪种主张,在起草过程中也曾有不同意见。赞成肯定说的人认为,为了保护受害人的利益,共同危险行为制度将部分不应承担责任的行为人作为责任人,应当给予这部分人免除责任的机会,如果必须指明谁是侵权人,失之过严。赞成否定说的人认为,相对受害人而言,行为人容易证明谁是侵权人,如果允许行为人通过证明自己不可能是侵权人来免责,可能导致法官过大的自由裁量权,行为人轻易从责任中逃逸,使受害人无法得到救济。

这两种观点都有其合理性。本条规定,不能确定具体侵权人的,由行为人承担连带责任;换言之,只有在确定具体侵权人的情形下,其他行为人才可以免除责任。

【立法理由】

学说上指的共同危险行为,是指数人的危险行为对他人的合法权益造成了某种危险,但对于实际造成的损害又无法查明是危险行为中的何人所为,法律为保护被侵权人的利益,数个行为人视为侵权行为人。我国《民法通则》没有规定共同危险行为制度,有必要在《侵权责任法》中对这一制度作出具体规定。本条不仅规定了共同危险行为的适用条件,还明确规定了免责事由,有助于法院在司法实践中准确适用。

【相关规定】

《最高人民法院关于审理人身损害赔偿案件适用法律若干问题的解释》第4条

二人以上共同实施危及他人人身安全的行为并造成损害后果,不能确定实际侵害行为人的,应当依照民法通则第一百三十条规定承担连带责任。共同危险行为人能够证明损害后果不是由其行为造成的,不承担赔偿责任。

《最高人民法院关于民事诉讼证据的若干规定》第4条第1款第7项

因共同危险行为致人损害的侵权诉讼,由实施危险行为的人就其行为与损害结果之间不存在因果关系承担举证责任。

**第十一条** 二人以上分别实施侵权行为造成同一损害,每个人的侵权行为都足以造成全部损害的,行为人承担连带责任。

【说明】

本条是关于虽然分别实施侵权行为但都能造成全部损害时承担连带责任的规定。

根据本法第12条规定,二人以上分别实施侵权行为,行为人对所造成的损害承担按份责任。但如果每个行为人的侵权行为都足以造成全部损害,行为人则应当根据本条规定承担连带责任。适用本条规定需要符合以下构成要件:

1. 二人以上分别实施侵权行为

行为主体的复数性仍然是最基本的条件,每个人的行为都必须是侵权行为,符合本法第6条或者第7条的规定。相比本法第8条有关共同侵权的规定,本条要求数个侵权行为之间相互独立。本条中的"分别"是指实施侵权行为的数个行为人之间不具有主观上的关联性,各个侵权行为都是相互独立的。每个行为人在实施侵权行为之前以及实施侵权行为过程中,没有与其他行为人有意思联络,也没有认识到还有其他人也在实施类似的侵权行为。如果行为人主观具有关联性,存在共同故意或者共同过失,应当适用第8条的规定,而不能适用本条。

2. 造成同一损害后果

"同一损害"指数个侵权行为所造成的损害的性质是相同的,都是身体伤害或者财产损失,并且损害内容具有关联性。如甲的侵权行为造成了丙左腿受伤,乙的侵权行为也造成了丙左腿受伤。如果乙的侵权行为造成了丙右腿受伤,那么,甲、乙两人的侵权行为造成的就不是同一损害,而是不同损害。相较第8条而言,本条强调损害的同一性,在共同侵权制度中,即便每个侵权行为所造成的损害后果不同,如甲的侵权行为造成了丙身体上的伤害,乙的侵权行为造成了丙的财产损失,只要数个行为人主观上具有关联性,同样构成共同侵权,由数个行为人对受害人的全部损失承担连带责任。此外,如果各个行为人对受害人所造成的损害是不同的,即便因偶然原因而同时发生在一个人身上,行为人也应当就各自所致的损害承担赔偿责任。

3. 每个人的侵权行为都足以造成全部损害

判断每个侵权行为是否足以造成全部损害是适用本条的关键。本条中的"足以"并不是指每个侵权行为都实际上造成了全部损害,而是指即便没有其他侵权行为的共同作用,独立的单个侵权行为也有可能造成全部损害。如甲、乙两个人分别从不同方向向同一房屋放火,将该房屋烧毁,根据两个方向的火势判断,如果不存在另一把火,每把火都有可能将整栋房屋烧毁,但事实上两把火共同作用烧毁了该房屋,所以只能说每把火都"足以"烧毁整栋房屋。

根据本条规定,一旦满足本条规定的构成要件,数个行为人必须对造成的损害承担连带责任。

【立法理由】

一般而言,数个行为人分别实施侵权行为的,每人承担按份责任。但在每个人的侵权行为都足以造成全部损害的情形下,要求受害人根据每个侵权行为所可能造成的损害分别向各个行为人请求赔偿,不利于保护受害人的利益。本条规定由数个行为人承担连带责任,受害人可以要求任一行为人承担全部责任,有助于受害人获得足额赔偿,而且,由于每个侵权行为都可以单独成立侵权责任,这样规定也没有实质增加各个行为人所应承担的责任。

**第十二条** 二人以上分别实施侵权行为造成同一损害,能够确定责任大小的,各自承担相应的责任;难以确定责任大小的,平均承担赔偿责任。

【说明】

本条是关于分别实施侵权行为承担按份责任的规定。

一、构成要件

适用本条规定应当符合下列构成要件:

1. 二人以上分别实施侵权行为

这一要件与本法第11条中"二人以上分别实施侵权行为"的含义相同,要求数个侵权行为相互之间是独立的,不存在应当适用第8条共同侵权制度的情形。

2. 造成同一损害后果

这一要件与本法第 11 条中"造成同一损害"的含义也是一样的,如果数个侵权行为造成的损害后果不同,可以明显区分,应当适用本法第 6 条或者第 7 条的规定。

本条与本法第 11 条同属分别侵权制度,但在构成要件上有所不同,第 11 条的构成要件更加严格,要求"每个人的侵权行为都足以造成全部损害"。

二、适用本条的法律后果

根据本条规定,数个行为人应当承担按份责任。这与第 11 条在法律后果上有本质区别,第 11 条在构成要件上更加严格,要求各个行为人承担连带责任也是符合法理的。

在分别侵权制度中,确定各个行为人应当承担的份额,可以分两种情形讨论:

1. 能够确定责任大小的

虽然数个侵权行为结合造成了同一损害,但是在大部分案件中,可以根据各个侵权行为对造成损害后果的可能性(盖然性)来确定责任份额。判断这种可能性,可以综合各个行为人的过错程度、各个侵权行为与损害后果因果关系的紧密程度、公平原则以及政策考量等因素。有的学者将这种可能性称为"原因力",指在构成损害结果的共同原因中,每一个原因对于损害结果发生或扩大所发挥的作用力。法律不可能脱离具体案件,事先抽象出各种确定责任份额的标准,只能由法官在具体案件中综合考虑各种因素来确定。

2. 难以确定责任大小的

责任分配的尺度很难有一个可以数量化的标准,在某些情形下,由于案情复杂,很难分清每个侵权行为对损害后果的作用力究竟有多大。我们可以借鉴其他国家和地区在确定各个连带责任人内部份额时的做法,如,《俄罗斯民法典》第 1081 条第 2 款中规定,当过错程度不能确定时,份额应均等。《意大利民法典》第 2055 条第 3 款规定,在有疑问的情况下,推定所有人的责任相同。本条也作出了类似规定,难以确定责任大小的,各个行为人平均承担赔偿责任。

三、本条与第 8 条的关系

本条的适用范围与本法第 8 条有关共同侵权制度的适用范围呈现互补关系。第 8 条规定要求数个行为人共同实施侵权行为,而本条要求数个行为人分别实施侵权行为。《德国民法典》当初规定共同侵权制度时,要求只有主观上具有共同故意才能构成共同侵权,除此之外,其他类型的数人侵权都属于分别侵权。但随着共同侵权制度的适用范围不断变宽,一些国家和地区对共同侵权逐渐采用客观说,将部分原属于分别侵权范畴的无意思联络数人侵权纳入共同侵权范畴,"共同"与"分别"的区别越来越模糊。

在处理数人实施侵权行为的具体案件时,首先需要看是否满足第 8 条共同侵权制度规定的构成要件；不符合的，看其是否满足本法第 11 条的构成要件；也不符合的，再看其能否适用本条规定。

【立法理由】

我国《民法通则》没有对分别侵权作出规定，《最高人民法院关于审理人身损害赔偿案件适用法律若干问题的解释》第 3 条第 2 款规定："二人以上没有共同故意或者共同过失，但其分别实施的数个行为间接结合发生同一损害后果的，应当根据过失大小或者原因力比例各自承担相应的赔偿责任。"其他国家和地区的大多数民法中没有类似本条的规定，只有《魁北克民法典》第 1478 条规定："数人引起的损害，依他们各自过错的严重程度的比例分担责任。受害人自己的过错部分地导致了损害的，也要分担责任。"

充分代表美国学术界观点的《美国侵权行为法重述·第三次·责任分担》第 17 条规定："如有两人或多人的独立侵权行为构成某一不可分损害的法律原因，将由该案司法管辖区的法律确定这些侵权人应否承担连带责任、单独责任或连带责任与单独责任的某种混合责任形态。"该示范法在第 17 条以下规定了 5 种解决路径，分别是连带和分别责任、分别责任、结合再分配的"连带和分别责任"、基于比较责任份额界限的混合责任、基于赔偿种类的混合责任。由此可见，美国学术界对数个独立侵权行为造成同一损害的情形，行为人承担何种责任未有定论。

在起草过程中，对于本法是否应当规定分别侵权制度，有过不同意见。有的人提出，共同侵权制度属于特殊侵权，分别侵权制度属于一般侵权，一般侵权可以根据本法第 6 条或者第 7 条的规定解决，可以不作专条规定。考虑到在《侵权责任法》中同时规定共同侵权与分别侵权，有助于建立完善的数人侵权制度。

【相关规定】

《最高人民法院关于审理人身损害赔偿案件适用法律若干问题的解释》第 3 条第 2 款

二人以上没有共同故意或者共同过失，但其分别实施的数个行为间接结合发生同一损害后果的，应当根据过失大小或者原因力比例各自承担相应的赔偿责任。

**第十三条** 法律规定承担连带责任的，被侵权人有权请求部分或者全部连带责任人承担责任。

【说明】

本条是关于连带责任的规定。

连带责任的特征主要表现在：首先，连带责任对于侵权人而言是一种比较严重的责任方式。连带责任对外是一个整体的责任。连带责任中的每个人都需要对被侵权人承担全部责任。被请求承担全部责任的连带责任人，不得以自己的过错程度等为理由只承担自己的责任。其次，连带责任对被侵权人的保护更为充分。连带责任给了被侵权人更多的选择权，被侵权人可以请求一个或者数个连带责任人承担全部或者部分的赔偿责任。而且，被侵权人的举证责任较轻。此外，连带责任是法定责任，侵权人不能约定改变责任的性质，对于内部责任份额的约定对外不发生效力。我国《民法通则》第130条规定："二人以上共同侵权造成他人损害的，应当承担连带责任。"

近几十年来，随着经济不断发展和保险制度的日益完善，一些国家对连带责任制度的适用范围进行了反思。有的学者认为，连带责任与为自己行为负责之间可能存在矛盾，会造成连带责任中有经济能力赔偿但过错程度不重的人承担较重的责任，破坏了侵权人之间的利益平衡。当某一侵权人没有偿还能力时，已经承担了赔偿责任的侵权人就无法行使追偿权，承担了超出其过错程度的责任。而且，连带责任制度会鼓励原告在诉讼中起诉"深口袋"（deep pocket），即有偿付能力的侵权人作为被告，即使这些人只有微小过错，仅仅因为比其他侵权人有偿付能力，就需要对全部损失承担责任。但是，不能否认，连带责任有利于被侵权人得到充分的救济，减轻了被侵权人的举证责任，使被侵权人不必因为部分共同侵权人的赔付能力，而妨碍得到全额的赔偿。而且，对于连带责任人而言，这种责任方式也并非不公平，共同侵权中的每一个行为人应当对于结果的发生具有预见性，因此，有理由让他们对结果的发生承担责任。连带责任人内部的追偿制度也能导致最终责任的公平承担。在我国保险制度还不健全的情况下，连带责任所具有的担保价值，还是有利于充分保护被侵权人的合法权益。因此，本法在现行法律和司法解释基础上，对承担连带责任适用的情形重新进行了规制。依照本法规定，以下情形侵权人承担连带责任：

（1）共同侵权人的连带责任。本法第8条规定，二人以上共同实施侵权行为，造成他人损害的，应当承担连带责任。

（2）教唆人、帮助人与行为人的连带责任。本法第9条规定，教唆、帮助他人实施侵权行为的，应当与行为人承担连带责任。

（3）共同危险行为人的连带责任。本法第10条规定，二人以上实施危及他人人身、财产安全的行为，其中一人或者数人的行为造成他人损害，能够确定具体侵权人的，由侵权人承担责任；不能确定具体侵权人的，行为人承担连带责任。

（4）分别实施的行为足以造成全部损害行为人的连带责任。本法第11条规定，二人以上分别实施侵权行为造成同一损害，每个人的侵权行为都足以造成全部损害的，行为人承担连带责任。

（5）网络服务提供者与网络用户的连带责任。本法第36条中规定，网络用户利用网络服务实施侵权行为的,被侵权人有权通知网络服务提供者采取删除、屏蔽、断开链接等必要措施。网络服务提供者接到通知后未及时采取必要措施的,对损害的扩大部分与该网络用户承担连带责任。网络服务提供者知道网络用户利用其网络服务侵害他人民事权益,未采取必要措施的,与该网络用户承担连带责任。

（6）高度危险物所有人与管理人、非法占有人的连带责任。本法第74条规定,遗失、抛弃高度危险物造成他人损害的,由所有人承担侵权责任。所有人将高度危险物交由他人管理的,由管理人承担侵权责任；所有人有过错的,与管理人承担连带责任。本法第75条规定,非法占有高度危险物造成他人损害的,由非法占有人承担侵权责任。所有人、管理人不能证明对防止他人非法占有尽到高度注意义务的,与非法占有人承担连带责任。

（7）建设单位与施工单位的连带责任。本法第86条规定,建筑物、构筑物或者其他设施倒塌造成他人损害的,由建设单位与施工单位承担连带责任。

需要说明的是,《最高人民法院关于审理人身损害赔偿案件适用法律若干问题的解释》第5条规定:"赔偿权利人起诉部分共同侵权人的,人民法院应当追加其他共同侵权人作为共同被告。赔偿权利人在诉讼中放弃对部分共同侵权人的诉讼请求的,其他共同侵权人对被放弃诉讼请求的被告应当承担的赔偿份额不承担连带责任。责任范围难以确定的,推定各共同侵权人承担同等责任。人民法院应当将放弃诉讼请求的法律后果告知赔偿权利人,并将放弃诉讼请求的情况在法律文书中叙明。"对于司法解释的这一规定,引起了不小的争议。有专家提出,该规定其实改变了连带责任的性质,造成被侵权人不起诉其他连带责任人的,人民法院就要求追加；被侵权人不同意追加的,就等于放弃了对未追加的连带责任人的诉讼请求,被诉的连带责任人对于放弃的份额不再承担侵权责任。根据《民法通则》第87条的规定,负有连带义务的每个债务人,都负有清偿全部债务的义务,履行了义务的人,有权要求其他负有连带义务的人偿付他应当承担的份额。从该规定可以看到,连带责任对外是一个整体的责任,无论被侵权人向一个或者数个连带责任人请求承担责任,都不影响被请求的连带责任人对外承担全部责任。对内而言,一个或者数个连带责任人承担了连带责任之后,其内部责任,根据侵权人各自的过错、原因力等确定。是否追加被告不影响被请求的连带责任人对全部责任的承担。在司法实践中,人民法院为了查明案情,及时解决纠纷,可以在被侵权人起诉部分侵权人时,追加其他侵权人,但是,是否将全体连带责任人都追加为被告,并不影响对连带责任范围的确定。如果起诉一个连带责任人,确定了连带责任的范围,就可以让其承担全部责任。绝不能认为被侵权人放弃追加的,就等于放弃了未追加连带责任人的责任份额,否则等于肢解了连带责任,剥夺了被侵权人的请求权和获得全部赔偿的权利。因此,根据本条规定,被侵权人有权请求部分或者全部连带责任人承担责任。向一个或者数个连带责任人请求的,被请求的侵权人就应当承担全部赔偿责任。

**【立法理由】**

连带责任是一项重要的责任承担方式。连带责任可能基于合同产生,也可能是因侵权行为导致。侵权人承担连带责任,其基础来源于连带债务,是将连带债务的法律关系引入侵权责任,形成了侵权连带责任。

连带责任制度起源于罗马法。罗马法将因合同产生的连带债规定为共同连带债,将因侵权产生的连带债规定为单纯连带债。近代大陆法系国家和地区都只规定一种连带之债,不再因其产生原因不同而作进一步的分类。法国、德国、日本和我国台湾地区等大陆法系的国家和地区,在民法中一般都规定共同侵权、共同危险行为应当承担连带责任,同时有的国家和地区的民法和单行法中也规定了承担连带责任的其他情形。比如,《德国民法典》规定,父母之间对子女给他人造成的损害与子女承担连带责任、数个监护人对被监护人给他人造成的损害承担连带责任。我国台湾地区"民用航空法"规定,依租赁、附条件买卖或借贷而使用航空器者给他人造成损害的,所有人与承租人、附条件买卖买受人或借用人负连带赔偿责任。我国台湾地区"核子损害赔偿法"中规定,核子损害,系由数经营者依本法应负赔偿责任之事故所生,各该经营者应负连带赔偿责任。在美国法中,连带责任主要适用于下列三种情形:(1)施加于原告的不可侵害的损害是由两个或两个以上行为人的行为导致的。(2)数个行为人的共同侵权行为导致了原告遭受损害,无论损害是否可分割。(3)依据法律规定而应负连带责任,如雇主责任。

连带责任制度本身属于债权总则的规定,由于我国还没有民法总则,《民法通则》等现行法律对连带责任的规定比较原则,司法实践中,连带责任已成为侵权案件中侵权人承担责任的重要方式,但是对于如何适用连带责任还认识不一,因此,需要本法对侵权领域中的连带责任作出进一步的明确规定。

**【相关规定】**

《中华人民共和国民法通则》第87条

债权人或者债务人一方人数为二人以上的,依照法律的规定或者当事人的约定,享有连带权利的每个债权人,都有权要求债务人履行义务;负有连带义务的每个债务人,都负有清偿全部债务的义务,履行了义务的人,有权要求其他负有连带义务的人偿付他应当承担的份额。

《最高人民法院关于审理人身损害赔偿案件适用法律若干问题的解释》第5条

赔偿权利人起诉部分共同侵权人的,人民法院应当追加其他共同侵权人作为共同被告。赔偿权利人在诉讼中放弃对部分共同侵权人的诉讼请求的,其他共同侵权人对被放弃诉讼请求的被告应当承担的赔偿份额不承担连带责任。责任范围难以确定的,推定各共同侵权人承担同等责任。人民法院应当将放弃诉讼请求的法律后果告知赔偿权利人,并将放弃诉讼请求的情况在法律文书中叙明。

《法国民法典》第1203条

连带缔结的债务的债权人,得对其打算选择的债务人提出清偿请求,该债务人不得对债权人提出与其他债务人分别清偿债务之抗辩。

《法国民法典》第1204条

债权人对债务人之一提起诉讼,不妨碍对其他债务人提起同样的诉讼。

《德国民法典》第421条

二人以上以其中每一人都有义务履行全部给付、但债权人只有权请求给付一次的方式,欠一项给付的(连带债务人),债权人可以随意向其中任何一个债务人请求全部给付或者部分给付。到全部给付被履行时为止,全体债务人仍负有义务。

《瑞士债务法》第144条

债权人可以要求全部债务人或者其中的一个债务人全部或者部分履行债务。在全部债务履行前,债对全部债务人具有约束力。

《日本民法典》第432条

数人负担连带债务时,债权人可以对其连带债务人中的一人,或者同时或依次对全体连带债务人请求全部或部分履行。

我国台湾地区"民法"第273条

连带债务之债权人,得对于债务人中之一人或数人或其全体,同时或先后请求全部或一部之给付。连带债务未全部履行前,全体债务人仍负连带责任。

**第十四条　连带责任人根据各自责任大小确定相应的赔偿数额;难以确定责任大小的,平均承担赔偿责任。**

**支付超出自己赔偿数额的连带责任人,有权向其他连带责任人追偿。**

【说明】

本条是关于连带责任人内部责任分担的规定。

责任的大小一般依据以下原则来确定:

一、根据各自的过错

大多数侵权行为以过错为构成要件,将过错程度作为确定连带责任人之间责任的,能够体现公平的原则,也是我国司法实践的通常做法。确定赔偿数额时,应当对每个责任主体在实施侵权行为时的过错进行比较,有故意或者有重大过失等较大过错的,承担的赔偿数额较大;过错较小的,比如只有轻微过失的,可以承担较少的赔偿数额。

## 二、对原因力进行比较

原因力是指在构成损害结果的多个原因中,每一个原因对于损害结果发生或者扩大所起的作用。原因力也是确定连带责任人赔偿数额的一个重要方面,特别是在无过错责任的情况下,需要对各责任主体在实施侵权行为时所起作用进行比较,所起的作用较大的,应当承担较大的赔偿数额;所起的作用较小的,可以分担较小的赔偿数额。

## 三、平均分担赔偿数额

如果根据过错和原因力难以确定连带责任人责任大小的,可以视为各连带责任人的过错程度和原因力大小是相当的,在这种情况下应当由连带责任人平均承担赔偿责任。比如,有5个连带责任人承担连带责任,那么每人分担赔偿数额的1/5。需要指出的是,不能简单的、不加条件地让连带责任人平均分担赔偿数额,该规定适用的前提是:通过过错、原因力等比较后仍难以确定赔偿数额的。

在一个或者数个连带责任人清偿了全部赔偿数额后,支付了赔偿费用的连带责任人有权向其他连带责任人追偿。追偿权在连带责任的内部关系中处于重要的地位,能保障连带责任人内部合理分担风险。通过行使追偿权,承担赔偿责任的连带责任人也完成了角色的转化,从对外以债务人身份承担赔偿责任,转化为对内以债权人的身份请求公平分担损失。行使追偿权的前提是连带责任人支付了超出自己的赔偿数额,没有超出自己的赔偿数额,不能行使追偿权。

《侵权责任法(草案)》三审稿规定:"承担连带责任后,连带责任人根据各自责任大小确定相应的赔偿数额;难以确定的,平均承担赔偿责任。"对此,有的专家提出,"承担连带责任后"的规定对于承担赔偿责任的侵权人来说,有时会不公平,使其责任过重,造成只有在承担了全部责任之后才能请求确定各自承担的赔偿数额,提起责任分担之诉,增加诉讼成本。据了解,在司法实践中,人民法院在判决侵权人承担连带责任时,只判决各侵权人承担连带责任,原则上不在判决书中对各侵权人的赔偿数额进行分割。但是,如果连带责任人是确定的,在被侵权人起诉后,连带责任人也请求人民法院明确各自责任的份额,那么人民法院在判决连带责任人对被侵权人承担连带责任外,可以根据各连带责任人过错程度一并判决其承担责任的份额。但是,明确各连带责任人的责任份额并不意味着连带责任人的责任转化为按份责任。如果转化为按份责任,等于从实质上改变了侵权人承担责任的方式,对于被侵权人的保护是不利的。因此,责任份额仅在连带责任人内部发生效力,责任份额只是各连带责任人最终承担责任的依据,是今后连带责任人行使追偿权的基础,并不影响连带责任人对外承担连带责任。这样侵权之诉和连带责任人之间的责任分担之诉就可以合并解决,既解决了连带责任人的责任分担,也不妨碍对被侵权人利益的保护,同时还达到简化程序,减少诉讼成本,提高效率的目的。因此,本条删除了《侵权责任法(草案)》三审稿中"承担连带责任后"的规定,以便人民法院能够根据实际情况,灵活处理有关纠纷。

**【立法理由】**

连带责任人对外承担了赔偿责任后,需要在内部确定各自的责任。连带责任人的赔偿数额应当根据各自责任大小确定。在一个或者数个连带责任人清偿了全部赔偿数额后,支付了赔偿费用的连带责任人有权向其他连带责任人追偿。连带责任中的追偿权,大陆法系国家和英美法系国家大多作出了规定。我国《民法通则》第87条规定:"……负有连带义务的每个债务人,都负有清偿全部债务的义务,履行了义务的人,有权要求其他负有连带义务的人偿付他应当承担的份额。"

**【相关规定】**

《中华人民共和国民法通则》第87条

债权人或者债务人一方人数为二人以上的,依照法律的规定或者当事人的约定,享有连带权利的每个债权人,都有权要求债务人履行义务;负有连带义务的每个债务人,都负有清偿全部债务的义务,履行了义务的人,有权要求其他负有连带义务的人偿付他应当承担的份额。

《德国民法典》第840条

数人共同对某一侵权行为所产生的损害负有赔偿义务的,应作为连带债务人负其责任。除根据第831条,第832条的规定应对由他人造成的损害负赔偿义务的人之外,该他人也应对损害负责的,在此二人之间的相互关系中,仅应由该他人单独负赔偿义务,或者在第829条规定的情况下,由监督义务人单独负赔偿义务。除根据第833条至第838条的规定应对损害负赔偿义务的人之外,有第三人也应对此损害负责的,在此二人之间的相互关系中,仅应由第三人单独负赔偿义务。

《意大利民法典》第2055条第2款

赔偿了损害之人得按照其他责任人各自的过错和造成损害后果的严重程度确定的价值,向其他每一个责任者行使追偿权。第3款 在有疑问的情况下,推定所有人的责任相同(参阅第1298条)。

《瑞士债务法》第51条

数人基于不同的法律原因(如侵权、合同、法律规定)对同一损害承担责任的,适用有关连带责任人之间责任分担的规定。原则上,首先由因其非法行为造成损害的一方当事人赔偿,最后由依据法律的规定其本身又无过错的当事人或者承担合同债务的当事人赔偿。

《俄罗斯民法典》第1081条第2款

对共同负担了赔偿责任的致害人,有权请求其他致害人依每人的过错程度给付其应向受害人给付的相应份额。当过错程度不能确定时,份额应均等。

《埃塞俄比亚民法典》第2160条

如果数人因他们的过失或过犯导致同一损害的,法院得根据衡平确定每个有责任的人最终应承担的债务份额。法院在作出判决时,应考虑所有情况,特别是这些过犯对损害的作用大小以及其中每个过犯的严重性。

《埃塞俄比亚民法典》第2161条

即使最终有责任承担不止一个份额的债务的人,当他已支付全部债务时,得有权向共同责任人追偿。为完成此等追偿,他代位取得受害人的请求权。

我国台湾地区"民法"第280条

连带债务人相互间,除法律另有规定或契约另有订定外,应平均分担义务。但因债务人中之一人应单独负责之事由所致之损害及支付之费用,由该债务人负担。

我国台湾地区"民法"第281条

连带债务人中之一人,因清偿、代物清偿、提存、抵销或混同,致他债务人同免责任者,得向他债务人请求偿还各自分担之部分,并自免责时起之利息。

前项情形,求偿权人于求偿范围内,承受债权人之权利。但不得有害于债权人之利益。

**第十五条　承担侵权责任的方式主要有:**
（一）停止侵害；
（二）排除妨碍；
（三）消除危险；
（四）返还财产；
（五）恢复原状；
（六）赔偿损失；
（七）赔礼道歉；
（八）消除影响、恢复名誉。
以上承担侵权责任的方式,可以单独适用,也可以合并适用。

**【说明】**

本条是对侵权责任方式的规定。

根据本条规定,承担侵权责任的方式主要有:

一、停止侵害

行为人实施的侵权仍在继续的,受害人可依法请求法院责令行为人承担停止侵害的责任方式。停止侵害,主要是要求行为人不实施某种侵害。这种责任方式能够及时制止侵害,防止侵害后果的扩大。例如某人正在散布诽谤他人的谣言,受害人有权请求加以制止。采用这种责任方式以侵权正在进行或者仍在延续为条件,对于未发生或者已终止的侵权不适用。人民法院根据受害人的请求,依据案件的具体情况,可以在审理案件之前发布停止侵害令,或者在审理过程中发布停止侵害令,也可以在判决中责令行为人停止侵害。

### 二、排除妨碍

排除妨碍是指行为人实施的行为使他人无法行使或者不能正常行使人身、财产权益的,受害人可以要求行为人排除妨碍权益实施的障碍。行为人不排除妨碍的,受害人可以请求人民法院责令其排除妨碍。例如某人在他人家门前堆放垃圾,妨碍了他人通行,同时污染了他人的居住环境,受害人有权请求行为人将垃圾清除。受害人请求排除的妨碍必须是不法的,如果行为人的妨碍行为是正当行使权利的行为,则行为人可以拒绝受害人的请求。受害人也可以自己排除妨碍,但排除妨碍的费用应由行为人承担。

### 三、消除危险

消除危险是指行为人的行为对他人人身、财产权益造成威胁的,他人有权要求行为人采取有效措施消除这种威胁。例如某人的房屋由于受到大雨冲刷随时有倒塌可能,危及邻居的人身、财产安全,但房屋的所有人不采取措施,邻居可以请求该房屋的所有人采取措施消除这种危险。适用这种责任方式可以有效防止现实损害的发生,充分保护他人的人身、财产安全。适用这种责任方式必须是危险确实存在,对他人人身、财产安全造成现实威胁,但还未发生实际损害。对此,本法第21条规定,侵权行为危及他人人身、财产安全的,被侵权人可以请求侵权人承担停止侵害、排除妨碍、消除危险等侵权责任。

### 四、返还财产

返还财产责任因行为人无权占有他人财产而产生。没有法律或者合同根据占有他人财产,就构成无权占有,侵害了他人财产权益,行为人应当返还该财产。例如某人抢了他人的电脑据为己有,构成了无权占有,电脑所有人有权要求无权占有人返还电脑。对此,我国《民法通则》第117条规定,侵占国家的、集体的财产或者他人财产的,应当返还财产。《物权法》第34条规定,无权占有不动产或者动产的,权利人可以请求返还原物。有权请求返还财产的主体一般是该财产的所有人,但在财产被他人合法占有期间,该财产被第三人非法占有的,该合法占有人也可以请求返还财产。适用返还财产责任方式的前提是该财产还存在,如果该财产已经灭失,适用该责任方式就不可能,受害人只能要求赔偿损失;该财产虽然存在,但已经损坏的,权利人可以根据自己的意愿,请求返还财产、恢复原状或者赔偿损失等责任方式。

### 五、恢复原状

狭义的恢复原状是指法院判令行为人通过修理等手段使受到损坏的财产恢

复到损坏前状况的一种责任方式。广义的恢复原状则还包括赔礼道歉、消除影响、恢复名誉等,由于本法已将这些作为单独的责任方式,所以本法所指的恢复原状是狭义的。采用恢复原状要符合以下条件:(1)受到损坏的财产仍然存在且恢复原状有可能。受到损坏的财产不存在的,或者恢复原状不可能的,受害人只能请求赔偿损失;(2)恢复原状有必要,即受害人认为恢复原状是必要的且具有经济上的合理性。恢复原状若没有经济上的合理性,就不能适用该责任方式。若修理后不能完全达到受损前状况的,行为人还应当对该财产的价值贬损部分予以赔偿。

六、赔偿损失

赔偿损失是指行为人向受害人支付一定数额的金钱以弥补其损失的责任方式,其是最基本的责任方式,也是运用最为广泛的责任方式。有损害才有赔偿,无损害无赔偿。赔偿的目的,最基本的是补偿损害,使受到损害的权利得到救济,使受害人能恢复到未受到损害前的状态。本法规定的赔偿损失,包括人身损害赔偿、财产损失赔偿和精神损害赔偿。本章的许多规定都是关于如何确定赔偿范围和赔偿额的内容。例如本法第16条规定,侵害他人造成人身损害的,应当赔偿医疗费、护理费、交通费等为治疗和康复支出的合理费用,以及因误工减少的收入。造成残疾的,还应当赔偿残疾生活辅助具费和残疾赔偿金。造成死亡的,还应当赔偿丧葬费和死亡赔偿金。第19条规定,侵害他人财产的,财产损失按照损失发生时的市场价格或者其他方式计算。第20条规定,侵害他人人身权益造成财产损失的,按照被侵权人因此受到的损失赔偿;被侵权人的损失难以确定,侵权人因此获得利益的,按照其获得的利益赔偿;侵权人因此获得的利益难以确定,被侵权人和侵权人就赔偿数额协商不一致,向人民法院提起诉讼的,由人民法院根据实际情况确定赔偿数额。

七、赔礼道歉

赔礼道歉是指行为人通过口头、书面或者其他方式向受害人道歉,以取得谅解的一种责任方式。赔礼道歉主要适用于侵害名誉权、隐私权、姓名权、肖像权等人格权益的情形。赔礼道歉可以公开,也可以私下进行,可以口头方式进行,也可以书面等方式进行,具体采用什么形式由法官依据案件的具体情况作出。口头道歉是由行为人直接向受害人表示,基本不公开进行;书面道歉以文字形式进行,可以登载在报刊上,或者张贴于有关场所。行为人不赔礼道歉的,人民法院可以判决按照确定的方式进行,产生的所有费用由行为人承担。

八、消除影响、恢复名誉

消除影响、恢复名誉是指人民法院根据受害人的请求,责令行为人在一定范围内采取适当方式消除对受害人名誉的不利影响以使其名誉得到恢复的一种责任方式。具体适用消除影响、恢复名誉,要根据侵害行为所造成的影响和受害人名誉受损的后果来决定。处理的原则是,行为人应当根据造成不良影响的大小,采取程度不同的措施给受害人消除不良影响,例如在报刊上或者网站上发表文章损害他人名誉权的,就应当在曾刊载该文章的报刊或者网站上发表书面声明,对错误内容进行更正。消除影响、恢复名誉主要适用于侵害名誉权的情形,一般不适用于侵犯隐私权的情形,因为消除影响、恢复名誉一般是公开进行的,若适用于隐私权的保护,有可能进一步披露受害人的隐私,造成进一步的影响。

本法规定的侵权责任方式各有特点,在救济受害人的总体目标下,需要采用什么方式,就采用什么方式,可以单独采用一种方式,也可以采用多种方式。例如,对单纯的财产损失,可以单独采用赔偿损失的方式救济损害;对侵害名誉权、隐私权等人格权的,可以单独采用消除影响、恢复名誉,也可以并用消除影响、恢复名誉和精神损害赔偿。具体适用侵权责任方式应当掌握的原则是,在任何情况下,只要有救济损害的需要,如果一种方式不足以救济受害人,就应当同时适用其他方式。据此,本条第2款规定,以上承担侵权责任的方式,可以单独适用,也可以合并适用。是单独适用,还是合并适用,可以由受害人提出,也可以由法官根据不同案情依职权决定,但不管是受害人提出,还是法官依职权决定,法官在最终裁决时都要注意,采用一种或者两种方式足以保护受害人利益的,就不必再采取其他方式,以避免行为人承担不适当的责任。同时,还需注意的是,从受害人的角度看,侵权责任方式是受害人自己享有的请求权,受害人可以处分这种请求权。受害人坚持自己的请求权,若该请求权适当,且没有给行为人施加不适当责任的,法官原则上应支持其请求权;受害人自愿放弃某种可以行使的侵权责任方式的,法官不应当干预,例如受害人自愿放弃对行为人的赔偿损失请求权的,法官就不应当违背受害人的意愿强行判决行为人赔偿损失。

《民法通则》第134条第3款规定,人民法院审理民事案件,除适用上述规定外,还可以予以训诫、责令具结悔过、收缴进行非法活动的财物和非法所得,并可以依照法律规定处以罚款、拘留。这是对民事制裁方式的规定。本法并没有继承这一规定,主要是考虑到侵权责任方式是对受害人民事权益的救济,是一个民事主体对另一个民事主体所应承担的法律后果。《民法通则》规定的民事制裁方式是国家对不法行为人采取的强制处罚措施,目的在于制裁行为人,不在于救济受害人,依民事制裁方式所取得的财产,也不是交付给受害人而是上交国库。因此,民事制裁方式不属于侵权责任方式,不宜在此规定。但是,这并不意味着人民法院不可以对不法的行为人采取民事制裁方式,对符合适用条件的,人民法院仍可以采用民事制裁方式制裁不法行为人。

【立法理由】

行为人的行为构成侵权责任的,就应当承担具体的法律后果。这些具体的法律后果就是本条所称的侵权责任方式。侵权责任方式是落实侵权责任的具体形式，也是侵权责任的具体体现，没有侵权责任方式，《侵权责任法》就似一把断刃的剑，没有任何威慑力；没有侵权责任方式，本法第1条所强调的立法目的就似空中楼阁，成为一句空话，无法实现。

从境外的立法看，英美法系的侵权责任方式主要是损害赔偿，受害人无论受到何种类型的损害，都可以采用损害赔偿的方式予以救济。大陆法系的侵权责任方式主要是恢复原状和损害赔偿。这两大法系都强调了损害赔偿这种责任方式的主导地位，一些国家的侵权责任法甚至被称为侵权损害赔偿法。但是，随着社会的发展，人们的需求越来越多元化，这就需要侵权责任方式适应人们多元化的需求。损害赔偿主要是在保护物权等财产权益方面发挥作用，对于人格权、知识产权等民事权益，单纯采用损害赔偿，其作用就受到了较大限制，这就需要采取多种方式对人格权、知识产权等民事权益进行保护，包括恢复名誉、停止侵害、赔礼道歉等。例如名誉权受到侵犯的，最直接的损害后果首先是名誉受到毁损，社会评价降低，对受害人最直接的补救方式是恢复名誉。只有采取恢复名誉的方式才能消除这种损害发生的根源，才能对受害人给予最直接、最有效的补救。恢复名誉的方式不是损害赔偿能够代替的。赔礼道歉在一些情况下也是十分有效的补救方式，在有些案件中，受害人并不需要得到多少赔偿，他只需要加害人赔礼道歉，这可能在某种程度上只是满足人格尊严的需要，也可能只是一种心理安慰，但不管怎样，它是在侵害名誉权、隐私权等人格权时的一种很好补救方式。此外，现代社会侵权形态的多样化，也需要侵权责任方式的多样化。例如，随着网络技术的发展，出现了网络侵权这种新的侵权形态。网络侵权具有快速性、广泛性等特点，为了防止损害后果进一步扩大，就必须采取停止侵害等侵害责任方式。因此，侵权责任法的一个重要发展趋势就是侵权责任方式的多元化。这既适应了侵权责任法保护范围扩大的要求，也为受害人提供了全方位的救济。

我国《民法通则》对民事责任方式的规定适应了以上这种发展趋势，第134条第1款规定，承担民事责任的方式主要有：(1) 停止侵害；(2) 排除妨碍；(3) 消除危险；(4) 返还财产；(5) 恢复原状；(6) 修理、重作、更换；(7) 赔偿损失；(8) 支付违约金；(9) 消除影响、恢复名誉；(10) 赔礼道歉。司法解释对这些民事责任方式的适用也作了具体规定。从《民法通则》多年的实施效果看，多样化的责任方式对保护民事主体的民事权益发挥了积极作用。本法第15条对侵权责任方式的规定基本采纳了《民法通则》的立法模式，这是对我国20多年的民事立法和司法经验的总结和继承。同时，考虑到《民法通则》将违约责任与侵权责任方式集中规定在第134条，该条规定的责任方式有的属于违约责任方式，不适用于侵权案件，如支付违约金，《合同法》已明确规定了这种方式；有的可以为其他责任方式所包含，如修理、重作、更换实际就是本法所规定的恢复原状。因此，本法删除了《民法通则》规定的这两种民事责任方式,只列举了其他 8 种责任方式。

**【相关规定】**

《中华人民共和国民法通则》第 134 条

承担民事责任的方式主要有:

(一)停止侵害;

(二)排除妨碍;

(三)消除危险;

(四)返还财产;

(五)恢复原状;

(六)修理、重作、更换;

(七)赔偿损失;

(八)支付违约金;

(九)消除影响、恢复名誉;

(十)赔礼道歉。

以上承担民事责任的方式,可以单独适用,也可以合并适用。

人民法院审理民事案件,除适用上述规定外,还可以予以训诫、责令具结悔过、收缴进行非法活动的财物和非法所得,并可以依照法律规定处以罚款、拘留。

《俄罗斯民法典》第 1065 条

对将来发生的损害危险,可作为提起禁止该危险活动诉讼的依据。

损害结果如系企业经营、建筑物或其他生产经营活动所致,并且该活动继续致害或者有新的损害危险,法院有权责成被告除赔偿损失外,还须暂停或者终止其有关活动。

第十六条　侵害他人造成人身损害的,应当赔偿医疗费、护理费、交通费等为治疗和康复支出的合理费用,以及因误工减少的收入。造成残疾的,还应当赔偿残疾生活辅助具费和残疾赔偿金。造成死亡的,还应当赔偿丧葬费和死亡赔偿金。

**【说明】**

本条是对人身损害赔偿范围的规定。

本条分三个层次规定了人身损害赔偿的范围:

一、侵害他人造成人身损害的一般赔偿范围

这主要是指侵犯他人生命健康权益造成人身损害一般都要赔偿的项目。无论是致伤、致残,还是致死,凡是有一般赔偿范围内所列项目的费用支出,行为人均应赔偿。根据本条规定,侵害他人造成人身损害的,应当赔偿医疗费、护理费、交通费等为治疗和康复支出的合理费用,以及因误工减少的收入。这是本法规定的人身损害的一般赔偿范围。行为人的行为造成他人人身伤害但并未出现残疾或者死亡后果的,原则上行为人仅需赔偿本条规定的一般赔偿范围内的赔偿项目。这里需要强调的是,本条所列举的一般赔偿范围内的赔偿项目仅是几种比较典型的费用支出,实践中并不仅限于这些赔偿项目,只要是因为治疗和康复所支出的所有合理费用,都可以纳入一般赔偿的范围,例如营养费、住院费等费用。但前提是合理的费用才能予以赔偿,否则既会增加行为人不应有的经济负担,也会助长受害人的不正当请求行为,有失公正。因此,在司法实践中,法官必须在查清事实的基础上,结合医疗诊断、鉴定和调查结论,准确确定人身损害的一般赔偿范围。对人身损害的赔偿要坚持赔偿与损害相一致的原则,即要使受害人获得充分赔偿,又不能使其获得不当利益。基于这一原则,对医疗费、护理费、交通费等为治疗和康复支出的合理费用,以及因误工减少的收入的赔偿,因一般都有具体衡量的标准,应当全部赔偿,即损失多少就赔偿多少。

这里的"医疗费"包括挂号费、检查费、药费、治疗费、康复费等费用。在审判实践中,一般根据医疗机构出具的药费、治疗费等收费凭证,结合病历和诊断证明等相关证据确定医疗费的具体数额。赔偿义务人对治疗的合理性和必要性有异议的,应当承担相应的举证责任。医疗费的具体数额一般按一审法庭辩论终结前实际发生的确定。根据医疗证明或者鉴定结论确定在将来必然发生的医疗费,可以与已经发生的医疗费一并予以计算和赔偿,所以本条所指的医疗费既包括已经发生的医疗费,也包括将来确定要产生的医疗费。

这里的"护理费"是指受害人因受到损害导致生活不能自理,需要有人进行护理而产生的费用支出。赔偿护理费的前提是,受害人受到损害,生活不能自理或者不能完全自理,需要有人进行护理。这种情况应当有医疗单位或法医的证明。证明需要陪护的,予以赔偿,没有必要的,则不予赔偿。审判实践中,护理费一般根据护理人员的收入状况和护理人数、护理期限确定。护理人员有收入的,原则上参照其因误工而减少的收入计算;没有收入或雇佣专门护工的,原则参照当地护工从事同等级别护理的劳务报酬标准计算。护理期限原则上应计算至受害人恢复自理能力时止。受害人因残疾不能恢复自理能力的,可以根据其年龄、健康状况等因素确定合理的护理期限。

"交通费"是指受害人及其必要的陪护人员因就医或者转院所实际发生的用于交通的费用。赔偿交通费应当根据实际支出确定,以正式交通费的票、证收据为准,票证收据记载的时间、地点、人数要与实际救治的时间、地点、人数相一致。对不合理的支出,不应当赔偿,但确定的标准不宜过于严格。例如对没有就近治疗,但是选择的医院是合理、必要的,其交通费也应当赔偿。

本条规定的"因误工减少的收入"是指受害人由于受到伤害,无法从事正常工作或者劳动而失去或者减少的工作、劳动收入。受害人受到伤害但并未残疾或者死亡，因误工减少的收入就是受害人从受到损害到恢复正常能参加工作、劳动时止这段时间内的损失。因误工减少的收入的基本计算方法是：单位时间的实际收入乘以误工时间。

## 二、造成残疾的赔偿范围

对于残疾的赔偿范围，我国的立法有一个发展变化的过程，根据《民法通则》第119条的规定，受害人残疾的，应当赔偿医疗费、因误工减少的收入、残废者生活补助费等费用，对于是否赔偿被扶养人生活费和残疾赔偿金没有明确规定。《产品质量法》第44条、《消费者权益保护法》第41条则明确规定，受害人残疾的，除应当赔偿医疗费、治疗期间的护理费、因误工减少的收入等费用外，还应当支付残疾者生活自助具费、生活补助费、残疾赔偿金以及由其扶养的人所必需的生活费等费用。但是没有明确生活补助费、残疾赔偿金以及由其扶养的人所必需的生活费三者之间的关系。对此，理论界有不同认识，法官在司法实践中也有不同做法。例如《最高人民法院关于审理人身损害赔偿案件适用法律若干问题的解释》第17条就规定，受害人因伤致残的，除赔偿医疗费、误工费、护理费、交通费、住宿费、住院伙食补助费、必要的营养费外，还应当赔偿其因增加生活上需要所支出的必要费用以及因丧失劳动能力导致的收入损失，包括残疾赔偿金、残疾辅助器具费、被扶养人生活费，以及因康复护理、继续治疗实际发生的必要的康复费、护理费、后续治疗费，赔偿义务人也应当赔偿。根据本法规定，造成受害人残疾的，除应当赔偿医疗费、护理费、交通费等为治疗和康复支出的合理费用，以及因误工减少的收入外，还应当赔偿残疾生活辅助具费和残疾赔偿金。

"残疾生活辅助具费"是指受害人因残疾而造成身体功能全部或者部分丧失后需要配制补偿功能的残疾辅助器具的费用。残疾生活辅助具主要包括假肢及其零部件、义眼、助听器、盲人阅读器、助视器、矫形器等。实践中，赔偿这个项目的问题是残疾生活辅助具的费用过高，例如赔偿假肢费用，有的采用外国高级假肢，并且按照工程师的一个证言就确定高额的安装费用，造成赔偿数额过高，赔偿不合理。在司法实践中，计算残疾生活辅助具费现在一般按普通适用器具的合理费用标准计算。伤情有特殊情况的，可以参照辅助具配制机构的意见确定相应的合理费用标准。辅助具的更换周期参照配制机构的意见确定。

"残疾赔偿金"是受害人残疾后所特有的一个赔偿项目。对残疾赔偿金，虽说我国的《消费者权益保护法》、《国家赔偿法》、《产品质量法》等法律和一些司法解释已作了明确规定，但理论界和实务界对其性质和赔偿标准有较大争论。有的认为，残疾赔偿金是精神损害抚慰金，因此，其不应有明确的赔偿标准，应由法官根据具体案情，考虑若干因素决定赔偿数额。有的将残疾赔偿金界定为对受害人未来的预期收入损失，并明确规定了赔偿标准。有的认为，残疾赔偿金既是对受害人未来预期收入损失的赔偿,也是对其因残疾丧失的一些精神生活的赔偿。

从境外的立法情况看,一些国家和地区将残疾赔偿金视为对受害人未来财产损失的赔偿,只是在确定赔偿标准时有不同做法,有的采用了"收入所得丧失说",即在计算残疾赔偿金时,是以受害人受到伤害之前的收入与受到伤害之后的收入之间的差额作为赔偿额。根据"收入所得丧失说",受害人虽然因残疾丧失或者减少劳动能力,但其残疾前与残疾后的收入并没有差距的,受害人不得请求残疾赔偿金。有的采用"生活来源丧失说",即受害人残疾必然会导致其生活来源丧失或者减少,行为人应当赔偿受害人的生活费,使其生活来源能够重新恢复。一些国家和地区则采用了"劳动能力丧失说",即受害人因残疾导致部分或者全部劳动能力丧失本身就是一种损害,无论受害人残疾后其实际收入是否减少,行为人都应对劳动能力的丧失进行赔偿。以上三种做法各有利弊,"收入所得丧失说"可操作性较强,但在实践中若完全依据该做法,一些无收入的受害者,如家庭主妇、儿童、失业者等,由于在受到残疾前并没有收入,就有可能得不到赔偿,对这些受害者是相当不公平的;根据"生活来源丧失说",残疾赔偿金赔偿的是受害人残疾前后生活费的差额。根据这种做法确定的残疾赔偿金比较低,不利于保护受害人的利益。"劳动能力丧失说"比较符合损害发生时的实际情况,但没有考虑到受害人未来劳动能力的提高和精神生活受到损害的情况,且完全忽视了受害人的具体情况,如受教育程度、年龄、受害人的实际收入等因素。我国现在的司法实践主要采用的是"劳动能力丧失说"。

三、造成死亡的赔偿范围

人身损害死亡赔偿制度是指自然人因生命权受侵害而死亡,侵权人承担金钱赔偿责任的一种民事法律救济制度。对死亡赔偿的范围,《民法通则》第119条规定,除应当赔偿医疗费、因误工减少的收入等费用外,还应当支付丧葬费、死者生前扶养的人必要的生活费等费用。《消费者权益保护法》第42条、《产品质量法》第44条和《国家赔偿法》第27条规定,因侵权行为造成他人死亡的,除赔偿医疗费、护理费等费用外,应当支付丧葬费、人身损害死亡赔偿金以及由死者生前扶养的人所必需的生活费等费用。上述三部法律,均采取在丧葬费和被扶养人生活费以外,同时给付死亡赔偿金的模式。《最高人民法院关于审理人身损害赔偿案件适用法律若干问题的解释》规定,受害人死亡的,赔偿义务人除应当根据抢救治疗情况赔偿医疗费、护理费、营养费等相关费用外,还应当赔偿丧葬费、被扶养人生活费、死亡补偿费以及受害人亲属办理丧葬事宜支出的交通费、住宿费和误工损失等其他合理费用。这一司法解释对死亡赔偿项目的列举,比法律明确列举的赔偿项目要更多一些。在本法征求意见过程中,有的提出,我国法律之间以及法律与司法解释之间对死亡赔偿范围的规定存在不协调的地方,司法实践中的做法也不完全一致,《侵权责任法》应予以改进和完善。本条在立法和司法实践经验基础上,借鉴国外做法,规定,侵害他人造成死亡的,除应当赔偿医疗费、护理费、交通费等合理费用外,还应当赔偿丧葬费和死亡赔偿金。

在立法中,对如何规定死亡赔偿制度存在较大争论。被侵权人死亡的,其医疗费、丧葬费的赔偿较为明确,便于计算,争议不大。争议较大的是死亡赔偿金的支付。司法实践中,对农村居民和城市居民按不同标准支付死亡赔偿金,城市居民获得的死亡赔偿金比农村居民往往高一倍至二倍,一度引发"同命不同价"的争论。对死亡赔偿金的争论主要集中在如何确定死亡赔偿对象、赔偿范围和赔偿标准。赔偿对象解决死亡赔偿金赔给谁。有的认为,侵权人致被侵权人死亡,造成了死者损害,侵害了死者权益,死亡赔偿金是对死者的赔偿,死者近亲属只是继承了死亡赔偿金;也有的认为,被侵权人死亡后已经不具有民事主体资格,因此,侵害的只能是死者近亲属权益,死亡赔偿金是对死者近亲属的赔偿。赔偿范围和赔偿对象有一定关联性,死亡赔偿金的范围解决哪些损害应当得到赔偿。

理论界和实务界对此主要有两种观点:一是以被扶养人丧失生活来源作为依据的"扶养丧失说"。依据"扶养丧失说",受害人死亡后,其被扶养人因此失去了生活来源,侵害人对此应予赔偿。死亡赔偿金的范围是被扶养人生活费。对受害人死亡导致的预期收入减少,不予赔偿;二是以受害人死亡导致的预期收入减少为依据的"继承丧失说",即侵权人向死者近亲属赔偿死者余命年限内(主要以一个国家的平均寿命减去死者死亡时的年龄)将获得的除去生活费等正常开支的剩余收入。从境外的赔偿情况和司法实践看,有的国家主要采用了"扶养丧失说",如德国;有的主要采用了"继承丧失说",如日本。这两种模式各有利弊,但共同的缺憾之一是都以财产损失为基础,而没有考虑精神生活的损失。人的生活分为物质生活和精神生活,即使物质生活,也不单纯是取得报酬或者收入。侵害人的生命,造成被侵权人死亡,赔偿范围应包括物质损失和非物质损失。这样,有利于保护被侵权人的合法权益,符合民法损害赔偿原则,彰显尊重生命的时代精神。

赔偿标准解决具体的赔偿数额问题。从境外的情况看,主要有两种做法:(1)定额赔偿法。定额赔偿法实际是一种单一赔偿标准,不考虑具体受害人的个人收入状况、职业、受教育程度等方面的差异,原则上按照平均收入乘以一定年限计算赔偿数额,从而以抽象化、定型化的方式确定死者未来收入损失。(2)个体赔偿法。原则上根据死者近期收入乘以一定年限计算赔偿数额。死者无收入的,划分不同情况按照平均收入乘以一定年限计算赔偿数额。大多数国家和地区采用这种方法。以这种方法确定死亡赔偿金数额时,法官一般要综合考虑每个死者的职业、年龄、受教育程度、被扶养人的状况等因素。在同一案件中,死者的这些因素一般都不完全相同,因此,法官根据这些因素确定的赔偿额也不可能完全相同。例如,在同一侵权行为中,一死者为出租车司机,另一死者为著名足球运动员,二者年龄相当,如果依定额赔偿法,死者的近亲属获得的死者赔偿相同;如果依个体赔偿法,死者的近亲属获得的死者赔偿就不一样。由于个体赔偿法强调与个人的收入状况、受教育程度等因素相联系,而实践中个人状况千差万别,给损失的确定带来困难。在立法中,也有的提出,赔偿标准原则上应统一,同时适当考虑个人年龄、收入、精神损害程度、文化程度等差异。但统一标准,不宜以城乡划界,也不宜以地区划界,而是人不分城乡、地不分东西的全国统一标准。个人差异,有时可以考虑,有时可不考虑,如交通肇事、矿山事故等发生人数较多伤亡时,可不考虑个人差异,采用一揽子赔偿方案,按相同数额确定死亡赔偿金。

为解决法官在审判实践中难以操作,人身损害赔偿案件的裁判尺度难以统一等问题,本法曾试图对死亡赔偿金的赔偿标准作明确规定。但是,最终考虑到实践中的人身损害死亡赔偿案件千差万别,我国各地的经济情况差异较大,个体之间的实际情况也不完全相同,情况非常复杂,法律规定的任何赔偿标准都有可能无法照顾到这些差异,都有可能引起较大争议。从国外的经验看,多数国家都没有在法律中对人身损害死亡赔偿金的赔偿标准作明确规定,主要由法官在司法实践中根据具体案情自由裁量。因此,目前由法律对死亡赔偿金的标准作统一、具体的规定较为困难,《侵权责任法》暂不规定为好,宜由法官在司法实践中,根据案件的具体情况,综合考虑各种因素后,确定死亡赔偿金的数额。但是,为了便于解决纠纷,使受害人及时有效地获得赔偿,对因同一侵权行为造成多人死亡的情况,本法第 17 条明确规定,可以以相同数额确定死亡赔偿金。

**【立法理由】**

人身损害赔偿是指行为人侵犯他人的生命健康权益造成致伤、致残、致死等后果,对受害人承担金钱赔偿责任的一种民事法律救济制度。建立完善且符合我国国情的人身损害赔偿制度对全面保护自然人的生命健康权益具有重要意义。《民法通则》第 119 条规定了人身损害赔偿制度的基本内容,根据该规定,侵害公民身体造成伤害的,应当赔偿医疗费、因误工减少的收入、残废者生活补助费等费用;造成死亡的,并应当支付丧葬费、死者生前扶养的人必要的生活费等费用。《消费者权益保护法》、《产品质量法》等法律,以及《最高人民法院关于审理人身损害赔偿案件适用法律若干问题的解释》等司法解释在《民法通则》的基础上对人身损害赔偿制度作了补充。本条在《民法通则》等法律规定的基础上,总结近 20 多年来的司法实践经验,对人身损害赔偿的范围作了较为完善的规定。

**【相关规定】**

《中华人民共和国民法通则》第 119 条

侵害公民身体造成伤害的,应当赔偿医疗费、因误工减少的收入、残废者生活补助费等费用;造成死亡的,并应当支付丧葬费、死者生前扶养的人必要的生活费等费用。

《中华人民共和国产品质量法》第 44 条

因产品存在缺陷造成受害人人身伤害的,侵害人应当赔偿医疗费、治疗期间的护理费、因误工减少的收入等费用;造成残废的,还应当支付残疾者生活自助具费、生活补助费、残疾赔偿金以及由其扶养的人所必需的生活费等费用;造成受害人死亡的,并应当支付丧葬费、死亡赔偿金以及由死者生前扶养的人所必需的生活费等费用。

《中华人民共和国消费者权益保护法》第 41 条

经营者提供商品或者服务,造成消费者或者其他受害人人身伤害的,应当支付医疗费、治疗期间的护理费、因误工减少的收入等费用;造成残废的,还应当支付残疾者生活自助具费、生活补助费、残疾赔偿金以及由其扶养的人所必需的生活费等费用;构成犯罪的,依法追究刑事责任。

《中华人民共和国消费者权益保护法》第 42 条

经营者提供商品或者服务,造成消费者死亡或者其他受害人死亡的,应当支付丧葬费、死亡赔偿金以及由死者生前扶养的人所必需的生活费等费用;构成犯罪的,依法追究刑事责任。

《最高人民法院关于审理人身损害赔偿案件适用法律若干问题的解释》第 17 条

受害人遭受人身损害,因就医治疗支出的各项费用以及因误工减少的收入,包括医疗费、误工费、护理费、交通费、住宿费、住院伙食补助费、必要的营养费,赔偿义务人应当予以赔偿。

受害人因伤致残的,其因增加生活上需要所支出的必要费用以及因丧失劳动能力导致的收入损失,包括残疾赔偿金、残疾辅助器具费、被扶养人生活费,以及因康复护理、继续治疗实际发生的必要的康复费、护理费、后续治疗费,赔偿义务人也应当予以赔偿。

受害人死亡的,赔偿义务人除应当根据抢救治疗情况赔偿本条第一款规定的相关费用外,还应当赔偿丧葬费、被扶养人生活费、死亡补偿费以及受害人亲属办理丧葬事宜支出的交通费、住宿费和误工损失等其他合理费用。

《德国民法典》第 842 条

因对人实施侵权行为所产生的损害赔偿义务,扩及于该行为对受害人的生计或者发展前途所产生的不利益。

《德国民法典》第 844 条

在侵害他人致死的情况下,损害赔偿义务人应当向负担了殡葬费的人偿还殡葬费。

如果死者在被害时,根据法律对第三人有抚养义务或者有可能负抚养义务的关系,而第三人因死者被害致死而被剥夺其受抚养权利的,赔偿义务人应当向第三人支付定期金作为损害赔偿,如同死者在其可能生存期间内有义务提供抚养一样;于此准用第843条第2款至第4款的规定。在受害人被害当时第三人为尚未出生的胎儿的,亦发生赔偿义务。

《德国民法典》第845条

在侵害致死、侵害身体或者健康以及在剥夺人身自由的情况下,受害人根据对第三人在家务或者经营中负有给付劳务的义务时,损害赔偿义务人应向第三人支付金钱定期金作为对失去的劳务赔偿。于此准用第843条第2款至第4款的规定。

《荷兰民法典》第六编第108条

一个人的死亡是由他人应当对之承担责任的事件所致的,该行为人应当赔偿下列人员丧失抚养的损失:(1)死者未分居的配偶和未成年的婚生或非婚生子女,且数额不少于法律规定的其有权获得的抚养费数额;(2)死者的其他血亲或者姻亲,但以死者在死亡时已经完全或者部分抚养或者根据司法裁决其有义务给予抚养为条件;(3)在产生责任的事件发生以前作为家庭成员与死者共同生活并且全部或者大部分由死者抚养的人,但以如果死者未死亡该供养会继续并且他们不能合理的为自己获得足够的生活来源为限;(4)作为家庭成员与死者共同生活并且因照顾家务而由死者抚养的人,但以这个人在死者死亡后因该家务必须另行安排而受到损失为限。此外,赔偿责任人应当为承担了丧葬费用的人支付补偿,该费用以符合死者的境况为限。

《俄罗斯民法典》第1085条

造成公民残废或其他健康损害时,应赔偿受害人已失去的或者预期能获得的工资(收入),以及因健康损害而引起的额外费用,其中包括治疗、补充营养、购置药品、安装假肢、护理、疗养治疗、购置专门交通工具、从事其他职业的培训费等,只要确定受害人需要此类帮助且又不能无偿获得该帮助和护理的。

在确定受害人失去的工资收入时,因残废或其他健康损害给致害人规定的残废津贴,与在其健康损害前或者损害后规定的其他退休金、津贴和其他类似的款项一样不予考虑,受害人于健康损害后所领取的工资(收入)也不列入损害赔偿范围。

本条可确定的对受害人赔偿的范围和应向其给付的赔偿金,可根据法律或合同予以增加。

《俄罗斯民法典》第1088条

在受害人死亡时,有损害赔偿请求权的人是:依靠死者供养或在死者生前有权要求死者供养的无劳动能力的人;死者死后出生的子女;父或者母、配偶或其他家庭成员,不论有无劳动能力只要不工作并从事照管死者应供养的未满14周岁或者已满14周岁但根据医疗机构的证明其身体状况需要有他人照顾的死者的子女、孙子女、兄弟姐妹；靠死者供养并在死者死后5年内丧失劳动能力的人；父或者母、配偶或者不工作而从事照顾死者的子女、孙子女、兄弟姐妹并在照顾期间内也丧失劳动能力的家庭其他成员，他们在结束对上述人的照顾后，仍有损害赔偿请求权。

**第十七条　因同一侵权行为造成多人死亡的，可以以相同数额确定死亡赔偿金。**

【说明】

本条是对以相同数额确定死亡赔偿金的规定。

从国外经验以及我国实践情况看，在因同一侵权行为造成多人死亡的案件中，以相同数额确定死亡赔偿金主要有以下好处：

（1）在因同一侵权行为造成多人死亡引发的众多诉讼中，对众多的损害项目和考虑因素逐一举证比较烦琐，而且岁月的流逝还可能使这种证明较为困难。以相同数额确定死亡赔偿金可以避免原告的举证困难，并防止因此而导致的诉讼迟延，让其可以及时有效地获得赔偿。

（2）考虑每个死者的具体情况分别计算死亡赔偿金，不但未必能计算到损害的全部内容，而且让法院面临较为沉重的负担，不利于节省司法资源。以相同数额确定死亡赔偿金不但可将受害人及其亲属受到的肉体、社会生活、精神生活等损害覆盖于其中，有效避免挂一漏万，更好保护受害人利益，还可以减轻法院负担，节约司法资源。

（3）以相同数额确定死亡赔偿金可以维护众多原告之间的团结。在处理导致多人死亡的侵权案件时，以同一数额确定死亡赔偿金，既迅速救济了原告，也防止了原告之间相互攀比，避免同一事故中的众多原告之间赔偿数额差距过大引发社会争论。实际上，从我国近些年的司法实践看，在一些因同一事故导致多人死亡的侵权案件中，由于法院最终判决的死亡赔偿金在众多原告之间差异较大，引起了当事人不满，社会效果也不是很好。

这里需要注意几点：

（1）以相同数额确定死亡赔偿金并非确定死亡赔偿金的一般方式，若分别计算死亡赔偿金较为容易，就不宜采用这种方式。

（2）根据本法的规定，以相同数额确定死亡赔偿金原则上仅适用于因同一侵权行为造成多人死亡的案件。

（3）本条特别强调，对因同一侵权行为造成多人死亡的，只是"可以"以相同数额确定死亡赔偿金，而不是任何因同一侵权行为造成多人死亡的案件都"必须"或者"应当"以相同数额确定死亡赔偿金。至于什么情况下可以，什么情况下不可以,法院可以根据具体案情,综合考虑各种因素后决定。实践中,原告的态度也是一个重要考虑因素,多数原告主动请求以相同数额确定死亡赔偿金的,当然可以;原告没有主动请求,但多数原告对法院所提以相同数额确定的死亡赔偿金方案没有明确表示反对的,也可以适用这种方式。

(4)以相同数额确定死亡赔偿金的,原则上不考虑受害人的年龄、收入状况等个人因素。

这里还需强调一点,本条只是规定,因同一侵权行为造成多人死亡的,可以对"死亡赔偿金"以相同数额确定,对死者在死亡前产生的医疗费、护理费等合理费用支出,以及丧葬费支出,宜根据实际支出情况单独计算,损失多少,赔偿多少。

**【立法理由】**

在立法中,有的常委委员、部门和专家提出,在许多情况下,根据死者年龄、收入状况等情形,确定的死亡赔偿数额有所不同,但在因同一事故造成多人死亡时,为便于解决纠纷,实践中,不少采用相同数额予以赔偿,例如有的地方,对药物损害事故中的多个死者统一赔偿每人20万元,这样的做法起到了良好的社会效果,《侵权责任法》应当吸收实践中的这些有益做法,增加相关规定。据此,本法规定,因同一侵权行为造成多人死亡的,可以以相同数额确定死亡赔偿金。

在境外,也有的国家采用了类似做法,例如日本自20世纪70年代以来,在环境污染、药物损害、交通事故等导致多人死亡的侵权案件中,常常采用"概括的一揽子赔偿方式"解决死亡赔偿问题。"概括的一揽子赔偿"将受害人受到的所有社会、经济、精神损害作为一个损害,不区分财产损害与非财产损害,也不将财产损害细化为若干的项目,而赋予受害人统一的赔偿请求权。

**第十八条** 被侵权人死亡的,其近亲属有权请求侵权人承担侵权责任。被侵权人为单位,该单位分立、合并的,承继权利的单位有权请求侵权人承担侵权责任。

被侵权人死亡的,支付被侵权人医疗费、丧葬费等合理费用的人有权请求侵权人赔偿费用,但侵权人已支付该费用的除外。

**【说明】**

本条是对被侵权人死亡后,谁可以成为请求权主体的规定。

本法在总结我国立法经验和司法实践经验基础上,参考国外立法,区分情况作了规定:

(1)被侵权人死亡的,其近亲属有权请求侵权人承担侵权责任。考虑到近亲属的范围应由我国《婚姻法》、《继承法》等婚姻家庭法律规定,同时死亡侵权案件的情况不完全相同,需要根据具体案情确定哪些近亲属可以请求侵权人承担侵权责任,本法并没有规定"近亲属"的范围。为了充分保护最应当被救济的近亲属,原则上,请求权人应是与受害人共同生活的家庭成员或者与受害人有紧密联系的近亲属,或者依靠受害人生活的其他近亲属,例如受害人生前扶养的子女、父母等。

(2)被侵权人为单位,该单位分立、合并的,承继权利的单位有权请求侵权人承担侵权责任。分立是指原单位一分为二,合并是指两个单位合二为一。单位分立、合并的,都涉及分立、合并前的单位所享有的侵权请求权在分立、合并后由谁行使的问题。单位在分立、合并过程中一般都会通过合同对权利的承继者作出安排,没有作出安排的,则依据《合同法》、《公司法》等法律的相关规定决定谁有权承继这种权利。一旦确定了承继权利者,其就有权请求侵权人承担侵权责任。

(3)根据本法第18条第2款的规定,被侵权人死亡,支付被侵权人医疗费、丧葬费等合理费用的人有权请求侵权人赔偿费用,但侵权人已支付该费用的除外。在司法实践中,支付被侵权人死亡前的医疗费等合理费用的,不一定是被侵权人本人,还可能是其亲属、朋友或者其他人;对于丧葬费,由于受害人已经死亡,只能是其亲属、朋友或者其他人支付。若支付这些费用的是被侵权人的近亲属,这些近亲属当然可以依据本条第1款的规定请求侵权人赔偿这些费用,若支付这些费用的并非其近亲属,而是其朋友、其他人或者某一单位的,实际支付费用的主体也可以作为独立的请求权人请求侵权人赔偿这些费用,但若侵权人已将这些费用赔偿给被侵权人近亲属的,实际支付这些费用的主体就不能再向侵权人请求赔偿,而只能要求获得赔偿的近亲属返还这些费用。赋予实际支付医疗费、丧葬费等费用的主体独立请求权,有利于弘扬"帮扶、帮衬"的社会美德,保护善良的社会风俗,也可以防止侵权人获得不当利益。

【立法理由】

被侵权人仅仅受到伤害、残疾,或者被侵权人作为单位仍存在的情况下,请求权人原则上是被侵权人本人,对此本法第3条明确规定,被侵权人有权请求侵权人承担侵权责任。但是,被侵权人(即受害人)死亡的,其权利能力消灭,法律主体资格不复存在,死者不可能以权利主体资格请求侵权人承担侵权责任。同样的,被侵权人为单位,其分立、合并的,被侵权人的法律主体资格也消失,也不可能以权利主体资格请求侵权人承担侵权责任。因此,在这两情况下,请求权人都只能是被侵权人以外的主体。

被侵权人死亡的,哪些主体可以请求侵权人承担侵权责任呢?《民法通则》对此并没有明确的规定。《国家赔偿法》规定,受害的公民死亡,其继承人和其他有扶养关系的亲属有权要求赔偿。受害的法人或者其他组织终止,承受其权利的法人或者其他组织有权要求赔偿。一些司法解释也作了规定,例如《最高人民法院关于审理人身损害赔偿案件适用法律若干问题的解释》规定,赔偿权利人是指因侵权行为或者其他致害原因直接遭受人身损害的受害人、依法由受害人承担扶养义务的被扶养人,以及死亡受害人的近亲属。从国外的立法看,大陆法系国家和我国台湾、澳门地区将被侵权人死亡情况下的请求权人分为两种情况:一是经济损失的请求权人。被侵权人死亡的情况下,请求权人为死者近亲属、受扶养人和丧葬费支付人。对被扶养人的范围,规定不完全相同。一些国家和我国台湾地区将被扶养人的范围限定为被侵权人对其负有法定扶养义务的人。如依《德国民法典》第844条的规定,被扶养人包括两类:(1)受害人被侵害前负有法定扶养义务的人;(2)在侵害时尚未出生的胎儿。俄罗斯等国家的被扶养人范围较广,既包括法定被扶养人,也包括实际被扶养人。二是精神损害的请求权主体。大多数国家和我国台湾地区规定,受害人死亡导致其近亲属精神损害的,该近亲属可以为请求权人。这里的近亲属一般指父母、子女及配偶。如我国台湾地区"民法"规定,不法侵害他人致死者,被害人之父母、子女及配偶,虽非财产上之损害,亦得请求赔偿相当之金额。对受害人死亡的损害赔偿请求权人的范围,美国大多数州有两种法律作出规定:(1)"幸存法"。该法规定,受害人死后,因侵权行为所受损害,如身体和精神上的伤痛、经济上的损失等仍然可以得到赔偿,这些赔偿由他的近亲属以死者名义提起诉讼而获得;(2)"非正常死亡法"。该法主要赋予死者近亲属提起因亲人死亡导致自己所受损害的诉讼权利和索赔权利。死者近亲属一般包括死者的配偶、子女;如果没有配偶或子女,则为死者的父母。在有些州,法律不允许养子和私生子提起"非正常死亡"诉讼。死者近亲属要求赔偿的损失,除了自己的经济损失(如扶养费)外,还包括失去伴侣、失去夫妻生活的快乐和精神痛苦等损失。

**【相关规定】**

《中华人民共和国国家赔偿法》第6条第2、3款

受害的公民死亡,其继承人和其他有扶养关系的亲属有权要求赔偿。

受害的法人或者其他组织终止,承受其权利的法人或者其他组织有权要求赔偿。

《德国民法典》第844条第2款

如果死者在被害当时,根据法律对第三人有抚养义务或者可能负抚养义务的关系,而第三人因死者被害致死而被剥夺其受抚养的权利的,赔偿义务人应当向第三人支付定期金作为损害赔偿。如同死者在其可能生存期间内有义务提供抚养一样;于此准用第843条第2款至第4款的规定。在受害人被害时第三人虽尚未出生的胎儿的,也发生赔偿义务。

《俄罗斯民法典》第1088条第1款

在受害人死亡时,有损害赔偿请求权的人是:依靠死者供养或在死者生前有权要求死者供养的无劳动能力的人;死者死后出生的子女;父或者母、配偶或其他家庭成员,否认有无劳动能力只要不工作并从事照管死者应供养的未满14周岁或者已满14周岁但根据医疗机构的证明其身体状况需要有他人照顾的死者的子女、孙子女、兄弟姐妹;靠死者供养并在死者死后5年内丧失劳动能力的人;父或者母、配偶或者不工作而从事照顾死者的子女、孙子女、兄弟姐妹并在照顾期间内也丧失劳动能力的家庭其他成员,他们在结束对上述人的照顾后,仍有损害赔偿请求权。

《埃塞俄比亚民法典》第2096条

在发生死亡事故时,其他人不得为自己的利益请求赔偿,即使他们证明自己是死者生前提供物质帮助或抚养的人,也不得例外。

**第十九条　侵害他人财产的,财产损失按照损失发生时的市场价格或者其他方式计算。**

【说明】

本条是关于财产损失计算的规定。

依据本法第2条的规定,侵害他人民事权益,应当承担侵权责任。侵权包括对人身权益和财产权益等的侵害,本条是指对侵害他人财产权益所造成损害的计算。财产权益是民事权益中的重要组成部分,包括物权、知识产权、股权,以及虚拟经济中的财产权利等具有财产性质的权益。

一、侵害他人物权的财产损失计算

侵害他人物权,是侵害他人财产的最主要,也是最基本的表现形态,包括对他人所有的不动产、动产等财产进行毁损,致使该财产的外在形式、内在质量遭受破坏,甚至完全丧失,直接影响其价值。如汽车被撞坏、古董花瓶被摔碎、家用电器被烧毁、建筑物被毁坏等。因侵权行为导致财产损失的,要按照财产损失发生时的市场价格计算。也就是以财产损失发生的那个时间,这个财产在市场上的价格为计算标准。完全毁损、灭失的,要按照该物在市场上所对应的标准全价计算;如果该物已经使用多年的,其全价应当是市场相应的折旧价格。例如,一辆已经开了五年的汽车被毁坏,其全价应当是二手车市场与该种车型及使用年限相对应的价格;财产部分毁损的,应当按照由于毁损使该物价值减损的相应的市场价格标准计算。如果该财产没有在市场上流通,没有市场的对应价格,可以其他方式计算,包括评估等方式。如家传的古董,没有市场价格,就可以按照有关部门的评估价格计算。

一般说来,市场价格会有上升或下降的可能,一个侵权案件审判终结需要一段时日,如果对于价格标准不作确定,则可能在司法实践中引起混乱,侵权行为发生时、诉讼开始时、诉讼终结时等都可能成为法官考虑的时间点,由于市场价格的波动,不同的时间点可能赔偿的数额就会不同。为了避免司法实践中可能出现的规则运用上的不统一,本条明确了对财产损失的计算标准,规定以财产损失发生的时间点计算赔偿价格,这个确定的时间点通常也就是侵权行为发生的时间。

二、侵害他人知识产权的财产损失计算

知识产权是一种无形财产权,是从事智力创造性活动取得成果后依法享有的权利。著作权、商标权、专利权等知识产权是一种以价值为基础和依托的无形财产权,知识产权既包括人身权利也包括财产权利,其人身权利指权利与取得智力成果的人的人身不可分离,是人身关系在法律上的反映,如署名权等,亦为精神权利;其财产权利指智力成果被法律承认以后,权利人可以利用这些智力成果取得报酬等权利,因此也为经济权利。因此,知识产权是具有财产和人身权利结合的一种复合性权益,财产权属性是知识产权的重要内容。对侵害知识产权所造成的财产损害,侵权人应当承担相应的赔偿责任。

侵害知识产权的财产权利与侵害一般财产的赔偿原则并无二致,但由于我国有关知识产权的法律都有相应的承担民事责任方面的规定,依据本法第5条,其他法律对侵权责任另有特别规定的,依照其规定,知识产权侵权行为应当首先适用这些单行法的规定。如:

(1)《著作权法》第48条规定:"侵犯著作权或者与著作权有关的权利的,侵权人应当按照权利人的实际损失给予赔偿;实际损失难以计算的,可以按照侵权人的违法所得给予赔偿。赔偿数额还应当包括权利人为制止侵权行为所支付的合理开支。""权利人的实际损失或者侵权人的违法所得不能确定的,由人民法院根据侵权行为的情节,判决给予五十万元以下的赔偿。"

(2)《专利法》第65条规定:"侵犯专利权的赔偿数额按照权利人因被侵权所受到的实际损失确定;实际损失难以确定的,可以按照侵权人因侵权所获得的利益确定。权利人的损失或者侵权人获得的利益难以确定的,参照该专利许可使用费的倍数合理确定。赔偿数额还应当包括权利人为制止侵权行为所支付的合理开支。""权利人的损失、侵权人获得的利益和专利许可使用费均难以确定的,人民法院可以根据专利权的类型、侵权行为的性质和情节等因素,确定给予一万元以上一百万元以下的赔偿。"

(3)《商标法》第56条规定:"侵犯商标专用权的赔偿数额,为侵权人在侵权期间因侵权所获得的利益,或者被侵权人在被侵权期间因被侵权所受到的损失,包括被侵权人为制止侵权行为所支付的合理开支。""前款所称侵权人因侵权所得利益,或者被侵权人因被侵权所受损失难以确定的,由人民法院根据侵权行为的情节判决给予五十万元以下的赔偿。""销售不知道是侵犯注册商标专用权的商品,能证明该商品是自己合法取得的并提供者的,不承担赔偿责任。"

三、侵害他人股权等财产权的损失计算

本法第2条中规定的民事权益包括股权。股权又称为股东权,广义的股权指股东得以向公司主张的各种权利。狭义的股权指股东因出资而取得的、依法定或者公司章程的规定参与事务并在公司中享有财产权益的、具有可转让性的权利。侵害股权造成财产损失的,应当依照《公司法》等相关法律规定承担民事赔偿责任。

【立法理由】

财产权益是民事权益中的重要组成部分,计算财产损失是损害赔偿的基础。财产损害一般指侵害他人所造成的直接损害,而侵害他人财产除了财产本身的损失外,还可能产生间接损失、纯经济损失。有的学者将财产损害划分为所受损害(为积极的损害,即财产的直接损害)和所失利益(为消极的损害,即本来应当获得的利益没有获得)。间接损失即可得利益的减少,指由于侵权人侵害他人财产的行为,导致被侵权人在一定范围内与财产相关的未来利益的损失。间接损失不是现有财产的减少,而是被侵权人基于财产而可能产生的利益的减少,是被侵权人可能得到的财产利益因侵权行为而丧失的损失。如,因汽车被撞导致出租车不能运营,但每天需缴纳的车份因无法运营而成为损失。

间接损失具有的特点:一是损失是未来的可得利益,在侵权行为实施时它只具有财产取得的可能性,而非现实利益;二是这种丧失的未来利益是极有可能实现的,而非遥不可及的;三是这种未来可得利益产生于被损害财产,有确定的范围,而非与被损害财产无关的虚妄利益。

由于财产损害造成间接损失的情况比较复杂,是否赔偿,如何赔偿,无论是在理论界还是在司法实务中都存在争议。有的学者认为,间接损失的赔偿有法律依据,《民法通则》第117条第3款规定"受害人因此受到其他重大损失的,侵权人并应当赔偿损失"就是对间接损失予以赔偿的规则。也有的学者认为,不能因为保护受害人的利益而加重侵权人的赔偿负担,侵权责任法不仅是权利保护法,同时也是合理划定人们行为自由界限的法律,如果对侵权人要求过重,则会影响其行为自由,有违利益平衡的原则,阻碍社会的发展,对间接损失应当采取可预见性标准予以限制。

立法中有的学者还提出了对纯经济损失应当给予赔偿的建议,认为纯粹经济损失毕竟是实际损失的一种,根据全面赔偿的原则,为了充分弥补被侵权人的损失,应当列入赔偿范围。如,由于电缆被盗窃剪断,导致某企业停产。纯粹经济损失与间接损失有时会产生重叠或交叉,间接损失是纯经济损失的最主要的表现。纯经济损失指被侵权人因他人的侵权行为遭受的经济上的损害,但该种损害不是由于受害人所遭受的有形财产损害而产生的经济损失。《瑞典赔偿法》第2条中规定:"本法的纯粹经济损失应被理解为不与任何人身体伤害或者财产损害相联系而产生的经济损失。"纯经济损失包含了各种类型的损害,可能是利润的损失,也可能是物的使用价值的减少。纯经济损失是否应当赔偿,在各国的立法和学说中莫衷一是,一般认为原则上不应予以赔偿,但在例外情况下,可以给予赔偿。认为不应赔偿的理由:(1)纯经济损失与造成损害的原因之间的因果关系过于遥远,如果对纯经济损失予以赔偿,将导致诉讼的泛滥;(2)如果对纯经济损失予以赔偿,也会妨碍人们的行为自由,因为行为人对于损害结果的发生不具有可预见性;(3)如果对于过失造成的纯经济损失的赔偿将导致行为人的责任过重。有的国家的立法对纯经济损失规定赔偿,认为:如果对纯经济损失完全不予赔偿,对受害人来说也不尽合理,因为损害毕竟是侵权人的行为造成的,但为了防止无限扩大赔偿范围而加以限定,其限制主要为加害人的故意,以及未来利益的可预见性,赔偿范围不得超过加害人在实施侵权行为时应当预见的损失范围。德国对纯经济损失的赔偿,在法律上并没有明确规定,但判例学说大多援引《德国民法典》第826条关于故意悖于善良风俗加害他人者应负损害赔偿责任的规定,作为对纯经济损失予经赔偿的法律依据。《欧洲侵权法基本原则》第2-102条(4)规定:对纯经济损失和合同利益的保护范围相对受限。在此情况下,应适当考虑行为人与受害方的接近程度,或考虑行为人明知其行为将造成损失的事实(尽管其利益的价值被认为低于受害方的利益)。同条(6)规定:决定利益保护范围时,应考虑行为人的利益,尤其该行为人行动与行使权利的自由,以及公共利益。

**【相关规定】**

《中华人民共和国民法通则》第117条

  侵占国家的、集体的财产或者他人财产的,应当返还财产,不能返还财产的,应当折价赔偿。

  损坏国家的、集体的财产或者他人财产的,应当恢复原状或者折价赔偿。

  受害人因此遭受其他重大损失的,侵害人并应当赔偿损失。

《中华人民共和国物权法》第34条

  无权占有不动产或者动产的,权利人可以请求返还原物。

《中华人民共和国物权法》第35条

  妨害物权或者可能妨害物权的,权利人可以请求排除妨害或者消除危险。

《中华人民共和国物权法》第36条

  造成不动产或者动产毁损的,权利人可以请求修理、重作、更换或者恢复原状。

《中华人民共和国物权法》第37条

  侵害物权,造成权利人损害的,权利人可以请求损害赔偿,也可以请求承担其

第20条　《中华人民共和国侵权责任法》条文说明、立法理由及相关规定

他民事责任。

《欧洲侵权法基本原则》第10-203条
物品灭失、破坏和损害的情况下,经济损害赔偿的基本数额相当于物品价值或该价值的贬值量。损害赔偿的数额与受害方是否意图取代或修理此物品无关。然而,如果受害方已经或即将取代或修理此物品,在合理范围内,他有权获得更高数额的赔偿。丧失对物品使用,也有权获得经济赔偿,包括由此产生的损失。

《瑞士债务法(草案)》第45条C
全部毁损有体物或者导致有体物遗失的,应赔偿的损害范围通常包括重新购买同价值的物的费用;该物价值已经有有所减损的,在考虑到适当扣减其价值的前提下,确定该物的损害赔偿范围。

该物被部分损害的,应赔偿损害范围包括重新维修的费用以及由此减少的价值部分。

受害人必须利用被侵害的有体物或者利用该有体物从事职务活动,则应赔偿的损害范围包括在修理或者重新购买该物必要期间内租赁同等价值物的费用或者在上述期间利用该物可得利益的减损。

我国台湾地区"民法"第196条
不法毁损他人之物者,被害人得请求赔偿其物因毁损所减少之价额。

**第二十条**　侵害他人人身权益造成财产损失的,按照被侵权人因此受到的损失赔偿;被侵权人的损失难以确定,侵权人因此获得利益的,按照其获得的利益赔偿;侵权人因此获得的利益难以确定,被侵权人和侵权人就赔偿数额协商不一致,向人民法院提起诉讼的,由人民法院根据实际情况确定赔偿数额。

【说明】
本条是关于侵害他人人身权益造成财产损失的赔偿的规定。

公民的人身权利是公民最基本的权利,包括的内容比较广泛,主要指人的生命权、健康权、身体权、姓名权、荣誉权、肖像权、名誉权、隐私权、监护权和人身自由等与人身直接有关的权利。侵害他人人身权益,应当依法承担侵权责任。本条对于侵害他人人身权益如何计算财产损失作了较为具体的规定。

一、按照所受损失赔偿
侵害他人人身权益造成的财产损失的赔偿范围,根据侵害行为及侵害人身权益内容的不同,侵害他人的人身权益造成财产损失的情形也不尽相同。主要包括:

(1) 侵害他人生命权、健康权、身体权等人身权益造成的财产损失。侵害他人生命、健康、身体等权益造成的财产损失的赔偿范围,一般包括积极的财产损失

和可得利益的损失。根据本法第16条的规定,侵害他人造成人身损害的,应当赔偿医疗费、护理费、交通费等为治疗和康复支出的合理费用,以及因误工减少的收入。造成残疾的,还应当赔偿残疾生活辅助具费和残疾赔偿金。造成死亡的,还应当赔偿丧葬费和死亡赔偿金。

其中因治疗而支出的医疗费、护理费、交通费、住宿费,必要的营养费,以及因康复护理、继续治疗等实际发生的费用;受害人死亡所支付的丧葬费,以及办理丧葬事宜所支出的交通、住宿等其他合理费用;受害人残疾所需要的残疾辅助器具费等为积极的财产损失,即因侵权行为导致被侵权人实际支出的费用。

被侵权人因误工而减少的收入,以及受害人死亡办理丧事其亲属误工所减少的收入;被侵权人因全部或者部分丧失劳动能力而减少的预期收入;被侵权人死亡的,其因死亡而不能获得的未来一定期限内的预期收入等为可得利益的损失,即因侵权行为的发生导致被侵权人本应获得而无法获得的财产。

(2)侵害他人名誉权、荣誉权、姓名权、肖像权和隐私权等人身权益造成的财产损失。对此,学界一直存在不同认识。有的人认为,侵害他人非物质性人身权益没有财产损害,只能通过精神损害赔偿。《最高人民法院关于确定民事侵权精神损害赔偿责任若干问题的解释》和《最高人民法院关于审理人身损害赔偿案件适用法律若干问题的解释》将精神损害赔偿作为侵害非物质性人身权的主要救济方式。也有人认为,侵害他人非物质性人身权有时也会产生财产损害,应当按照其实际损害赔偿。例如,某些名人的姓名权、肖像权具有一定的商业价值,如果用于广告等商业目的,取得使用的同意一般需要付给相应的对价,未经同意擅自使用其姓名或者肖像,直接影响了其应当获得的财产利益,这种财产损失是可计算的,因此属于侵害他人人身权益造成财产损害的情形。有的名人,已经与企业签订了其肖像权独家使用的合同,一旦其肖像被另外的企业使用,名人对于签约企业形成违约,其违约损失就是财产损失。有的因个人隐私被披露导致生病,看病的费用,也是直接的财产损失。

侵害非物质性人身权益的财产损失,可以根据不同的侵权行为和相关证据具体判断处理,有实际财产损失的,按照实际损失赔偿,没有实际损失的,可以根据本法的相关规定给予救济。

二、按照所获利益赔偿

一些侵害人身权益的行为财产损失难以确定,尤其是在被侵权人的名誉受损、隐私被披露等侵害非物质性人身权益的情况下,很难确定财产损失。在总结我国司法实践经验的基础上,当侵害他人人身权益,财产损失难以确定的情况下,本条明确规定,侵权人因此获得利益的,按照其获得的利益赔偿。有的学者认为,侵害他人名誉、姓名、隐私等人身权益,侵权人所获得的利益,就是被侵权人的财产损失,只是计算财产损失的角度不同而已。

三、获利难以计算的赔偿

本条"侵权人因此获得的利益难以确定,被侵权人和侵权人就赔偿数额协商不一致,向人民法院提起诉讼的,由人民法院根据实际情况确定具体赔偿数额"是全国人大常委会三审之后增加的内容,主要针对损人不利己等获利情况难以计算的情况。

根据全国人大常委委员的审议意见,本条对既侵权又没获利的赔偿作了规定。当出现侵权人获得的利益难以确定时,被侵权人与侵权人可以就赔偿数额进行协商,协商不一致的,被侵权人可以向人民法院提起诉讼,由法院根据实际情况赔偿数额。这项规定表达了三层含义:(1)侵权人损人没有获利或者获利难以计算的情况下,当事人可以就赔偿数额进行协商;(2)赋予被侵权人获得赔偿的请求权,侵权人不能因为没有获利或者获利难以计算就不负赔偿责任;(3)如何确定赔偿数额由法院根据侵权人的过错程度、具体侵权行为和方式、造成的后果和影响等确定。

**【立法理由】**

侵害他人人身权益造成财产损害的情况十分复杂。在德国,侵害人格权在财产损害与非财产损害之间的界限发生了变化,财产损害方式获得了扩张。在一些案件中,法官将受害人的精神不悦,以及人格展开的商品化可能都解释为一种财产损害。例如,所有能够以财产计算并且在市场中通过金钱可以获得的利益都是财产损害。在遭受精神损害的情况下,如果当事人为了摆脱此种精神压抑而作出了一定的花费,则此种花费也是财产损害。德国由此存在两种理论:一种称之为"沮丧理论",即所有因为侵权行为所造成的或者使用的机会丧失都可以作为财产损害;另一种理论是"商品化理论",即在现代社会中,大量的生活关系都可以在当今的财产社会中通过金钱购买到,所以在造成他人精神损害,而此种精神损害又可以通过金钱加以抚慰时,则应当承担精神损害赔偿,进而这种应当得到赔偿的损害延伸为财产损害。

一些侵害人身权益的行为财产损失难以确定,尤其是在被侵权人的名誉受损、隐私被披露等侵害非物质性人身权益的情况下,很难确定财产损失。在此情形下,侵权人如何赔偿,怎样确定赔偿数额是困扰司法实践中的一个难题。例如,某运动员身披国旗的照片被企业印到产品的包装盒了,运动员诉企业侵权。在此案中,侵害他人肖像权的行为确实存在,如何对被侵权人进行赔偿,赔偿数额如何确定成了被关注的热点。《最高人民法院关于确定民事侵权精神损害赔偿责任若干问题的解释》第10条中规定的关于精神损害的赔偿数额确定的因素中,将"侵权人的获利情况"作为其中之一,由此,对侵害他人人身权益的情况下,侵权人的获利情况作为司法实践中确定赔偿数额的重要因素考虑。司法解释对于这种获利赔偿仅限于精神损害赔偿数额考虑因素的范畴之内。某省电视台,为了提高收视率,将一个曾经下乡知青有私生子的隐私通过谈话节目故意暴露,给该知青的家庭和个人名誉造成不利影响,该知青以电视台侵害其隐私权提起诉讼,法院以电视台的广告收入作为考虑因素,判决电视台赔偿50万元。

《侵权责任法(草案)》三审稿提交十一届全国人大常委会第十一次会议审议时,有的常委委员提出,实践中存在"损人不利己"的情况,有的侵权人将别人的隐私放在网络上造成很坏的影响,他自己并没有获利,如果在侵害他人人身权时,仅是获利的给予赔偿,没有获利的不予赔偿,则不能很好地保障被侵害人的权益,侵权人也得不到惩罚,建议明确规定,没有获得利益的侵权人也应当负责任,责任大小可以通过相应的司法程序解决。

**【相关规定】**

《中华人民共和国民法通则》第120条

公民的姓名权、肖像权、名誉权、荣誉权受到侵害的,有权要求停止侵害,恢复名誉,消除影响,赔礼道歉,并可以要求赔偿损失。

法人的名称权、名誉权、荣誉权受到侵害的,适用前款规定。

《最高人民法院关于贯彻执行民法通则若干问题的意见(试行)》第149条

盗用、假冒他人名义,以函、电等方式进行欺骗或者愚弄他人,并使其财产、名誉受到损害的,侵权人应当承担民事责任。

《德国民法典》第12条

他人对权利人使用姓名的权利有争议的,或权利人的利益因他人无权使用同一姓名而受到侵害的,权利人可以请求他人除去侵害。可能会继续受到侵害的,权利人可以提起不作为之诉。

《意大利民法典》第7条

法律赋予每个人使用自己姓名的权利。在他人不恰当使用姓名给当事人造成损害的情况下,可以通过法律途径请求停止侵害。请求停止侵害的诉讼不影响当事人请求赔偿的权利。

《俄罗斯民法典》第150条

公民与生俱来的或依法享有的生命权和健康权,个人尊严权,人身不受侵犯权,人格与名誉权,商业信誉,私人生活不受侵犯权,个人秘密和家庭秘密,自由往来、选择居所和住所的权利,姓名权,著作权,其他人身非财产权利和其他非物质利益是不可转让的,并且不得以其他方式移转。在法律规定的情况下和依照法律规定的程序,属于死者的人身非财产权利和其他非物质利益,可以由他人行使和保护,其中包括由权利人的继承人实现和保护。

**《欧洲民法典共同参考(草案)》第 6.2-206 条**

因侵犯他人的财产权利或者动产或者不动产合法占有造成的损失是法律上的相关损害。

在本条中:(1)损失包括财产使用剥夺;(2)侵犯财产权利包括标的物的灭失或物理损坏标的损害,处分该权利、干涉财产的使用和其他妨碍权利行使的行为。

**《法国侵权法(草案)》第 1380 条**

财产受到损害的,受害人有权要求购买替代物或者恢复原状的赔偿金,原物的折旧费用无须扣除。恢复可能附加的增值也不予以考虑。

如果恢复原状的费用高于赔偿替代物,受害人只能要求赔偿替代物。

**《法国侵权法(草案)》第 1380-1 条**

如果财产既不能替代也不能修复,则受害人有权要求赔偿财产损坏前的同等价值。损坏财产的价值评估在判决之日作出。责任人可以要求取得目前状态的财产,原来预计出售的商品因损坏不能再出售的,同等对待。

**《法国侵权法(草案)》第 1380-2 条**

如果经修复后的财产仍损失了部分价值,受害人有权要求补偿原物贬损的价值。

此外,受害人还有要求赔偿失去使用和收益权的损失。

**《埃塞俄比亚民法典》第 46 条**

任何拥有姓名的人,当任何第三人对此等姓名的盗用将导致或可能导致其物质或精神损害时,都有权抵制此等盗用。

自然人已死亡或处于不能表达其意志的状态时,前款规定的权利归其各卑亲属及其配偶行使;甚至在他们不具有同样的姓名时亦能行使此等权利。

当上述人员已向盗用人提出停止盗用姓名的请求,而后者未立即停止其行为的,则请求人可被授予精神损害赔偿。

**我国台湾地区"民法"第 19 条**

姓名权受侵害者,得请求法院除去其侵害,并得请求损害赔偿。

**第二十一条　侵权行为危及他人人身、财产安全的,被侵权人可以请求侵权人承担停止侵害、排除妨碍、消除危险等侵权责任。**

【说明】

本条是关于危及他人人身、财产安全责任承担方式的规定

本法第 15 条规定,承担侵权责任的方式主要有:停止侵害、排除妨碍、消除危险、返还财产、恢复原状、赔偿损失、赔礼道歉和消除影响、恢复名誉。这些承

责任的方式可以单独适用,也可以合并适用。本条规定的是危及他人人身财产安全情况下的责任方式。这里的"危及"应当是:(1)侵权行为正在实施和持续而非已经结束;(2)侵权行为已经危及被侵权人的人身、财产安全而非不可能危及;(3)是侵权人所为的侵权行为而非自然原因。

一、停止侵害

当侵权人正在实施侵权行为人时,被侵权人可依法请求其停止侵害。停止侵害适用于各种正在进行的侵权行为,对于已经终止和尚未实施的侵权行为不适用停止侵害的民事责任方式。例如,被侵权人发现网络上出现侮辱自己的文章或者盗用自己的研究成果的情况下,就可以要求侵权人停止侵害。最高法院对于当事人请求停止侵害的法律适用有相应的司法解释,例如,《最高人民法院关于贯彻执行〈中华人民共和国民法通则〉若干问题的意见(试行)》第162条第1款规定:"在诉讼中遇有需要停止侵害、排除妨碍、消除危险的情况时,人民法院可以根据当事人的申请或者依职权先行作出裁定。"《最高人民法院关于对诉前停止侵犯专利权行为适用法律问题的若干规定》第1条第1款规定:"根据专利法第六十一条的规定,专利权人或者利害关系人可以向人民法院提出诉前责令被申请人停止侵犯专利权行为的申请。"

二、排除妨碍

排除妨碍是指侵权行为人实施某种行为妨害他人正常行使权利或者妨害他人合法利益的,被侵权人请求人民法院排除侵权人的侵权行为。例如,因邻居装修施工占用通行道路,不按约定堆放装修材料阻碍交通的,被阻碍通行的人可以要求其尽快清理,排除妨碍。又如,将污染物排放到河流造成环境污染及他人财产损失的,被侵权人有权请求其排除妨碍,清除污染物。对此,《环境保护法》第41条就明确规定,造成环境污染危害的,有责任排除危害,并对直接受到损坏的单位或者个人赔偿损失。《最高人民法院关于贯彻执行〈中华人民共和国民法通则〉若干问题的意见(试行)》第97条规定,相邻一方因施工临时占用他方使用的土地,占用的一方如未按照双方约定的范围、用途和期限使用的,应当责令其及时清理现场,排除妨碍;恢复原状,赔偿损失。第98条规定,一方擅自堵截或者独占自然流水,影响他方正常生产、生活的,他方有权请求排除妨碍;造成他方损失的,应负赔偿责任。

三、消除危险

消除危险是指在负有责任的人支配下的物对他人人身和财产安全构成威胁,或者存在侵害他人人身或者财产现实可能性的情况下,受到威胁的人有权请求法院责令对构成危险的责任人采取有效措施消除侵害他人人身或者财产的威胁和现实可能性的承担民事责任的方式。请求消除危险,又称请求防止侵害,是指侵害虽未发生,但其人身、财产面临遭受侵害的可能,对于这种可能发生的侵害,可能被侵权的人有权请求相对人为一定行为或者不为一行为,防止侵害,消除既存的危险,以避免侵害的发生。例如,住宅小区的树木出现树枝将要断裂,或者树干枯死,随时可能掉下来砸到行人或者停在树下的车辆上,在这种情况下,可以请求树木管理责任人消除隐患,避免损害的发生。又如,住宅小区内的下水井盖丢失,极易造成对人身的伤害,负责井盖管理的人,有责任补上井盖,防止侵害的发生。《最高人民法院关于贯彻执行〈中华人民共和国民法通则〉若干问题的意见(试行)》第154条规定,从事高度危险作业,没有按照有关规定采取必要安全防护措施,严重威胁他人人身、财产安全的,人民法院应当根据他人的要求,责令作业人消除危险。

【立法理由】
　　对正在危及他人的人身、财产安全的侵权行为发生的情况下,赋予被侵权人请求停止侵害、排除妨碍、消除危险等责任方式,目的在于防止损害后果的扩大,维护被侵权人的合法权益。

【相关规定】
　　《俄罗斯民法典》第1065条
　　对将来发生的损害危险,可作为提起禁止该危险活动诉讼的依据。
　　损害结果如系企业经营、建筑物或其他生产经营活动所致,并且该活动继续致害或者有新的损害危险,法院有权责成被告除赔偿损失外,还须暂停或者终止其有关活动。
　　《欧洲民法典共同参考(草案)》第6.1-102条
　　如果法律上的相关损害即将可能发生,本编授予将受损的一方防止损害发生的权利。防止损害发生请求权的对象是假设损害发生将承担责任的一方。
　　《埃塞俄比亚民法典》第2121条
　　法院可发布禁令,禁止被告实施、继续实施或者恢复损害原告的行为。
　　只有在有充分理由相信可能进行不利于原告的行为,并且他受到其威胁的损害不能通过给予损害赔偿进行补偿时,才能发布禁令。

**第二十二条　侵害他人人身权益,造成他人严重精神损害的,被侵权人可以请求精神损害赔偿。**

【说明】
　　本条是关于精神损害赔偿的规定。
　　本条虽然只有一句,但承载了相当丰富和厚重的内涵。
　　精神损害赔偿是受害人因人格利益或身份利益受到损害或者遭受精神痛苦而获得的金钱赔偿。规定精神损害赔偿有利于保护受害人的利益。

在广泛听取各方面的意见并经反复研究,为加强对受害人利益的保护,同时也为了防止精神损害赔偿被滥用,本条规定侵害他人人身权益,造成他人严重精神损害的,被侵权人可以请求精神损害赔偿。条文对请求精神损害赔偿的范围、要件及主体作了规定。

(1)侵害他人人身权益可以请求精神损害赔偿。根据本条的规定,精神损害赔偿的范围是侵害他人人身权益,侵害财产权益不在精神损害赔偿的范围之内。人身权益包括生命权、健康权、姓名权、名誉权、肖像权、隐私权、监护权等,侵权人侵害了他人的人身权益的,被侵权人可以请求精神损害赔偿。

(2)造成他人严重精神损害。并非只要侵害他人人身权益被侵权人就可以获得精神损害赔偿,本条规定,"造成他人严重精神损害"才能够获得精神损害赔偿,"严重精神损害"是构成精神损害赔偿的法定条件。偶尔的痛苦和不高兴不能认为是严重精神损害。

(3)被侵权人可以请求精神损害赔偿。一般来说,请求精神损害赔偿的主体应当是直接遭受人身权侵害的本人。受到他人侵害致残,或者名誉等人身权益受到他人侵害造成严重的精神损害的,可以请求精神损害赔偿。此时,人身权被侵害的"他人"与造成严重精神损害的"他人"是一致的,就是本人。被侵权人由于其人身权益受到侵害造成死亡的能否请求精神损害赔偿?从国外的立法及司法实践情况看还是在理论上都存在争议,有的国家规定可以请求精神损害赔偿,如日本、美国;有的国家没有规定精神损害赔偿,如德国。根据我国的司法解释,实践中对于因侵权给死亡者的亲属造成严重精神损害的,是给予精神损害赔偿的。例如:北京发生的"公共汽车售票员掐死清华大学教授女儿"一案,法官考虑到清华大学教授老来得子,在现场亲眼目睹女儿被掐死,售票员的手段特别恶劣等因素,判定了30万元的精神损害赔偿。

根据本法第18条第1款的规定:"被侵权人死亡的,其近亲属有权请求侵权人承担侵权责任。"其中赋予近亲属的请求权并没有明确排除精神损害赔偿。

确定精神损害赔偿的数额可以考虑侵权人的主观状态、被侵权人的伤残情况和遭受精神痛苦的情形等。目前,一些省法院掌握的标准是最高不超过5万元,有的市一般掌握的标准是最高不超过10万元。随着社会经济的发展变化,精神损害赔偿的数额也会随之发生变化。

【立法理由】

一、一些国家及我国台湾地区的有关情况

许多大陆法系国家、欧盟和我国台湾地区规定,生命、健康或者名誉、隐私等人格权受到侵害的,可以请求精神损害赔偿。如《俄罗斯民法典》第1100条规定,在以下情况,无论致害人有无过错,均应补偿精神损害:高度危险来源造成公民生命或者健康损害;非法追究刑事责任、非法采用羁押和具结不离境的强制手段、以拘留或劳动履行的方式非法处以行政处罚而给公民造成损害;诋毁名誉、侵害人格尊严和商誉造成损害;法律规定的其他情况。欧盟制定的《欧洲侵权责任法基本原则》第10-301条规定,受到人身伤害,或人格尊严、人身自由,以及其他人身权利受到侵犯的,受害人应得到精神损害赔偿。当事人近亲中有人受到致使或虽不致命但极其严重伤害的,此当事人也有权得到精神损害赔偿。我国台湾地区"民法"第195条第1款规定,不法侵害他人之身体、健康、名誉、自由、信用、隐私、贞操,或不法侵害他人人格法而情节重大者,被害人虽非财产上之损害,亦得请求赔偿相当之金额。其名誉被侵害者、并得请求为恢复名誉之适当处分。

《德国民法典》中确立精神抚慰金即精神损害赔偿金迄今已有一百多年的历史。2002年8月以前,德国精神损害赔偿的法律依据主要是《德国民法典》第847条规定,在侵害身体或者健康,以及在剥夺人身自由的情况下,受害人所受损害即使不是财产上的损失,也可以因受损害而要求合理的金钱赔偿。对妇女犯有违反道德的犯罪或者不法行为,或者以欺诈、威胁或者滥用从属关系,诱使妇女同意婚外同居的,该妇女享有精神损害赔偿请求权。原则上,只有当发生非合同的过错责任时,才会产生精神抚慰金。精神抚慰金具有双重功能,即补偿功能和让受害人获利心理平衡功能。2002年8月以后,德国议会颁布了《关于修改损害赔偿法规定的第二法案》,对精神损害赔偿的范围作了重大调整,将第847条的内容并到253条中,规定:对于非财产损害,只有法律上有明确规定的,才能请求金钱赔偿。由于侵害身体、健康、自由或性自主权而需损害赔偿的,受害者也可基于非财产损害请求合理的金钱赔偿。调整精神损害赔偿适用范围的意义在于:统一了精神抚慰金适用的标准,将不再以合同与非合同、过错与非过错的区分为基础;后又将精神抚慰金适用范围,由限于侵权行为法领域扩展到合同法和危险责任领域;加强了对受害者利益的保护。德国目前关于精神损害赔偿的发展趋势主要体现在两个方面:(1)从20世纪90年代起,提高痛苦费的金额,对于重大伤情确定痛苦费的,明显慷慨于以前,居欧洲领先地位;(2)不再有家庭成员的痛苦费,死者家属作为间接的受害者在法律规定的例外情况下,有自己的索赔权。柏林高等法院在判例中指出,死者家属"出现严重的精神上的惊吓"绝不是提出非物质伤害补偿的理由,一次事故或者一个关于事故的消息,可以成为要求补偿的理由,条件是它们造成了精神病理学意义上的后果,或者更为严重——导致患了精神病。认定痛苦费所必需的肉体和心灵的伤害,要由法院依据民事诉讼法的规定,聘请事故外科专家、矫形外科大夫,以及神经科和精神病科的专家等作出鉴定来认定。精神抚慰金的数额要综合考虑受害者的肉体和心灵的伤害程度、遭受痛苦的强度和持续时间以及受害者自身的年龄、职业、所在地区的经济水平等。

根据《日本民法典》第710条和法院的判例,在三种情况下可以请求精神损害赔偿:(1)侵害他人身体、自由、名誉导致精神损害的。司法实践中,对侵害其他人身权益导致精神损害的,如隐私权、肖像权、信用权、家庭关系等,法官也允许受害人请求精神损害赔偿;(2)侵害财产权导致精神损害的。例如侵害他人祖上传下来的财产,或者他人喜爱的宠物导致精神损害的,法院曾判决精神损害赔偿;(3)侵害他人生命权导致死者的父母、配偶及子女受到精神损害的。但近几年,日本最高法院也判决,即使受害人未死亡,其近亲属受到与受害人死亡时相同的精神痛苦有,该近亲属也可以请求精神损害赔偿。从总体上讲日本精神损害赔偿的适用范围越来越宽,请求权人越来越多。日本没有法律明确规定如何确定精神损害赔偿额,对法官裁量时应斟酌的事项也没有限制,主要由法官根据个案综合考虑各种因素自由裁量。

美国的精神损害赔偿制度经历了一个发展变化过程。在早期的侵权责任法中,精神损害赔偿请求权依附于身体伤害,只有因身体伤害导致的精神损害才可以请求精神损害赔偿。现在,精神损害赔偿已经发展为一项独立的侵权责任形式。司法实践中,可以请求精神损害赔偿的情况一般包括:(1)因身体伤害导致精神损害的;(2)因性骚扰、不合理解雇雇员以及性别歧视导致精神损害的;(3)"旁观者"因亲眼目睹侵权人殴打第三人而受到精神损害,且第三人是"旁观者"近亲属的。例如,原告亲眼目睹他的亲人遭受被告的殴打、羞辱和强暴,以致心脏病突发或出现精神方面疾病的,法官一般会判原告受到了精神损害;(4)侵犯名誉、隐私导致其受到精神损害,对于这种精神损害,原告只需证明自己、隐私受到侵犯,但这种赔偿一般是象征性的,数额较低。法官决定是否给予精神损害赔偿一般考虑侵权人的主观恶意(故意或者极端的、不可忍受的行为)和受害人是否受到精神损害,一时不高兴不能算作精神损害。以前美国各州对精神损害赔偿数额没有任何限制,完全由法官或者陪审团根据法官的指示进行自由裁量,为了防止精神损害赔偿数额过大,美国现在已有12个州对精神损害赔偿设置了上限。例如,有的州规定,这类赔偿最高不得超过35万元。

二、我国的有关规定及司法实践

2001年2月20日《最高人民法院关于确定民事侵权精神损害赔偿责任若干问题的解释》规定精神损害赔偿的范围是:侵害生命权、健康权、身体权,姓名权、肖像权、名誉权、荣誉权,人格尊严权、人身自由权;违反社会公共利益、社会公德侵害他人隐私或者其他人格利益;非法使被监护人脱离监护,导致亲子关系或者近亲属间的亲属关系遭受严重损害;自然人死亡后其近亲属因以侮辱、诽谤、贬损、丑化或者违反社会公共利益、社会公德的其他方式,侵害死者姓名、肖像、名誉、荣誉,非法披露、利用死者隐私,或者以违反社会公共利益、社会公德的其他方式侵害死者隐私,非法利用、损害遗体、遗骨,或者以违反社会公共利益、社会公德的其他方式侵害遗体、遗骨;具有人格象征意义的特定纪念品因侵权行为而永久灭失或者毁坏。

《侵权责任法》制定之前,我国现行法律没有明确规定精神损害赔偿,但也不能说绝对没有精神损害赔偿的法律规定,如造成被侵权人死亡、残疾的,法律规定支付被扶养人生活费的同时又规定支付死亡赔偿金、残疾赔偿金,这时死亡赔偿金、残疾赔偿金中是否包含精神损害赔偿内容,值得探讨。在理论上,对规定精神损害赔偿没有多大争议,司法实践也普遍认可,大多数国家作了规定。在制定《侵权责任法》过程中,对于是否扩大精神损害赔偿的适用范围,若扩大,扩大到什么范围;是否规定精神损害赔偿额;若规定,如何规定等问题存在不同意见。有人提出,为防止法官滥用自由裁量权,应规定具体的精神损害赔偿限额。有人认为,精神损害赔偿制度在我国还处于起步和摸索阶段,规定具体的精神损害赔偿限额不切合实际,也不科学。现阶段宜规定精神损害赔偿的基本原则,由法院依据该原则根据具体案情确定赔偿数额。

【相关规定】

《最高人民法院关于确定民事侵权精神损害赔偿责任若干问题的解释》第1条

自然人因下列人格权利遭受非法侵害,向人民法院起诉请求赔偿精神损害的,人民法院应当依法予以受理:

(一)生命权、健康权、身体权;

(二)姓名权、肖像权、名誉权、荣誉权;

(三)人格尊严权、人身自由权。

违反社会公共利益、社会公德侵害他人隐私或者其他人格利益,受害人以侵权为由向人民法院起诉请求赔偿精神损害的,人民法院应当依法予以受理。

《最高人民法院关于确定民事侵权精神损害赔偿责任若干问题的解释》第2条

非法使被监护人脱离监护,导致亲子关系或者近亲属间的亲属关系遭受严重损害,监护人向人民法院起诉请求赔偿精神损害的,人民法院应当依法予以受理。

《最高人民法院关于确定民事侵权精神损害赔偿责任若干问题的解释》第3条

自然人死亡后,其近亲属因下列侵权行为遭受精神痛苦,向人民法院起诉请求赔偿精神损害的,人民法院应当依法予以受理:

(一)以侮辱、诽谤、贬损、丑化或者违反社会公共利益、社会公德的其他方式,侵害死者姓名、肖像、名誉、荣誉;

(二)非法披露、利用死者隐私,或者以违反社会公共利益、社会公德的其他方式侵害死者隐私;

（三）非法利用、损害遗体、遗骨，或者以违反社会公共利益、社会公德的其他方式侵害遗体、遗骨。

**《最高人民法院关于确定民事侵权精神损害赔偿责任若干问题的解释》第4条**

具有人格象征意义的特定纪念物品，因侵权行为而永久性灭失或者毁损，物品所有人以侵权为由，向人民法院起诉请求赔偿精神损害的，人民法院应当依法予以受理。

**《最高人民法院关于确定民事侵权精神损害赔偿责任若干问题的解释》第8条**

因侵权致人精神损害，但未造成严重后果，受害人请求赔偿精神损害的，一般不予支持，人民法院可以根据情形判令侵权人停止侵害、恢复名誉、消除影响、赔礼道歉。

因侵权致人精神损害，造成严重后果的，人民法院除判令侵权人承担停止侵害、恢复名誉、消除影响、赔礼道歉等民事责任外，可以根据受害人一方的请求判令其赔偿相应的精神损害抚慰金。

**《德国民法典》第253条**

只有在法律规定的情况下，才能因财产损害以外的损害而要求金钱赔偿。

因损害身体、健康、自由和性的自主权而应当进行损害赔偿的，也可以因财产损害以外的损害而要求公平的金钱赔偿。

**《意大利民法典》第2059条**

非财产损害应当仅在法律规定的情况下进行赔偿。

**《荷兰民法典》第六编第106条**

有下列情形之一的，受害人有权要求财产损害以外其他损害的公平赔偿：(1) 该责任人有加害的故意；(2) 受害人受到身体伤害、荣誉或名誉损害或者其人身受到了其他损害；(3) 对死者未分居的配偶或者二等以内血亲对死者的怀念造成伤害的，但以该伤害在死者在世的情形下会产生他对荣誉或者名誉损害的赔偿请求权为条件。

前款规定的赔偿请求权不可转让或者赔偿金额不可被扣押，但是，有合同约定的或者请求此种赔偿的诉讼已经提起的，不在此限。

**《荷兰民法典》第六编第107条**

受害人因可归责于他人的事件受到身体或精神损害的，该他人不仅应当赔偿受害人的损失，还应当支付第三人为受害人利益花费的除保险赔付以外的费用，此种费用应当是受害人自己支付则可以向加害人请求的费用。

依据前款被第三人请求赔偿的人享有如同对抗受害人一样的抗辩权。

《俄罗斯民法典》第1099条

公民精神损害补偿的依据和数额,依本章和本法典第151条的规定确定。

侵犯公民财产的行为(不作为)所致精神损害,应在法律规定的情形下补偿。

精神损害的补偿独立于应赔偿的财产损害。

《俄罗斯民法典》第1100条

在以下情况下,无论致害人有无过错,均应补偿精神损害:高度危险来源造成公民生命或健康损害;非法判人以罪、非法追究刑事责任、非法羁押和以拘留或劳动改造的方式非法处以行政处罚而给公民造成损害;传播诋毁名誉、侵害人格尊严和商誉而造成的损害;法律规定的其他情况。

《俄罗斯民法典》第1101条

精神损害的补偿以金钱形式给付。

精神损害补偿的数额,由法院根据给受害人造成身体和精神损害的性质决定。当以过错为损害赔偿的依据时,法院还要根据致害人的过错程度确定赔偿数额。在确定精神损害的补偿数额时,应考虑请求的合理性和公正性。

受害人身体和精神痛苦的性质,由法院根据受害人精神被损害的实际情况以及受害人的个人特点作出决定。

《欧洲侵权法基本原则》第10-301条

考虑到对合法利益的保护范围,对该利益的侵犯是非财产损害赔偿的合法证据。尤其在受害方受到人身伤害,或人格尊严、人身自由,或其他人身权利受到侵犯的情况下,受害方应得非经济损害赔偿。当事人近亲中有人受到致命或虽不致命但极其严重的伤害,此当事人也有权得到非财产损害赔偿。

原则上,损害确定应考虑到个案的所有情况,包括该伤害的严重性、持续时间和伤害后果。只有在侵权人的过错在极大程度上造成对受害方的伤害时,才应考虑侵权人的过错程度。

人身伤害的情况下,非经济赔偿应与受害人所受到痛苦及其身体或精神健康受损程度相对应。确定损害时,客观上类似的损失应予以相似数额的赔偿。

《奥地利损害赔偿法(草案)》第1316条

恢复原状是可能并且可行的,应当赔偿精神损害。

是否提供金钱赔偿,取决于被侵害法益的重要程度、客观上是否可以查明遭受损害、侵害的范围与持续时间以及归责原因的程度。严重侵害并且客观上可以查明侵害人格权的,必须负担金钱损害赔偿的义务。微小损害不予赔偿。

在下列情况中应当承担精神损害赔偿义务:(1)侵害他人身体、健康和自由;(2)致他人死亡或者严重受伤时,与受害人具有亲近关系的,配偶、亲子关系被推定具有此种亲近关系的,其他人必须能够证明其与受害人之间具有此种亲近关系;(3)在以恐吓、威胁、利用依附关系或者权威关系滥用性关系或者侵害性自主权时;(4)故意或者严重歧视心理、身体残疾、种族出生、宗教信仰或者其他类似的原因;(4)故意或者严重侵害隐私;(5)存在严重的归责事由,因具体的危险而产生恐惧致死亡或者受到严重损害的。

在故意侵害有体物时,应当赔偿所有人对该物享有的特殊偏爱价值。在违反合同约定时,如果合同的目的在于满足精神上的利益,而违约严重侵害了此种精神利益并且通过解除合同并不能给予适当补偿的,应当赔偿由此遭受的损害。

在计算金钱损害赔偿时,应当在整体上考虑到本条第二款中所规定的情势,并且应当考虑加害人通过成立责任的行为所获得的利益。在赔偿违约而造成的精神损害时,应当考虑到双方当事人所约定的价金。

精神损害赔偿请求权可以转让并可以继承。

《瑞士债务法(草案)》第45条E

人格受到侵害的人,如果侵害的程度,特别是其身体或者精神的痛苦达到需要采取抚慰的程度,享有要求赔偿非物质损害的请求权。

法庭有权作出关于向受害人支付合理金额的判决,但若通过合适的抚慰方式能够取代或者补偿此种损害赔偿的除外。

因侵害致人死亡或者其他严重侵害身体的,受害人的近亲属同样享有抚慰请求权。

《魁北克民法典》第1457条

任何人均有义务以不引起对他人损害的方式遵守依据情势、惯例或法律课加给他的行为规范。

如他具有理性且未履行其义务,应对他以此等过错造成的他人损害承担责任且有义务赔偿此等损害,损害之性质为身体上的、精神上的或物质上的,在所不问。

《埃塞俄比亚民法典》第2105条

不当行为人得赔偿因其行为给他人造成的精神损害,但以就此等补救存在适当的程序为条件。

除非法律另有明文规定精神损害不能通过损害赔偿方式补救。

《埃塞俄比亚民法典》第2106条

如果被告故意使原告受到精神损害,法院可通过补救的方式,命令被告向原告或者原告指定的慈善机构支付公平的赔偿。

《埃塞俄比亚民法典》第2116条

在确定赔偿额,以及确认谁有资格任家庭代表时,法院应考虑当地习惯。除非这些习惯不合时宜,或明显违反情理或道德,法院不能忽视这些习惯。

授予精神损害的赔偿额,在任何情况下都不能超过1000埃元。

《日本民法典》第 710 条

不论是侵害他人身体、自由或名誉情形,还是侵害他人财产权情形,依前条规定应负赔偿责任者,对财产以外的损害,亦应赔偿。

我国台湾地区"民法"第 18 条

人格权受侵害时,得请求法院除去其侵害,有受侵害之虞时,得请求防止之。

前项情形,以法律有特别规定者为限,得请求损害赔偿或者慰抚金。

我国台湾地区"民法"第 194 条

不法侵害他人致死者,被害人之父母、子女及配偶,虽非财产上之损害,亦得请示赔偿相当之金额。

我国台湾地区"民法"第 195 条

不法侵害他人之身体、健康、名誉、自由、信用、隐私、贞操,或不法侵害其他人格法益而情节重大者,被害人虽非财产上之损害,亦得请求赔偿相当之金额。其名誉被侵害者,并得请求为恢复名誉之适当处分。

前项请求权,不得让与或继承。但以金额赔偿之请求权已依契约承诺,或已起诉者不在此限。

前两项规定,于不法侵害他人基于父、母、子、女或配偶关系身份法益而情节重大者,准用之。

**第二十三条　因防止、制止他人民事权益被侵害而使自己受到损害的,由侵权人承担责任。侵权人逃逸或者无力承担责任,被侵权人请求补偿的,受益人应当给予适当补偿。**

【说明】

本条是关于因防止、制止他人民事权益被侵害而使自己受到损害的责任承担的规定。

本条主要针对"见义勇为者"受到侵害的请求权,与本法第 31 条中"紧急避险"人不承担责任或者给予适当补偿的规定的不同之处在于:(1)本条是关于因保护他人民事权益免遭损害而见义勇为者的请求权,而第 31 条规定的是紧急避险人为避免自己或者他人人身、财产损失而损害了他人的财物时不承担责任的情形;(2)本条规定的被损害主体是见义勇为者,而第 31 条规定的被损害主体是紧急避险人之外的人;(3)本条不包括自然灾害引起的他人民事权益被侵害的情形,而第 31 条中的紧急避险既包括人的行为引起的险情,也包括自然原因引起的险情。

本条规定与《民法通则》第 109 条"因防止、制止国家的、集体的财产或者他人的财产、人身免遭侵害而使自己受到损害的,由侵害人承担赔偿责任,受益人也可以给予适当的补偿"所规定的精神一脉相承。最高法院也有相应的司法解释，《最高人民法院关于审理人身损害赔偿案件适用法律若干问题的解释》第15条规定："为维护国家、集体或者他人的合法权益而使自己受到人身损害，因没有侵权人，不能确定侵权人或者侵权人没有赔偿能力，赔偿权利人请求受益人在受益范围内予以适当补偿的，人民法院应予支持。"

1. 因防止、制止他人民事权益被侵害而使自己受到损害

为了防止、制止国家、集体的财产或者他人的人身、财产遭受不法侵害，使自己受到损害，这里需要强调两点：一是受到损害的人不是为了自己的民事权益，而是为了他人的民事权益不受侵害而为的防止、制止行为；二是受到的损害包括人身受到伤害与财产受到损害。

2. 由侵权人承担责任

由于是为了防止、制止他人的民事侵权行为，而侵权行为是侵权人造成的，不是自然原因引起的，因此给见义勇为者造成损失的侵权人要承担侵权责任。

3. 受益人应当给予适当补偿

见义勇为行为人是为了他人的民事权益不受侵害才遭受损害的，在一般情况下，侵权人承担侵权赔偿责任。但有的情况下会有侵权人逃逸，根本找不到侵权人，也可能会存在虽然找得到侵权人，但侵权人根本赔偿不了，为了公平起见，本条规定在侵权人逃逸或者侵权人根本无力赔偿的情况下，由受益人给予适当的补偿。这里需要注意三点：(1) 逃逸了的侵权人确实找不到，或者侵权人确实无力赔偿，这是被侵权人请求补偿的限定条件，如果侵权人没有逃逸或者有赔偿能力的，被侵权人不能找受益人要求补偿；(2) 有明确的受益人，被侵权人明确提出了要求受益人补偿的请求；(3) 受益人应当给予适当的补偿，补偿不是赔偿，赔偿一般是填平原则，即受损多少赔偿多少，而补偿的仅是受损的一部分，本条用的是"给予适当的补偿"，就是要根据被侵权人的受损情况，受益人的受益情况等决定补偿的数额。

按照侵权责任构成的一般原理，受益人不是侵权责任人，对被侵权人而言本身不存在任何过错，与被侵权人的损害没有因果关系，因此不应当负有赔偿的责任，赔偿责任完全应当由侵权人承担。但是，如果不是为了受益人的利益，被侵权人也不会遭受损害，当侵权人逃逸或者侵权人根本无力赔偿时，被侵权人由于见义勇为行为而遭受损害得不到任何赔偿和补救也不公平，不利于社会助人为乐良好风气的形成，不符合公平正义的精神。因此，为了较好地解决矛盾、平衡利益、分担损失，让受益人适当给予被侵权人补偿是可以的。目前，一些省、市建立了见义勇为基金，专门为了鼓励的救助那些为了国家、集体、他人利益舍身相助、见义勇为的人。

# 第 23 条

## 【立法理由】

在日常生活中,为防止、制止他人民事权益被侵害而使自己受到损害的情况为数不少。例如,为了帮助被抢劫的人的财物免遭损失,阻止抢劫犯逃跑,被抢劫犯扎伤;又如,旅游车掉到河里,见义勇为者为了救人受伤等。最高人民法院编辑的《人民法院案例选》中有一典型案件:朱某的儿子在 1991 年 1 月开始受雇于吴某与廖某合伙经营的和兴饭店,朱子在 1991 年 9 月 16 日辞工但仍住在该饭店。10 月 3 日凌晨,一伙歹徒抢劫和兴饭店,正在饭店睡觉的朱子听到声音后拿着打气筒下楼,在与歹徒搏斗中被刺中胸部,抢救无效死亡。廖某支付了医疗费和丧葬费约 2000 元,吴某付给朱家 990 元。事后,朱某向法院提起诉讼,认为儿子是为了保护和兴饭店的利益而死亡的,他的家庭因此失去了主要劳动力,造成了生活的极大困难,要求吴某与廖某赔偿 2 万元。吴某与廖某辩称,事发时,朱某的儿子已经辞工不在饭店工作了,且饭店已经负担了医疗费、丧葬费、家属的食宿费等,没有义务再补偿金钱给朱某,应当由杀害朱子的凶手承担赔偿责任。一审法院经审理认为:朱某的儿子自动辞工后暂住在和兴饭店,与饭店不再存在劳务关系,且案发后吴某及廖某已经妥善处理了后事,并给了朱某适当的经济补助,已尽到适当补偿的责任,朱某的死亡应由歹徒承担赔偿责任。因案件尚未侦破,不能处理民事赔偿。朱某不服提起上诉。二审法院经审理认为:在和兴饭店遭歹徒抢劫时,朱某的儿子为制止歹徒对饭店财产的侵害挺身而出,遇刺身亡,这种见义勇为、敢于同违法犯罪行为作斗争的精神是值得提倡的。作为受益人,吴某和廖某事后虽然对朱某的善后处理在经济上给予了一定的补偿,但现在朱某家庭因儿子的死亡而造成了生活困难,吴某和廖某仍应给予一定的生活困难补助。据此,法院判决:撤销一审民事判决,要求吴某及廖某共同支付 4990 元(含之前已支付的 2990 元)给朱某。

为了弘扬社会主义的良好风尚,鼓励和支持舍己为人的高尚行为,防止见义勇为者"流血又流泪"的情形,本条规定了见义勇为者的请求权和承担责任的主体。

## 【相关规定】

《中华人民共和国民法通则》第 109 条

因防止、制止国家的、集体的财产或者他人的财产、人身遭受侵害而使自己受到损害的,由侵害人承担赔偿责任,受益人也可以给予适当的补偿。

《最高人民法院关于审理人身损害赔偿案件适用法律若干问题的解释》第 15 条

为维护国家、集体或者他人的合法权益而使自己受到人身损害,因没有侵权人、不能确定侵权人或者侵权人没有赔偿能力,赔偿权利人请求受益人在受益范围内予以适当补偿的,人民法院应予支持。

**第二十四条** 受害人和行为人对损害的发生都没有过错的,可以根据实际情况,由双方分担损失。

【说明】

本条是关于公平分担损失的规定。

侵权责任的承担以行为人有过错为基本构成要件,行为人对损害发生没有过错的,除法律规定承担无过错责任的外,一般不承担责任。但在现实生活中,有些损害的发生行为人虽无过错,但毕竟由其引起,如果严格按照无过错即无责任的原则处理,受害人就要自担损失,这不仅有失公平,也不利于和谐人际关系的建立,因此本条规定:"受害人和行为人对损害的发生都没有过错的,可以根据实际情况由双方分担损失。"

公平分担损失的情况包括:

(1)无民事行为能力人造成他人损害。按照《民法通则》规定,不满10周岁的未成年人和不能辨认自己行为的精神病人是无民事行为能力人。无民事行为能力,意味着行为人不能进行有目的、有意识的民事活动,因此不能认为他们的行为有过错,当监护人尽到了监护责任,无民事行为能力人仍给他人造成损害时,可以根据实际情况由监护人分担损失。

(2)完全民事行为能力人对自己的行为暂时没有意识或者失去控制没有过错,但造成他人损害。比如:出租车司机不知道自己患有疾病,在车辆行驶过程中突发心脏病发生交通事故造成他人损害,对于受害人超出机动车强制保险责任限额范围的损失,可以根据实际情况由出租车司机分担损失。

(3)具体加害人不明,由可能加害的人分担损失。比如建筑物内抛出一烟灰缸砸破楼下路人的头,找不到行为人,为了减轻受害人的损失,可以根据实际情况由可能加害的建筑物使用人给受害人补偿。

(4)因意外情况造成损害。比如一暴雨夜,某甲拦截并获准搭乘一辆运棺材的卡车,上车后,某甲为躲雨钻进棺材。不一会儿,某乙和某丙也搭上该车,上车后,他们只看到车上有一棺材,并不知某甲在棺材内。在车上,乙对丙说:"我想抽烟,你有火吗?"丙答:"没有。"甲在棺材内听到此,推开棺材盖伸手递出打火机。乙看到棺材里突然伸出一只手,以为诈尸,吓得跌下车去受了伤。甲对于乙的受伤并无过错,但乙受伤确因甲的行为引起,最终法院按照《民法通则》关于公平责任的规定,判甲承担乙的部分损失。

(5)为对方利益或者共同利益进行活动过程中受到损害。比如某甲主动帮某乙盖房,不小心从梯子上跌下受伤,可以根据实际情况由某乙分担某甲受到的损失。

公平分担损失的规定是侵权法根据实际情况作出的特别规定,与侵权责任的归责原则——过错责任原则和无过错责任原则不同:

(1)与过错责任的区别:① 过错责任原则以行为人的过错作为承担责任的前提,而公平分担行为人并没有过错。② 承担过错责任以填补受害人全部损失为原则,公平分担只是根据实际情况适当给受害人以补偿。

(2)与无过错责任的区别:① 无过错责任不问行为人是否有过错,其适用以法律的特殊规定为根据。也就是说,承担无过错责任,行为人可能有过错,也可能无过错。而公平分担,行为人没有过错,也不属于法律规定的适用无过错责任的情形。② 无过错责任适用于法律明确规定的几种情形。而公平分担只是原则规定适用条件,没有具体界定所适用的案件类型。③ 承担无过错责任,有的是填补受害人的全部损失,有的法律规定了最高责任限额。公平分担只是分担损失的一部分,没有最高额限制。

公平分担适用于行为人和受害人对损害的发生均无过错的情况。如果损害由受害人过错造成,应当由其自己负责;如果由行为人或者第三人过错造成,应当由行为人或者第三人负责;如果行为人和受害人对损害的发生都有过错,应当根据他们的过错程度和原因力分配责任。也就是说,只要有过错责任人,都不适用本条规定。

公平分担不是说加害人与受害人各打五十大板,平均分担损失。确定损失分担,应当考虑行为的手段、情节、损失大小、影响程度、双方当事人的经济状况等实际情况,达到公平合理、及时化解矛盾、妥善解决纠纷、促进社会和谐的目的。

【立法理由】

现代公平分担的规定最初产生于未成年人和精神病人的赔偿案件。在这些案件中,古代有些法律要求未成年人对其所致损害完全负责。然而,19世纪以来,由于过错责任的发展,许多国家认为未成年人不具备意思能力,不能被确定有过错,因此对其造成的损害不负责任。由于完全免责和完全负责的作法都不尽合理,因此一些国家接受了公平负担的思想,在立法上规定了公平分担。比如《德国民法典》第829条规定,法律规定对所引起的损害可以不负责任的人致人损害,致害人在受害人不能向有监督义务的第三人取得赔偿时,仍应当赔偿损害,但以根据情况,特别是根据当事人之间的法律关系,合理要求赔偿,而不剥夺其适当生计和履行其法定抚养义务所需资金为限。《埃塞俄比亚民法典》第2099条规定,如果导致责任的过错行为是处于不知其行为的过错性质状态的人实施的,在有衡平需要时,法院可减少授予的赔偿额。在这一问题上,必须考虑当事人各自的财务状况和过错行为人的赔偿损害责任的后果。我国台湾地区"民法"第218条规定,损害非因故意或者重大过失所致者,如其赔偿致赔偿义务人之生计有重大影响时,法院得减轻其赔偿金额。我国《民法通则》和最高人民法院的相关司法解释对公平负担也作了规定。《民法通则》第132条规定:"当事人对造成损害都没有过错的,可以根据实际情况,由当事人分担民事责任。"《最高人民法院关于贯彻执行〈中华人民共和国民法通则〉若干问题的意见(试行)》第157条规定:"当事人对造成损害均无过错,但一方是在为对方的利益或者共同的利益进行活动的过程中受到损害的,可以责令对方或者受益人给予一定的经济补偿。"

公平责任是不是与过错责任、无过错责任并列的侵权责任的归责原则?要不要在侵权法中规定公平责任?在侵权责任法的立法中有不同意见。有人认为,公平责任原则是我国民法公平原则的必然引申,是由民法所担负的保护公民和法人的合法权利的任务决定的,是市场发展的内在要求,也是淳化道德风尚、建设社会主义精神文明的需要。该责任原则既不同于过错责任,也有别于严格责任,具有相当的特殊性、功能和自身独有的适用范围。有人认为,公平责任不是侵权责任法的归责原则。因为过错责任原则和无过错责任原则,均体现了公平原则的精神。公平原则属于指导性原则,不能成为法院裁判依据。有人认为,公平责任的适用不具有法律上的确定性,将其作为归责原则,将会背离过错责任这一基本原则,造成另一种形式的不公平。考虑到实践中有适用公平负担的特殊需求,《民法通则》和最高人民法院的相关司法解释也都对公平责任作了规定,因此,《侵权责任法》保留了关于公平分担的规定,但将《民法通则》规定的"分担民事责任"修改为"分担损失"。该修改主要基于理论和实践两方面考虑:从理论层面看,无过错即无责任是承担侵权责任的基本原则,既然双方当事人对损害的发生都没有过错,那么行为人就不应承担责任,而只能是分担损失。从实践层面看,让无过错的当事人承担责任,他们比较难于接受。比如前述高空抛物造成他人损害的案件,一些建筑物的使用人认为,自己并不是行为人,出于道义可以拿出钱来对受害人提供帮助,但说自己有"责任",感情上接受不了。可以说,《侵权责任法》现有规定更科学,也更符合社情、民意。

**【相关规定】**

《中华人民共和国民法通则》第132条

当事人对造成损害都没有过错的,可以根据实际情况,由当事人分担民事责任。

《最高人民法院关于贯彻执行〈中华人民共和国民法通则〉若干问题的意见(试行)》第157条

当事人对造成损害均无过错,但一方是在为对方的利益或者共同的利益进行活动的过程中受到损害的,可以责令对方或者受益人给予一定的经济补偿。

**第二十五条** 损害发生后,当事人可以协商赔偿费用的支付方式。协商不一致的,赔偿费用应当一次性支付;一次性支付确有困难的,可以分期支付,但应当提供相应的担保。

【说明】

本条是关于赔偿费用支付方式的规定。

本条规定的赔偿费用支付方式分三个层面,层层递进:

一、由当事人协商确定赔偿费用的支付方式

当事人对赔偿费用支付方式的协商可以包括:是一次性支付还是分期支付;如果是分期支付,分几期,每次付多少,要不要考虑物价变化因素;要不要支付利息,利息如何计算;等等。当事人可以根据赔偿费用的多少,受害人的需求程度,侵权人的支付能力等实际情况对赔偿费用的支付进行协商。

由当事人协商确定赔偿费用的支付方式,一是有利于赔偿费用的按时支付。比如有的赔偿费用不是很高,侵权人一次支付没有问题,可以协商一次支付,而有的赔偿费用超出侵权行为人的支付能力,强求其一次支付,可能会陷入执行难的困境或者导致侵权行为人破产,最终损害受害人的利益。协商确定支付方式,当事人可以根据双方实际情况做出合情合理的支付安排,避免支付障碍。二是有利于合理确定赔偿费用的数额。损害赔偿的目的是弥补受害人的损失,但有时损失多少并不确定,比如,一次性赔偿受害人预期收入的,通常以赔偿费用支付时受害人的收入标准计算赔偿数额,这样就失去了对受害人将来的身体状况、发展机遇、收入调整等变化因素的考量,赔偿数额不一定合理;又比如,一次性赔偿难以预测未来物价变动,将来受害人很难因物价上涨为由要求侵权人增加支付,侵权人也不能因物价下降要求退还已支付的赔偿费用。协商确定支付方式,当事人可以通过支付方式的选择,规避赔偿费用未来的风险敞口,保全自己的利益。三是有利于预防纠纷。协商确定支付方式,当事人可以充分表达自己的意愿、需求、面临的困难等,在尊重对方利益的基础上,达成双方都能接受的方案,从而避免因支付产生新的争议。

当事人协商确定支付方式后,侵权行为人应当严格按照约定的方式支付赔偿费用,不能将协商作为拖延给付赔偿费用的手段。如果以合法形式掩盖非法目的,违反约定到期不履行支付赔偿费用的义务,受害人有权请求人民法院宣告该约定无效,强制侵权人履行付款义务。

二、协商不一致的一次性支付

侵权行为发生后,受害人的损失应当得到全面和及时的弥补,因此,如果当事人就赔偿费用的支付方式协商后,受害人不同意分期支付,侵权人就应当一次性支付全部赔偿费用。一次性支付,可以彻底了解纠纷,避免受害人对侵权人未来能否按照约定支付的担心。

三、一次性支付确有困难的,可以分期支付,但应当提供相应的担保

虽然本条规定当事人就赔偿费用支付协商不成的应当一次性支付,但在实践中确实存在行为人一次支付有困难的情况,比如,有的侵权人生活困难,别说是一次性支付,分期支付都难以实现;有的侵权人虽可竭尽全力一次支付,但支付后不能保证自己的基本生活需要,或者造成企业停业甚至破产,带来新的社会问题。侵权责任法虽然要填补受害人损失,但也要兼顾侵权人的合法权益。民事诉讼法就规定,强制执行被执行人的财产,应当保留被执行人及其所扶养家属的生活必需品。因此,本条规定一次性支付确有困难的,可以分期支付。分期支付应当具备两个条件:一是一次性支付确有困难。确有困难应当由侵权人举证证明,由人民法院作出判断。二是应当提供担保。该担保可以是保证人提供的保证,也可以是侵权人以自己的财产抵押、质押。

**【立法理由】**

侵权法的一项重要功能就是填补受害人的损失,也就是说,侵权行为人应当对受害人的财产损失和精神损失承担全部赔偿责任。但是由于损失即包括实际损失,比如侵害他人造成人身损害,因此发生的医疗费、护理费、交通费、营养费等为治疗和康复支出的合理费用,也包括预期利益的损失,比如因误工减少的收入;既涉及赔偿的额度,比如有的赔偿费用只有百十元,有的却几十万、上百上千万,也涉及侵权人的支付能力,比如有的人穷困潦倒,根本拿不出钱,有的人财富充裕。因此,赔偿费用的支付方式成为能否有效保护受害人利益的重要问题。

世界各国、各地在赔偿费用支付方式的处理上有以下几种模式:

(1)绝对的一次性支付。采此模式的主要是英国、美国、丹麦、西班牙。比如英国法院基于"一了百了"的原则,通常都要求赔偿义务人将赔偿费用一次性支付给受害人,但如果受害人能够证明其在未来的某个时间内将出现某种严重疾病或者生理、心理状况的恶化,受害人可以要求法院判决临时性给付。

(2)以一次支付为原则,以定期金给付为例外。采此模式的主要是我国台湾、澳门地区。比如台湾地区"民法"第193条规定:不法侵害他人之身体或健康者,对于被害人因此丧失或减少劳动能力或增加生活上之需要时,应负损害赔偿责任。前项损害赔偿,法院得因当事人申请,定为支付定期金,但需加害人提出担保。《澳门特别行政区民法典》第561条规定:经考虑损害的连续性,法院可以依照受害人的申请,就全部或者部分损害定出终身或暂时定期金的赔偿。如果受害人没有提出此种申请,则应当判决一次性给付赔偿费用。

(3)以定期金支付为原则,以一次性给付为例外。采此模式的主要是德国、俄罗斯。比如《德国民法典》第843条规定:因侵害他人身体或者健康致受害人丧

失或者减少劳动能力,或者增加生活上的需要,应以支付金钱定期金对受害人赔偿损失。如果存在有重大原因,受害人可以不要求定期金而要求一次给付赔偿总额。《俄罗斯民法典》第1092条规定:因受害人劳动能力降低或者因受害人死亡引起的损害赔偿,按月支付。有正当理由时,法院考虑致害人支付的可能性,可依有损害赔偿权的公民的请求,判决向其一次性给付,但对三年以上的赔偿不适用一次给付。

(4)赔偿费用的支付方式由法官自由裁量。采此模式的主要是荷兰、埃塞俄比亚。比如《荷兰民法典》第105条规定:法官可以命令债务人一次性支付或分期支付赔偿金,并附随或不附随担保义务。此命令可以附带法官确定的条件。《埃塞俄比亚民法典》第2154条规定:如果采取定期金的支付方式与损害的性质或案情相适应从而被证明是合适的,则法院可命令以定期金方式赔偿损害。在此等情形,债务人得就偿付定期金提供担保。《欧洲侵权法基本原则》第10-102条也规定:尤其考虑到受害方的利益,损害赔偿可一次性赔偿或分期赔偿。

我国《民法通则》和司法解释对赔偿费用的支付方式也作了规定。根据《民法通则》第108条的规定,债务应当清偿。暂时无力偿还的,经债权人同意或者人民法院裁决,可以由债务人分期偿还。有能力偿还拒不偿还的,由人民法院判决强制偿还。《最高人民法院关于审理人身损害赔偿案件适用法律若干问题的解释》第33条的规定,赔偿义务人请求以定期金方式给付残疾赔偿金、被扶养人生活费、残疾辅助器具费的,应当提供相应的担保。人民法院可以根据赔偿义务人的给付能力和提供担保的情况,确定以定期金方式给付相关费用。但一审法庭辩论终结前已经发生的费用、死亡赔偿金以及精神损害抚慰金,应当一次性给付。根据第34条的规定,人民法院应当在法律文书中明确定期金的给付时间、方式以及每期给付标准。执行期间有关统计数据发生变化的,给付金额应当适时进行相应调整。定期金按照赔偿权利人的实际生存年限给付,不受本解释有关赔偿期限的限制。《侵权责任法》借鉴有关国家和地区的立法经验,结合中国法律已有规定和司法实践的作法,对赔偿费用的支付方式作出了规定。

【相关规定】

《中华人民共和国民法通则》第108条

债务应当清偿。暂时无力偿还的,经债权人同意或者人民法院裁决,可以由债务人分期偿还。有能力偿还拒不偿还的,由人民法院判决强制偿还。

《中华人民共和国医疗事故处理条例》第52条

医疗事故赔偿费用,实行一次性结算,由承担医疗事故责任的医疗机构支付。

《最高人民法院关于审理人身损害赔偿案件适用法律若干问题的解释》第31条

人民法院应当按照民法通则第一百三十一条以及本解释第二条的规定,确定第十九条至第二十九条各项财产损失的实际赔偿金额。

前款确定的物质损害赔偿金与按照第十八条第一款规定确定的精神损害抚慰金,原则上应当一次性给付。

《最高人民法院关于审理人身损害赔偿案件适用法律若干问题的解释》第33条

赔偿义务人请求以定期金方式给付残疾赔偿金、被扶养人生活费、残疾辅助器具费的,应当提供相应的担保。人民法院可以根据赔偿义务人的给付能力和提供担保的情况,确定以定期金方式给付相关费用。但一审法庭辩论终结前已经发生的费用、死亡赔偿金以及精神损害抚慰金,应当一次性给付。

《最高人民法院关于审理人身损害赔偿案件适用法律若干问题的解释》第34条

人民法院应当在法律文书中明确定期金的给付时间、方式以及每期给付标准。执行期间有关统计数据发生变化的,给付金额应当适时进行相应调整。

定期金按照赔偿权利人的实际生存年限给付,不受本解释有关赔偿期限的限制。

《最高人民法院关于审理涉外海上人身伤亡案件赔偿的具体规定(试行)》第5部分

受伤者的收入损失,计算到伤愈止;致残者的收入损失,计算到70岁;死亡者的收入损失,计算到70岁。

70岁以上致残或死亡的,其计算收入损失的年限不足5年者,按5年计算,并予以一次性赔付(综合考虑利率及物价上涨因素)。

# 第三章 不承担责任和减轻责任的情形

本章共6条,分别规定了不承担责任和减轻责任的六种情形,即:与有过失(过失相抵)、受害人故意、第三人过错、不可抗力、正当防卫和紧急避险。

**第二十六条** 被侵权人对于损害的发生也有过错的,可以减轻侵权人的责任。

【说明】

本条是关于"与有过失"或者"过失相抵"的规定。

一、与有过失(过失相抵)的适用范围

在立法过程中,与有过失(过失相抵)的适用范围问题一直存在争论。特别是与有过失(过失相抵)是否适用于无过错责任,我国理论界的争论由来已久。

(一)与有过失(过失相抵)应当适用于无过错责任

中国社会科学院梁慧星研究员主持起草的《中国民法典学者建议稿》侵权行为法编第1630条的"理由"中陈述:"无过错责任只是不考虑加害人有无过错,并不是不考虑受害人的过失;按照受害人过错的大小,减轻直至免除加害人的赔偿责任,与无过错责任的法理并不矛盾。在无过错责任的侵权案件中适用过失相抵原则,实质是用受害人的过失抵销加害人的责任。"

《最高人民法院关于审理人身损害赔偿案件适用法律若干问题的解释》基本采纳了上述观点。根据其第2条的规定,受害人对同一损害的发生或扩大有故意、过失的,依照《民法通则》第131条的规定,可以减轻或者免除赔偿义务人的赔偿责任。但侵权人因故意或者重大过失致人损害,受害人只有一般过失的,不减轻赔偿义务人的赔偿责任。适用《民法通则》第106条第3款规定确定赔偿义务人的赔偿责任时,受害人有重大过失的,可以减轻赔偿义务人的赔偿责任。按照该条规定,《民法通则》第106条第3款规定的是无过错责任,即在无过错责任的案件中,如果受害人有重大过失,可以减轻侵权人的赔偿责任,但受害人属于轻微过失的,不减轻侵权人的赔偿责任。

从国外的立法来看,《俄罗斯民法典》采纳类似的观点。该法典第1083条第3款规定:"受害人有重大过失而致害人无过错,且其责任不以过错为必要时,应减少致害人赔偿的数额或者免除其赔偿损害,但法律另有规定的除外。对公民生命或健康造成的损害,不得免除赔偿损害。"

## (二)与有过失(过失相抵)仅适用于过错责任

在立法过程中,有些同志认为与有过失(过失相抵)仅适用于过错责任。理由是:我国《民法通则》第131条规定"受害人对于损害的发生也有过错的,可以减轻侵权人的民事责任",从该条中的"也"字可以看出,侵权人因为过错侵害他人民事权益造成损害的,受害人对于损害的发生也有过错的,才减轻侵权人的民事责任。即侵权人有过错,才能谈得上受害人也有过错。该条实质上强调了侵权人的过错责任。

从国外的立法来看,《蒙古国民法典》采纳了类似的观点。该法典第394条规定:"受害人对造成损害或扩大损害程度也有疏忽或者漫不经心的,则可考虑当事人的过错减少加害人的责任额。"

从本法和其他法律、行政法规规定的承担无过错责任的情形来看,与有过失(过失相抵)的适用情况主要有以下三种:

1. 法律规定的免责事由不包括对与有过失进行抗辩

按照本法第70条规定,民用核设施的经营人在发生核事故的情况下造成他人损害的,只有能够证明损害是因战争等情形或者受害人故意造成的前提下,才能免除责任。如果损害是由受害人的过失,哪怕是重大过失造成的,也不能减轻民用核设施经营人的责任。

2. 法律规定只能以受害人的重大过失进行抗辩

承担无过错责任的主体只有能够证明受害人对于损害的发生有重大过失的前提下,才能对受害人进行抗辩,即要求减轻自己的责任。例如:(1)按照本法第72条规定,占有或者使用易燃、易爆、剧毒、放射性等高度危险物的占有人、使用人造成他人损害的,只有能够证明被侵权人对损害的发生有重大过失的,才可以减轻占有人或者使用人的责任。(2)按照本法第78条规定,饲养的动物造成他人损害的,动物饲养人或者管理人只有能够证明损害是因被侵权人的重大过失造成的,才可以减轻责任。(3)按照《水污染防治法》第85条第3款规定,水污染损害是由受害人重大过失造成的,可以减轻排污方的赔偿责任。

3. 法律规定可以受害人的与有过失进行抗辩

(1)按照《民用航空法》第157条和第161条的规定,飞行中的民用航空器或者从飞行中的民用航空器落下的人或者物,造成地面上的人身伤亡或者财产损害的,民用航空器的经营人能够证明损害是部分由于受害人的过错造成的,相应减轻其赔偿责任。

(2)按照本法第73条规定,从事高空、高压、地下挖掘活动或者使用高速轨道运输工具造成他人损害的,经营人能够证明被侵权人对损害的发生有过失的,可以减轻经营人的责任。

二、与有过失与受害人故意造成损害的关系

在立法过程中,有些同志建议将本条中的"过错"改为"过失"。理由是:(1)从德国、日本和我国台湾地区的立法来看,都强调的是受害人对于损害的发生存在过失;(2)"过错"包括"故意"和"过失",如果是受害人故意造成自己损害,则不是减轻行为人责任的问题,而应当适用本法第27条的规定,即免除行为人的责任。

本法没有采纳上述意见。理由是:如果损害完全是由于受害人故意造成的,即损害发生的唯一原因是受害人的故意,应适用本法第27条的规定,完全免除行为人的责任。但如果受害人对于损害的发生存在故意,而侵权人对于损害的发生也有故意或者重大过失的,则属于减轻侵权人责任的问题。例如,非机动车驾驶人、行人故意碰撞机动车,机动车驾驶人酒后且严重超速度行驶的,对机动车驾驶人也不能免除责任,而只能是减轻责任。

一个值得讨论的问题是:如果损害是由受害人故意造成,但行为人有轻微过失的,是否构成与有过失的问题。例如,社会上已经发生的不少机动车"碰瓷"的案例,"碰瓷"的人基本是在机动车违规并线或走非机动车道等轻微违法行为的情况而实施的。在立法过程中,多数同志认为机动车驾驶人对"碰瓷"的人不应给予赔偿,即应当免除机动车驾驶人的责任。中国人民大学教授杨立新主持起草的《侵权责任法(草案)建议稿》第30条的"立法理由"陈述:"在过错责任原则适用的范围,如果受害人具有故意,而加害人只有轻微过失,加害人也可以免责。在无过错责任原则适用范围,若受害人故意,加害人即可免责。"

【立法理由】

被侵权人对于损害的发生也有过错的,让侵权人承担全部赔偿责任,有失公允。因此,侵权人可以被侵权人的过错为主张进行抗辩,要求减轻自己的侵权责任,主要是减少损害赔偿的数额。

在立法过程中,与有过失(过失相抵)是否应当规定为不承担责任和减轻责任的情形之一,曾经存在过不同意见,简要如下。

从大陆法系有代表性的国家或地区的立法来看,多数将与有过失(过失相抵)制度规定在债法总则,因为"与有过失(过失相抵)"既适用于侵权责任,也适用于违约责任。例如,《德国民法典》第254条规定:"损害的发生被害人与有过失者,损害赔偿的义务与赔偿的范围,视当时的情况特别是损害的原因主要在何方而决定之。即使被害人的过失仅限于对债务人既不知也不可知的,有造成异常严重损害的危险急于防止或者减少损害时,也同样适用前款规定。于此准用第278条的规定。"该条即是规定在《德国民法典》第二编"债的关系法"中的第一章"债的关系的内容"之中。我国台湾地区也是如此。大陆法系也有少数国家有将"与有过失(过失相抵)"分别规定在侵权责任和违约责任的赔偿规定中。例如,《日本民法典》第722条第2款规定:"受害人有过失时,法院可以斟酌其情事,确定损害赔偿额。"该条即是规定在《日本民法典》第五章"不法行为"之中。

从大陆法系国家的立法来看,与有过失(过失相抵)制度基本用于解决损害赔偿数额的计算问题。中国社会科学院梁慧星研究员主持起草的《中国民法典学者建议稿》侵权行为法编、中国人民大学教授杨立新主持起草的《侵权责任法(草案)建议稿》、中国人民大学教授王利明主持起草的《中国民法典学者建议稿》中的侵权行为编,均将"与有过失(过失相抵)"规定在损害赔偿一章中。

在立法过程中,有些同志建议将"过失相抵"规定在损害赔偿部分,即本法的第二章。理由是:"与有过失(过失相抵)"不应作为不承担责任和减轻责任的情形,即使侵权人没有对被侵权人的过错进行抗辩,法院在审理案件过程中发现被侵权人对于损害的发生也有过错的,法院也可以减少侵权人的损害赔偿数额。例如我国台湾地区"民法"第217条规定:"损害之发生或扩大,被害人与有过失者,法院得减轻损害赔偿金额,或免除之。重大之损害原因,为债务人所不及知,而被害人不预促其注意或怠于避免或减少损害者,为与有过失。前两项规定,于被害人之代理人或使用人与有过失者,准用之。"

也有些同志建议将"与有过失(过失相抵)"规定为不承担责任和减轻责任的情形之一。理由是:(1)被侵权人对于损害的发生也有过错,当然可以作为侵权人的抗辩事由。侵权人可以据此要求减少自己的损害赔偿数额;(2)侵权人即是债务人,其对债权人所享有的抗辩权需要法律予以明示。侵权人进行抗辩并提供证据后,法院应当考虑侵权人的主张,在有证据证明被侵权人也存在过错的情况下,应当减少侵权人的损害赔偿额;(3)从理论上讲,抗辩事由不仅包括免除责任的情形,也包括减轻责任的情形。而被侵权人对于损害发生的过错,属于减轻侵权人责任的情形;(4)将被侵权人的过错作为侵权人的抗辩事由,并不妨碍在侵权人没有据此抗辩的情况下,法院在确定损害赔偿额时可以主动考虑被侵权人过错的情形,即法院可以斟酌被侵权人的过错程度,确定减少损害赔偿的数额。

【相关规定】

《中华人民共和国民法通则》第131条

受害人对于损害的发生也有过错的,可以减轻侵害人的民事责任。

《中华人民共和国水污染防治法》第85条第3款

水污染损害是由受害人故意造成的,排污方不承担赔偿责任。水污染损害是由受害人重大过失造成的,可以减轻排污方的赔偿责任。

《中华人民共和国电力法》第60条第2款

电力运行事故由下列原因之一造成的,电力企业不承担赔偿责任:

（一）不可抗力；

（二）用户自身的过错。

**《中华人民共和国道路交通安全法》第 76 条第 1 款第 2 项**

机动车与非机动车驾驶人、行人之间发生交通事故，非机动车驾驶人、行人没有过错的，由机动车一方承担赔偿责任；有证据证明非机动车驾驶人、行人有过错的，根据过错程度适当减轻机动车一方的赔偿责任；机动车一方没有过错的，承担不超过百分之十的赔偿责任。

**《最高人民法院关于审理人身损害赔偿案件适用法律若干问题的解释》第 2 条**

受害人对同一损害的发生或扩大有故意、过失的，依照民法通则第 131 条的规定，可以减轻或者免除赔偿义务人的赔偿责任。但侵权人因故意或者重大过失致人损害，受害人只有一般过失的，不减轻赔偿义务人的赔偿责任。

适用民法通则第 106 条第 3 款规定确定赔偿义务人的赔偿责任时，受害人有重大过失的，可以减轻赔偿义务人的赔偿责任。

**《德国民法典》第 254 条**

损害的发生被害人与有过失者，损害赔偿的义务与赔偿的范围，视当时的情况特别是损害的原因主要在何方而决定之。

即使被害人的过失仅限于对债务人既不知也不可知的，有造成异常严重损害的危险怠于防止或者减少损害时，也同样适用前款规定。于此准用第 278 条的规定。

**《法国民法典债法改革（草案）》第 1351 条**

只有在受害人对损害的发生存在过错的情况下，方可成立部分免责事由。

**《意大利民法典》第 1227 条第 1 款**

如果债权人的过失行为导致损害发生，将根据过失的程度（参见第 2055 条）及其引起后果的严重程度减少赔偿额（参见第 1175 条）。（参见第 2056 条）对于债权人只要尽勤谨注意即可避免的损失不予赔偿。

**《荷兰民法典》第 101 条**

损失也因可归责于受害人的情形造成的，应当根据受害人和赔偿义务人在造成损失中的可归责情形在双方之间分担应赔偿的损失，从而减轻赔偿义务人的赔偿义务。根据案件中的过错程序和其他情形，公平原则有此要求的，分担比例可以有所不同或者损害赔偿义务可以全部消灭或者全部不被分担。赔偿义务人所涉之物处于代表受害人的第三人的控制之下的，在适用前款时，可归责于第三人的情形归责于受害人。

**《俄罗斯民法典》第 1083 条**

因受害人的故意产生的损害，不应赔偿。

如系受害人本人的重大过失促成损害的发生或者使损害扩大,应根据受害人和致害人的过错程度减少赔偿金额。

受害人有重大过失而致害人无过错,且其责任不以过错为必要时,应减少致害人赔偿的数额或者免除其赔偿损害,但法律另有规定的除外,对公民生命或健康造成的损害,不得免除赔偿损害。

在赔偿额外费用、赔偿与抚养人死亡有关的损害以及赔偿丧葬费时,不考虑受害人的过错。

《日本民法典》第722条第2款

受害人有过失时,法院可以斟酌其情事,确定损害赔偿额。

《蒙古国民法典》第394条

受害人对造成损害或扩大损害程度也有疏忽或者漫不经心的,则可考虑当事人的过错减少加害人的责任额。

我国台湾地区"民法"第217条

损害之发生或扩大,被害人与有过失者,法院得减轻损害赔偿金额,或免除之。重大之损害原因,为债务人所不及知,而被害人不预促其注意或怠于避免或减少损害者,为与有过失。前两项规定,于被害人之代理人或使用人与有过失者,准用之。

《欧洲侵权法基本原则(草案)》第8-101条

(1) 考虑到受害方的共同过错行为,或者受害方为侵权行为人时,其他影响认定和降低受害方责任的相关条款,可免除或适当降低行为人的责任。(2) 提起侵权致使他人死亡的损害赔偿请求权的,依据本条第一款规定,死者生前的行为或者活动可导致免除或减轻行为人的侵权责任。(3) 受害方辅助人的过错行为或者活动造成损害的,可依据本条第一款规定免除或降低受害方本应得到的赔偿。

《欧洲民法典(草案)》第六编第五章第102条

(1) 如果受害人对法律上相关损害的发生或扩大有过错,依据过错程度减少赔偿责任。(2) 不适用于下列情形:(a) 受害人轻微过错;(b) 受害人过错或归责是损害发生的非实质原因;(c) 在交通事故中,机动车引起了人身伤害,受害人不履行注意义务促成了损害的发生,除非不履行注意义务严重违反此种情况下明显必须的注意义务。

**第二十七条** 损害是因受害人故意造成的,行为人不承担责任。

【说明】

本条是关于受害人故意造成损害,行为人免责的规定。

第27条　　　《中华人民共和国侵权责任法》条文说明、立法理由及相关规定

受害人故意分为直接故意和间接故意。直接故意是指受害人从主观上追求损害自己的结果发生,例如受害人摸高压线自杀;间接故意是指受害人已经预见到自己的行为可能发生损害自己的结果,但也不停止该行为,而是放任损害结果的发生,例如受害人盗割高压线,导致自己伤亡。

本条规定对行为人免责,是指损害完全是因为受害人的故意造成的,即受害人故意的行为是其损害发生的唯一原因。例如,《民法通则》第123条规定,从事高空、高压、易燃、易爆、放射性、高速运输工具等对周围环境有高度危险的作业造成他人损害的,应当承担民事责任;如果能够证明损害是由受害人故意造成的,不承担民事责任。

如果有证据证明损害是由于受害人的故意造成,但也有证据证明行为人对损害的发生也有故意或者重大过失的,应适用本章第26条关于与有过失的规定。例如,甲在高速公路上自杀,乙驾驶的机动车已经超速,发现甲后也没有采取任何避让或者制动措施,反而加速冲向甲,造成甲的死亡。如果有其他证据证明乙的行为是故意的,则乙构成杀人罪,并且应当承担相应的赔偿责任;如果有证据证明乙的行为属于重大过失,例如醉酒驾车,乙也应当承担相应的赔偿责任。

本条规定适用于过错责任自不待言,从现有法律规定看,本条也适用于无过错责任。具体包括:

(1)本法第70条规定,民用核设施的经营人在发生核事故的情况下造成他人损害的,能够证明损害是因受害人故意造成的,免除其责任。

(2)本法第71条规定,民用航空器的经营人造成他人损害的,能够证明损害是因受害人故意造成的,免除其责任。

(3)本法第72条规定,占有或者使用易燃、易爆、剧毒、放射性等高度危险物的占有人、使用人造成他人损害的,能够证明损害是因受害人故意造成的,免除其责任。

(4)本法第73条规定,从事高空、高压、地下挖掘活动,使用高速轨道运输工具造成他人损害的,经营人能够证明损害是因受害人故意造成的,免除其责任。

(5)本法第78条规定,饲养的动物造成他人损害的,动物饲养人或者管理人应当承担侵权责任,但能够证明损害是因被侵权人故意造成的,可以不承担责任。

(6)《道路交通安全法》第76条第2款规定,交通事故的损失是由非机动车驾驶人、行人故意碰撞机动车造成的,机动车一方不承担赔偿责任。

(7)《水污染防治法》第85条第3款规定,水污染损害是由受害人故意造成的,排污方不承担赔偿责任。

此外,我国《产品质量法》第41条规定了生产者的三项免责情形,一是未将产品投入流通的;二是产品投入流通时,引起损害的缺陷尚不存在的;三是将产品投入流通时的科学技术水平尚不能发现缺陷的存在的。《产品质量法》虽然没有规

定"受害人故意造成损害"的免责情形,但从一般逻辑推论,如果生产者能够证明自己的产品没有缺陷,并且能够证明损害是因受害人故意造成的,当然应当免除生产者的责任。例如,照相机生产商在其产品使用说明书中警示:照相机电池不能用火烧烤,如果使用者故意违反产品使用说明书中的警示,拿照相机电池在火上烤,电池爆炸造成其损害,生产者无需承担责任。

**【立法理由】**

受害人故意造成损害,是指受害人明知自己的行为会发生损害自己的后果,而希望或者放任此种结果的发生。如果受害人故意造成自己损害而让无辜的行为人承担了责任,则是法律的悲哀。因此,本条予以明示。世界各国的法律莫不如此,例如《俄罗斯民法典》第1083条第1款规定:"因受害人的故意产生的损害,不应赔偿。"

**【相关规定】**

《中华人民共和国民法通则》第123条

从事高空、高压、易燃、易爆、放射性、高速运输工具等对周围环境有高度危险的作业造成他人损害的,应当承担民事责任;如果能够证明损害是由受害人故意造成的,不承担民事责任。

《中华人民共和国民法通则》第127条

饲养的动物造成他人损害的,动物饲养人或者管理人应当承担民事责任;由于受害人的过错造成损害的,动物饲养人或者管理人不承担民事责任;由于第三人的过错造成损害的,第三人应当承担民事责任。

《中华人民共和国道路交通安全法》第76条第2款

交通事故的损失是由非机动车驾驶人、行人故意碰撞机动车造成的,机动车一方不承担赔偿责任。

《中华人民共和国水污染防治法》第85条第3款

水污染损害是由受害人故意造成的,排污方不承担赔偿责任。水污染损害是由受害人重大过失造成的,可以减轻排污方的赔偿责任。

《中华人民共和国铁路法》第58条

因铁路行车事故及其他铁路运营事故造成人身伤亡的,铁路运输企业应当承担赔偿责任;如果人身伤亡是因不可抗力或者由于受害人自身的原因造成的,铁路运输企业不承担赔偿责任。

违章通过平交道口或者人行过道,或者在铁路线路上行走、坐卧造成的人身伤亡,属于受害人自身的原因造成的人身伤亡。

《中华人民共和国电力法》第60条

因电力运行事故给用户或者第三人造成损害的,电力企业应当依法承担赔偿责任。

电力运行事故由下列原因之一造成的,电力企业不承担赔偿责任:
（一）不可抗力;
（二）用户自身的过错。
因用户或者第三人的过错给电力企业或者其他用户造成损害的,该用户或者第三人应当依法承担赔偿责任。

《最高人民法院关于审理人身损害赔偿案件适用法律若干问题的解释》第2条

受害人对同一损害的发生或扩大有故意、过失的,依照民法通则第131条的规定,可以减轻或者免除赔偿义务人的赔偿责任。但侵权人因故意或者重大过失致人损害,受害人只有一般过失的,不减轻赔偿义务人的赔偿责任。

适用民法通则第106条第3款规定确定赔偿义务人的赔偿责任时,受害人有重大过失的,可以减轻赔偿义务人的赔偿责任。

《意大利民法典》第1227条第1款

如果债权人的过失行为导致损害发生,将根据过失的程度（参阅第2055条）及其引起后果的严重程度减少赔偿额（参阅第2056条）。对于债权人只要尽勤谨注意即可避免的损失不予赔偿（参阅第1175条）。

《俄罗斯民法典民法典》第1083条第1款

因受害人的故意产生的损害,不应赔偿。

《阿尔及利亚民法典》第127条

除非法律另有规定,行为人如能证明损害系由受害人或者第三人的过错以及意外事件或不可抗力等不可归咎于自己的原因造成,不承担损害赔偿责任。

**第二十八条** 损害是因第三人造成的,第三人应当承担侵权责任。

【说明】

本条是关于"第三人过错"的规定。

第三人的过错包括故意和过失。并且第三人与被告不存在任何隶属关系,比如用人单位的工作人员在工作过程中造成他人损害的,用人单位不能以其工作人员作为第三人,提出"第三人过错"的抗辩。用人单位应当对工作人员造成的损害,承担替代责任。

一、第三人过错是造成损害的唯一原因

（一）在过错责任和过错推定责任范围内

在过错责任和过错推定责任适用范围内,被告能够证明损害完全是由于第三人的过错行为造成的,第三人的行为是原告所遭受损害的全部原因,即第三人行为与损害之间存在直接的因果关系,则应免除被告的责任,由第三人对原告承担侵权责任。

(1) 在过错责任适用范围内。例如,甲在骑车下班途中,碰巧乙和丙在路边斗殴,乙突然把丙推向非机动车道,甲躲闪不及,将丙撞伤。在本案中,甲对丙突然被推向他的车前是不可预见的,因此甲没有任何过错,丙的损害应由乙承担赔偿责任。再例如,根据我国《海洋环境保护法》第92条的规定,由于负责灯塔或者其他助航设备的主管部门,在执行职责时的疏忽,或者其他过失行为,过往船舶经过及时采取合理措施,仍然不能避免对海洋环境造成污染损害的,造成污染损害的船舶免予承担责任。

(2) 在过错推定责任适用范围内。例如,某农舍的墙上挂了一串玉米,某一天该玉米脱落砸伤了在该墙下乘凉的人。按照本法第85条规定,农舍的主人能够证明自己没有过错,并且能够证明损害是由于与自己有积怨的邻居拔松了挂玉米的钉子,从而使玉米脱落砸伤了他人。在此情况下,应由邻居承担损害赔偿责任。

(二) 在无过错责任范围内

无过错责任也有称为"危险责任",根据危险程度的不同,对于一些超常危险的活动,即使受害人的损害完全是由第三人的过错行为造成的,法律规定必须首先由危险活动的行为人或者高度危险物的持有人承担责任;对于一般危险活动的行为人,如果其能够证明受害人所遭受的损害完全是由第三人的过错行为造成的,则免除其责任,而由第三人承担损害赔偿责任。分述如下:

1. 第三人造成的损害首先由被告承担责任

在某些无过错责任情形之下,即使完全由第三人过错造成的损害,也应首先由被告承担责任,即:被告不能以第三人造成损害为由,对原告(受害人)进行抗辩。例如,根据《国务院关于核事故损害赔偿责任问题的批复》第2条和第9条的规定,营运者应当对核事故造成的人身伤亡、财产损失或者环境受到的损害承担赔偿责任。营运者以外的其他人不承担赔偿责任。核事故损害是由于自然人的故意作为或者不作为造成的,营运者向受害人赔偿后,对该自然人行使追偿权。

2. 由被侵权人选择责任承担人

在某些无过错责任情形之下,第三人的过错造成损害,根据法律规定,被侵权人可以选择行为人(包括危险物的所有人)或者第三人之一承担责任。例如:(1) 根据本法第68条规定,因第三人的过错污染造成损害的,被侵权人可以向污染者请求赔偿,也可以向第三人请求赔偿。如果被侵权人向污染者请求赔偿的,污染者不能以损害是因第三人造成为由,向被侵权人进行抗辩,而应首先赔偿损失,然后向第三人追偿。(2) 根据本法第83条规定,因第三人的过错致使动物造成他人损害的,被侵权人可以向动物饲养人请求赔偿,也可以向第三人请求赔偿。如果被侵权人向动物饲养人请求赔偿的,动物饲养人不能以损害是因第三人造成为由,向被侵权人进行抗辩,而应首先赔偿损失,然后向第三人追偿。

3. 第三人造成的损害由第三人承担责任

在某些无过错责任情形之下,完全由第三人造成的损害,由第三人承担责任,即:被告可以"第三人过错"造成损害为由,对原告(受害人)进行抗辩。例如,我国《电力法》第60条第2款规定:"因用户或者第三人的过错给电力企业或者其他用户造成损害的,该用户或者第三人应当依法承担赔偿责任。"

二、第三人过错是造成损害的部分原因

本条规定的"第三人过错"与本法第8、10—12条规定的共同侵权有着紧密的联系,同时也极易造成混淆。在何时、何种条件下,被告可以援用"第三人过错"而要求减轻自己责任的问题上,在立法过程中也不少争论。经过梳理,有必要对以下几个问题进行澄清。

(一)与"有意思联络的共同侵权"的关系

原告将被告起诉到法院后,被告提出本案还有与其有意思联络的其他共同侵权人的,不适用本条规定。因为,按照本法第8条规定,二人以上基于故意或者过失,共同实施侵权行为造成他人损害的,应当承担连带责任,即被侵权人有权要求侵权人中的一人承担全部责任。例如,甲和乙合谋将丙打伤,丙将乙起诉到法院,乙不能以甲参与了侵权为由,要求适用本条的规定。

(二)与"共同危险行为"的关系

根据本法第10条规定,二人以上实施危及他人人身、财产安全的行为,不能确定具体加害人,行为人承担连带责任。例如,甲在农田耕作时遭受枪伤,甲将其受伤时发现的非法狩猎人乙告上法庭。乙在庭上陈述,其在开枪的同时,还有另一名非法狩猎人丙也开了枪。但甲的枪伤只有一处,乙提出枪伤可能是自己所为,但也可能是丙的行为所致,提出与丙分担甲的损失。法院经过审理,对乙的主张不予采纳,而判决乙对甲承担全部损害赔偿责任。理由是:乙的行为和丙的行为构成共同危险行为,在不能确定具体加害人的情况下,行为人承担连带责任。甲只起诉了乙,乙应对甲承担全部责任。乙在承担连带责任后,可以起诉丙,以进一步分清二者的责任。即是说,在本案中,乙不能以丙(第三人)的行为为由,对受害人甲进行抗辩,要求免除或者减轻自己的责任。

(三)与"行为直接结合的共同侵权"的关系

根据本法第11条规定,二人以上虽无共同故意、过失,其分别实施的侵权行为直接结合造成同一损害,且每个人的侵权行为都足以造成全部损害的,行为人承担连带责任。例如,甲乙二人分别在丙的房舍的东西两面放火烧荒,甲乙二人没有意思联络,但两股火同时向丙的房舍蔓延,致使丙的房舍焚毁。丙将甲起诉到法院,甲提出乙的放火行为也是房屋被焚的原因之一,要求减轻自己的责任。

法院经过审理,认为甲的抗辩理由不能成立。理由是:甲乙的行为直接结合,是构成丙的损害的共同原因,甲乙应对丙承担连带责任。

(四)与"行为间接结合的共同侵权"的关系

根据本法第12条规定,二人以上虽无共同故意、过失,其分别实施的侵权行为间接结合造成同一损害,能够确定责任大小的,共同侵权人对受害人承担按份责任。关于"第三人过错"与共同侵权的关系,只有在"被告的过错"与"第三人的过错"分别构成同一损害的原因的情况下,被告就可以造成的损害还有"第三人的过错"为由,向原告行使抗辩权,要求减轻自己的责任。

**【立法理由】**

"第三人过错"是指原告(受害人)起诉被告以后,被告提出的该损害完全或者部分由于第三人的过错造成,从而提出免除或者减轻自己责任的抗辩事由。损害完全是第三人造成的,或者损害部分原因是第三人造成的,完全让被告承担全部责任是不公平的,因此,应当把"第三人过错"作为不承担责任和减轻责任的情形之一。

**【相关规定】**

《中华人民共和国民法通则》第127条

饲养的动物造成他人损害的,动物饲养人或者管理人应当承担民事责任;由于受害人的过错造成损害的,动物饲养人或者管理人不承担民事责任;由于第三人的过错造成损害的,第三人应当承担民事责任。

《中华人民共和国电力法》第60条第2款

因用户或者第三人的过错给电力企业或者其他用户造成损害的,该用户或者第三人应当依法承担赔偿责任。

《中华人民共和国水污染防治法》第85条第4款

水污染损害是由第三人造成的,排污染方承担责任后,有权向第三人追偿。

《中华人民共和国海洋环境保护法》第90条第1款

造成海洋环境污染损害的责任者,应当排除危害。并赔偿损失;完全由于第三者的故意或者过失,造成海洋环境污染损害的,由第三者排除危害,并承担赔偿责任。

《中华人民共和国海洋环境保护法》第92条

完全属于下列情形之一,经过及时采取合理措施,仍然不能避免对海洋环境造成污染损害的,造成污染损害的有关责任者免予承担责任:

(一)战争;

(二)不可抗拒的自然灾害;

(三)负责灯塔或者其他助航设备的主管部门,在执行职责时的疏忽,或者其他过失行为。

《最高人民法院关于审理人身损害赔偿案件适用法律若干问题的解释》第6条第2款

因第三人侵权导致损害结果发生的,由实施侵权行为的第三人承担赔偿责任。安全保障义务人有过错的,应当在其能够防止或者制止损害的范围内承担相应的补充赔偿责任。安全保障义务人承担责任后,可以向第三人追偿。赔偿权利人起诉安全保障义务人的,应当将第三人作为共同被告,但第三人不能确定的除外。

《荷兰民法典》第178条

……如果有下列情形之一,不依第175条、第176条或第177条承担责任:

(5)损害完全是由于第三人故意致害之作为或不作为造成的,而且不影响第170条和第171条之规定的适用。

《阿尔及利亚民法典》第127条

除非法律另有规定,行为人如能证明损害系由受害人或者第三人的过错以及意外事件或不可抗力等不可归咎于自己的原因造成,不承担损害赔偿责任。

《欧洲侵权法基本原则(草案)》第7-102条第1、2款

如果损害由不可预见且不可避免的下列因素造成,严格责任可被免除或降低:(1)不可抗力;(2)第三方的行为。

严格责任是否可被免除或降低,以及何种程度,取决于外因的证据力和责任的范围。

**第二十九条** 因不可抗力造成他人损害的,不承担责任。法律另有规定的,依照其规定。

【说明】

本条是关于"不可抗力"的规定。

一、关于不可抗力的含义和范围

(一)不可抗力的含义

各国立法对不可抗力的规定不尽相同,理论界、实务界对不可抗力的理解也莫衷一是。概括起来有"客观说"、"主观说"和"折中说"。"客观说"强调不能避免并不能抗拒的外来力量。"主观说"强调当事人虽尽最大努力仍不能预见的客观情况。"折中说"强调当事人尽最大谨慎也不能预见、不能防止发生的事件为不可抗力。

关于对"不可预见"的理解,应是根据现有的技术水平,一般对某事件的发生没有预知的能力。人们对某种事件发生的预知能力取决于当代的科学技术水平。某些事件的发生,在过去不可预见,但随着科学技术水平的发展,现在就可预见。

例如,现在对天气预报的准确率达到90%以上,人们对狂风暴雨的规避能力已大大提高。另外,人们对某事件发生的预知能力因人而异,有些人能预见到,也有些人预见不到。所以应当以一般人的预知能力作为标准。

关于如何认识"不可避免并不能克服",应是指当事人已经尽到最大努力和采取一切可以采取的措施,仍不能避免某种事件的发生并克服事件所造成的损害结果。"不可避免并不能克服"表明某种事件的发生和事件所造成的损害后果具有必然性。

(二)关于不可抗力的因素

关于不可抗力的因素,《民法通则》和本法都没有明确。在立法过程中,有些同志建议明确界定不可抗力的因素。争议主要有以下两个方面。

1. 战争、暴乱、罢工等是否作为不可抗力

我国理论界的通说认为,不可抗力主要是指不能预见、不能避免并不能克服的自然现象,例如地震、洪水、台风、海啸等。也有一些学者认为,不可抗力还包括某些社会现象,如战争、暴乱、罢工等。从国内外的立法来看,如果战争、暴乱、罢工等需要被列为免责事由的,则与不可抗力等并列规定。因此,战争、暴乱、罢工等具有不可抗力的性质,但不属于不可抗力的范围。例如,根据我国《海洋环境保护法》第92条的规定,完全属于下列情形之一,经过及时采取合理措施,仍然不能避免对海洋环境造成污染损害的,造成污染损害的有关责任者免予承担责任:(1)战争;(2)不可抗拒的自然灾害。再例如,根据《荷兰民法典》第178条的规定,如果有下列情形之一,不依第175条、第176条或第177条承担责任:(1)损害是由于军事冲突、内战、暴动、国内骚乱、暴乱或兵变引起的;(2)损害是由具有不可预见、不可避免和不可抗拒性质的自然事件造成的。

2. 政府命令是否作为不可抗力

我国有一些学者认为,不能预见、不能抗拒的政府命令或者政府行为也属于不可抗力的范围。例如,某水库根据政府的命令,紧急泄洪的行为造成他人损害,该水库能否以政府的命令为由进行抗辩?对这个问题,也是仁者见仁,智者见智。

二、不可抗力的适用范围

按照本条规定,除法律有特别排除的规定外,不可抗力适用于过错责任、过错推定责任和无过错责任。不可抗力作为过错责任、过错推定责任的免责事由自不必说,法律的排除适用主要针对的是部分无过错责任。主要有:

(1)根据本法第70条和《国务院关于核事故损害赔偿责任问题的批复》第6条规定,民用核设施的经营人在发生核事故的情况下造成他人损害的,只有能够证明损害是因战争、武装冲突、敌对行动或者暴乱所引起,或者是因受害人故意造成的,才免除其责任。因不可抗力的自然灾害造成他人损害的,不能免除核设施经营人的责任。

第 29 条　《中华人民共和国侵权责任法》条文说明、立法理由及相关规定

(2) 根据本法第 71 条和《民用航空法》第 160 条规定，民用航空器造成他人损害的，民用航空器的经营人只有能够证明损害是武装冲突、骚乱造成的，或者是因受害人故意造成的，才免除其责任。因不可抗力的自然灾害造成的，不能免除民用航空器经营人的责任。例如，民用飞机在空中遭雷击坠毁，造成地面人员伤亡。航空公司不能以不可抗力为由，对受害人进行抗辩。

(3) 根据《中华人民共和国邮政法》(以下简称《邮政法》)第 48 条的规定，除因不可抗力造成的保价的给据邮件的损失外，因不可抗力造成损失的，邮政企业不负赔偿责任。给据邮件，指挂号信件、邮包、保价邮件等由邮政企业以其分支机构在收寄时出具收据，投递时要求收件人签收的邮件。按此规定，汇款和保价邮件即使由于不可抗力造成的损害，邮政企业也需对收件人承担赔偿责任。

**【立法理由】**

按照我国《民法通则》第 153 条规定，"不可抗力"，是指不能预见、不能避免并不能克服的客观情况。具体说，不可抗力是独立于人的行为之外，不受当事人意志所支配的现象，是人力所不可拒的力量。行为人完全因为不可抗力造成他人损害的，表明行为人的行为与损害结果之间不存在因果关系，同时表明行为人没有过错，如果让行为人对自己无法控制的损害结果承担责任，对行为人来说是不公平的。因此，很多国家都将"不可抗力"作为"免责事由"予以规定。

**【相关规定】**

《中华人民共和国民法通则》第 107 条

因不可抗力不能履行合同或者造成他人损害的，不承担民事责任，法律另有规定的除外。

《中华人民共和国民法通则》第 153 条

本法所称"不可抗力"，是指不能预见、不能避免并不能克服的客观情况。

《中华人民共和国水污染防治法》第 85 条第 2 款

由于不可抗力造成水污染损害的，排污方不承担赔偿责任；法律另有规定的除外。

《中华人民共和国铁路法》第 58 条第 1 款

因铁路行车事故及其他铁路运营事故造成人身伤亡的，铁路运输企业应当承担赔偿责任；如果人身伤亡是因不可抗力或者由于受害人自身的原因造成的，铁路运输企业不承担赔偿责任。

《中华人民共和国邮政法》第 48 条

因下列原因之一造成的给据邮件损失，邮政企业不承担赔偿责任：

(一) 不可抗力，但因不可抗力造成的保价的给据邮件的损失除外；

(二) 所寄物品本身的自然性质或者合理损耗；

（三）寄件人、收件人的过错。

《中华人民共和国海洋环境保护法》第92条

完全属于下列情形之一，经过及时采取合理措施，仍然不能避免对海洋环境造成污染损害的，造成污染损害的有关责任者免予承担责任：

（一）战争；

（二）不可抗拒的自然灾害；

（三）负责灯塔或者其他助航设备的主管部门，在执行职责时的疏忽，或者其他过失行为。

《中华人民共和国大气污染防治法》第63条

完全由于不可抗拒的自然灾害，并经及时采取合理措施，仍然不能避免造成大气污染损失的，免于承担责任。

《荷兰民法典》第178条

如果有下列情形之一，不依第175条、第176条或第177条承担责任：a. 损害是由于军事冲突、内战、暴动、国内骚乱、暴乱或兵变引起的；b. 损害是由具有不可预见、不可避免和不可抗拒性质的自然事件造成的，但在适用该条时，第177条第1款规定的地下自然力除外；

《魁北克民法典》第1470条

损害是因不可抗力引起的，可以免除某人造成他人损害的责任，但他已承诺赔偿此等损害的，不在此限。

不可抗力为不可预见且不可抗拒的事件，具有同样性质的外部原因视为不可抗力。

《阿尔及利亚民法典》第127条

除非法律另有规定，行为人如能证明损害系由受害人或者第三人的过错以及意外事件或不可抗力等不可归咎于自己的原因造成，不承担损害赔偿责任。

**第三十条　因正当防卫造成损害的，不承担责任。正当防卫超过必要的限度，造成不应有的损害的，正当防卫人应当承担适当的责任。**

【说明】

本条是关于"正当防卫"的规定。

一、正当防卫的要件

正当防卫应当同时具备以下六个要件：

（1）必须是为了使本人、他人的人身、财产权利免受不法侵害而实施的。本条基本沿袭了我国《民法通则》的规定，对正当防卫的内容没有明确规定，即没有明确规定是为了谁的利益而采取防卫行为。《民法通则》第128条规定："因正当防卫造成损害的,不承担民事责任。正当防卫超过必要的限度,造成不应有的损害的,应当承担适当的民事责任。"采取这种立法模式的还有《俄罗斯民法典》和《越南社会主义共和国民法典》。例如《俄罗斯民法典》第1066条规定:"正当防卫所致损害,如防卫行为未逾必要限度,不应予赔偿。"《越南社会主义共和国民法典》第617条规定:"正当防卫造成他人损害的,加害人不向受害人赔偿损害。防卫过当造成他人损害的,加害人必须向受害人赔偿损害。"

有些国家或地区的民法典明确规定了正当防卫的内容,即将正当防卫界定为使本人或者他人的人身权利、财产权利免受正在进行的不法侵犯。《德国民法典》是典型的代表。除此之外,《意大利民法典》、《日本民法典》、《埃塞俄比亚民法典》、我国台湾地区"民法"等都作了类似地规定。例如,《意大利民法典》第2044条规定:"为自己或他人进行正当防卫所致损害的人,不承担责任。"再例如,我国台湾地区"民法"第149条规定:"对于现时不法之侵害,为防卫自己或他人之权利所为之行为,不负损害赔偿之责,但已逾越必要程度者,仍应负相当赔偿之责。"

《欧洲侵权法基本原则(草案)》仅将正当防卫的内容界定为"保护自身的利益",该草案第7-101条规定:"下列情形构成一般侵权责任的抗辩事由:① 为保护自身利益防止非法侵犯;② 紧急避险;③ 救济机关不能及时提供救济;④ 取得受害方的同意,或受害方同意承担受损害的风险;⑤ 合法授权,比如许可证。"

我国《刑法》明确规定了正当防卫的内容。《刑法》第20条第1款规定:"为了使国家、公共利益、本人或者他人的人身、财产和其他权利免受正在进行的不法侵害,而采取的制止不法侵害的行为,对不法侵害人造成损害的,属于正当防卫,不负刑事责任。"

经过研究认为,本条和我国《民法通则》虽然没有对正当防卫的内容作出规定,但借鉴德国、日本等国家或地区法律的规定,正当防卫应是为了保护本人或者他人的人身、财产权利而实施。

(2)必须有不法侵害行为发生。所谓"不法侵害",指对某种权利或利益的侵害为法律所明文禁止,既包括犯罪行为,也包括其他违法的侵害行为。

(3)必须是正在进行的不法侵害。正当防卫的目的是为了制止不法侵害,避免危害结果发生,因此,不法侵害必须是正在进行的,而不是尚未开始,或者已实施完毕,或者实施者已自动停止。否则,就是防卫不适时,应当承担民事责任。

(4)必须是本人、他人的人身权利、财产权利遭受不法侵害,来不及请求有关国家机关救助的情况下,才能实施防卫行为。

(5)必须是针对不法侵害者本人实行。即正当防卫行为不能对没有实施不法侵害行为的第三者(包括不法侵害者的家属)造成损害。

(6)不能明显超过必要限度,造成损害。正当防卫是有益于社会的合法行为,但应受一定限度的制约,即正当防卫应以足以制止不法侵害为限。

只有满足以上六个要件,才能构成正当防卫。行为人(防卫人)免于民事责任。

二、正当防卫所造成的损害

1. 遭受损害的主体

正当防卫一般仅指造成侵权人的损害。例如《瑞士债务法》第52条第1项规定:"实施正当防卫对侵害者造成损害的,不承担赔偿责任。"我国《刑法》第20条也明确规定,正当防卫是对"不法侵害人"造成的损害。

本条第一句"因正当防卫造成损害的",这里的"造成损害"仅是指对侵权人造成的损害。在立法过程中有些同志提出,受害人对侵权人进行正当防卫时,不慎造成了第三人的损害,也不应当承担责任。例如,甲拿棍棒击打乙,乙在夺取棍棒的过程中,由于用力过猛,不慎将围观者丙击伤。经过研究,认为这种情形可以适用本法第31条规定的"紧急避险"解决。按第31条的规定,因紧急避险造成损害的,由引起险情发生的人承担责任。在本案中,甲拿棍棒击打乙,乙在正当防卫的过程中造成了丙的伤害,甲是引起险情发生的人,应由甲对丙的损害承担责任。

2. 遭受损害的客体

本条第一句"因正当防卫造成损害的",这里的"造成损害"即包括对侵权人人身权利的损害,也包括对侵权人财产权利的损害。例如,甲在抢劫乙的过程中,乙抓伤了甲的脸,同时也撕坏了甲的衣服,乙对甲的人身损失和财产损失,都免于承担责任。

三、防卫过当的责任

本条规定,正当防卫超过必要的限度,造成不应有的损害的,应当承担适当的责任。

如何确定和理解正当防卫的必要限度,学术界有各种各样的学说。多数意见认为,从权衡各方利益的角度考虑,既有利于维护防卫人的权益,也要考虑到对不法行为人的合法权益的保护,防卫行为应以足以制止不法侵害为必要限度。从防卫的时间上不讲,对于侵权人已经被制服或者侵权人已自动停止侵权行为的,防卫人不得再行攻击行为;从防卫手段来讲,能够用较缓和的手段进行有效的防卫之情况下,不允许用激烈手段进行防卫。对于没有明显危及人身、财产等重大利益的不法侵害行为,不允许采取造成重伤等手段对侵权人进行防卫。

正当防卫超过必要的限度,造成侵权人不应有的损害的,防卫人应当承担适当的责任。所谓"适当的责任",指不对侵权人的全部损失赔偿,而是根据防卫人过错的程度,由防卫人在损失范围内承担一部分责任。

## 【立法理由】

正当防卫是指本人、他人的人身权利、财产权利遭受不法侵害时,行为人所采取的一种防卫措施。正当防卫作为行为人不承担责任和减轻责任的情形,其根据是行为的正当性、合法性,表明行为人主观上没有过错。正当防卫是法律赋予公民自卫的权利,是属于受法律鼓励的行为,目的是保护公民本人、他人不受侵犯。在世界各国的法律中,正当防卫均作为不承担责任和减轻责任的情形之一。例如《德国民法典》第 227 条规定:"正当防卫的行为不违法。正当防卫是指为避免自己或者他人受现时的不法侵害而进行的必要防卫。"

## 【相关规定】

《中华人民共和国民法通则》第 128 条

因正当防卫造成损害的,不承担民事责任。正当防卫超过必要的限度,造成不应有的损害的,应当承担适当的民事责任。

《中华人民共和国刑法》第 20 条

为了使国家、公共利益、本人或者他人的人身、财产和其他权利免受正在进行的不法侵害,而采取的制止不法侵害的行为,对不法侵害人造成损害的,属于正当防卫,不负刑事责任。

正当防卫明显超过必要限度造成重大损害的,应当负刑事责任,但是应当减轻或者免除处罚。

对正在进行行凶、杀人、抢劫、强奸、绑架以及其他危及人身安全的暴力犯罪,采取防卫行为,造成不法侵害人伤亡的,不属于防卫过当,不负刑事责任。

《德国民法典》第 227 条

正当防卫的行为不违法。

正当防卫是指为避免自己或者他人受现时的不法侵害而进行的必要防卫。

《意大利民法典》第 2044 条

为自己或他人进行正当防卫所致损害的人,不承担责任。

《俄罗斯民法典》第 1066 条

正当防卫所致损害,如防卫行为未逾必要限度,不应予赔偿。

《瑞士债务法》第 52 条第 1 项

实施正当防卫对侵害者造成损害的,不承担赔偿责任。

《日本民法典》第 720 条

为防卫自己或者第三人的权利,不得已对他人的侵权行为实施加害行为,不负赔偿责任。但是,不妨碍受害人对实施侵权行为者请求损害赔偿。

前款规定,准用于为避免他人物产生的紧急危险而毁损其物情形。

《越南社会主义共和国民法典》第617条

正当防卫造成他人损害的,加害人不向受害人赔偿损害。

防卫过当造成他人损害的,加害人必须向受害人赔偿损害。

《埃塞俄比亚民法典》第2039条

在下列情形的,不视为有过错:(1)被告不可能合理预见到原告会反对其行为;(2)该行为是以合理的方式进行正当自卫,或为正当地保卫他人,或为了保护被告是其合法所有人或占有人的财产;(3)原告是被告对其子女、被监护人、被保佑人或仆人施加的合理体罚;(4)原告是一个危险的精神病患者,因而必须阻止他造成损害,而该阻止他的行为是以合理的方式作出的;(5)一个合理的人认为能证明被告的行为为正当的任何其他情况。

我国台湾地区"民法"第149条

对于现时不法之侵害,为防卫自己或他人之权利所为之行为,不负损害赔偿之责,但已逾越必要程度者,仍应负相当赔偿之责。

《欧洲侵权法基本原则(草案)》第7-101条

下列情形构成一般侵权责任的抗辩事由:(1)为保护自身利益防止非法侵犯;(2)紧急避险;(3)救济机关不能及时提供救济;(4)取得受害方的同意,或受害方同意承担受损害的风险;(5)合法授权,比如许可证。

行为人可否免责取决于抗辩理由和责任条件。在特殊情况下,责任可被降低。

**第三十一条** 因紧急避险造成损害的,由引起险情发生的人承担责任。如果危险是由自然原因引起的,紧急避险人不承担责任或者给予适当补偿。紧急避险采取措施不当或者超过必要的限度,造成不应有的损害的,紧急避险人应当承担适当的责任。

【说明】

本条是关于"紧急避险"的规定。

一、紧急避险的要件

(1)必须为了使本人、他人的人身、财产权利免受危险的损害。本条基本沿袭了我国《民法通则》的规定,对紧急避险的内容没有明确规定,即没有明确是为了谁的利益而采取紧急避险行为。《民法通则》第129条规定:"因紧急避险造成损害的,由引起险情发生的人承担民事责任。如果危险是由自然原因引起的,紧急避险人不承担民事责任或者承担适当的民事责任。因紧急避险采取措施不当或者超过必要的限度,造成不应有的损害的,紧急避险人应当承担适当的民事责任。"采取这种立法体例还有越南,《越南社会主义共和国民法典》第618条规定:"因紧急避险造成他人损害的,加害人不向受害人赔偿损害。超过紧急避险要求的限度造成他人损害的,加害人必须向受害人赔偿损害。引起危险情况发生从而导致损害的人,必须向受害人赔偿损害。"越南也没有明确紧急避险是为了谁的利益而实施。

很多国家或地区的民法典明确规定了紧急避险的内容,即将紧急避险界定为使本人或者他人的人身权利、财产权利免受正在发生的危险。除了《德国民法典》有明确规定外,《俄罗斯民法典》第1067条规定:"紧急避险所致损害,是指为了排除对本人或者他人构成威胁的危险而造成的损害,如果该危险在当时情况下不可能以其他方法排除,紧急避险所致损害应由致害人赔偿。法院可以考虑致害情况,责成因损害人的行为而受有利益的第三人负赔偿责任,或者全部或部分免除第三人或者致害人的赔偿责任。"我国台湾地区"民法"第150条规定:"因避免自己或他人生命、身体、自由或财产上有紧迫之危险所为之行为,不负损害赔偿之责。但以避免危险所必要,并未逾越危险所致之损害程度者为限。前项情形,其危险之发生,如行为人有责任者,应负损害赔偿之责。"

我国《刑法》明确规定了紧急避险的内容。该法第21条规定:"为了使国家、公共利益、本人或者他人的人身、财产和其他权利免受正在发生的危险,不得已采取的紧急避险行为,造成损害的,不负刑事责任。紧急避险超过必要限度造成不应有的损害的,应当负刑事责任,但是应当减轻或者免除处罚。"

经过研究认为,本条和我国《民法通则》虽然没有对紧急避险的内容作出规定,但借鉴德国、意大利、我国台湾地区等国家或地区法律的规定,紧急避险应是使本人或者他人的人身、财产和其他权利免受正在发生的危险,不得已采取的避险行为。

(2)必须是对正在发生的危险,采取的紧急避险行为。倘若危险已经消除或者尚未发生,或者虽然已经发生但不会对合法权益造成损害,则不得采取避险措施。某人基于对危险状况的误解、臆想而采取避险措施,造成他人利益损害的,应向他人承担民事责任。

(3)必须是在不得已情况下采取避险措施。所谓不得已,是指当事人面对突然而遇的危险,不得不采取紧急避险措施,以保全更大的利益,且这个利益是法律所保护的。

(4)避险行为不能超过必要限度。所谓不能超过必要的限度,是指在面临紧急危险时,避险人应采取适当的措施,以尽可能小的损害保全更大的法益,即紧急避险行为所引起的损害应轻于危险所可能带来的损害。

只有满足以上四个要件,才能构成紧急避险。行为人(避险人)免于民事责任。

二、紧急避险所造成的损害

1. 遭受损害的主体

紧急避险行为可能是造成第三人的损害。例如,甲、乙、丙系邻居,丙的房子因雷击失火,甲为了引消防车进入,而推倒了乙的院墙,使消防车进入后及时扑灭了丙家的大火。按照"紧急避险"的抗辩事由,甲对乙不承担赔偿责任,应由受益人丙对乙给予适当补偿。

本条规定的紧急避险行为也包括对避险人本人造成的损害。例如,甲、乙系邻居,乙的房子因雷击失火,甲为了引消防车进入,而推倒了自己的院墙,使消防车进入后及时扑灭了乙家的大火。按照"紧急避险"的抗辩事由,甲有权要求受益人乙给予补偿。

2. 遭受损害的客体

(1)有些国家规定紧急避险损害的是他人的财产权利。例如《德国民法典》第228条规定:"为使自己或者他人避免急迫危险而损坏或者损毁他人之物的人,如果其损坏或者损毁行为系防止危险所必要,而且造成的损害又未超越危险程度时,其行为不为违法。如果行为人对危险的发生负有过失,则应负损害赔偿义务。"

(2)有些国家规定紧急避险也包括损害他人的人身权利。例如《越南社会主义共和国民法典》第618条第1款规定:"因紧急避险造成他人损害的,加害人不向受害人赔偿损害。"这里的"他人损害",即包括他人财产权利的损害,也包括他人人身权利的损害。

本条第一句"因紧急避险造成损害的",这里的"造成损害"即包括对避险者本人、第三人财产权利的损害,也包括人身权利的损害。例如,甲为了接住从楼上坠楼的男孩乙,在接住乙的瞬间将同行的丙撞伤在地。甲无须对丙的损害承担责任,而应由乙的父母对丙给予补偿。

三、紧急避险人的法律后果

(1)按照本条规定,紧急避险人造成本人或者他人损害的,由引起险情发生的人承担责任。例如,甲因在河堤上取土而致使河堤决口。乙驾驶从丙处借来的农用车正巧从此经过,迫不得已将车推进决口,决口被成功堵塞。丙的农用车的损失,应由甲承担赔偿责任。

(2)如果危险是由自然原因引起的,紧急避险人是为了他人的利益而采取了避险行为,造成第三人利益损害的,紧急避险人免于对第三人承担责任。例如甲乙丙系邻居,丙的房子因雷击失火,甲为了引消防车进入,而推倒了乙的院墙,使消防车进入后及时扑灭了丙家的大火。按照"紧急避险"的抗辩事由,甲对乙不承担赔偿责任,应由受益人丙对乙给予适当补偿。

(3)如果危险是由自然原因引起的,紧急避险人是为了本人的利益而采取了避险行为,造成第三人利益损害的,紧急避险人本人作为受益人,应当对第三人的损害给予补偿。例如,甲、乙系邻居,甲的房子因雷击失火,甲为了引消防车进入,而推倒了乙的院墙,使消防车进入后及时扑灭了自家的大火。甲作为受益人,对乙应当给予补偿。

(4) 因紧急避险采取措施不当或者超过必要的限度,造成不应有的损害的,紧急避险人应当承担适当的责任。"紧急避险采取措施不当",是指在当时的情况下能够采取可能减少或避免损害的措施而未采取,或者采取的措施并非排除险情所必须。例如,甲的汽车自燃,因燃油泄露,火势加大。乙在帮助灭火时,采取往燃烧的汽车上浇水的措施,由于水与燃油气体结合,导致火势进一步蔓延,将丙的房屋燃毁。由于乙采取的避险措施不当,对丙的损失,乙应承担适当的责任。

紧急避险"超过必要的限度"是指,采取紧急避险措施没有减少损害,或者紧急避险所造成的损害大于所保全的利益。例如,甲家遭雷击起火,左邻的乙家人帮助用水灭火。在大火已被扑灭的情况下,乙家人未观察火情,而是担心火势复燃,继续往废墟上浇水,导致大量污水流入甲的右邻丙家。由于乙采取的紧急避险行为超过必要的限度,对丙的损害,乙应承担适当的责任。

【立法理由】

紧急避险,是指为了使本人或者他人的人身、财产和其他权利免受正在发生的危险,不得已采取的紧急避险行为,造成损害的,不承担责任或者减轻责任的情形。危险有时来自于人的行为,有时来自于自然原因。不管危险来源于哪,紧急避险人避让风险、排除危险的行为都有其正当性、合法性,因此在所有国家都是作为不承担责任和减轻责任的情形之一。例如《德国民法典》第228条规定:"为使自己或者他人避免急迫危险而损坏或者损毁他人之物的人,如果其损坏或者损毁行为系防止危险所必要,而且造成的损害又未超越危险程度时,其行为不为违法。如果行为人对危险的发生负有过失,则应负损害赔偿义务。"

【相关规定】

《中华人民共和国民法通则》第129条

因紧急避险造成损害的,由引起险情发生的人承担民事责任。如果危险是由自然原因引起的,紧急避险人不承担民事责任或者承担适当的民事责任。因紧急避险采取措施不当或者超过必要的限度,造成不应有的损害的,紧急避险人应当承担适当的民事责任。

《中华人民共和国刑法》第21条第1、2款

为了使国家、公共利益、本人或者他人的人身、财产和其他权利免受正在发生的危险,不得已采取的紧急避险行为,造成损害的,不负刑事责任。

紧急避险超过必要限度造成不应有的损害的,应当负刑事责任,但是应当减轻或者免除处罚。

《最高人民法院关于贯彻执行〈中华人民共和国民法通则〉若干问题的意见(试行)》第156条

因紧急避险造成损害失的,如果危险是由自然原因引起,行为人采取的措施又无不当,则行为人不承担民事责任。受害人要求补偿的,可以责令受益人适当补偿。

《德国民法典》第228条

为使自己或者他人避免急迫危险而损坏或者损毁他人之物的人,如果其损坏或者损毁行为系防止危险所必要,而且造成的损害又未超越危险程度时,其行为不为违法。如果行为人对危险的发生负有过失,则应负损害赔偿义务。

《德国民法典》第904条

如果他人的干涉是为防止当前的危险所必须,而且其所面临的紧急损害远较因干涉对所有权人造成的损害为大时,物的所有权人无权禁止他人对物进行干涉。物的所有权人可以要求对其所造成的损害进行赔偿。

《意大利民法典》第2045条

当损害是由为保护自己或他人的人身免遭正在发生的严重危险而必须实施的行为造成、且该危险既不是由行为人愿望所致、也不是使用其他方法可以避免时,行为人要在法官公平判定的范围内对受害人承担赔偿责任。

《俄罗斯民法典》第1067条

紧急避险所致损害,是指为了排除对本人或者他人构成威胁的危险而造成的损害,如果该危险在当时情况下不可以其他方法排除,紧急避险所致损害应由致害人赔偿。

法院可以考虑致害情况,责成因损害人的行为而受有利益的第三人负赔偿责任,或者全部或部分免除第三人或者致害人的赔偿责任。

《日本民法典》第720条

为防卫自己或者第三人的权利,不得已而对他人的侵权行为实施加害行为,不负赔偿责任。但是,不妨碍受害人对实施侵权行为者请求损害赔偿。

前款规定,准用于为避免他人物产生的紧急危险而毁损其物情形。

《阿尔及利亚民法典》第130条

因避免本人或第三人遭受更大损害而致人损害者,只承担法官依公平原则确定的赔偿数额。

《越南社会主义共和国民法典》第618条

因紧急避险造成他人损害的,加害人不向受害人赔偿损害。

超过紧急避险要求的限度造成他人损害的,加害人必须向受害人赔偿损害。

引起危险情况发生从而导致损害的人,必须向受害人赔偿损害。

**我国台湾地区"民法"第150条**

因避免自己或他人生命、身体、自由或财产上有紧迫之危险所为之行为,不负损害赔偿之责。但以避免危险所必要,并未逾越危险所致之损害程度者为限。

前项情形,其危险之发生,如行为人有责任者,应负损害赔偿之责。

# 第四章  关于责任主体的特殊规定

本章共9条,主要规定了监护人的侵权责任,完全无民事行为能力人暂时丧失意识后造成他人损害的侵权责任,用人单位的侵权责任,个人之间因劳务产生的侵权责任,网络侵权责任,宾馆、商场、银行等的安全保障责任,学校、幼儿园等教育机构的责任等。在本章规定的这些责任中,有的责任承担的方式比较特殊,比如,监护人的责任、用人单位的责任等在理论上被称为替代责任,在这些责任中出现了行为人和责任人的分离;有的承担责任的主体具有特定性,比如,承担安全保障义务的责任主体是宾馆、商场、银行、车站、娱乐场所等公共场所的管理人或者群众性活动的组织者;有的不仅规定了行为人的责任,还规定在第三人侵权的情况下,有管理职责主体的责任。比如,学校、幼儿园等教育机构的责任中不仅规定了教育机构在不同情况下承担过错责任或者过错推定责任,还明确了无民事行为能力人或者限制民事行为能力人在教育机构学习、生活期间,受到第三人伤害,侵权人的责任和教育机构的补充责任。

**第三十二条**  无民事行为能力人、限制民事行为能力人造成他人损害的,由监护人承担侵权责任。监护人尽到监护责任的,可以减轻其侵权责任。

有财产的无民事行为能力人、限制民事行为能力人造成他人损害的,从本人财产中支付赔偿费用。不足部分,由监护人赔偿。

【说明】

本条是关于监护人责任的规定。

根据《民法通则》的规定,18周岁以上的公民是成年人,具有完全民事行为能力,可以独立进行民事活动,是完全民事行为能力人。16周岁以上不满18周岁的公民,以自己的劳动收入为主要生活来源的,视为完全民事行为能力人。10周岁以上的未成年人是限制民事行为能力人,可以进行与他的年龄、智力相适应的民事活动;其他民事活动由他的法定代理人代理,或者征得他的法定代理人的同意。不满10周岁的未成年人是无民事行为能力人,由他的法定代理人代理民事活动。不能辨认自己行为的精神病人是无民事行为能力人,由他的法定代理人代理民事活动。不能完全辨认自己行为的精神病人是限制行为能力人,可以进行与他的精神健康状况相适应的民事活动;其他民事活动由他的法定代理人代理,或者征得他的法定代理人的同意。

未成年人的监护人按照以下顺序确定:第一顺序的监护人是未成年人的父母。第二顺序的监护人,包括未成年人的祖父母、外祖父母;兄、姐;关系密切的其他亲属或者愿意承担监护责任的朋友。第三顺序的监护人,包括未成年人父亲或者母亲的所在单位,未成年人住所地的居民委员会、村民委员会和民政部门。无民事行为能力或者限制民事行为能力的精神病人的监护人按照以下顺序确定:第一顺序的监护人,为配偶、父母、成年子女及其他近亲属,关系密切的其他亲属或者朋友。第二顺序的监护人,包括精神病人的所在单位或者住所地的居民委员会、村民委员会或者民政部门。

无民事行为能力人和限制民事行为能力人造成他人损害的,由监护人承担民事责任,是由监护人的职责所决定的。由于大多数监护人与被监护人有着血缘等密切关系,监护人有责任通过教育、管理等方式来减少或者避免被监护人侵权行为的发生。从本条规定看,监护人的责任不能简单地将其归为无过错责任或者过错推定责任。因为一方面,监护人如果能够证明其尽到监护责任的,只能减轻其侵权责任,而不能免除,这不同于一般的过错推定责任;另一方面,无民事行为能力人和限制行为能力人的行为构成了侵权,监护人才承担相应责任,监护人不是对被监护人所有的行为都承担侵权责任。如果被监护人的行为对于完全民事行为能力人来说也无须承担责任的话,那么在这种情况下,监护人也不需要承担责任。而且,监护人也不是对被监护人造成的所有损失都承担侵权责任,如果监护人能够证明其尽到了监护责任的,可以减轻其侵权责任。从这一点看,也有别于无过错责任。

无民事行为能力或者限制民事行为能力人造成他人损害的,应当由监护人承担侵权责任。但是,在具体承担赔偿责任时,如果被监护人有财产的,比如,未成年人接受了亲友赠与的财产或者拥有其他价值较大的财产等,那么应当首先从被监护人的财产中支付赔偿费用,不足的部分再由监护人承担赔偿责任。虽然从我国的情况看,无民事行为能力人或者限制民事行为能力人有自己独立财产的情况不多,但是随着经济和社会的多元化发展,无民事行为能力人或者限制民事行为能力人通过创作、接受赠与或者继承等方式取得独立财产的情况将会越来越多,因此,以自己的财产对自己造成他人的损害承担赔偿责任,也是公平的。在父母等亲属之外的人员或者单位承担监护人的情况下,被监护人有独立财产的情况可能较为普遍,在这种情况下,先从被监护人的财产中支付赔偿费用更有必要,比如,某未成年人的父母双亡后,留有一笔遗产,由其所在的居委会担任监护人,那么,该未成年人的侵权行为造成的他人损失的赔偿费用应当从遗产中扣除。当然,从被监护人的财产中支付赔偿费用的,应当保留被监护人基本的生活费用,保障其正常的生活和学习不受影响。被监护人的财产不足以支付赔偿费用的,其余部分由监护人承担。

《民法通则》第133条第2款规定："有财产的无民事行为能力人、限制行为能力人造成他人损害的,从本人财产中支付赔偿费用。不足部分,由监护人适当赔偿,但单位担任监护人的除外。"本条对于民法通则的规定做了两处修改:(1)加重了监护人的责任。为了保护被侵权人的合法权益,使其受到的损害能够得到全部的赔偿,本条规定对于无民事行为能力人或者限制行为能力人赔偿后,其财产不足的部分,需要由监护人给予全部赔偿,而并非适当的赔偿。(2)单位承担监护人的,也要承担相应的赔偿责任。民法通则规定单位不承担责任,主要是因为在改革开放初期,各单位的经济状况还不是很好,不宜加重单位监护人的负担,影响单位担任监护人的积极性。但是,为了促使单位监护人尽职履行监护职责,防止其怠于行使监护职责,放任被监护人侵权行为的发生,保证被侵权人受到的损害得到赔偿,本条修改了民法通则的规定,明确单位监护人应当承担与非单位监护人同样的责任。

在《侵权责任法》起草过程中,有的人建议根据行为人的年龄,增加行为人责任能力的规定。本法对此没有作出规定。因为如果规定责任能力,就涉及没有责任能力的行为人造成他人损害的,监护人是否需要承担责任?如果监护人不承担责任,被侵权人的损失得不到弥补,会有悖于我国的国情和现实的做法。无民事行为能力人和限制行为能力人一般有独立财产的不多,而且他们多与监护人共同生活,造成他人损害的,仍然还是用其父母等监护人的财产进行赔偿。而且,本法已明确规定被监护人有独立财产的,应当从其财产中支付。多年的司法实践也证明,虽然我国法律没有行为人责任能力的规定,但是能够妥善解决无民事行为能人和限制行为能力人引发的侵权纠纷。因此,本条没有规定行为人的责任能力。

**【立法理由】**

民事行为能力是民事主体从事民事活动所具备的资格。只要达到一定的年龄,能够理智地处理自己事务的人,就具有民事行为能力。公民的民事行为能力依据其年龄和精神健康状况分为完全民事行为能力、限制民事行为能力和无民事行为能力。公民的民事行为能力可以从年龄上划分,也可以从精神状态上划分。无民事行为能力人和限制民事行为能力人的监护人是他的法定代理人。

一些国家和地区对于监护人责任的规定主要有三种模式:第一类是规定监护人对被监护人的行为承担无过错责任。比如,《法国民法典》规定,任何人对应由其负责的他人的行为所造成的损害,负赔偿的责任。具有监护权的父母对与其一起生活的未成年子女造成的损害承担赔偿责任。第二类是规定监护人承担过错推定责任。比如,《德国民法典》规定,依法律规定对未成年人或者精神与身体状况而需要监护的人负有监督义务者,对此人给第三人造成的不法损害,有赔偿的义务。监督人如果已经尽到相当的监督责任,或者纵然加以应有的监督也难免发生损害的,不负赔偿责任。第三类是根据被监护人的年龄区分监护人的责任。比如,《荷兰民法典》规定,对于未满14周岁的儿童造成他人损害的,父母或者其他监护人承担无过错责任;已满14岁周岁但未满16周岁的被监护人造成他人损害的,父母或者其他监护人承担过错推定责任。国外对于监护人责任的不同规定,与其在法律中是否承认被监护人责任能力有关。德国等国家承认被监护人的责任能力,并根据监护人的责任能力来确定监护人的责任。被监护人对于自己的行为有辨别能力的,应当自己承担责任;监护人有过错承担责任,没有过错的不承担责任;被监护人对于自己的行为无辨别能力的,监护人根据其过错承担责任。法国等国家不承认被监护人有责任能力,法律只规定监护人对被监护人造成他人损害的,承担无过错责任。

我国《民法通则》第133条第1款规定:"无民事行为能力人、限制民事行为能力人造成他人损害的,由监护人承担民事责任。监护人尽了监护责任的,可以适当减轻他的民事责任。"《最高人民法院关于贯彻执行〈中华人民共和国民法通则〉若干问题的意见(试行)》也对监护人的责任作了相关的规定。

设立监护制度的目的,是为了保护被监护人的人身、财产及其他合法权益不受损害,同时监护人也要承担起管教好未成年人和无行为能力人、限制行为能力的精神病人的责任,对于被监护人给他人造成损害的,监护人应当承担责任。

**【相关规定】**

《中华人民共和国民法通则》第133条

无民事行为能力人、限制民事行为能力人造成他人损害的,由监护人承担民事责任。监护人尽了监护责任的,可以适当减轻他的民事责任。

有财产的无民事行为能力人、限制民事行为能力人造成他人损害的,从本人财产中支付赔偿费用。不足部分,由监护人适当赔偿,但单位担任监护人的除外。

《最高人民法院关于贯彻执行〈民法通则〉若干问题的意见(修改稿)》(非生效文件)第184条

无民事行为能力人、限制民事行为能力人致人损害,应由监护人承担民事责任时,单位担任监护人的,单位不承担民事责任。

《最高人民法院关于贯彻执行〈民法通则〉若干问题的意见(修改稿)》(非生效文件)第185条

侵权行为发生时行为人不满十八周岁,在诉讼时已满十八周岁,并有经济能力的,应当承担民事责任;行为人没有经济能力的,应当由原监护人承担民事责任。

没有经济收入的年满十八周岁的行为人致人损害时,可由扶养人垫付;扶养人不予垫付的,应判决或者调解由行为人延期给付。

《法国民法典》第1384条第4、7款

父与母,只要其行使对子女的照管权,即应对与其一起居住的未成年子女造成的损害,连带承担责任。

如父、母与手艺人能证明其不能阻止引起责任的行为,前述责任得免除之。

《德国民法典》第832条

依法对因未成年或因其精神或身体状况而需要监督的人负有监督义务的人,对此人给第三人不法造成的损害,负有赔偿的义务。其尽其监督义务的,或损害即使在进行适当监督时仍会发生的,不负赔偿义务。

因合同而承担实施监督的人,负有相同的责任。

《意大利民法典》第2047条

损害是由无判断能力和意思能力人导致的,应当由对无行为能力人负有监护义务的人承担赔偿责任;但是能证明其不能阻止该行为的除外。

负有监护义务的人不能赔偿损害的,法官可以根据双方当事人的经济条件判定致害人给予公平的赔偿。

《意大利民法典》第2048条第1、3款

父母对尚未解除亲权的未成年人的不法行为导致的损害承担责任,监护人对与其共同生活的被监护人的不法行为导致的损害承担责任。本规定适用于收养人。

上述两款所涉的人能够证明其不能组织该不法行为的,不承担责任。

《荷兰民法典》第169条

1. 对未满14周岁的儿童行使亲权或监护权的人,对该儿童的必须被认定为法律上的行为的加害之举给他人造成的损害承担责任。该儿童的加害之举本来是可以作为不法行为归责于该儿童的,但是由于其年龄的原因不能归责于他。

2. 对已满14周岁但不满16周岁的儿童行使亲权或监护权的人,对该儿童过错造成他人的损害承担责任,但是行使该项亲权或监护权的人对防止该儿童的加害之举不能受到责难的除外。

《魁北克民法典》第1459条

亲权人对在其亲权下的未成年人的行为或过错造成他人的损害承担赔偿责任,但他证明自己对该未成年人的看管、监督或教育未犯有任何过错的,不在此限。如未成年人的行为或过错与其对未成年人施加的教育相关,被剥夺亲权人以同样的方式承担责任。

《魁北克民法典》第1461条

作为监护人、保佐人或以任何其他资格对因故不赋予行为能力的成年人享有看管的人,对该成年人的任何行为造成的他人损害不负赔偿责任,但在执行看管中他自身犯有故意或重大过失的,不在此限。

**《日本民法典》第 714 条**

（一）无能力人依前两条规定无其责任时，对其应予监督的法定义务人，就无能力人加于第三人的损害，负赔偿责任。但是，监督义务人未怠其义务时，不在此限。

（二）代监督义务人监督无能力人者，亦负前款责任。

**我国台湾地区"民法"第 187 条**

无行为能力人或限制行为能力人，不法侵害他人之权利者，以行为时有识别能力为限，与其法定代理人连带负损害赔偿责任。行为时无识别能力者，由其法定代理人负损害赔偿责任。

前项情形，法定代理人如其监督并未疏懈，或纵加以相当之监督，而仍不免发生损害者，不负赔偿责任。

如不能依前两项规定受损害赔偿时，法院因被害人之声请，得斟酌行为人及其法定代理人与被害人之经济状况，令行为人或其法定代理人为全部或一部之损害赔偿。

前项规定，于其他之人，在无意识或精神错乱中所为之行为致第三人受损害。

**第三十三条** 完全民事行为能力人对自己的行为暂时没有意识或者失去控制造成他人损害有过错的，应当承担侵权责任；没有过错的，根据行为人的经济状况对受害人适当补偿。

完全民事行为能力人因醉酒、滥用麻醉药品或者精神药品对自己的行为暂时没有意识或者失去控制造成他人损害的，应当承担侵权责任。

【说明】

本条是关于完全民事行为能力人暂时丧失意识后侵权责任的规定。

导致完全民事行为能力人丧失意识的情况比较复杂，本条根据不同的情形，规定了完全民事行为能力人的责任。

第一种情况是，完全民事行为能力人对于自己丧失意识存在过错。因为自己的过错，丧失了意识后造成了他人的损害，行为人应当根据其过错承担赔偿责任。比如，某人患有心脏病，需每天按时服药，医生禁止其进行剧烈运动，但是，该人未按医嘱服药，并外出跑步，结果途中心脏病发作，丧失意识后摔倒并撞伤一行人。那么，在这种情况下，由于该人对于失去意识存在过错，所以，应当根据其过错的程度来承担侵权责任。在《侵权责任法（草案）》征求意见时，一些地方和单位提出"暂时没有意识或者失去控制"就意味着行为人失去了辨认的控制能力，主观上就不存在"过错"，建议修改本条的规定。其实，本条第 1 款中的过错，是指"过错"导致其丧失意识，因为失去意识之后确实没有过错可言。完全民事行为能力人是由于其过错导致意识丧失,那么对于丧失意识后的行为造成他人损害的,则要承担相应的侵权责任。

第二种情况是,完全民事行为能力人对于自己的行为暂时没有意识或者失去控制没有过错。如果行为人暂时没有意识或者失去控制不是由于自己的过错造成,而是由于其他原因导致发生,在这种情况下,行为人可以不承担侵权责任,不过需要根据公平分担的规定,适当分担被侵权人的损失。根据本法第24条的规定:"受害人和行为人对损害的发生都没有过错的,可以根据实际情况,由双方分担损失。"依据该规定,行为人的责任可以根据行为人的经济状况来确定:行为人的经济状况较好的,可以多补偿一些受害人的损失;行为人经济状况不好的,可以对受害人少补偿一些。需要说明的是,这里对受害人是"补偿",而不是"赔偿"。因为赔偿原则上采取"填平"的原则,受害人损失多少赔多少;而补偿通常行为人没有过错,是根据行为人的经济能力,适当弥补受害人的损失。《侵权责任法(草案)》征求意见时,有的人提出,本条第1款"没有过错的,根据行为人的经济状况对受害人适当补偿"的规定与本法第24条公平分担的规定重复,建议删除本条相关的内容。其实,本法第24条是对公平分担原则总的规定,本条第1款的规定可以说是公平分担原则在具体制度中的体现。

第三种情况是,完全民事行为能力人因醉酒、滥用麻醉药品或者精神药品导致自己暂时没有意识或者失去控制造成他人损害的。根据我国《刑法》的规定,醉酒的人应当承担刑事责任。《治安管理处罚法》规定,醉酒的人违反治安管理的,应当给予处罚。醉酒的人在醉酒状态中,对本人有危险或者对他人的人身、财产或者公共安全有威胁的,应当对其采取保护性措施约束至酒醒。麻醉药品是具有一定依赖性潜力的药品,连续使用、滥用或者不合理使用,易产生身体依赖性和精神依赖性,能成瘾癖。精神药品是直接作用于中枢神经系统,使之极度兴奋或抑制的药品。我国对于精神药品一直实行严格管理并严禁滥用,但为了治疗有关的病人,医院和药房也要保证精神药品正常销售。国务院颁布的《麻醉药品和精神药品管理条例》规定,麻醉药品和精神药品列入麻醉药品目录、精神药品目录。目录由国务院药品监督管理部门会同国务院公安部门、国务院卫生主管部门制定、调整并公布。

目前,一些侵权行为都是发生在行为人醉酒、滥用麻醉药品或者精神药品后。特别是在交通事故中,虽然《道路交通安全法》规定,饮酒、服用国家管制的精神药品或者麻醉药品,不得驾驶机动车,但是,全国每年发生的交通事故中不少都是因为驾驶员醉酒后开车所致。据报道,2009年8月15日起,全国开展严厉整治酒后驾驶交通违法专项行动以来,截止到2009年12月10日,共查处酒后驾驶违法行为213万起,其中醉酒驾驶3.2万起,占查处总数的1.5%。因酒后驾驶引发的交通事故1039起,死亡406人。我国现行法律没有明确规定因醉酒和滥用麻醉药品或者精神药品造成他人损害的民事责任，但在司法实践中一般都会判决行为人在这种情况下承担民事责任。作为完全民事行为能力人，应当预见到醉酒或者滥用麻醉药品或者精神药品后会难以控制自己的行为，可能会危害公共安全和他人的生命健康，但行为人放任结果的发生，仍然驾车或者采取其他方式造成他人人身权和财产权的损害。虽然侵权行为发生时，行为人已经丧失意识，似乎没有"过错"可言，但是，其行为本身具有违法性，应当对此发生的侵权行为承担责任。本条第1款规定"完全民事行为能力人对自己的行为暂时没有意识或者失去控制造成他人损害有过错的，应当承担侵权责任"，而第2款规定"醉酒、滥用麻醉药品或者精神药品导致自己暂时没有意识或者失去控制造成他人损害"，其实也属于第1款"有过错"的一种情形。为了强调醉酒、滥用麻醉药品或者精神药品的行为和一般的过错相比，具有违法性，且危害性较大，第2款对醉酒、滥用麻醉药品或者精神药品导致自己暂时没有意识或者失去控制造成他人损害的责任专门做出了规定。

【立法理由】

　　过错是行为人承担侵权责任的要件。过错的前提是行为人有意思能力。如果行为人丧失了意识，就无过错可言。完全民事行为能力人造成他人损害的，应当承担侵权责任。但是，完全民事行为能力人造成他人损害时，如果已经丧失了意识，也就是说在没有"过错"的情况下，造成他人损害的，是否应当承担侵权责任？

　　完全民事行为能力人暂时丧失意识或者失去控制造成他人损害的责任，一些国家和地区对此作出了规定。《德国民法典》规定，在无意识状态或者处于精神错乱而不能自己决定意思的状况下，对他人施加损害的人，不对该损害负责任。如果由于其饮酒或者类似手段而使自己陷于此种暂时状况的，对其在此状况下造成的损害，以如同其有过失一样的方式负责；其没有过错而陷于此状况的，该责任即不发生。《日本民法典》规定，因精神上的障碍，在处于对自己的行为欠缺辨识能力的状况下给他人造成了损害的人，不负赔偿责任。但因故意或者过失而导致一时性的状态时，不在此限。《埃塞俄比亚民法典》规定，如果导致有责的过错行为是处于不知其行为的过错性质状态的人实施的，在有衡平需要时，法院可减少给予的赔偿。在这一问题上，必须考虑当事人各自的财务状况和过错行为人的赔偿损害责任的后果。我国台湾地区"民法"规定，在无意识或者精神错乱中所为之行为致第三人受损害时，法院因被害人之声请，得斟酌行为人及其法定代理人与被害人之经济状况，令行为人或其法定代理人为全部或一部之损害赔偿。从以上国家和地区的规定看，对于过错导致完全民事行为能力人暂时丧失意识造成他人损害的，原则上行为人需要承担侵权责任。此外，在赔偿的问题上会考虑各方当事人的经济状况,根据衡平的原则来处理。我国现行法律和司法解释没有对完全民事行为能力人暂时没有意识或者失去控制造成他人损害的责任作出规定。实践中完全民事行为能力人暂时没有意识或者失去控制造成他人损害的情况时有发生,特别是因醉酒导致的交通事故更是年年频发,所以,本条对该问题作出了规定,以弥补现行法律的不足。

【相关规定】

《德国民法典》第827条

处于无意识状态中或者处于因精神错乱而不能自由决定意志状态中,对他人施加损害的人,对损害不负责任。如果由于饮酒或者其他类似方式而使自己暂时处于上述状态者,对其处于此种状态中违法造成的损害,与有过失者造成的损害负相同的责任;因过失而陷于此种状态的人,不发生上述责任。

《意大利民法典》第2046条

在实施致损行为时,无判断能力和意思能力的人不承担致损行为的后果,除非无行为能力的状况由其过失所导致。

《瑞士债务法》第54条第2款

暂时无民事行为能力人造成损害的,应当承担责任,但能够证明其对损害的产生无过错的除外。

《日本民法典》第713条

因精神上的障碍,在处于对自己的行为欠缺辨识能力的状态下给他人造成了损害的人,不负其赔偿的责任。但因故意或过失而一时导致性的状态时,不在此限。

**第三十四条** 用人单位的工作人员因执行工作任务造成他人损害的,由用人单位承担侵权责任。

劳务派遣期间,被派遣的工作人员因执行工作任务造成他人损害的,由接受劳务派遣的用工单位承担侵权责任;劳务派遣单位有过错的,承担相应的补充责任。

【说明】

本条是关于用人单位责任和劳务派遣单位、劳务用工单位责任的规定。

一、用人单位的责任

本条沿袭了现行法律的规定,明确用人单位对工作人员因工作造成他人损害的,承担无过错责任。但是,需要指出的是,用人单位承担责任的前提必须是工作人员的行为构成了侵权。对于以过错为归责原则的责任,工作人员的行为如果没有过错,那么即使造成了他人的损害,用人单位也无须承担侵权责任;在高度危险责任等以无过错为归责原则的责任,工作人员的行为如果符合法律规定的免责条件,用人单位也不承担责任。也就是说,只有工作人员的行为符合法律规定的侵权行为构成要件,用人单位才对该侵权行为对外承担无过错责任。

本条中的"用人单位"包括企业、事业单位、国家机关、社会团体等,也包括个体经济组织等。"工作人员"既包括用人单位的正式员工,也应当包括临时在单位工作的员工。关于用人单位责任主体的称谓,在《侵权责任法》起草时有不同的意见。有的建议采用"使用人"和"被使用人";有的建议采用"用人者"和"劳动者";有的建议采用"雇主"和"雇员";有的建议采取司法解释的做法,将责任主体分为"法人"和"雇主"两类,法人执行职务造成他人损害的,适用法人的责任;个体工商户、农村承包经营户、个人合伙以及个人用工的情况,适用雇主责任。我国是公有制的国家,私有经济也在不断发展壮大,各种混合经济形式也不断出现,所以,侵权责任的主体不宜根据所有制来划分,所使用的概念应当既能涵盖用人单位的情况,同时也应当为公众普遍使用。虽然雇主责任是国外的通行叫法,但是,本条的调整范围中包括国家机关工作人员因工作发生的侵权行为,而国家机关与工作人员不是雇佣关系,所以,不宜使用"雇主"和"雇员"的概念。本条主要调整个人劳务关系以外的用人单位的责任,对于个人之间形成劳务关系的问题,本法第35条已专门作出了规定,所以,将责任主体称为"用人单位"和"工作人员"还是比较恰当的,适合我国的国情。

用人单位承担侵权责任的前提是工作人员的行为与"执行工作任务"有关。工作人员应当按照用人单位的授权或者指示进行工作。与工作无关的行为,即使发生在工作时间内,用人单位也不承担侵权责任,该责任由工作人员自己承担。比如,一名职工在上班时间因私事将朋友打伤,受害人就应当直接找该职工要求赔偿。关于如何表述工作人员行为与工作之间的关系,《侵权责任法(草案)》曾规定,工作人员"在工作过程中"造成他人损害的,由用人单位承担赔偿责任。有的意见提出,"工作过程中"的范围较宽,可能会理解到只要在工作时间内发生的侵权行为,用人单位都需要承担侵权责任;有的意见建议将"工作过程中"修改为"履行职务"或者"执行职务"。《民法通则》第121条规定:"国家机关或者国家机关工作人员在执行职务中,侵犯公民、法人的合法权益造成损害的,应当承担民事责任。"该规定主要是针对国家机关及其工作人员,用"执行职务"比较准确。对于非国家机关的工作人员,用"执行职务"或者"履行职务"都欠妥当。为了更准确地界定工作人员的行为与职务之间的关系,本条明确用人单位承担侵权责任的前提是工作人员"因执行工作任务"造成他人损害。

需要指出的是,国家机关以及工作人员因工作造成他人损害的,一类属于履行公职权的行为;另一类不属于履行公职权的行为,是国家机关为了维持国家机关正常运转所进行的民事行为。对于第一类属于履行公职权的行为,依据《国家赔偿法》的规定,有的需要国家机关承担国家赔偿责任。对于第二类国家机关在民事活动中侵害他人合法权益的,国家机关需要承担民事侵权责任。比如,国家机关的司机外出办理公务,发生了交通事故,应当由国家机关承担侵权责任。总之,本法仅调整国家机关及工作人员在民事活动中发生的侵权行为,对于属于《国家赔偿法》调整范围的,适用《国家赔偿法》的规定。

　　本条没有规定用人单位承担侵权责任后是否可以向工作人员追偿。在侵权责任法起草过程中,一些部门和专家建议对追偿权的问题作出规定。关于追偿权的问题,一些国家和地区法律中作出过规定,比如,《日本民法典》规定,雇用他人者,对受雇人因执行其职务而加于第三人的损害,负赔偿责任。不妨碍雇用人对受雇人行使求偿权。我国台湾地区"民法"规定,对于为侵权行为的受雇人,雇用人有求偿权。但是,目前对追偿权规定的国家和地区不多,从规定追偿权的规定看,也较为原则。据了解,从目前发展趋势看,不少国家越来越限制雇主使追偿权或者不允许雇主进行追偿,认为雇主可以通过企业保险等方式来解决赔偿费用的问题。我国现行法律对追偿权的问题作出过规定,比如,《物权法》第21条第2款规定:"因登记错误,给他人造成损害的,登记机构应当承担赔偿责任。登记机构赔偿后,可以向造成登记错误的人追偿。"《中华人民共和国律师法》(以下简称《律师法》)第54条规定:"律师违法执业或者因过错给当事人造成损失的,由其所在的律师事务所承担赔偿责任。律师事务所赔偿后,可以向有故意或者重大过失行为的律师追偿。"《中华人民共和国公证法》(以下简称《公证法》)第43条第1款规定:"公证机构及其公证员因过错给当事人、公证事项的利害关系人造成损失的,由公证机构承担相应的赔偿责任;公证机构赔偿后,可以向有故意或者重大过失的公证员追偿。"

　　在《侵权责任法》中规定追偿权可以说是一把双刃剑,既有有利的一面,也有不利的因素。其有利的一面体现在:首先,可以促使工作人员在工作中谨慎行事,认真对待自己的工作,减少侵权行为的发生;其次,可以明确界定追偿的范围,防止用人单位滥用追偿权,在某种程度上可能更有利于对工作人员的保护;此外,可以通过对主观恶意较大的工作人员进行追偿以起到制裁的作用,并在一定程度上弥补用人单位的损失。但是,规定追偿权也有其不利的因素,主要表现在:(1)侵权责任法主要解决对外责任的问题,用人单位和工作人员的内部责任可以通过协议等方式来约定。对于违反相关法律规定或者显失公平的约定,工作人员可以依法要求撤销或者确认该约定为无效;(2)如何确定用人单位追偿权的条件比较困难。如果规定在工作人员有故意的情形下可以追偿,那么是否意味着工作人员出现了重大过失就不能追偿,容易引发歧义;如果将追偿条件限制为工作人员"故意或者重大过失",那么在一些情况下,可能范围又过宽,同时又排除了一般过失,使范围变窄。因为不同行业、工种的工作环境不同,有的行业具有一定的危险性或者与公众接触较多,容易引发事故;有的行业则安全性较强,或者具有封闭性,不易造成对他人的损害。总之现实中的情况错综复杂,很难以一个统一的标准来确定追偿权的条件。(3)目前我国职工工资水平还不太高,和用人单位相比,工作人员在劳动关系中属于弱者,在经济上处于劣势地位。如果对追偿权作出明确规定,有的用人单位可能利用该条规定,将本应承担的责任转嫁给工作人员。考虑到追偿权的问题比较复杂,追偿条件规定过严,对广大劳动者不利;追偿条件规定过宽,也不利于工作人员谨慎工作,减少事故的发生。不同行业、不同工种和不同劳动安全条件,其追偿条件应有所不同。因此,本法对于追偿权的问题没有作出规定。但是,本法未作规定,不影响用人单位依照法律规定,或者根据双方的约定来行使追偿权,如果用人单位和工作人员对于能否追偿或者追偿多少有争议的,可以向人民法院提起诉讼,由人民法院根据具体情况公平解决。

二、劳务派遣中产生的侵权责任

劳务派遣的用人形式不同于一般的用人单位,劳务派遣单位虽然与被派遣的员工签订了劳动合同,但不对被派遣员工进行使用和具体的管理。在劳务派遣期间,被派遣的工作人员是为接受劳务派遣的用工单位工作,接受用工单位的指示和管理,同时由用工单位为被派遣的工作人员提供相应的劳动条件和劳动保护,所以,被派遣的工作人员因工作造成他人损害的,其责任应当由用工单位承担。劳务派遣单位在派遣工作人员方面存在过错,应当承担相应的责任。根据本条规定劳务派遣单位承担的是相应的补充责任,即首先由用工单位承担赔偿责任,用工单位不能全部赔偿的,才由劳务派遣单位赔偿。用工单位是第一顺位的责任人,劳务派遣单位是第二顺位的责任人。在用工单位承担了全部赔偿责任的情况下,劳务派遣单位对被侵权人就不再承担赔偿责任。只有在用工单位财力不足,无法全部赔偿的情况下,剩余的部分才由劳务派遣单位来承担。不过劳务派遣单位不是对用工单位未赔偿的部分都承担赔偿责任,劳务派遣单位承担的是相应的补充责任,即仅在自己过错的范围内承担责任。

用工单位对外承担了赔偿责任后,能否向有过错的劳务派遣单位追偿?对于这个问题,本条没有作出规定。不过,在用工单位对外承担全部赔偿责任的情况下,对于有过错的劳务派遣单位来说,实际上没有对其过错承担任何责任。因此,应当允许用工单位向劳务派遣单位进行追偿,让劳务派遣单位承担起与其过错相应的责任。当然,如果劳务派遣单位已经对被侵权人承担了与其过错相应的补充责任,那么,在这种情况下用工单位就不能再对劳务派遣单位行使追偿权。

## 【立法理由】

### 一、用人单位的责任

用人单位的工作人员因工作造成他人损害的,由用人单位对外承担侵权责任,这种责任也在理论上被称为替代责任,即由他人对行为人的行为承担责任。由于工作人员是为用人单位工作,用人单位可以从工作人员的工作中获取一定的利益,因此,工作人员因工作所产生的风险,需要用人单位承担。用人单位与工作人员相比,一般经济能力较强,让用人单位承担责任,有利于更好地保护被侵权人的合法权益,也有利于用人单位在选任工作人员时能尽到相当的谨慎和注意义务,加强对工作人员的监督和管理。

由于外国多为私有制国家,个人和所在单位之间的关系可以统称为雇佣关系,因此,用人单位的责任在国外多称为雇主责任。法国、德国、意大利、日本等国和我国台湾地区的民法,以及英美法系国家的民法都对雇主责任作出了规定,不过归责原则有所不同,主要有以下立法例。法国等国家规定雇主承担无过错责任。德国、日本等国家规定雇主承担过错推定责任。我国台湾地区"民法"规定,以过错推定责任为主,并结合衡平的原则。不过德国和日本虽然法律规定雇主承担过错推定责任,但在司法实践中,雇主很难通过证明自己尽到了相关的注意义务而免责,其雇主责任已趋同于无过错责任。而我国台湾地区在过错推定责任的基础上增加了衡平原则,也使雇主很难不对雇员的行为承担责任。总之,雇主承担无过错责任几乎成为许多国家和地区的通行做法。

关于用人单位的责任,我国民法通则和相关司法解释都作出过规定。《民法通则》第 43 条规定:"企业法人对它的法定代表人和其他工作人员的经营活动,承担民事责任。"第 121 条规定:"国家机关或者国家机关工作人员在执行职务中,侵犯公民、法人的合法权益造成损害的,应当承担民事责任。"《最高人民法院关于人身损害赔偿案件适用法律若干问题的解释》中分别对法人责任、雇主责任作出了规定:法人或者其他组织的法定代表人、负责人以及工作人员,在执行职务中致人损害的,由法人或者其他组织承担民事责任。雇员在从事雇佣活动中致人损害的,雇主应当承担赔偿责任;雇员因故意或者重大过失致人损害的,应当与雇主承担连带责任。雇主承担连带责任后,可以向雇员追偿。从我国现行法律和司法解释的规定看,我国对于用人单位采取的也是无过错责任,只要工作人员实施侵权行为造成他人损害的,用人单位就要承担赔偿责任。用人单位不能通过证明自己在选任或者监督方面尽到了相应的义务来免除自己的责任。

### 二、劳务派遣单位、劳务用工单位的责任

劳务派遣是指劳动派遣机构与员工签订劳务派遣合同后,将劳务者派遣到用工单位工作。劳务派遣的主要特点就是员工的雇用和使用分离。劳动派遣机构不是职业介绍机构,是与劳动者签订劳动合同的一方当事人。派遣的员工到用工

单位工作,但不与用工单位签订劳动合同,产生劳动关系。

近些年随着我们经济和社会的发展,劳动力使用的形式越来越多样化,劳动派遣在我国得到迅速的发展。劳务派遣改变了员工为单位所有的单一模式,为用工单位提供了一种灵活、便捷的优化配置人力资源的用人机制,满足了用工单位形式多样化的需求。劳务派遣从制度上切断了员工与用工单位的依附关系,减少了用工单位的人力资源管理成本,为用工单位搭建了"集天下优才为我用"的平台,有利于用工单位提高劳动生产率。这种新的用人方式在一定程度上也有利于解决就业问题。

《中华人民共和国劳动合同法》(以下简称《劳动合同法》)对劳务派遣专门作出规定。根据该法的规定,劳务派遣单位,即用人单位,与被派遣的劳务者应当订立2年以上的劳动合同。劳务派遣单位与接受以劳务派遣形式用工的单位,即用工单位订立劳务派遣协议,对涉及劳务派遣的事项进行约定。用工单位的主要职责是:(1)执行国家劳动标准,提供相应的劳动条件和劳动保护;(2)告知被派遣劳动者的工作要求和劳务报酬;(3)对在岗被派遣劳动者进行工作岗位所必需的培训;(4)连续用工的,实行正常的工资调整机制。

**【相关规定】**

《中华人民共和国民法通则》第43条

企业法人对它的法定代表人和其他工作人员的经营活动,承担民事责任。

《中华人民共和国民法通则》第121条

国家机关或者国家机关工作人员在执行职务中,侵犯公民、法人的合法权益造成损害的,应当承担民事责任。

《中华人民共和国劳动合同法》第58条第1款

劳务派遣单位是本法所称用人单位,应当履行用人单位对劳动者的义务。劳务派遣单位与被派遣劳动者订立的劳动合同,除应当载明本法第十七条规定的事项外,还应当载明被派遣劳动者的用工单位以及派遣期限、工作岗位等情况。

《中华人民共和国劳动合同法》第59条

劳务派遣单位派遣劳动者应当与接受以劳务派遣形式用工的单位(以下称用工单位)订立劳务派遣协议。劳务派遣协议应当约定派遣岗位和人员数量、派遣期限、劳动报酬和社会保险费的数额与支付方式以及违反协议的责任。

《最高人民法院关于贯彻执行〈民法通则〉若干问题的意见(修改稿)》(非生效文件)第174条

国家机关工作人员在执行职务中,侵犯公民、法人的合法权益造成损害的,应当由国家机关承担民事责任。

《最高人民法院关于贯彻执行〈民法通则〉若干问题的意见(修改稿)》(非生效文件)第 175 条

雇工在受雇佣期间从事雇佣活动造成他人损害的,由雇主承担民事责任。

雇工合同中约定的内容违反有关法律或政策规定的,应当认定无效。

《最高人民法院关于审理人身损害赔偿案件适用法律若干问题的解释》第 8 条

法人或者其他组织的法定代表人、负责人以及工作人员,在执行职务中致人损害的,依照民法通则第一百二十一条的规定,由该法人或者其他组织承担民事责任。上述人员实施与职务无关的行为致人损害的,应当由行为人承担赔偿责任。

属于《国家赔偿法》赔偿事由的,依照《国家赔偿法》的规定处理。

《最高人民法院关于审理人身损害赔偿案件适用法律若干问题的解释》第 9 条

雇员在从事雇佣活动中致人损害的,雇主应当承担赔偿责任;雇员因故意或者重大过失致人损害的,应当与雇主承担连带赔偿责任。雇主承担连带赔偿责任的,可以向雇员追偿。

前款所称"从事雇佣活动",是指从事雇主授权或者指示范围内的生产经营活动或者其他劳务活动。雇员的行为超出授权范围,但其表现形式是履行职务或者与履行职务有内在联系的,应当认定为"从事雇佣活动"。

《法国民法典》第 1384 条第 5 款

主人与雇主,对其家庭佣人与受雇人在履行他们受雇的职责中造成的损害,负赔偿责任。

《德国民法典》第 831 条

选任他人执行事务的人,对他人在执行事务时给第三人不法造成的损害,负有赔偿的义务。雇用人在选任受任人时,或其应购置设备或工具器械或应督导事务执行的,在购置或督导时,尽交易中必要之注意的,或损害即使在尽此种注意时仍会发生的,不发生赔偿的义务。

因合同而承担为雇用人处理第 1 项第 2 句所称事务的人,负有相同的责任。

《意大利民法典》第 2049 条

主人和雇主对其佣人和雇员在履行职务时的不法行为导致的损害承担责任。

《日本民法典》第 715 条

(一) 因某事业雇用他人者,对受雇人因执行其职务而加于第三人的损害,负赔偿责任。但是,雇用人对受雇人的选任及其事业的监督已尽相当注意时,或即使尽相当注意损害仍会发生时,不在此限。

(二) 代雇用人监督事业者,亦负前款责任。

(三)前两款规定,不妨碍雇用人或监督人对受雇人行使求偿权。

**第三十五条** 个人之间形成劳务关系,提供劳务一方因劳务造成他人损害的,由接受劳务一方承担侵权责任。提供劳务一方因劳务自己受到损害的,根据双方各自的过错承担相应的责任。

【说明】

本条是关于因提供劳务造成他人损害和自己损害的责任的规定。

劳务关系是指提供劳务一方为接受劳务一方提供劳务服务,由接受劳务一方按照约定支付报酬而建立的一种民事权利义务关系。劳务关系的建立可以采取书面形式,也可以采取口头或者其他形式。劳务关系不同于劳动关系,主要表现在:(1)劳务关系由《民法通则》和《合同法》进行规范和调整。企业和个体经济组织与形成劳动关系的劳动者之间的劳动关系,由《中华人民共和国劳动法》(以下简称《劳动法》)规范和调整。(2)劳务关系的主体可以是两个自然人或者自然人与单位之间,但本条仅调整个人之间形成的劳务关系。劳动关系中的一方应是符合法定条件的用人单位,另一方必须是符合劳动年龄条件,且具有与履行劳动合同义务相适应的能力的自然人。(3)劳务关系中,提供劳务一方不是接受劳务一方的职工,双方不存在隶属关系。劳动关系中的用人单位与员工之间存在隶属关系。(4)劳务关系中,接受劳务一方可以不承担提供劳务一方的社会保险。比如,国家没有规定要求居民为其雇用的保姆必须缴纳社会保险。劳动关系中的用人单位必须按照相关规定为职工购买社会保险。(5)劳务关系中,接受劳务的一方有权中断劳务关系,但没有用人单位对职工处分等权利。用人单位对职员违反用人单位劳动纪律和规章制度等行为,有权依法进行处理。(6)劳务关系中,报酬完全由双方当事人协商确定。劳动关系中,用人单位对职工有工资、奖金等方面的分配权利。用人单位向员工支付的工资应遵循按劳分配、同工同酬的原则,并遵守当地有关最低工资标准的规定。当然,如何界定个人之间形成的劳务关系,还需要根据具体情况来判断。如果是公司安排的上门服务,比如,某人购买了空调或者家具后,厂家派工人上门安装,那么在安装期间工人不慎将工具掉到楼下砸到行人,那么系工人因工作造成他人伤害的情形,应当由工人所在的工厂依照本法第34条的规定赔偿被侵权人的损失。

本条中"接受劳务一方"仅指自然人,个体工商户、合伙的雇员因工作发生的纠纷,按照本法第34条用人单位的规定处理。接受劳务一方对提供劳务一方造成他人损害,承担赔偿责任的,前提是提供劳务一方的行为是因劳务产生;如果提供劳务一方的行为纯属个人的行为,与劳务无关,那么接受劳务一方无需承担责任。比如,某人家里雇的保姆周末休息外出游玩,骑车不慎将一路人撞伤,其行为与劳务无关,保姆应当自己承担赔偿责任。

需要指出的是,本条规定不包括因承揽关系产生的纠纷。根据《合同法》的规定,承揽合同是承揽人按照定作人的要求完成工作,交付工作成果,定作人给付报酬的合同。承揽包括加工、定作、修理、测试、检验等工作。承揽合同与劳务合同的区别在于:承揽合同的劳动者所交付的标的是劳动成果,而劳务合同的劳动者交付的标的是劳动,定作人与承揽人之间不存在劳务关系。

本条对于接受劳务一方承担责任后,能否向提供劳务一方追偿的问题没有作出规定。这主要也考虑到在什么情况下可以追偿,情况比较复杂。但是,本条没有规定,不意味着接受劳务的一方没有追偿权。和用人单位相比,接受劳务一方经济实力有限,所以接受劳务一方对外承担责任后,原则上是可以向有过错的提供劳务一方追偿的,比如,刘某家雇的保姆在家里打扫卫生,刘某告知保姆收拾阳台前要将放在窗台的大白菜挪开,但保姆未听刘某的话,未挪开大白菜,结果干活时不小心将大白菜摔到楼下,将停放在楼下的一汽车挡风玻璃砸裂,那么,刘某应当赔偿车主的损失,不过承担赔偿责任后可以向保姆追偿。总体而言,接受劳务一方行使追偿权的条件可以比用人单位行使追偿权的条件略宽。

本条除了明确提供劳务过程中,造成他人损害的责任外,还规定了提供劳务一方因劳务自己受到损害的,双方责任的承担。根据本条规定,提供劳务一方因劳务自己受到损害的,根据双方各自的过错承担相应的责任。这一规定和工作人员在用人单位受到损害的规定有所不同。2003年国务院颁布的《工伤保险条例》规定,中华人民共和国境内的各类企业、有雇工的个体工商户应当依照本条例规定参加工伤保险,为本单位全部职工或者雇工缴纳工伤保险费。从现有的规定看,工作人员在工作过程中受到工伤损害的,用人单位原则上承担无过错责任。只要工作人员是因工作遭受事故伤害或者患职业病的,职工就可以依照相关规定获得医疗救治和经济补偿。由于本条中"个人之间形成劳务关系的",不属于依法应当参加工伤保险统筹的情形,提供劳务的一方受到损害后,不能适用《工伤保险条例》,所以,提供劳务一方因劳务受到损害的,不宜采取无过错责任的原则,要求接受劳务的一方无条件地承担赔偿责任。实践中因劳务受到损害的情况比较复杂,应当区分情况,根据双方的过错来处理比较合理。比如,李某家请的小时工不听李某的劝阻,执意要站在椅子上打扫卫生,结果不小心将腿扭伤,那么,作为雇用小时工的李某从人道主义的角度,带小时工看病,适当承担一定的责任,但是要求李某承担无过错责任,则责任过重,有失公允。所以,本法规定双方根据各自的过错承担责任,比较公平,也符合现实的做法。

【立法理由】

目前个人之间形成劳务关系的情况越来越多,家庭雇用保姆、小时工、家庭教师等情况已非常普遍,对于在劳务期间发生的纠纷如何解决,需要法律给予明确的规定。《侵权责任法(草案)》在三审之前,草案主要规定了用人单位的责任,没有明确规定个人之间因劳务产生的纠纷。在《侵权责任法(草案)》征求意见过程中,不少部门、单位、专家和公众都建议,对个人之间因劳务而产生的侵权责任作出规定,从而为解决此类纠纷确立法律依据。《侵权责任法》在广泛征求各方面意见的基础上,对个人之间因劳务产生的侵权责任作出了规定。

【相关规定】

《最高人民法院关于贯彻执行〈民法通则〉若干问题的意见(修改稿)》(非生效文件)第175条

雇工在受雇佣期间从事雇佣活动造成他人损害的,由雇主承担民事责任。

雇工合同中约定的内容违反有关法律或政策规定的,应当认定无效。

《最高人民法院关于审理人身损害赔偿案件适用法律若干问题的解释》第9条

雇员在从事雇佣活动中致人损害的,雇主应当承担赔偿责任;雇员因故意或者重大过失致人损害的,应当与雇主承担连带赔偿责任。雇主承担连带赔偿责任的,可以向雇员追偿。

前款所称"从事雇佣活动",是指从事雇主授权或者指示范围内的生产经营活动或者其他劳务活动。雇员的行为超出授权范围,但其表现形式是履行职务或者与履行职务有内在联系的,应当认定为"从事雇佣活动"。

《荷兰民法典》第170条

(1)在其服务关系中仆从执行自己的职务,如果在同样情形也可能发生的过错因仆从执行其职务而导致发生的可能性增大,而且依据主人与仆从的法律关系,主人对其有过错的加害之举具有控制力,则主人对仆从过错导致他人的损害承担责任。

(2)于仆从没有在主人之营业和经营范围内工作之情形,作为自然人的主人只对仆从在履行分派给他的义务时实施的过错加害之举承担责任。

(3)于主人和仆从都对损害负有责任之情形,在仆从与主人的相互关系中,仆从不必对损害负共同救济的责任,除非损害是由于仆从的恶意、有意的疏忽造成的。考虑他们之间关系的性质,案件的情况也可能导致一个与本款前句所确定的结果不相同的结果。

《荷兰民法典》第171条

一个非仆从的人在他人的指示下执行他人之事务,他对在进行此等活动时因过错给第三人造成的损害承担责任,该他人也对第三人负有责任。

《荷兰民法典》第 172 条

代表人在执行其产生于代表关系的代表权时构成对他人的过错加害,被代表的人也对该他人承担责任。

《俄罗斯民法典》第 1068 条

法人或者公民对其工作人员在履行劳动(义务、职务)义务中所致损害,负赔偿责任。

根据本章的规定,公民如系依照有关法人或者公民下达的任务并处于该法人或公民安全监督之下,按照劳动合同(契约)或者民事合同完成工作,即为法人或者公民的工作人员。

公司和生产合作社对参加人(成员)在从事其经营、生产或者其他活动时所造成的损害,负赔偿责任。

《魁北克民法典》第 1463 条

本人对其代理人和雇员在履行其义务过程中的过错造成他人的损害承担赔偿责任,但他对代理人和雇员保留追偿权。

我国台湾地区"民法"第 188 条

受雇人因执行职务,不法侵害他人之权利者,由雇用人与行为人连带负损害赔偿责任。但选任受雇人及监督其职务之执行,已尽相当之注意或纵加以相当之注意而仍不免发生损害者,雇用人不负赔偿责任。

如被害人依前项但书之规定,不能受损害赔偿时,法院因其声请,得斟酌雇用人与被害人之经济状况,令雇用人为全部或一部之损害赔偿。

雇用人赔偿损害时,对于为侵权行为之受雇人,有求偿权。

**第三十六条** 网络用户、网络服务提供者利用网络侵害他人民事权益的,应当承担侵权责任。

网络用户利用网络服务实施侵权行为的,被侵权人有权通知网络服务提供者采取删除、屏蔽、断开链接等必要措施。网络服务提供者接到通知后未及时采取必要措施的,对损害的扩大部分与该网络用户承担连带责任。

网络服务提供者知道网络用户利用其网络服务侵害他人民事权益,未采取必要措施的,与该网络用户承担连带责任。

【说明】

本条是关于网络侵权的规定。

一、网络侵权概述

(一) 网络侵权的概念

网络侵权是指发生在互联网上的各种侵害他人民事权益的行为,它不是指侵害某种特定权利(利益)的具体侵权行为,也不属于在构成要件方面具有某种特殊性的特殊侵权行为,而是指一切发生于互联网空间的侵权行为。

(二)网络侵权的特征

没有网络,也就不存在网络侵权,网络侵权的现象正是伴随着网络技术的发展而不断出现的。相比传统侵权行为,网络侵权的特殊性也是由网络技术的特殊性决定的,而且还将不断发展变化。

1. 主体的特殊性

随着网络技术的不断发展,网络用户不再只是网络信息的被动接收者,正逐渐转变为主动参与者。由于网络空间的开放性,每天有大量信息上传到网络上,其中不可避免地混杂着一些侵犯他人合法权益的信息,如侵犯人格权、财产利益、著作权等,这些信息有些是网站管理者自行上传的,有些是由用户主动上传的。我国目前没有实行网络实名制,侵权行为人很容易隐藏其真实身份。

2. 客体的特殊性

与传统侵权行为相比,网络侵权行为的客体有三种类型:(1)传统领域存在的,行为人仅仅是通过网络手段实施侵权行为,如银行账户中的资金、名誉权、著作权等。(2)在网络领域得到拓展的传统权利客体,如网络作品著作权。(3)网络领域新产生的,如网络虚拟财产等,在网络中,各种基于网络服务所提供的用户账号以及其所对应的服务往往具有一定的商业价值,成为一种新型财产。

3. 损害后果的特殊性

以现代通信技术为基础的网络能够实现瞬间的全球即时通信,这种便捷性与传播的广泛性使得网络侵权信息在全世界迅速蔓延,难以判断传播的范围,难以确定接触侵权信息的人数,其损害结果可能无法阻断,也无法恢复。这就对网络侵权救济制度提出了新的要求,需要根据网络关系的特殊性创制新的法律救济模式。

4. 管辖的特殊性

网络空间的开放性和全球性不仅与法律规范的地域性特点相冲突,也对传统的管辖理论及法律适用提出了新的考验。全球网络终端通过互联网共同组成了一个瞬间连接的交互式网络,网络传播不受地域限制的特征和网站之间的无限链接以及加害行为实施地和损害后果地的认定发生困难,使得传统管辖权的理论基础在此难以发挥确定法律规范、平衡当事人权利义务关系的作用。

二、我国以及其他国家和地区有关网络侵权的规定

针对网络侵权的特殊性,包括我国在内的一些国家和地区都对网络侵权作出了特殊规定。

(一) 美国

1. 概述

1998 年美国国会通过的《千禧年数据版权法案》(以下简称"DMCA")第二部分"网络版权侵权责任限制"增订了《美国著作权法》第 512 条,明文规定了四种类型网络服务提供者承担著作权侵权责任的限制事由,只要符合规定的免责条件,不承担金钱赔偿责任,法院对其发出禁令也有限制。

DMCA 只规定了免责条件,判断网络服务提供者是否应当承担著作权侵权责任,还是要根据著作权法的规定。根据美国著作权法及相关判例,侵犯著作权可以分为直接侵权与间接侵权。直接侵权是指行为人直接从事侵害著作权人之排他权的行为,此为严格责任。间接侵权是指行为人未实际从事直接侵犯著作权的行为,但基于两种情形要为他人的直接侵权行为承担责任:(1) 帮助侵权,指在知道或有合理理由知道他人行为将构成著作权侵权的情况下,实质性地帮助他人从事侵权行为;(2) 替代侵权,某人具有监督他人行为的能力和权利,并且因直接侵权行为获得了直接经济利益。

美国有法院曾经判决网络服务提供者承担直接侵权责任,但随着这方面案件的增多,美国法院已基本达成共识,网络服务提供者没有主动实施侵权行为,不承担直接侵权责任,但可能由于满足帮助侵权或者替代侵权的要件而承担间接侵权责任。

2. 适用 DMCA 的门槛

网络服务提供者要想适用 DMCA 规定的责任限制,首先需要符合该法第(i)款的规定:(1) 采取适当措施并通知用户,对反复侵权人采取停止服务的措施;(2) 采用而且不干涉标准技术性措施。

3. 提供临时性数字网络传输服务的网络服务提供者的免责条件

网络服务提供者因为通过其网络对材料进行传输、提供路由或连接,或在传输、提供路由或连接的过程中对材料进行过渡性的和临时性的存储而侵犯著作权时,在符合下列规定的条件时免责:(1) 对材料的传输是由第三人发起的或按照其指示进行的。(2) 传输、提供路由或者连接、存储是自动进行的,网络服务提供者对材料不进行选择。(3) 除对他人指令的自动回应以外,网络服务提供者对材料的接受者不进行选择。(4) 对于过渡性或临时性存储形成的复制件,预期接受者以外的任何人不能获得,而且存放的时间不超过传输、提供路由或接入所需要的合理时间。(5) 材料在传输过程中内容没有发生改变。

4. 提供系统缓存服务的网络服务提供者的免责条件

网络服务提供者因为通过其网络对材料进行过渡性的和临时性的存储而侵犯著作权时,在符合下列规定的条件时免责:(1) 材料是由他人置于网上的。(2) 材料是依第三人之指示通过网络传输给第三人的。(3) 存储是自动进行的,目的是为了在材料传输给第三人之后,网络用户能够再次获取该材料。(4)该材料内容没有发生改动。(5)没有干扰与材料有关的返回信息的技术能力。(6)如果材料提供者对访问其材料设置了先决条件,如付费或输入密码或其他信息,网络服务提供者仅可向满足先决条件的用户,并按照这些条件提供对其存储材料的主要内容的访问。(7)如果材料提供者未经著作权人许可将材料置于网上,服务提供者在接到侵权通知后,在满足下列两个条件时,应当迅速删除或屏蔽;一是材料已经从原始网站上删除或屏蔽,或法院已经命令从原始网站上删除或者屏蔽;二是权利人在通知中声明,确认材料已经从原始网站上删除或屏蔽,或确认法院已经命令从原始网站上删除或屏蔽。

5. 提供信息存储服务的网络服务提供者的免责条件

网络服务提供者因为根据用户的指令将存放在其网络中的材料加以存储而侵犯著作权时,在符合下列规定的条件时免责:(1)实际上不知道该材料或者使用该材料的行为是侵权的;在实际上不知道的情况下,没有意识到能明显推出侵权行为的事实或情况;在知道或意识到(侵权行为)之后,迅速删除或屏蔽。(2)在网络服务提供者具有控制侵权行为的权利和能力的情况下,没有从侵权行为中直接获得经济利益。(3)在接到侵权通知后,对被指称侵权的材料或者作为侵权行为主题的材料,迅速删除或屏蔽。

6. 提供信息定位工具服务的网络服务提供者的免责条件

网络服务提供者因为通过使用信息定位工具,包括目录、索引、指南、指示或超文本链接,将用户指引或链接至一个包含了侵权材料或侵权行为的网站而侵犯著作权时,在符合下列规定的条件下免责:(1)实际上不知道该材料或使用该材料的行为是侵权的;在实际上不知道的情况下,没有意识到能明显推出侵权行为的事实或情况;在知道或意识到(侵权行为)之后,迅速删除或屏蔽。(2)在网络服务提供者具有控制侵权行为的权利和能力的情况下,没有从侵权行为中直接获得经济利益。(3)在接到侵权通知后,对被指称侵权的材料或者作为侵权行为主题的材料,迅速删除或屏蔽。

(二)欧盟

1. 概述

为促进欧洲区域内部市场的功能及各会员国的和谐,欧盟于2000年6月8日通过《电子商务指令》(以下简称"指令")(2000/31/EC),并于同年7月15日公布施行。相较于DMCA仅适用于著作权,"指令"适用于诽谤、散布色情信息、网络毒品交易等领域。

与DMCA相同,指令没有建立共通的网络服务提供者责任,而是分别三种类型规定免责条件。

2. 提供单纯通道服务的网络服务提供者的免责条件

为用户提供信息传输服务或者网络连线服务的网络服务提供者,符合下列条件时不需为传输信息负责:(1)未发起该传输;(2)未选择传输接收人;(3)未选择或修改传输信息。

3. 提供系统快速存取服务的网络服务提供者的免责条件

为了使传输信息更有效率,而对信息进行自动的、媒介的、暂时的存储行为的网络服务提供者,在符合下列条件时不为这种存储行为负责:(1)未修改信息;(2)遵守接收信息的条件;(3)遵守工业广泛承认并使用的信息更新规则;(4)没有干涉合法使用被工业广泛承认并采用的技术去获取信息使用的资料;(5)实际知悉信息的最初来源已被删除或屏蔽,或者法院、行政机关命令删除或屏蔽时,应立即删除或屏蔽该信息。

4. 提供主机服务的网络服务提供者的免责条件

为用户提供信息存储服务的网络服务提供者,在符合下列条件时不为所存储的信息负责:(1)未实际知悉违法信息或活动,并且在有关损害赔偿的请求上,未察觉该违法信息或活动具有显而易见的事实或情况;(2)在实际知悉或意识到之后,立即删除或屏蔽该信息。

(三)日本

1. 概述

日本于2001年11月30日公布了《特定电气通信提供者损害赔偿责任之限制及发信者信息揭示法》,并于次年5月生效施行。该法没有区分违法信息侵害的是他人何种权利,包括诽谤,侵害隐私权、著作权等。

所谓特定电气通信服务提供者,是指以不特定人接受信息为目的之电气通信,不包括使公众直接收受信息为目的的电气通信。如以有线、无线或其他电磁方式,传送或接收符号、声音或影像。依日本总务省之解释,无论是将信息予以记录、储存的"储存型",还是仅负责传送信息而未加以储存的"非储存型",均包括在内。该法没有如美国DMCA和欧盟指令区分不同类型分别规定。

2. 责任限制

根据该法第3条第1项规定,经由特定电气通信传输的信息侵害他人权利时,服务提供者对于不特定人侵权信息的发送,技术上可以采取防止措施,并且无下列情形时,不负损害赔偿责任:(1)知悉传输的信息侵害他人权利;(2)有相当理由足以认为其可知传输的信息侵害他人权利。

(四)我国台湾地区

为应对日益增长的网络侵犯著作权的现象,我国台湾地区于2009年5月13日对"著作权法"进行了修改,此次修改在参考各国做法的基础上,于网络环境中赋予网络服务提供者"责任避风港",一方面使著作权人或制版权人得以依法要求网络服务提供者移除网络流通之侵权数据,而另一方面网络服务提供者亦可依法针对使用者涉有侵害著作权及制版权之行为,主张不负损害赔偿责任。

1. 网络服务提供者的概念

根据"著作权法"第3条规定,网络服务提供者指提供下列类型服务的主体:(1)联线服务提供者:透过所控制或营运之系统或网络,以有线或无线方式,提供信息传输、发送、接收,或于前开过程中之中介及短暂储存之服务者。(2)快速存取服务提供者:应使用者之要求传输信息后,透过所控制或营运之系统或网络,将该信息为中介及暂时储存,以供其后要求传输该信息之使用者加速进入该信息之服务者。(3)信息储存服务提供者:透过所控制或营运之系统或网络,应使用者之要求提供信息储存之服务者。(4)搜寻服务提供者:提供使用者有关网络信息之索引、参考或连结之搜寻或连结之服务者。

2. 网络服务提供者适用"责任避风港"的门槛

根据该法规定,网络服务提供者援引"责任避风港"免除赔偿责任需要首先符合下列条件:(1)以契约、电子传输、自动侦测系统或其他方式,告知使用者其著作权或制版权保护措施,并确实履行该保护措施。(2)以契约、电子传输、自动侦测系统或其他方式,告知使用者若有三次涉有侵权情事,应终止全部或部分服务。(3)公告接收通知文件之联系窗口信息。(4)执行第三项之通用辨识或保护技术措施。

联线服务提供者于接获著作权人或制版权人就其使用者所为涉有侵权行为之通知后,将该通知以电子邮件转送该使用者,视为符合规定。

著作权人或制版权人已提供为保护著作权或制版权之通用辨识或保护技术措施,经主管机关核准者,网络服务提供者应配合执行之。

3. 提供联线服务的网络服务提供者的免责条件

联线服务提供者对其使用者侵害他人著作权或制版权之行为,在满足下列情形时不负赔偿责任:(1)所传输信息,系由使用者所发动或请求。(2)信息传输、发送、连结或储存,系经由自动化技术予以执行,且联线服务提供者未就传输之信息为任何筛选或修改。

4. 提供快速存取服务的网络服务提供者的免责条件

快速存取服务提供者对其使用者侵害他人著作权或制版权之行为,在满足下列情形时不负赔偿责任:(1)未改变存取之信息。(2)于信息提供者就该自动存取之原始信息为修改、删除或阻断时,透过自动化技术为相同之处理。(3)经著作权人或制版权人通知其使用者涉有侵权行为后,立即移除或使他人无法进入该涉有侵权之内容或相关信息。

5. 提供信息储存服务的网络服务提供者的免责条件

信息储存服务提供者对其使用者侵害他人著作权或制版权之行为,在满足下列情形时不负赔偿责任:(1)对使用者涉有侵权行为不知情。(2)未直接自使用者之侵权行为获有财产上利益。(3)经著作权人或制版权人通知其使用者涉有侵权行为后,立即移除或使他人无法进入该涉有侵权之内容或相关信息。

6. 提供搜寻服务的网络服务提供者的免责条件

搜寻服务提供者对其使用者侵害他人著作权或制版权之行为,在满足下列情形时不负赔偿责任:(1)对所搜寻或连结之信息涉有侵权不知情。(2)未直接自使用者之侵权行为获有财产上利益。(3)经著作权人或制版权人通知其使用者涉有侵权行为后,立即移除或使他人无法进入该涉有侵权之内容或相关信息。

(五)祖国大陆

1. 概述

近十年来,随着宽带技术日益普及以及网民数量的不断增长,我国网络产业发展迅猛,网络经济在国民经济中的比重逐年增长,但随之而来的是,我国通过网络侵犯著作权的现象也愈显突出,为解决这一问题,最高人民法院于2000年制定了《关于审理涉及计算机网络著作权纠纷案件适用法律若干问题的解释》,该解释分别于2003年、2006年作过两次修改。国务院也于2006年制定了《信息网络传播权保护条例》,根据网络服务提供者的不同类型分别规定了免责事由。

2. 《信息网络传播权保护条例》

(1)提供网络接入服务的网络服务提供者的免责条件

网络服务提供者根据服务对象的指令提供网络自动接入服务,或者对服务对象提供的作品、表演、录音录像制品提供自动传输服务,符合下列条件时不承担赔偿责任:① 未选择并且未改变传输内容;② 向指定的服务对象提供传输内容,并防止指定的服务对象以外的其他人获得。

(2)提供缓存服务的网络服务提供者的免责条件

网络服务提供者为提高网络传输效率,自动存储从其他网络服务提供者获得的作品、表演、录音录像制品,根据技术安排自动向服务对象提供,符合下列条件时不承担赔偿责任:① 未改变自动存储的内容;② 不影响原网络服务提供者掌握服务对象获取传输内容的情况;③ 在原网络服务提供者修改、删除或者屏蔽该传输内容时,根据技术安排自动予以修改、删除或者屏蔽。

(3)提供信息存储空间服务的网络服务提供者的免责条件

网络服务提供者为服务对象提供信息存储空间,供服务对象通过信息网络向公众提供作品、表演、录音录像制品,符合下列条件时不承担赔偿责任:① 明确标示该信息存储空间是为服务对象所提供,并公开网络服务提供者的名称、联系人、网络地址;② 未改变服务对象所提供的内容;③ 不知道也没有合理的理由应当知道服务对象提供的内容侵权;④ 未从服务对象提供的内容中直接获得经济利益;⑤ 在接到权利人的通知书后,删除权利人认为侵权的内容。

(4) 提供搜索和链接服务的网络服务提供者的免责条件

网络服务提供者为服务对象提供搜索或者链接服务,在接到权利人的通知书后,断开与侵权的作品、表演、录音录像制品的链接的,不承担赔偿责任;但是,明知或者应知所链接的作品、表演、录音录像制品侵权的,应当承担共同侵权责任。

3.《最高人民法院关于审理涉及计算机网络著作权纠纷案件适用法律若干问题的解释》

(1) 网络服务提供者参与、教唆、帮助他人实施侵权行为的责任

网络服务提供者通过网络参与他人侵犯著作权行为,或者通过网络教唆、帮助他人实施侵犯著作权行为的,人民法院应当根据《民法通则》第130条的规定,追究其与其他行为人或者直接实施侵权行为人的共同侵权责任。

(2) 网络服务提供者对网络用户侵权行为承担责任的条件

提供内容服务的网络服务提供者,明知网络用户通过网络实施侵犯他人著作权的行为,或者经著作权人提出确有证据的警告,但仍不采取移除侵权内容等措施以消除侵权后果的,人民法院应当根据《民法通则》第130条的规定,追究其与该网络用户的共同侵权责任。

三、网络用户、网络服务提供者利用网络侵害他人民事权益

根据本条第1款规定,网络用户、网络服务提供者利用网络侵害他人民事权益的,应当承担侵权责任。

在《侵权责任法》起草过程中,有的意见提出,对于网络用户、网络服务提供者利用网络侵害他人民事权益的行为,尽管可以通过本法一般侵权以及著作权法等规定予以解决,但针对网络侵权行为日益增多这一突出问题,而且网络侵权也有其特殊性,作出专条规定很有必要。正是出于这样的考虑,增加了本条第1款的规定。

(一) 网络用户利用网络侵害他人民事权益

网络用户利用网络侵害他人民事权益,大体可以分为以下几种类型:

(1) 侵害人格权。主要表现为:① 盗用或者假冒他人姓名,侵害姓名权;② 未经许可使用他人肖像,侵害肖像权;③ 发表攻击、诽谤他人的文章,侵害名誉权;④ 非法侵入他人电脑、非法截取他人传输的信息、擅自披露他人个人信息、大量发送垃圾邮件,侵害隐私权。

(2) 侵害财产利益。基于网络活动的便捷性和商务性,通过网络侵害财产利益的情形较为常见,如窃取他人网络银行账户中的资金,而最典型的是侵害网络虚拟财产,如窃取他人网络游戏装备、虚拟货币等。

(3) 侵害知识产权。主要表现为侵犯他人著作权与商标权:① 侵犯著作权。如擅自将他人作品进行数字化传输,规避技术措施,侵犯数据库等。② 侵犯商标权。如在网站上使用他人商标,故意使消费者误以为该网站为商标权人的网站,

恶意抢注与他人商标相同或相类似的域名等。

（二）网络服务提供者利用网络侵害他人民事权益

1. 网络服务提供者的概念

在本法起草过程中，针对网络服务提供者的具体含义，有不同认识。有的认为仅指技术服务提供者，包括接入服务、缓存服务、信息存储空间服务以及搜索或者链接服务四种类型；有的认为不包括接入服务和缓存服务这两种类型；有的认为除了上述四种类型，还应当包括内容服务提供者。经研究，目前我国法律、行政法规和司法解释中有关网络主体有多种表述，除"网络服务提供者"外，还有"提供内容服务的网络服务提供者"、"内容服务提供者"、"互联网接入服务提供者"、"互联网信息服务提供者"、"网站经营者"等。我们认为，"网络服务提供者"一词内涵较广，不仅应当包括技术服务提供者，还应当包括内容服务提供者。

2. 技术服务提供者利用网络侵害他人民事权益

所谓技术服务提供者，主要指提供接入、缓存、信息存储空间、搜索以及链接等服务类型的网络主体。其不直接向网络用户提供信息，一般而言，除符合本条第2款和第3款的规定，技术服务提供者无须对网络用户提供的信息侵犯他人民事权益承担责任。但技术服务提供者如果主动实施侵权行为，如破坏他人技术保护措施、利用技术手段攻击他人网络、窃取他人个人信息等，也要承担侵权责任。

3. 内容服务提供者利用网络侵害他人民事权益

所谓内容服务提供者，是指主动向网络用户提供内容的网络主体。其法律地位与出版者相同，应当对所上传内容的真实性与合法性负责，如果提供了侵权信息，如捏造虚假事实诽谤他人、发布侵犯著作权的影视作品等，应当承担侵权责任。

（三）需要注意的问题

本条第1款只对网络用户、网络服务提供者侵犯他人民事权益应当承担侵权责任作出了原则性规定。对于网络用户、网络服务提供者的行为是否构成侵权行为，是否应当承担侵权责任，还需要根据本法第6条以及《著作权法》的有关规定来判断。

目前很多网络主体提供的服务具有多样性，既提供技术服务，又主动提供相关内容，如搜狐、新浪等综合性门户网站既是技术服务提供者，又是内容服务提供者。在确认其承担侵权责任的请求权基础时，应当根据具体情形作出必要的区分，不同类型网络服务提供者成立侵权责任的要件、承担责任的方式以及免责事由都是有区别的。

四、网络服务提供者对网络用户侵权行为承担侵权责任的情形

本条第1款规范的是网络用户、网络服务提供者的直接侵权行为，第2款和第3款规范的是网络用户利用网络实施侵权行为时，网络服务提供者在何种情况

下需要与网络用户承担连带责任。

（一）适用范围

本条规定的适用范围是民事权益，不仅包括著作权，还包括名誉权、肖像权、隐私权等人身权益以及财产权益。没有如美国和我国台湾地区那样，将适用范围仅限于著作权，但与欧盟和日本的做法类似。之所以这样规定，主要是考虑到，网络具有即时性的特征，侵权信息被上传至网络后，可能在几分钟之内就传播到了全世界的各个角落，一旦在网络上发生侵犯他人名誉权、隐私权等人格权的行为，如果不赋予被侵权人及时救济的权利，会使损害后果无限扩大，连侵权人也无法控制，可能导致被侵权人无法获得充分救济。

（二）根据第2款规定承担责任的要件

1. 概述

本条第2款规定了一个非常有特色的程序，即"通知与取下"程序。这一程序首先规定在美国DMCA中，被侵权人在获知侵权事实后，可以向提供信息存储空间和信息定位服务的网络服务提供者发出符合DMCA规定的侵权通知，网络服务提供者在接到侵权通知后，应当迅速移除或屏蔽对侵权信息的访问。欧盟没有在电子商务指令中规定这一程序，而是由各个网络服务提供者自行规定。日本在《特定电气通信提供者损害赔偿责任之限制及发信者信息揭示法》中也规定了这一程序，但与美国DMCA的规定以及欧盟各网络服务提供者的普遍做法不同，被害者可以向服务提供者发出包括侵权信息、受侵害的权利以及权利受侵害的理由等信息的侵权通知，要求采取防止散布的措施，服务提供者在接获侵权通知后，应首先询问发信者（即网络用户）是否同意采取防止散布措施，发信者在接到通知后7天内未表示反对的，服务提供者方可采取相应措施。

我国最高人民法院于2000年在《关于审理涉及计算机网络著作权纠纷案件适用法律若干问题的解释》中即对"通知与取下"程序作出了规定："提供内容服务的网络服务提供者，或者经著作权人提出确有证据的警告，但仍不采取移除侵权内容等措施以消除侵权后果的，人民法院应当根据民法通则第一百三十条的规定，追究其与该网络用户的共同侵权责任。"该司法解释虽经过两次修改，但这一规定一直沿用至今。

《信息网络传播权保护条例》对这一程序作出了更为详细的规定。该条例第14条规定："对提供信息存储空间或者提供搜索、链接服务的网络服务提供者，权利人认为其服务所涉及的作品、表演、录音录像制品，侵犯自己的信息网络传播权或者被删除、改变了自己的权利管理电子信息的，可以向该网络服务提供者提交书面通知，要求网络服务提供者删除该作品、表演、录音录像制品，或者断开与该作品、表演、录音录像制品的链接。通知书应当包含下列内容：（一）权利人的姓名（名称）、联系方式和地址；（二）要求删除或者断开链接的侵权作品、表演、录音录像制品的名称和网络地址;(三)构成侵权的初步证明材料。权利人应当对通知书的真实性负责。"第 15 条规定:"网络服务提供者接到权利人的通知书后,应当立即删除涉嫌侵权的作品、表演、录音录像制品,或者断开与涉嫌侵权的作品、表演、录音录像制品的链接,并同时将通知书转送提供作品、表演、录音录像制品的服务对象;服务对象网络地址不明、无法转送的,应当将通知书的内容同时在信息网络上公告。"

本条第 2 款规定首次从法律上对"通知与取下"程序进行了确认,但只作了原则性规定,侵权通知的形式、应当包括的内容以及发出该通知的程序可以适用国务院《信息网络传播权保护条例》中的有关规定。

2."通知与取下"程序的具体适用

根据第 2 款规定,网络服务提供者在接到权利人发出的侵权通知后,应当及时采取删除、屏蔽或者断开链接等措施,阻止公众访问侵权信息。

本款中的"网络服务提供者"主要指提供技术服务的网络服务提供者。因为本款与第 1 款的适用前提不一样,"通知与取下"程序主要是为了有条件地豁免网络服务提供者对网络用户的直接侵权行为所应承担的间接侵权责任,对于网络服务提供者主动实施的侵权行为,只要符合法律规定的构成要件,就应当承担侵权责任,不能主张适用"通知与取下"程序豁免责任。

在本法起草过程中,有的意见提出,将"通知与取下"程序适用于侵犯人格权领域,赋予被侵权人不经法院审理,直接发出侵权通知,要求网络服务提供者采取删除、屏蔽、断开链接等措施的权利,可能会危及言论自由,妨碍正常的网络监督。我们认为,本条第 2 款明确规定"通知与取下"程序适用于存在侵权行为的情形下,如果发布信息的人认为其发布的信息没有侵犯他人合法权益,可以援引"反通知"程序,要求网络服务提供者恢复,如果事后证明不存在侵权行为,没有侵犯发出通知的人的人格权、著作权等合法权益,发出通知的人应当对由此造成的损失承担责任。

法律保护正当的网络监督与言论自由,对于在网络上公布他人个人信息是否构成侵权行为,应当区别不同主体予以不同对待,公众人物的工作地点、办公电话、违法行为就不属于隐私,公众有知情权,即便公开了这些信息,也不能构成侵权行为,该公众人物无权要求网络服务提供者删除、屏蔽或者断开链接。

此外,根据所提供的技术服务的类型不同,不同类型的网络服务提供者在接到侵权通知后所应承担的义务也应当有所区别。对于提供信息存储空间、搜索、链接服务的网络服务提供者,其在接到侵权通知后,应当对侵权信息采取删除、屏蔽、断开链接等必要措施;对于提供接入、缓存服务的网络服务提供者,其在接到侵权通知后,应当在技术可能做到的范围内采取必要措施,如果采取这些措施会使其违反普遍服务义务,在技术和经济上增加不合理的负担,该网络服务提供者可以将侵权通知转送相应网站。由于所有网络信息都须经由接入服务进行传输,很多权利人都会要求接入服务提供者删除侵权信息,如果不对此类服务提供者采取必要措施的义务进行必要的限制,可能会妨碍网络产业的正常发展。

(三)根据第3款规定承担责任的要件

根据本条第3款规定,当网络服务提供者知道网络用户通过其网络服务实施侵权行为时,应当承担侵权责任。这一款中"网络服务提供者"的含义与第2款相同,主要指的是提供技术服务的网络服务提供者。

根据这一款的规定,提供技术服务的网络服务提供者承担的是过错责任,在本法起草过程中,有的意见提出,此类网络服务提供者的地位有如出版者,应当承担无过错责任,只要其网络服务中存在侵权信息,就应当承担侵权责任。经研究,我们认为,在网络发展初期,有的国家的法院曾经以无过错责任判决此类网络服务提供者承担侵权责任,但随着对网络问题的研究越来越深入,研究者逐渐认识到,提供技术服务的网络服务提供者并不直接向公众提供信息,只是为网络用户发布或者检索信息提供平台,每天面对海量的信息,在技术上无法逐一审核,与传统著作权领域中出版者的地位不尽相同,令此类网络服务提供者承担无过错责任可能使其承担过重的义务,远超出其能够承受的范围,不仅危及网络行业的正常发展,最终将损害社会公共利益。

《侵权责任法(草案)》第一次审议稿和第二次审议稿都规定以"明知"作为主观要件。在起草过程中,有的意见建议将"明知"修改为"知道或者应当知道"。对此,我们进行了深入的调查研究。(1)要求被侵权人证明网络服务提供者具有"明知"的主观状态,难度太大,可能使得网络服务提供者逃脱责任,这显然不符合制定这条规定的本意。(2)虽然网络上的信息是海量的,侵权信息混杂其中,难以逐一辨别,但有些侵权信息是可以通过技术措施进行控制的,某些领域的过滤技术已经比较成熟,而且运用这种技术不会给网络服务提供者在经济上造成过重的负担,目前很多网站正在以技术措施加人工审查的方式对网络用户上传的信息进行过滤,取得了很好的效果。(3)网络上的某些侵权事实已为社会大众所共知,如盗版音乐、盗版影视作品、明显具有恶意攻击意图的文章广泛传播,但很多网络服务提供者却视而不见,甚至以此获得高额利润,长此以往,不利于净化网络环境,也不利于培育行业道德规范,更不利于网络行业的正常发展。(4)要求网络服务提供者在过错而不仅在故意的情形下承担侵权责任,符合其他国家和地区的发展趋势以及国际惯例,并没有给我国网络服务提供者加以过重的义务。基于这些考虑,我们将"明知"修改为"知道"。从法解释学角度来讲,"知道"可以包括"明知"和"应知"两种主观状态。

如何判断"知道"?这是一个极具实务操作的难题,法官在具体案件中应当综合各种因素,以一个合理标准去判断,需要在促进网络行业健康发展与保护权利人合法权益之间寻找合适的平衡点,既不能失之过严,也不能操之过宽,法律难以规定一个普遍适用的标准。总的来讲,我们认为法官在掌握判断标准时应当遵循三大原则:

1. 根据提供技术服务的网络服务提供者的类型不同,判断标准应当有所不同

相比提供其他服务的此类网络服务提供者,认定提供接入、缓存服务的网络服务提供者"知道"的标准应当更加严格。接入服务连接着网站和网络用户,所有网络信息包括侵权信息都需要通过接入服务才能得以传输,但这种传输是即时的,信息量十分庞大,该类型网络服务提供者无法一一核实,如果认定标准过于宽泛,可能会使得接入服务提供者承担过重的责任,影响普遍接入服务。

2. 根据保护对象的不同,判断标准也应当有所不同

对于著作权而言,除非侵权信息十分明显,只要网络服务提供者没有对网络用户上传的信息进行人工编排等,一般不应认定构成侵权行为。涉嫌诋毁他人名誉、不当使用他人肖像、违法公布他人个人信息等行为,不经法院审理,有时难以准确判断是否是侵权行为,网络服务提供者不是司法机关,不应当要求其具有专业的法律素养,更不能要求其对用户发布的信息一一核实,通常人认为不应属于侵权信息即可免除责任。

3. 提供技术服务的网络服务提供者没有普遍审查义务

在审判实践中,应当谨慎认定此类网络服务提供者"知道"网络用户利用其网络服务实施侵权行为。如果判断标准过宽,可能会使网络服务提供者实际上承担了普遍审查的义务。事实上,由于网络具有开放性的特质,网络信息十分庞杂,要求此类网络服务提供者逐一审查,可能大量增加网络服务提供者的运营成本,阻碍网络产业的发展,美国 DMCA 以及欧盟电子商务指令也都规定,网络服务提供者不具有监视其传输或储存的信息的义务,也不应赋予其寻找不法活动的事实或情况的义务。

(四)责任承担形式

根据本条第 2 款规定,网络服务提供者与网络用户对损害的扩大部分承担连带责任。网络用户是直接侵权行为人,应当对该侵权行为造成的全部损害承担侵权责任;而网络服务提供者在接到侵权通知后应当及时采取必要措施,阻止侵权信息进一步扩散,如果网络服务提供者未能尽到此项义务,应当对未及时采取必要措施而给受害人造成的损失承担侵权责任。我们考虑到,要求网络服务提供者对受害人的全部损失承担责任,有违过错原则,也有失公平。所以,本款仅规定网络服务提供者对损害的扩大部分与网络用户承担连带责任。在接到侵权通知前已经造成的损害,应当由实施侵权行为的网络用户单独承担,网络服务提供者不承担责任。

根据本条第3款规定,网络服务提供者与网络用户承担连带责任。如果网络服务提供者明知网络用户利用其网络服务实施侵权行为,却不采取必要措施,可以认定为构成帮助侵权,应当对全部损害与网络用户承担连带责任。如果网络服务提供者实际上并不知道网络用户利用其网络服务实施侵权行为,而是疏于管理,没有意识到这种侵权行为的存在,只应对应当知道而没有知道侵权行为之时起的损害与网络用户承担侵权责任,之前的损害应当由网络用户单独承担责任。

（五）第2款与第3款之间的关系

厘清本条第2款与第3款之间的关系,是准确理解提供技术服务的网络服务提供者应当在何种情形下承担间接侵权责任的关键。

由于此类网络服务提供者一般无须承担普遍注意义务,其没有义务对其网络服务中的所有信息进行审查、筛选。所以,在实践中,大多数侵权信息都是由被侵权人通过侵权通知,要求此类网络服务提供者删除的,但并不能由此简单地认为发出侵权通知是要求此类网络服务提供者承担责任的唯一条件,也不能简单地认为只能以其接到侵权通知而未采取必要措施来判断是否构成"知道"。

这两款是并列关系,并非递进关系,更非包含关系。如果被侵权人能够举证证明网络服务提供者对侵权行为"知道",可以不发出侵权通知,直接要求网络服务提供者承担第3款规定的侵权责任;如果被侵权人认为其无法举证证明网络服务提供者具有过错,可以根据第2款发出侵权通知。

【立法理由】

随着计算机应用及通讯技术的发展,网络已快速辐射到社会各个领域,互联网的广泛应用改变了人们的生活与生产方式,上网浏览新闻、网络游戏、网络购物、网络聊天、网络下载等几乎成为人们日常生活中不可或缺的组成部分。而与此同时,通过网络侵犯他人民事权益的现象也日益增多,如利用网络诽谤他人、公开他人个人信息、上传盗版音乐及影视作品等。但由于网络的匿名性、分散性等特点,权利人很难找到实施侵权行为的人,维权成本太高,很多权利人便要求网络服务提供者承担侵权责任,但由于网络上存在的信息是海量的,网络服务提供者无法一一审查,要求其对所有侵权信息承担责任也是不公平的。所以,在网络环境下,如何在保护权利人的合法权益与促进网络产业正常发展之间取得平衡,是我们长期以来一直思考的问题。正是基于此,本法对网络侵权作了专条规定。

【相关规定】

《信息网络传播权保护条例》第13条

著作权行政管理部门为了查处侵犯信息网络传播权的行为,可以要求网络服务提供者提供涉嫌侵权的服务对象的姓名（名称）、联系方式、网络地址等资料。

《信息网络传播权保护条例》第 14 条

对提供信息存储空间或者提供搜索、链接服务的网络服务提供者,权利人认为其服务所涉及的作品、表演、录音录像制品,侵犯自己的信息网络传播权或者被删除、改变了自己的权利管理电子信息的,可以向该网络服务提供者提交书面通知,要求网络服务提供者删除该作品、表演、录音录像制品,或者断开与该作品、表演、录音录像制品的链接。通知书应当包含下列内容:

(一)权利人的姓名(名称)、联系方式和地址;

(二)要求删除或者断开链接的侵权作品、表演、录音录像制品的名称和网络地址;

(三)构成侵权的初步证明材料。

权利人应当对通知书的真实性负责。

《信息网络传播权保护条例》第 15 条

网络服务提供者接到权利人的通知书后,应当立即删除涉嫌侵权的作品、表演、录音录像制品,或者断开与涉嫌侵权的作品、表演、录音录像制品的链接,并同时将通知书转送提供作品、表演、录音录像制品的服务对象;服务对象网络地址不明、无法转送的,应当将通知书的内容同时在信息网络上公告。

《信息网络传播权保护条例》第 16 条

服务对象接到网络服务提供者转送的通知书后,认为其提供的作品、表演、录音录像制品未侵犯他人权利的,可以向网络服务提供者提交书面说明,要求恢复被删除的作品、表演、录音录像制品,或者恢复与被断开的作品、表演、录音录像制品的链接。书面说明应当包含下列内容:

(一)服务对象的姓名(名称)、联系方式和地址;

(二)要求恢复的作品、表演、录音录像制品的名称和网络地址;

(三)不构成侵权的初步证明材料。

服务对象应当对书面说明的真实性负责。

《信息网络传播权保护条例》第 17 条

网络服务提供者接到服务对象的书面说明后,应当立即恢复被删除的作品、表演、录音录像制品,或者可以恢复与被断开的作品、表演、录音录像制品的链接,同时将服务对象的书面说明转送权利人。权利人不得再通知网络服务提供者删除该作品、表演、录音录像制品,或者断开与该作品、表演、录音录像制品的链接。

《信息网络传播权保护条例》第 20 条

网络服务提供者根据服务对象的指令提供网络自动接入服务,或者对服务对象提供的作品、表演、录音录像制品提供自动传输服务,并具备下列条件的,不承担赔偿责任:

(一)未选择并且未改变所传输的作品、表演、录音录像制品;

（二）向指定的服务对象提供该作品、表演、录音录像制品，并防止指定的服务对象以外的其他人获得。

**《信息网络传播权保护条例》第 21 条**

网络服务提供者为提高网络传输效率，自动存储从其他网络服务提供者获得的作品、表演、录音录像制品，根据技术安排自动向服务对象提供，并具备下列条件的，不承担赔偿责任：

（一）未改变自动存储的作品、表演、录音录像制品；

（二）不影响提供作品、表演、录音录像制品的原网络服务提供者掌握服务对象获取该作品、表演、录音录像制品的情况；

（三）在原网络服务提供者修改、删除或者屏蔽该作品、表演、录音录像制品时，根据技术安排自动予以修改、删除或者屏蔽。

**《信息网络传播权保护条例》第 22 条**

网络服务提供者为服务对象提供信息存储空间，供服务对象通过信息网络向公众提供作品、表演、录音录像制品，并具备下列条件的，不承担赔偿责任：

（一）明确标示该信息存储空间是为服务对象所提供，并公开网络服务提供者的名称、联系人、网络地址；

（二）未改变服务对象所提供的作品、表演、录音录像制品；

（三）不知道也没有合理的理由应当知道服务对象提供的作品、表演、录音录像制品侵权；

（四）未从服务对象提供作品、表演、录音录像制品中直接获得经济利益；

（五）在接到权利人的通知书后，根据本条例规定删除权利人认为侵权的作品、表演、录音录像制品。

**《信息网络传播权保护条例》第 23 条**

网络服务提供者为服务对象提供搜索或者链接服务，在接到权利人的通知书后，根据本条例规定断开与侵权的作品、表演、录音录像制品的链接的，不承担赔偿责任；但是，明知或者应知所链接的作品、表演、录音录像制品侵权的，应当承担共同侵权责任。

**《信息网络传播权保护条例》第 24 条**

因权利人的通知导致网络服务提供者错误删除作品、表演、录音录像制品，或者错误断开与作品、表演、录音录像制品的链接，给服务对象造成损失的，权利人应当承担赔偿责任。

**《最高人民法院关于审理涉及计算机网络著作权纠纷案件适用法律若干问题的解释》第 3 条**

网络服务提供者通过网络参与他人侵犯著作权行为，或者通过网络教唆、帮助他人实施侵犯著作权行为的，人民法院应当根据民法通则第一百三十条的规定,追究其与其他行为人或者直接实施侵权行为人的共同侵权责任。

《最高人民法院关于审理涉及计算机网络著作权纠纷案件适用法律若干问题的解释》第 4 条

提供内容服务的网络服务提供者,明知网络用户通过网络实施侵犯他人著作权的行为,或者经著作权人提出确有证据的警告,但仍不采取移除侵权内容等措施以消除侵权后果的,人民法院应当根据民法通则第一百三十条的规定,追究其与该网络用户的共同侵权责任。

《最高人民法院关于审理涉及计算机网络著作权纠纷案件适用法律若干问题的解释》第 5 条

提供内容服务的网络服务提供者,对著作权人要求其提供侵权行为人在其网络的注册资料以追究行为人的侵权责任,无正当理由拒绝提供的,人民法院应当根据民法通则第一百零六条的规定,追究其相应的侵权责任。

《最高人民法院关于审理涉及计算机网络著作权纠纷案件适用法律若干问题的解释》第 6 条

网络服务提供者明知专门用于故意避开或者破坏他人著作技术保护措施的方法、设备或者材料,而上载、传播、提供的,人民法院应当根据当事人的诉讼请求和具体案情,依照著作权法第四十七条第(六)项的规定,追究网络服务提供者的民事侵权责任。

《最高人民法院关于审理涉及计算机网络著作权纠纷案件适用法律若干问题的解释》第 7 条

著作权人发现侵权信息向网络服务提供者提出警告或者索要侵权行为人网络注册资料时,不能出示身份证明、著作权权属证明及侵权情况证明的,视为未提出警告或者未提出索要请求。

著作权人出示上述证明后网络服务提供者仍不采取措施的,著作权人可以依照著作权法第四十九条、第五十条的规定在诉前申请人民法院作出停止有关行为和财产保全、证据保全的裁定,也可以在提起诉讼时申请人民法院先行裁定停止侵害、排除妨碍、消除影响,人民法院应予准许。

《最高人民法院关于审理涉及计算机网络著作权纠纷案件适用法律若干问题的解释》第 8 条

网络服务提供者经著作权人提出确有证据的警告而采取移除被控侵权内容等措施,被控侵权人要求网络服务提供者承担违约责任的,人民法院不予支持。

著作权人指控侵权不实,被控侵权人因网络服务提供者采取措施遭受损失而请求赔偿的,人民法院应当判令由提出警告的人承担赔偿责任。

**第三十七条** 宾馆、商场、银行、车站、娱乐场所等公共场所的管理人或者群众性活动的组织者,未尽到安全保障义务,造成他人损害的,应当承担侵权责任。

因第三人的行为造成他人损害的,由第三人承担侵权责任;管理人或者组织者未尽到安全保障义务的,承担相应的补充责任。

【说明】

本条是关于公共场所的管理人或者群众性活动的组织者未尽到安全保障义务的侵权责任的规定。

一、安全保障义务概述

在《侵权责任法》的制定过程中,对于什么是安全保障义务,哪些人负有安全保障义务,哪些人是安全保障义务的保护对象,未尽到安全保障义务应当承担什么样的侵权责任等问题,各方面有不同意见,国外的做法也有一定的差异。

从了解的情况看,典型的大陆法系国家法律中对安全保障义务都没有作出一般性规定,而是通过判例来确立,其适用领域较为广泛。但各国判例确立的规则存在较大差异,这主要是因为各国侵权法和合同法调整范围的不同、侵权法的立法模式和侵权损害赔偿请求权与违约损害赔偿请求权的时效不同以及赔偿范围的差异造成的。

在德国,存在"交往安全义务"的概念,指开启或者持续特定危险的人所应承担的,根据具体情况采取必要、适当的防范措施,以保护第三人免受损害的义务。这个概念并未明文出现在德国法律中,而是由法院通过对民法典有关条款的解释和类推适用确立的。最初,德国法院通过判例确立了"交通安全义务"的概念,用于解决供公众往来的道路交通设备,如土地、道路、公园、桥梁等出现事故时的责任归属问题。随后,法院逐渐将其扩展到许多其他领域,形成了"交往安全义务"的概念。这一义务主要基于以下原因产生:(1)维持某种交通或者交往;(2)保有作为危险源的物;(3)实施了导致一定危险结果的行为;四是从事一定营业或者职业。

法国相类似的概念是"保安义务",也是由法院通过判例所创设的,指不侵害他人人身、财产的安全义务。保安义务既涉及侵权法也涉及合同法。最初,保安义务仅适用于合同法领域,属于合同一方当事人在履行合同所规定的主要义务时,对另一方当事人所承担的确保其安全的附属性义务。该义务要求合同当事人既要保护另一方当事人的生命和身体的完整性,也要保护其财产的安全。以后,法院将保安义务逐渐扩展到侵权法领域,受害人可以不依据合同而直接向负有保安义务的责任人提出侵权损害赔偿的要求。

日本使用"安全关照义务"的概念,这是由日本最高裁判所1975年通过判例创设的,指"基于某种法律关系"而具有特殊法律关系的当事人之间、作为法律关系的附随义务而存在的,当事人各自对于相对人基于诚实信用原则所负的一般义务。该义务要求其保障他方当事人的生命、身体、健康免受由这种法律关系所产生的损害危险,主要适用于雇佣、劳动、承揽、委托、承包和转包合同关系中。对于是否适用于学校与学生、医院与患者、商场与消费者、监狱与犯人、建筑物出租人与承租人等法律关系中,学者们还存在较大争议。

在英美侵权法中,与安全保障义务相类似的一个概念是"注意义务"。当原告与被告之间存在某种特殊关系,或者被告是某种危险源的开启者时,则被告就对原告负有注意义务。注意义务是被告承担过失侵权责任的前提。在英美侵权法中,注意义务主要来源于当事人之间的契约关系(包括契约明确规定和暗含或者默示的注意义务)、制定法的规定(如有关交通安全、产品安全、未成年人保护等法律中规定的注意义务)和非制定法的规定(主要是基于可预见性、特殊关系以及被告的责任自愿承担而产生的注意义务)。是否违反注意义务,应以合理人的行为标准,并结合生理缺陷、精神缺陷、醉酒、未成年、紧急情况等其他因素予以判断。

安全保障义务的概念在我国此前的其他法律中从未出现过,2003年颁布的《最高人民法院关于审理人身损害赔偿案件适用法律若干问题的解释》第6条中首次对安全保障义务的有关问题作出规定:"从事住宿、餐饮、娱乐等经营活动或者其他社会活动的自然人、法人、其他组织,未尽合理限度范围内的安全保障义务致使他人遭受人身损害,赔偿权利人请求其承担相应赔偿责任的,人民法院应予支持。因第三人侵权导致损害结果发生的,由实施侵权行为的第三人承担赔偿责任。安全保障义务人有过错的,应当在其能够防止或者制止损害的范围内承担相应的补充赔偿责任。安全保障义务人承担责任后,可以向第三人追偿。赔偿权利人起诉安全保障义务人的,应当将第三人作为共同被告,但第三人不能确定的除外。"《侵权责任法》在总结司法实践经验的基础上,借鉴国外相关规定,对未尽到安全保障义务的侵权责任作出了明确规定。

根据本条规定,安全保障义务,是指宾馆、商场、银行、车站、娱乐场所等公共场所的管理人或者群众性活动的组织者,所负有的在合理限度范围内保护他人人身和财产安全的义务。安全保障义务人为下面两类人:

(1)宾馆、商场、银行、车站、娱乐场所等公共场所的管理人。公共场所包括以公众为对象进行商业性经营的场所,也包括对公众提供服务的场所。比如本条列举的宾馆、商场、银行、车站、娱乐场所等,除了本条列举的这些场所外,机场、码头、公园、餐厅等也都属于公共场所。

(2)群众性活动的组织者。群众性活动是指法人或者其他组织面向社会公众举办的参加人数较多的活动,比如体育比赛活动,演唱会、音乐会等文艺演出活动、展览、展销等活动,游园、灯会、庙会、花会、焰火晚会等活动,人才招聘会、现场开奖的彩票销售等活动。

二、未尽到安全保障义务的侵权责任

根据安全保障义务的内容不同,可以将安全保障义务分为两类:(1)防止他人遭受义务人侵害的安全保障义务。这是指安全保障义务人负有不因自己的行为而直接使得他人的人身或者财产受到侵害的义务。比如,宾馆负有不因自己提供的服务或者设施存在危险而使前来住宿的客人受伤的安全保障义务。(2)防止他人遭受第三人侵害的安全保障义务。这是指安全保障义务人负有的不因自己的不作为而使他人的人身或者财产遭受自己之外的第三人侵害的义务。比如,宾馆对在本宾馆住宿的旅客负有使其人身或者财产安全免受第三人侵害的义务。他们之间的区别主要是造成损害后果的直接侵害人不同,未尽到前一类义务造成他人损害的,其直接加害人就是安全保障义务人,没有第三人的介入;未尽到后一类义务的并不必然导致他人的损害,只有当这种未尽到义务的行为与第三人的侵权行为相互结合时才导致了他人的损害。本条规定根据所未尽到的义务种类的不同,规定了安全保障义务人不同的侵权责任。

1. 安全保障义务人未尽到防止他人遭受义务人侵害的安全保障义务的,应当承担侵权责任

根据本条第1款的规定,宾馆、商场、银行、车站、娱乐场所等公共场所的管理人或者群众性活动的组织者未尽到安全保障义务,造成他人损害的,如果损害结果的发生没有第三人的介入,安全保障义务人就应当自己承担全部侵权责任。比如,顾客到餐厅吃饭,由于餐厅的地板有油渍导致顾客摔倒受伤的,餐厅就应当承担侵权责任。

2. 安全保障义务人未尽到防止他人遭受第三人侵害的安全保障义务的,应当承担相应的补充责任

在实践中,存在不少第三人的侵权行为和安全保障义务人未尽到安全保障义务两个因素结合在一起而造成他人损害的情形,比如,储户到银行取钱或者存款,遭到第三人抢劫,银行的保安人员未尽到安全保障义务,没有及时注意或者制止,导致储户钱款被抢或者人身受到伤害;又比如,宾馆没有完善的保安措施或者没有认真履行保安职责,导致住宿旅客被外来人员殴打等。在这种情形下,根据本条第2款的规定,第三人的行为是造成损害的直接原因,应当首先由第三人承担侵权责任。在上述例子中,应当先由抢劫者和打人者承担侵权责任,安全保障义务人未尽到安全保障义务也是造成损害的因素,应当承担相应的补充责任。理解这一规定,应当注意以下两点:

(1)第三人的侵权责任和安全保障义务人的补充责任有先后顺序。首先由第三人承担侵权责任,在无法找到第三人或者第三人没有能力全部承担赔偿责任

时,才由安全保障义务人承担侵权责任。如果第三人已经全部承担侵权责任,则安全保障义务人不再承担侵权责任。

(2) 安全保障义务人承担的补充责任是相应的补充责任。对于第三人没有承担的侵权责任,安全保障义务人不是全部承担下来,而是在其未尽到安全保障义务的范围内承担,即根据安全保障义务人未尽到的安全保障义务的程度来确定其应当承担的侵权责任的份额。

【立法理由】

在《侵权责任法》制定过程中,对于安全保障义务人的范围,有多种意见。有的意见认为,应当采用司法解释的规定,即"从事住宿、餐饮、娱乐等经营活动或者其他社会活动的自然人、法人、其他组织";有的意见认为,安全保障义务人应当规定为"经营者及其他开启或者持续危险者";有的意见认为,可以引进美国"土地利益占有人"的概念,明确土地利益占有人对其占有土地上的人负有安全保障义务。合理确定安全保障义务人的范围,既要以人为本,对社会生活中可能发生危险的场所或者活动,要求行为人履行必要的防范损害发生的义务,充分保护广大人民群众的人身和财产安全;又要考虑我国国情,从促进社会和谐稳定的目的出发,不能盲目地扩大安全保障义务人的范围,避免引发过多社会纠纷;同时还要处理好未尽到安全保障义务的侵权行为与其他侵权行为之间的关系,避免或者减少相关法律规定间的冲突或者竞合。"其他社会活动"或者"其他开启或者持续危险者"的表述过于模糊,范围不明确,在司法实践中容易引起歧义和争议。"土地利益占有人"的概念难以涵盖一些因行为产生的安全保障义务,与本法第十一章物件致人损害中的有关内容也会重合。经反复研究,综合考虑,《侵权责任法》明确宾馆、商场、银行、车站、娱乐场所等公共场所的管理人和群众性活动的组织者为安全保障义务人。

安全保障义务所保护的对象与安全保障义务人之间应存在某种关系,但是否要在法律中作出明确规定有不同意见。有的建议规定为"顾客或参与活动者"或者"进入公共场所或者参与活动的人",有的建议规定为"合法进入公共场所或者参加活动的人",有的建议不作明确规定。考虑到司法实践中的情况较为复杂,仅仅进入商场上洗手间、问路或者躲雨的人能不能界定为顾客,上错了公交车又准备下车的人是否属于保护对象,特别是对于非法进入者如到宾馆里打算偷窃的人是否给予保护等,争议很大。在法律中明确那些人属于保护对象较为困难,因此,本法对安全保障义务的保护对象规定为"他人",没有明确具体的范围,实践中哪些人属于保护对象应根据具体情况判断。

安全保障义务的目的是为了保护他人的人身和财产安全,其主要内容是作为,即要求义务人必须采取一定的行为来维护他人的人身或者财产免受侵害。这种义务的具体内容既可能基于法律的明确规定,也可能基于合同义务,也可能基于诚实信用原则而产生。由于安全保障义务人的范围很广,涉及多个行业、多类主体,不同义务人对不同保护对象所负有的安全保障义务是不同的,在法律中无法明确其具体内容。对于实践中需要确定义务人应当负有的具体安全保障义务的内容,进而判断安全保障义务人是否已经尽到安全保障义务的,可以参考该安全保障义务人所在行业的普遍情况、所在地区的具体条件、所组织活动的规模等各种因素,从侵权行为的性质和力度、义务人的保安能力以及发生侵权行为前后所采取的防范、制止侵权行为的状况等方面,根据实际情况综合判断。

【相关规定】

《最高人民法院关于审理人身损害赔偿案件适用法律若干问题的解释》第6条

从事住宿、餐饮、娱乐等经营活动或者其他社会活动的自然人、法人、其他组织,未尽合理限度范围内的安全保障义务致使他人遭受人身损害,赔偿权利人请求其承担相应赔偿责任的,人民法院应予支持。

因第三人侵权导致损害结果发生的,由实施侵权行为的第三人承担赔偿责任。安全保障义务人有过错的,应当在其能够防止或者制止损害的范围内承担相应的补充赔偿责任。安全保障义务人承担责任后,可以向第三人追偿。赔偿权利人起诉安全保障义务人的,应当将第三人作为共同被告,但第三人不能确定的除外。

**第三十八条** 无民事行为能力人在幼儿园、学校或者其他教育机构学习、生活期间受到人身损害的,幼儿园、学校或者其他教育机构应当承担责任,但能够证明尽到教育、管理职责的,不承担责任。

【说明】

本条是无民事行为能力人受到人身损害时,幼儿园、学校或者其他教育机构的侵权责任的规定。

一、幼儿园、学校和其他教育机构的侵权责任概述

幼儿园、学校和其他教育机构的侵权责任,是指在幼儿园、学校和其他教育机构的教育、教学活动中或者在其负有管理责任的校舍、场地、其他教育教学设施、生活设施中,由于幼儿园、学校或者其他教育机构未尽教育、管理职责,致使学习或者生活的无民事行为能力人和限制民事行为能力人遭受损害或者致他人损害的,学校、幼儿园或者其他教育机构应当承担的与其过错相应的侵权责任。

幼儿园,通常是指对3周岁以上学龄前幼儿实施保育和教育的机构。学校,是指国家或者社会力量举办的全日制的中小学(含特殊教育学校)、各类中等职

业学校、高等学校。其他教育机构,是指少年宫以及电化教育机构等。无民事行为能力人,是指不满 10 周岁的未成年人和不能辨认自己行为的精神病人。限制民事行为能力人,是指 10 周岁以上 18 周岁以下的未成年人和不能完全辨认自己行为的精神病人。

随着经济的快速增长,社会的明显进步,近年来我国的教育事业蓬勃发展,据统计,我国在各类教育机构学习的人员总数已经达到甚至超过我国总人数的 1/5,其中,绝大多数是无民事行为能力人和限制民事行为能力人。再考虑到其父母、近亲属,可以说在教育机构就读的无民事行为能力人和限制民事行为能力人的人身安全牵动着全社会每一个人的心。但一个严峻事实是,近年来的学校学生人身伤害事故频频发生,一些重大恶性事故也有发生。

二、我国现行规定

无民事行为能力人或者限制民事行为能力人在幼儿园、学校或者其他教育机构学习、生活期间受到人身损害的,幼儿园、学校或者其他教育机构在什么条件下需要承担侵权责任,我国法律、行政法规均未作出具体规定。

教育部 2002 年颁布了《学生伤害事故处理办法》,北京市、上海市、江苏省、湖南省、杭州市、福州市、郑州市、贵阳市、西安市、银川市、苏州市等地近几年均制定了中小学生人身伤害事故处理条例。这些地方性法规和部门规章对学校、幼儿园和其他教育机构需要承担的侵权责任作了较为详细的规定,但这些规范法律效力较低,且在侵权责任的确定、免责事由、赔偿标准等问题上规定不一。

1988 年《最高人民法院关于贯彻执行〈中华人民共和国民法通则〉若干问题的意见(试行)》第 160 条规定:"在幼儿园、学校生活、学习的无民事行为能力人或者在精神病院治疗的精神病人,受到伤害或者给他人造成损害,单位有过错的,可以责令这些单位适当给予赔偿。"2003 年《最高人民法院关于审理人身损害赔偿案件适用法律若干问题的解释》第 7 条规定:"对未成年人依法负有教育、管理、保护义务的学校、幼儿园或者其他教育机构,未尽职责范围内的相关义务致使未成年人遭受人身损害,或者未成年人致他人人身损害的,应当承担与其过错相应的赔偿责任。第三人侵权致未成年人遭受人身损害的,应当承担赔偿责任。学校、幼儿园等教育机构有过错的,应当承担相应的补充赔偿责任。"后一规定是目前司法审判实践中处理这类侵权案件的主要依据。

三、本条规定的内容

关于幼儿园、学校和其他教育机构的侵权责任,争议最大的是如何确定归责原则。其他国家和地区存在不同的立法例。一种是过错推定原则,如德国、意大利、日本、俄罗斯、越南等采用该种立法例。另一种是过错责任原则,如法国、美国、加拿大等采用该种立法例。

《最高人民法院关于审理人身损害赔偿案件适用法律若干问题的解释》中采

用过错责任原则。国内学者关于这一问题也是意见不一,有的主张采用过错推定原则;有的主张采用过错责任原则;有的区分无民事行为能力人和限制民事行为能力人"自身遭受损害"和"给他人造成损害"两种情形,前者实行过错责任原则,后者实行过错推定原则;有的主张区分"公益性质的学校"和"非公益性质的学校",前者实行过错推定原则,后者实行无过错责任原则。

在听取各方意见,并深入了解现实情况的基础上,经过反复研究、综合分析,《侵权责任法》根据未成年人的年龄和民事行为能力的不同,规定了幼儿园、学校和其他教育机构侵权责任的不同的归责原则。本条规定:"无民事行为能力人在幼儿园、学校或者其他教育机构学习、生活期间受到人身损害的,幼儿园、学校或者其他教育机构应当承担责任,但能够证明尽到教育、管理职责的,不承担责任。"这是采用过错推定原则。同时在第39条规定:"限制民事行为能力人在学校或者其他教育机构学习、生活期间受到人身损害,学校或者其他教育机构未尽到教育、管理职责的,应当承担责任。"这是采用过错责任原则。

根据本条规定,无民事行为能力人在幼儿园、学校或者其他教育机构学习、生活期间受到人身损害的,幼儿园、学校或者其他教育机构应当证明自己已经尽到教育、管理职责,对该无民事行为能力人所发生的人身损害没有过错,否则就要承担责任。

四、立法过程中的其他问题

1. 关于此类侵权行为的范围

对此问题,各方认识基本一致,即由幼儿园、学校和其他教育机构承担侵权责任的侵权行为应当限于发生在幼儿园、学校和其他教育机构的教育、教学活动中或者其负有管理责任的校舍、场地、其他教育教学设施、生活设施中的侵权行为。但具体范围究竟有多宽,存有不同意见,如学生自行到校或者放学后滞留学校发生的损害,幼儿园、学校和其他教育机构是否应当承担侵权责任等。由于这个问题较为复杂,与幼儿园、学校和其他教育机构所应负有的教育、管理职责密切相关,实践中个案的情况也千差万别,在《侵权责任法》中作出统一、具体的规定较为困难,由人民法院在具体案件审判过程中作出判断更为合适。

2. 幼儿园、学校和其他教育机构的教育、管理职责

幼儿园、学校和其他教育机构只有在未尽教育、管理职责时,才可能承担侵权责任。但如何确定教育、管理职责的范围,进而判断幼儿园、学校和其他教育机构是否已尽教育、管理职责,也存在一定争议。经研究,教育法、未成年人保护法以及其他地方性法规和部门规章中,对于幼儿园、学校和其他教育机构的教育、管理职责已经作了广泛、具体的规定,出现纠纷时,应当参考这些规定结合具体情况由人民法院作出最终判断,侵权责任法中对此没有也很难作出具体规定。

3. 免责事由

在制定《侵权责任法》的过程中,有的部门和专家建议,明确幼儿园、学校和其他教育机构不承担赔偿责任的具体情形,比如,在自行上学、放学、返校、离校途中发生损害的;学生自杀、自伤的等。经考虑,这些情形有的根据本法规定明显不属于幼儿园、学校和其他教育机构的责任,有的在本法第三章"不承担责任和减轻责任的情形"已经有所规定,没有必要再作重复规定。因此,《侵权责任法》没有对这一问题进行规定。

**【立法理由】**

对是否在《侵权责任法》中规定幼儿园、学校和其他教育机构的侵权责任,存在一定争议。考虑到未成年人天性好动、喜欢冒险,但同时身心方面的发展却远未成熟,缺少自我保护的知识和能力,在参加各种活动时极有可能造成自身或者他人的损害。即便幼儿园、学校等教育机构和教师尽了全部注意义务,也很难杜绝损害的发生。再加上我国目前各类幼儿园、学校等教育机构的教育管理水平仍有待提高,近年来,因儿童、学生伤害事故而引起的赔偿案件逐年增多,成为社会普遍关注的热点问题。在《侵权责任法》中对此问题作出明确规定,明确界定幼儿园、学校和其他教育机构的侵权责任,有利于及时有效地解决纠纷,切实保护未成年人的合法权益,加强学校、幼儿园的教学管理工作。因此,有必要在《侵权责任法》中对学校、幼儿园和其他教育机构的侵权责任作出规定。

如何确定幼儿园、学校和其他教育机构侵权责任的归责原则,要考虑各方面的因素和社会经济发展状况。一方面,由于未成年学生天性好动,对各类新鲜事物抱有强烈的好奇心,喜欢冒险,但同时身心方面的发展却远未成熟,缺少自我保护的知识和能力,情绪易于冲动,不善控制。因此在参加各种学校活动时极有可能造成自身或者他人的损害,即便学校和教师尽了百分之百的注意义务,也很难保证百分之百地杜绝损害的发生。另一方面,在我国,重视和关心下一代的意识根深蒂固,再加上实施了二十多年的独生子女政策,有的对孩子过分照顾呵护,一旦在学校出现任何意外,便会怪罪学校,极易采取不理智的态度。因此,在《侵权责任法》中必须确定合理的归责原则,对学校、幼儿园和其他教育机构的侵权责任作出适当的界定,以做到既维护未成年人和其他受害人的合法权益,又维护幼儿园、学校和其他教育机构的正常教学秩序和管理秩序。

本条对无民事行为能力人的情况,采用过错推定原则,主要考虑是:无民事行为能力人智力发育还很不成熟,对事物的认知和判断上存在较大不足,不能辨认或者不能充分理解自己行为的后果,必须加以特别保护,这就要求学校更多地履行保护孩子身心健康的义务。无民事行为能力人在幼儿园、学校或者其他教育机构学习、生活期间,超越了监护人的控制范围,如果受到人身损害,基本无法对事故发生的情形准确地加以描述,此时要让无民事行为能力人或者其监护人来证明学校的过错,几乎是不可能的。采用过错推定原则,学校也有举证反驳的机会,可以通过证明已经尽到了相当的注意并且实施了合理的行为,以达到免责的目的。同时,学校等教育机构更有可能通过保险等方式来向社会转移风险。比如,从2003年开始北京市开始推行学校责任险。到2009年,北京市公办学校都已经投保学校责任险,经北京市教委批准举办的民办学校80%以上也都投保了。每生每年5元,由市财政统一拨款投保。赔偿上规定了一个限额,2009年学生死亡的赔偿金上限是40万。以后针对无民事行为能力人,还可以进一步加大投保力度。

【相关规定】

《最高人民法院关于贯彻执行〈民法通则〉若干问题的意见(修改稿)》(非生效文件)第183条

在幼儿园、学校生活、学习的无民事行为能力人或者在精神病院治疗的精神病人,受到伤害或者给他人造成损害,单位有过错的,可以责令这些单位适当给予赔偿。

《最高人民法院关于审理人身损害赔偿案件适用法律若干问题的解释》第7条

对未成年人依法负有教育、管理、保护义务的学校、幼儿园或者其他教育机构,未尽职责范围内的相关义务致使未成年人遭受人身损害,或者未成年人致他人人身损害的,应当承担与其过错相应的赔偿责任。

第三人侵权致未成年人遭受人身损害的,应当承担赔偿责任。学校、幼儿园等教育机构有过错的,应当承担相应的补充赔偿责任。

《法国民法典》第1384条第6、7、8款

小学教师与家庭教师及手艺人,对学生与学徒在受其监视的时间内造成的损害,负赔偿的责任。

如父、母与手艺人能证明其不能阻止引起责任的行为,前述责任得免除之。

涉及小学教师与家庭教师时,其受到指控的造成损害事实的过错、轻率不慎或疏忽大意,应由原告按照普通法于诉讼中证明之。

《德国民法典》第832条

(1)依法对因未成年或因其精神或身体状况而需要监督的人负有监督义务的人,对此人给第三人不法造成的损害,负有赔偿的义务。其尽监督义务的,或损害即便在进行适当监督时仍会发生的,不发生赔偿的义务。

(2)因合同而承担实施监督的人,负有相同的责任。

《意大利民法典》第2048条第1、3款

家庭教师和传授技能或手艺的人,对其学生和徒弟在其监管期间发生的不法

行为导致的损害,应当承担责任。

上述两款所涉的人能够证明其不能阻止该不法行为的,不承担责任。

《日本民法典》第714条

(一)无能力人依前两条规定无其责任时,对其应予监督的法定义务人,就无能力人加于第三人的损害,负赔偿责任。但是,监督义务人未怠其义务时,不在此限。

(二)代监督义务人监督无能力人者,亦负前款责任。

**第三十九条** 限制民事行为能力人在学校或者其他教育机构学习、生活期间受到人身损害,学校或者其他教育机构未尽到教育、管理职责的,应当承担责任。

【说明】

本条是限制民事行为能力人受到人身损害时,学校或者其他教育机构的侵权责任的规定。

本法第38条规定了在无民事行为能力人受到人身损害的情况下,幼儿园、学校或者其他教育机构应当承担的侵权责任。本条则规定了在限制民事行为能力人受到人身损害的情况下,学校或者其他教育机构应当承担的侵权责任。

根据本条规定,限制民事行为能力人在学校或者其他教育机构学习、生活期间受到人身损害的,如果该限制民事行为能力人或者其监护人能够证明学校或者其他教育机构没有尽到教育、管理职责,对该限制民事行为能力人所发生的人身损害有过错,学校或者其他教育机构就要承担责任。

《中华人民共和国教育法》(以下简称《教育法》)、《中华人民共和国未成年人保护法》(以下简称《未成年人保护法》)以及其他地方性法规和部门规章中,对于学校和其他教育机构的教育、管理职责已经作了广泛、具体的规定,只要能够证明学校或者其他教育机构违反了这些职责,使得限制民事行为能力人在学习、生活期间受到人身损害的,学校或者其他教育机构就要承担责任。比如,教育部2002年颁发的《学生伤害事故处理办法》第9条就明确规定:"因下列情形之一造成的学生伤害事故,学校应当依法承担相应的责任:(一)学校的校舍、场地、其他公共设施,以及学校提供给学生使用的学具、教育教学和生活设施、设备不符合国家规定的标准,或者有明显不安全因素的;(二)学校的安全保卫、消防、设施设备管理等安全管理制度有明显疏漏,或者管理混乱,存在重大安全隐患,而未及时采取措施的;(三)学校向学生提供的药品、食品、饮用水等不符合国家或者行业的有关标准、要求的;(四)学校组织学生参加教育教学活动或者校外活动,未对学生进行相应的安全教育,并未在可预见的范围内采取必要的安全措施的;(五)学校知道教师或者其他工作人员患有不适宜担任教育教学工作的疾病,但未采取必要措施的;(六)学校违反有关规定,组织或者安排未成年学生从事不宜未成年人参加的劳动、体育运动或者其他活动的;(七)学生有特异体质或者特定疾病,不宜参加某种教育教学活动,学校知道或者应当知道,但未予以必要的注意的;(八)学生在校期间突发疾病或者受到伤害,学校发现,但未根据实际情况及时采取相应措施,导致不良后果加重的;(九)学校教师或者其他工作人员体罚或者变相体罚学生,或者在履行职责过程中违反工作要求、操作规程、职业道德或者其他有关规定的;(十)学校教师或者其他工作人员在负有组织、管理未成年学生的职责期间,发现学生行为具有危险性,但未进行必要的管理、告诫或者制止的;(十一)对未成年学生擅自离校等与学生人身安全直接相关的信息,学校发现或者知道,但未及时告知未成年学生的监护人,导致未成年学生因脱离监护人的保护而发生伤害的;(十二)学校有未依法履行职责的其他情形的。"

在司法实践中,只要有上述十二项情形之一,就基本可以认定学校没有尽到教育、管理职责,就要依法对限制民事行为能力人受到的人身损害承担责任。

**【立法理由】**

与本法第38条采用过错推定原则不同,对限制民事行为能力人的情况,本条采用了过错责任原则,主要是考虑:与无民事行为能力人相比,限制民事行为能力人的心智已渐趋成熟,对事物已有一定的认知和判断能力,能够在一定程度上理解自己行为的后果,对一些容易遭受人身损害的行为也有了充分认识,应当在构建和谐的成长环境的同时,鼓励其广泛地参加各类学校活动和社会关系,以利于其更好、更有效地学习、成长。如果适用过错推定原则,课以学校较重的举证负担,为避免发生意外事故,有的学校会采取消极预防的手段,如减少学生体育活动、劳动实践,不再组织春游、参观等校外活动,严格限制学生在校时间,甚至不允许学生在课间互相追逐打闹等,一些措施甚至与素质教育目标背道而驰,成为推行素质教育的一大障碍,最终不利于学生的成长、成熟。同时,在判断学校尽到教育、管理职责时也可以通过采用客观化的判断标准如学校的各种教学设施是否符合安全要求,对存在的各种安全隐患是否及时排除、是否已采取必要的防范措施,学校是否制定了合理、明确的安全规章制度等来缓和举证责任,减轻被侵权人的举证负担,以利于对学生的救济。

**【相关规定】**

《最高人民法院关于审理人身损害赔偿案件适用法律若干问题的解释》第7条

对未成年人依法负有教育、管理、保护义务的学校、幼儿园或者其他教育机构,未尽职责范围内的相关义务致使未成年人遭受人身损害,或者未成年人致他人人身损害的,应当承担与其过错相应的赔偿责任。

第三人侵权致未成年人遭受人身损害的,应当承担赔偿责任。学校、幼儿园等教育机构有过错的,应当承担相应的补充赔偿责任。

《法国民法典》第1384条第6、7、8款

小学教师与家庭教师及手艺人,对学生与学徒在受其监视的时间内造成的损害,负赔偿的责任。

如父、母与手艺人能证明其不能阻止引起责任的行为,前述责任得免除之。

涉及小学教师与家庭教师时,其受到指控的造成损害事实的过错、轻率不慎或疏忽大意,应由原告按照普通法于诉讼中证明之。

《德国民法典》第832条

(1) 依法对因未成年或因其精神或身体状况而需要监督的人负有监督义务的人,对此人给第三人不法造成的损害,负有赔偿的义务。其尽监督义务的,或损害即便在进行适当监督时仍会发生的,不发生赔偿的义务。

(2) 因合同而承担实施监督的人,负有相同的责任。

《意大利民法典》第2048条第1、3款

家庭教师和传授技能或手艺的人,对其学生和徒弟在其监管期间发生的不法行为导致的损害,应当承担责任。

上述两款所涉的人能够证明其不能阻止该不法行为的,不承担责任。

《日本民法典》第714条

(一) 无能力人依前两条规定无其责任时,对其应予监督的法定义务人,就无能力人加于第三人的损害,负赔偿责任。但是,监督义务人未怠其义务时,不在此限。

(二) 代监督义务人监督无能力人者,亦负前款责任。

**第四十条** 无民事行为能力人或者限制民事行为能力人在幼儿园、学校或者其他教育机构学习、生活期间,受到幼儿园、学校或者其他教育机构以外的人员人身损害的,由侵权人承担侵权责任;幼儿园、学校或者其他教育机构未尽到管理职责的,承担相应的补充责任。

【说明】

本条是无民事行为能力人或者限制民事行为能力人受到校外人员人身损害时的责任分担的规定。

本法第38条和第39条对未成年人在幼儿园、学校或者其他教育机构学习、生活期间遭受人身损害时幼儿园、学校或者其他教育机构的侵权责任,区分无民事行为能力人和限制民事行为能力人分别规定了不同的归责原则。本条则区分

造成损害的主体为幼儿园、学校或者其他教育机构以外的人员的情况,规定幼儿园、学校或者其他教育机构应当承担的侵权责任。本条规定分两部分:

一、幼儿园、学校或者其他教育机构以外的人员承担的侵权责任

幼儿园、学校或者其他教育机构以外的人员是指幼儿园、学校或者其他教育机构的教师、学生和其他工作人员以外的人员。

如果未成年人在幼儿园、学校或者其他教育机构学习、生活期间遭受人身损害,是由于幼儿园、学校或者其他教育机构本身的人员的行为造成的,幼儿园、学校或者其他教育机构未尽到教育、管理职责时,就要承担责任。比如,因学校的教学和生活设施、设备不符合安全标准或者管理、维护不当引起的学生人身损害;因学校提供的食品、药品、饮用水、教学用具或者其他物品不合格引起的学生人身损害;因学校教师或者其他工作人员体罚、变相体罚学生或者其他侮辱学生人格尊严的行为引起的学生人身损害;学生之间互相嬉戏、玩耍,教师管理不当造成学生人身损害等。但在某些情况下,幼儿园、学校或者其他教育机构以外的人员可能进入校园内或者在幼儿园、学校或者其他教育机构组织学生外出活动期间直接造成学生人身伤害,比如,社会人员进入学校殴打学生,校外车辆在校园内撞伤学生等。在这种情况下,该幼儿园、学校或者其他教育机构以外的人员的侵权行为直接造成人身损害后果的发生,其作为侵权人就应当依法承担侵权责任。

二、幼儿园、学校或者其他教育机构承担的相应补充责任

无民事行为能力人或者限制民事行为能力人在幼儿园、学校或者其他教育机构学习、生活期间,受到幼儿园、学校或者其他教育机构以外的人员人身损害的,该人员作为侵权人应当承担侵权责任。如果幼儿园、学校或者其他教育机构未尽到管理职责的,应当承担补充责任。幼儿园、学校或者其他教育机构是否尽到管理职责,要根据人身损害发生时的具体情况判断,如幼儿园、学校或者其他教育机构的安全管理制度是否有明显疏漏,或者是否管理混乱,存在重大安全隐患。如果幼儿园、学校或者其他教育机构的安全保卫工作存在过失,比如,学校门卫管理制度欠缺或者门卫管理不善,导致校外人员随意进入学校殴打学生,或者学校为改善经济条件将学校校舍、场地租给他人使用,甚至将学校操场辟为停车场,致使校内常有车辆来往,出现车辆撞伤、撞死学生等情况的,学校就应承担补充责任。

理解这一规定,应当注意以下两点:

(1)第三人的侵权责任和安全保障义务人的补充责任有先后顺序。首先由第三人承担侵权责任,在无法找到第三人或者第三人没有能力全部承担侵权责任时,才由幼儿园、学校或者其他教育机构承担侵权责任。如果第三人已经全部承担侵权责任,则幼儿园、学校或者其他教育机构不再承担侵权责任。

(2)幼儿园、学校或者其他教育机构承担的补充责任是相应的补充责任。对于第三人没有承担的侵权责任,幼儿园、学校或者其他教育机构不是全部承担下

来,而是在其未尽到安全保障义务的范围内承担,即根据幼儿园、学校或者其他教育机构未尽到的管理职责的程度来确定其应当承担的侵权责任的份额。

**【立法理由】**

　　无民事行为能力人或者限制民事行为能力人在幼儿园、学校或者其他教育机构学习、生活期间,受到幼儿园、学校或者其他教育机构以外的人员人身损害的,该人员作为侵权人应当承担侵权责任。但由于此时受到人身损害的无民事行为能力人或者限制民事行为能力人仍在幼儿园、学校或者其他教育机构监管之下,幼儿园、学校或者其他教育机构仍负有管理职责,如果幼儿园、学校或者其他教育机构未尽到管理职责的,对损害的发生也具有过错,其未尽到管理职责的行为是造成损害发生的间接原因,应当承担补充责任。

**【相关规定】**

　　《最高人民法院关于审理人身损害赔偿案件适用法律若干问题的解释》第7条

　　对未成年人依法负有教育、管理、保护义务的学校、幼儿园或者其他教育机构,未尽职责范围内的相关义务致使未成年人遭受人身损害,或者未成年人致他人人身损害的,应当承担与其过错相应的赔偿责任。

　　第三人侵权致未成年人遭受人身损害的,应当承担赔偿责任。学校、幼儿园等教育机构有过错的,应当承担相应的补充赔偿责任。

# 第五章 产品责任

本章共7条,对生产者、销售者、运输者、仓储者及第三人等承担产品责任的归责原则及侵权责任,被侵权人的索赔途径,先行赔偿人的追偿权,因产品缺陷危及他人人身、财产安全,被侵权人有权要求生产者、销售者承担排除妨碍、消除危险等侵权责任,对已投入流通后发现缺陷产品的警示、召回等补救措施及侵权责任,故意生产、销售缺陷产品的惩罚性赔偿等问题作了规定。

本章在《产品质量法》的基础上对产品责任进行了完善,通过明确产品责任,促进产品生产者、销售者、运输者、仓储者等改善和加强产品质量管理,提高科学技术水平和产品的安全性能,以维护人民群众的生命财产安全,维护广大使用人的合法权益。

**第四十一条** 因产品存在缺陷造成他人损害的,生产者应当承担侵权责任。

【说明】

本条是关于产品生产者侵权责任的规定。

一、关于产品责任的归责原则

本条对产品生产者承担侵权责任的归责原则作了规定。产品责任的归责原则是确定产品责任归属的准则,是要求行为人承担产品责任的根据、标准和理由。关于产品责任的归责原则,各国多经历从合同责任到过失责任(疏忽责任)再发展到现在的无过错责任的过程。无过错责任是指损害发生后,无论行为人有无过错,法律规定应当承担侵权责任的,行为人应当对其行为所造成的损害承担侵权责任。受害人无须就侵权人的过错进行举证,侵权人也不得以其没有过错为由主张免责或者减责。免责及减责情形由法律明确规定。

《侵权责任法》中的产品责任应采用何种归责原则,在立法过程中看法不一,大致有四种观点:(1)无过错责任原则。此种观点认为不论生产者、销售者有无过错,只要产品有缺陷并造成他人损害,就应当承担赔偿责任。多数人主张此说。(2)过错责任原则。理由是我国正处于经济发展中,还不具备生产者、销售者承担无过错责任的条件,因此,产品生产者、销售者只对自己的过错行为承担责任,没有过错即可免责。(3)过错推定原则。认为产品责任既非过错责任,亦非无过错责任,是无过错责任和过错责任之间的中间责任,即产品缺陷的事实本身,应视为产品生产者或销售者有过错,即过错推定。(4)二元归责原则。认为产品责任既适用无过错责任,也适用过错责任,但以无过错责任原则为主导。《产品质量法》第41条已明确规定生产者承担无过错责任,第42条规定销售者承担过错责任。

在广泛借鉴国际通行做法并充分调查研究国内实际情况下,立法部门经过多次研究论证,在《产品质量法》的基础上,在本条对产品生产者的侵权责任作了规定,因产品存在缺陷造成他人损害的,生产者应当承担侵权责任。按照本条的规定,只要产品存在缺陷造成他人损害的,除了法定可以减轻或者免除责任事由外,不论缺陷产品的生产者主观上是否存在过错,都应当承担侵权责任。

二、关于产品责任的构成要件

依据本条的规定,构成产品责任须具备三个要件:(1)产品具有缺陷;(2)须有缺陷产品造成受害人损害的事实;(3)缺陷产品与损害事实之间存在因果关系。

(一)关于产品缺陷

产品缺陷是构成产品责任的首要条件,可以说,没有产品缺陷,就无所谓产品责任。从国外不同国家及相关公约看,关于产品缺陷定义虽然表述不同,但其意思都与产品的"不安全性"或"危险性"相关,基本都将产品缺陷的定义建立在产品欠缺安全性的基础上。

《侵权责任法》起草过程中,对缺陷产品的含义是否作出规定,存在不同意见。有的认为,尽管各国法律及公约对产品缺陷有不同的规定,但有一点是共同的,即产品未提供使用者或消费者有权期待的安全或具有不合理的危险。我国《产品质量法》关于产品缺陷的规定与其他国家的规定不同在于,其他各国法律在产品缺陷上只确定了一个标准,即不合理危险标准。而我国对产品缺陷规定了的两个标准,一是不合理的危险;二是国家标准和行业标准。判断缺陷产品的两个标准造成实践中有时出现当事人在参照标准时无所适从。这种意见还提出,采取国家标准和行业标准这种强制性标准认定产品是否存在缺陷也不十分科学、合理。即使产品的各项性能都符合该产品的强制性标准,也很难说该产品不存在缺陷。因为某一项产品的强制性标准,可能并未涵盖该产品的全部安全性能指标。因此认定产品缺陷时应当对符合强制性标准的产品同时适用不合理危险标准。

还有的意见认为,《侵权责任法》是一个基本法,不宜对某些概念作过细、过于具体的规定,否则会限制产品的更新与发展。因为随着科学技术的发展,对产品的缺陷会有不同的认识。如果在《侵权责任法》中对产品的缺陷作出具体的界定,则要求《侵权责任法》随着客观实际情况的变化随时作出修改,这不利于法律的稳定。《侵权责任法》不对产品缺陷的含义作出规定,不等于实践中无法操作。在实际生活中可以以《产品质量法》关于缺陷产品的规定为标准,判断何为缺陷产品。随着社会的发展及科学技术的进步,如果大家对产品的缺陷有了新的认识或新的判断标准时,可以修改《产品质量法》。

《侵权责任法》没有对产品缺陷作出定义性的规定。实践中可以《产品质量法》第46条关于缺陷的规定为标准判断产品是否为缺陷产品。《产品质量法》的规定从法律上确立了判断产品是否存在缺陷的基本标准。具体如何运用这项标准判断产品是否存在缺陷,要根据每一案件、每种产品的情况具体分析,得出结论。一般来说,产品存在缺陷,即产品存在"不合理危险"。按照《中华人民共和国标准化法》(以下简称《标准化法》)的规定,对在全国范围内需要统一技术要求的产品,由国务院标准化行政主管部门制定国家标准。对没有国家标准而又需要在全国某个行业范围内统一技术要求的产品,由国务院有关行政主管部门制定行业标准,并报国务院标准化行政主管部门备案。如果产品有上述保障人体健康,人身、财产安全的国家标准、行业标准的,产品缺陷"是指不符合该标准"的规定,这是从方便对缺陷产品认定的角度出发作出的规定。需要指出的是,如果产品的各项性能指标都符合该产品的强制性标准,是否可据此判定该产品不存在缺陷呢。某一产品的强制性标准,可能并未覆盖该产品的全部安全性能指标(特别对某些新产品更是如此),在这种情况下,如果因该产品中的某项属于国家强制性标准、行业标准中未作规定的性能指标不符合保障人身、财产安全的要求,可能造成他人损害的,仍可判定该产品存在缺陷。例如,某厂生产的农用地膜的有关性能指标都符合国家、行业关于农用地膜的强制性标准,但该地膜中含有一种国家和行业标准中都未作规定的对农作物生产不利的有害物质,结果导致使用该厂生产的地膜的农田减产,造成农民的财产损失,对该种地膜仍应认为是存在缺陷的产品。

(二)关于缺陷产品造成受害人损害的事实

缺陷产品造成受害人损害的事实,是指缺陷产品的使用人或者第三人因缺陷产品造成损害的客观存在。损害事实包括人身损害、财产损害。人身损害包括致人死亡和致人伤残。财产损害,主要指缺陷产品以外的其他财产的损失,是否包括缺陷产品本身的损失,在立法中存在着争论。有的认为,多数国家产品责任中的财产损害仅指缺陷产品以外的其他财产的损失,不包括缺陷产品本身。缺陷产品本身的损害,属于合同责任问题,应当通过合同解决,缺陷产品以外的其他财产损害,才是本章所称的财产损害。有的认为,财产损害应当包括缺陷产品本身的损害。有的提出,立法应当从我国国情出发,从保护用户、消费者的角度出发,财产损害不应区分缺陷产品本身的损害及缺陷产品以外的其他财产的损害。我们认为本条的财产损害,既包括缺陷产品以外的其他财产的损害,也包括缺陷产品本身的损害,这样,有利于及时、便捷地保护用户、消费者的合法权益。

（三）关于缺陷产品与损害事实之间的因果关系

产品责任中的因果关系,是指产品的缺陷与受害人损害事实之间存在引起与被引起的关系。产品缺陷是造成受害人损害的原因,受害人受到损害的事实是由于缺陷产品导致的结果,即受害人的损害是由于产品缺陷造成的,二者有直接的因果关系。确认产品责任的因果关系,通常要由受害人证明,证明的内容是,损害是由于使用或消费缺陷产品所致。受害人证明损害时,首先要证明曾使用过缺陷产品,其次要证明因使用缺陷产品所产生的损害状况,再有要证明使用缺陷产品是损害发生的原因。在一般侵权案件中,原则上是谁主张谁举证。产品责任是一种特殊的侵权,考虑到用户、消费者与生产者之间存在信息上的不对称,特别是对于高科技产品致害原因不易证明等特点,通常要求生产者就缺陷不存在,或缺陷与损害之间不存在因果关系举证。如果生产者不能举证证明,则认定产品存在缺陷及缺陷与损害之间存在因果关系。对此,《最高人民法院关于民事诉讼证据的若干规定》第4条第1款第6项规定,因缺陷产品致人损害的侵权诉讼,由产品的生产者就法律规定的免责事由承担举证责任。

产品具有缺陷、缺陷产品造成受害人损害、缺陷产品与损害事实之间存在因果关系三个条件须同时具备,生产者方可承担产品责任。

三、关于生产者免责情形

产品责任虽为无过错责任,但不是绝对责任。生产者仍有减轻或者免除责任的情形,国外许多国家的法律及一些条约也对生产者免责情形作出规定。

《侵权责任法(草案)》曾对生产者免责情形单独规定一款,"生产者证明有下列情形之一的,不承担侵权责任:(一)未将产品投入流通的;(二)产品投入流通时,引起损害的缺陷尚不存在的;(三)将产品投入流通时的科学技术水平尚不能发现缺陷存在的。"《侵权责任法(草案)》征求意见时,有的部门和专家学者提出,这一规定与《产品质量法》的规定基本一样,《侵权责任法》中再作规定意义不大。《侵权责任法》二次审议稿和三次审议稿将这一规定修改为"法律规定不承担责任或者减轻责任的,依照其规定"。《侵权责任法(草案)》再次审议和征求意见时,有的意见认为,第5条"其他法律对侵权责任另有特别规定的,依照其规定"已经有这一内容,本条没有必要重复规定。考虑到随着科学的发展,技术水平的提高,新产品不断产生与成熟,生产者减轻或者免除产品责任的情形会不断变化,《侵权责任法》对生产者不承担责任或者减轻责任的情形未作具体规定。实践中是否免除或者减轻生产者产品责任要看其他法律的规定。需要注意的是,这里的法律仅指全国人大或者全国人大常委会制定的法律。从目前已经制定的法律看,对生产者免除产品责任作出明确规定的主要是《产品质量法》。该法第41条第2款规定,生产者不承担产品责任的情形主要有:(1)生产者能够证明未将产品投入流通的。产品责任仅发生在投入流通中的产品,如果产品未投入市场流通,则不发生缺陷产品造成他人损害的产品责任。根据《产品质量法》的规定,产品应当是经过加工、制作,用于销售的产品。这里所讲"未将产品投入流通",是指生产者生产的产品虽然经过了加工制作,但是没有投入市场流通。(2)生产者能够证明产品投入流通时,引起损害的缺陷尚不存在的。这里所讲"产品投入流通时"、"引起损害的缺陷尚不存在",是指生产者能够证明其将产品投放市场,转移到销售商或者直接出售给购买者时,产品并不存在缺陷。(3)生产者能够证明将产品投入流通时的科学技术水平尚不能发现缺陷的存在的。由于科学技术的发展,根据新的科学技术,可能会发现过去生产并投入流通的产品存在缺陷,但该缺陷是产品投入流通时的科学技术水平不能发现的,对此生产者不承担责任。这是生产者当时生产产品时无法掌握、难以预见到的,对其免除责任是合理的。需要指出的是,判断产品缺陷是否为投入流通时的科技水平不能发现的,应当以当时整个社会所具有的科学技术水平来认定,不能依据产品生产者自身所掌握的科学技术来认定。

【立法理由】

产品责任关系人民生命和财产安全,许多国家的法律及条约都对生产者的产品责任作了规定。我国历来十分重视对产品责任的规定。1993年第七届全国人大常委会通过了《产品质量法》,规定了合同责任和产品责任。产品责任是一种侵权责任,《侵权责任法》应当对其作出规定。《侵权责任法》所说的产品责任,是指产品存在缺陷发生侵权,造成他人损害,生产者、销售者等所应当承担的侵权责任,而不是指合同中的产品质量不合格的民事责任。这里的缺陷,不是一般指产品有瑕疵,而是指产品质量不好达到危害人民生命和财产安全的程度。例如,汽车制动有缺陷,致使刹车不灵,造成交通事故,导致人身、财产或者精神损害,对此生产者、销售者等应当承担侵权责任。汽车空调不制冷,为产品有瑕疵,对此生产者、销售者等应当承担合同责任。

【相关规定】

《中华人民共和国民法通则》第122条

因产品质量不合格造成他人财产、人身损害的,产品制造者、销售者应当依法承担侵权责任。运输者、仓储者对此负有责任的,产品制造者、销售者有权要求赔偿损失。

《中华人民共和国产品质量法》第41条第1款

因产品存在缺陷造成人身、缺陷产品以外的其他财产(以下简称他人财产)损害的,生产者应当承担侵权责任。

《中华人民共和国产品质量法》第46条

本法所称缺陷,是指产品存在危及人身、他人财产安全的不合理的危险;产品有保障人体健康和人身、财产安全的国家标准、行业标准的,是指不符合该标准。

《最高人民法院关于贯彻执行〈中华人民共和国民法通则〉若干问题的意见(试行)》第153条

消费者、用户因为使用质量不合格的产品造成本人或者第三人人身伤害的、财产损失的,受害人可以向产品制造者或者销售者要求赔偿。因此提起的诉讼,由被告住所地或者侵权行为地人民法院管辖。

运输者和仓储者对产品质量负有责任,制造者或者销售者请求赔偿损失的,可以另案处理,也可以将运输者和仓储者列为第三人,一并处理。

《最高人民法院关于民事诉讼证据的若干规定》第4条第1款第6项

因缺陷产品致人损害的侵权诉讼,由产品的生产者就法律规定的免责事由承担举证责任。

《美国侵权行为法重述·第三次·产品责任》第1条

凡从事产品销售或分销经营活动,销售或者分销缺陷产品,应对该缺陷所造成的人身或者财产损害承担责任。英国消费者保护法第二条规定,生产者对因产品缺陷造成的部分或全部损害承担责任。

《美国侵权行为法重述·第三次·产品责任》第2条

一份产品在销售或者分销的时候,包含制造缺陷,产品设计存在缺陷,或者因为缺乏使用说明或警示而存在缺陷,该产品构成缺陷产品。

(1) 如果产品背离其设计意图,即使所有可能的关注在制造和销售该产品的过程中都已尽到,该产品存在制造缺陷;

(2) 当产品之可预见的损害风险,能够通过销售或其他分销者,或者它们在商业批发销售链中的前手的更为合理的产品设计加以减少或者避免,而没有进行这样的合理设计使得产品不具有合理的安全性能,该产品则存在设计缺陷;

(3) 当产品之可预见的损害风险,能够通过销售或其他分销者,或者它们在商业批发销售链中的前手提供合理的使用说明或者警示而加以减少或者避免,而没有提供这样的使用说明或者警示使得产品不具有合理的安全性能,该产品则存在缺乏使用说明或警示的缺陷。

《美国侵权行为法重述·第三次·产品责任》第7条

任何合同条款或其他方面都不能限制或排除这种责任。这一规定只适用于人身伤害和财产损害赔偿,当事人承担责任时不考虑其是否有合同关系。

1987年《英国消费者保护法》第3条

(1) 依本条下述规定,为本章之目的,如果产品不具有人们有权期待的安全性,该产品即存在缺陷;对产品而言,安全性包括组合到另一产品之中的产品安全性以及在造成人身伤害、死亡危险方面的安全性。

(2) 为上述(1)款之目的,在确定人们有权期待某项产品应当具有何种安全性时,应当考虑与产品有关的所有情况,包括(a)该产品被出售的方式和目的,产品的样式,与产品有关的任何标识的使用,关于允许或不允许使用该产品以进行任何事项的警告与指示。(b)可合理期待的产品的用途或可合理期待的与产品有关的用途。(c)生产者向他人提供产品的时间。

《魁北克民法典》第1468条

动产制造商负有责任赔偿因物件的安全瑕疵造成的对第三人的损害,即使该动产作为不动产的服务或运作目的结合或安置在不动产上,亦同。

《法国民法典》第1386-1条

产品的生产者应对因其产品缺陷造成的损害承担责任,不论其与受害人是否有合同联系。

《法国民法典》第1386-11条

产品生产者除能够证明以下事项外,均当然应负责任:

(1)证明其并未将产品投入流通;

(2)考虑到具体情形,有理由认为在产品由其投入流通之当时并不存在造成损害的产品缺陷,或者有理由认为此种缺陷是后来才出现的缺陷;

(3)该产品并不是为了投入销售或者其他任何形式流通;

(4)在其产品投入流通之时,现有的科学与技术知识并不能够发现缺陷的存在;

(5)或者由于本产品符合立法与条例性质的强制性规则,其缺陷系由此而引起。如果产品的构成部件的生产者能够证明,产品的缺陷是由于其为之提供部件的产品本身的设计所造成的,或者是由于该产品的生产者所提出的指令要求所造成的,该部件的生产者不再负责任。

《德国产品责任法》第3条

考虑到下列所有情况,产品不能提供人们有权期待的安全性,就是存在缺陷的产品:

(1)产品的说明;

(2)能够投入合理期待的使用;

(3)投放流通的时间。不得仅以后来投入流通的产品更好为理由,认为以前的产品有缺陷。

《荷兰民法典》第六编债法总则第三章侵权行为第185条

(1)产品的生产者应当对其产品的缺陷所造成的损害承担责任。但是有下列情形之一的除外:

(a)其未将该产品投入流通;

(b)考虑到各种情况,该缺陷很可能在他将产品投入流通时不存在,或者该缺陷是在产品投入流通之后产生的;

(c) 生产者并非为了销售或者带有具有经济目的的任何其他形式的分配而制造产品的,或者产品并非在生产者的执业或营业过程中被制造或被分配;

(d) 产品缺陷是因执行公共机关颁布的强制性规范所致;

(e) 基于产品投入流通时的科学技术知识的水平,不可能发现该缺陷的存在的;

(f) 在涉及原材料生产者或者零部件制造者时,产品缺陷归因于该原材料或者零部件构成其组成部分的产品的设计;或者,缺陷归因于产品制造者的指示。

(2) 考虑到所有的情形,产品缺陷和受害人或受害人应对之负责的人的过错共同导致损害发生的,减轻或免除生产者的责任。

《欧共体产品责任指令》第1条

商品制造人对于其产品瑕疵所致损害应负赔偿责任,不论其是否明知或可知瑕疵的存在。

《欧共体产品责任指令》第6条

在考虑了所有情况后,如果该产品没有达到人们有权期待的安全程度,那么该产品就是有缺陷的。即应考虑的情况包括:1.产品的说明;2.符合产品本来用途的合理的使用;3.产品投入流通的时间。但发展缺陷不承担责任。这些规定表明其对缺陷的定义采用了客观标准,将缺陷的定义建立在产品的安全性之上。在确定产品是否有缺陷时,要考虑到各种因素,其中包括产品的状况、产品的合理预期用途和产品投入流通的时间等。由于产品是不断更新换代的,不能因为后来有了更好的产品投放市场就认为先前的产品有缺陷。

《欧共体产品责任指令》第7条

生产者如能证明以下情形之一,不承担本指令所规定的责任:

(a) 生产者并未将产品投入流通;

或(b) 斟酌有关情事,可以判定生产者将产品投入流通时,导致损害发生的缺陷尚不存在,或者缺陷发生于产品投入流通之后;

或(c) 产品非生产者为供销售或具有经济目的之其他供应方式而生产,也非在生产者的营业活动过程中所生产或供应;

或(d) 产品的缺陷系因遵守公权者所颁布之强行规定而产生;

或(e) 依生产者将该产品投入流通时的科学技术水准,不能发现缺陷之存在;

或(f) 在零配件生产者的情形,零配件之缺陷起因于使用该零配件的产品之设计或该产品生产者的指示。

《欧共体关于人身伤亡产品责任公约》第3条

制造者应承担其产品的缺陷造成的死亡或者人身伤害的赔偿责任。

## 《欧洲私法原则》第 4 条

生产者能够证明下列情形之一的,不承担产品责任:

(1) 未将产品投入流通领域的;

(2) 产品投入流通时,引起缺陷的损害尚不存在的;

(3) 既不是为了营利目的销售或分销而生产产品,也不是在商业的过程中生产或销售;

(4) 因遵守公共机构发布的强制性条例造成的缺陷;

(5) 将产品投入流通时的科学技术水平尚不能发现缺陷存在的;

或者(6) 零件制造商的产品缺陷归因于:(a) 零件适合产品的设计;或者(b) 遵循产品制造商的指示。

## 《日本制造物责任法》第 1 条

制造业者当其物品交付后侵害他人的人身或财产的应负赔偿责任。

## 《日本制造物责任法》第 2 条第 1 款

本法所称缺陷,是指考虑该制造物之特性、其通常可预见之使用形态、其制造业者等交付该制造物之时期,以及其他与该制造物有关之情事,该制造物欠缺通常应有之安全性。

## 《日本制造物责任法》第 4 条

制造业者证明有以下事项之一时,不承担同条规定的赔偿责任:

(一) 依其制造业者交付该制造物时的科学技术水准,尚不能认识到该制造物存在该缺陷。

(二) 在该制造物作为其他制造物的部件或原材料使用的情形,该缺陷之发生是遵从该其他制造物的制造业者关于设计所作指示的结果,且就该缺陷之发生并无过失。

## 《俄罗斯民法典》第 1095 条

因商品、工作或服务的结构、配方的瑕疵,以及因关于商品(工作或服务)的信息不可靠或不详尽,而造成公民生命、健康或财产的损害及法人财产的损害,商品的出售者或制造者、完成工作或提供服务的人应负赔偿责任,而不论他们是否有过错,也不论受害人与他们有或无合同关系。同时规定,本条的规定仅适用于以消费目的获得商品(完成工作、给予服务)的情形,而对于企业经营活动中的使用情形不适用。

## 《俄罗斯民法典》第 1098 条

商品的出售者或者制造者、工作或服务的执行人,如能证明损害的发生是因不可抗力或者消费者违反了商品使用、工作、服务成果的使用或其保管规定,则可免除赔偿责任。

《埃塞俄比亚民法典》第2085条

为营利制造商品并向公众销售的人,应对因该商品的正常使用给他人造成的损害承担责任。

《蒙古国民法典》第380条

如果由于其制造、设计、配方和其他方面的缺陷,商品、服务和完成工作的结果引起了对他人生命、健康和财产之损害,应由其生产者或销售者赔偿此等损害。如果生产者或销售者能证明损害是由于违反有关商品(服务、工作)的使用、保管规则所致,则应免除其责任。

《越南社会主义共和国民法典》第632条

从事生产、经营活动的个人、法人或其他主体,因生产、经营的粮食、食品、药品或其他商品不符合质量标准从而造成消费者损害的,必须赔偿损害。

1992年《澳大利亚交易行为法改正法》第75条之AC第1项至第3项

在本章之意旨上,动产未具备一般人通常可期待之安全性者,为具有缺陷。

(2) 于决定动产之安全性之程度时,应考虑包括下列各款所列事项以外之一切相关情事:

(a) 动产进入市场之方法及目的;

(b) 动产之包装;

(c) 关于动产之标识之使用;

(d) 与动产相关联之任何行为或禁止行为之指示或警告;

(e) 与动产相关联之合理期待之行为;

(f) 由制造人供给之时期。欧洲理事会《涉及人身伤害与死亡的产品责任公约》第2条c规定,考虑包括产品说明在内的所有情况,如果一件产品没有向有权期待安全的人提供安全,则该产品为有缺陷。

我国台湾地区"民法"第191-1条第1款

商品制造人因其商品之通常使用或者消费所致他人之损害,负赔偿责任。

我国台湾地区"民法"第191-1条第3款

商品之生产、制造或加工、设计,与其说明书或广告内容不符者,视为有欠缺。

**第四十二条** 因销售者的过错使产品存在缺陷,造成他人损害的,销售者应当承担侵权责任。

**销售者不能指明缺陷产品的生产者也不能指明缺陷产品的供货者的,销售者应当承担侵权责任。**

【说明】

本条是关于销售者因过错致使产品存在缺陷造成他人损害的侵权责任的

规定。

本条规定表明销售者承担产品责任的前提是有过错,即过错责任原则。销售者在以下两种情形下有过错,应当承担产品责任:

1. 由于销售者的过错使产品存在缺陷,造成他人损害

根据这一规定,销售者承担产品责任的原则是须有过错,只有在销售者因有过错致使产品存在缺陷的情形下,才承担产品责任。对此,销售者承担侵权责任须同时具备下述条件:(1)因销售者存在过错导致产品有缺陷。销售者的过错包括两个方面,一方面是由于销售者积极的行为(即作为)而使产品存在缺陷;另一方面是由于销售者不积极的行为(即不作为)而使产品存在缺陷,比如在不适宜的条件下保存产品,结果造成产品缺陷。(2)须有损害事实的存在。即已经造成他人人身、财产损害。(3)损害事实是由于销售者的过错使产品存在缺陷而引起的。

2. 销售者不能指明缺陷产品的生产者也不能指明缺陷产品的供货者的,销售者应当承担赔偿责任

销售者不能指明缺陷产品的生产者也不能指明缺陷产品的供货者的,说明销售者有过错,未能严格把好进货关,应当承担赔偿责任。法律的这一规定,避免发生因不能准确定缺陷产品的生产者而使受害人求偿无着的情况,体现了对受害人利益的充分保护,也有利于促使销售者谨慎进货,选择可靠的生产者、供应商,不经销隐匿、伪造生产厂名的产品。我国《产品质量法》、《食品安全法》等有关法律都明确规定,销售者应当执行进货检查验收制度,验明产品合格证明和其他标识。如果销售者严格执行了这些规定,则可以指明缺陷产品的生产者或者指明缺陷产品的供货者,从而免除自己的产品责任。

【立法理由】

依据本法第41条的规定,承担产品责任的主体主要是产品的生产者,生产者对因产品存在缺陷造成他人损害的,除法律规定不承担责任或者减轻责任的外,应当承担无过错责任。但是,在某些情况下产品缺陷是因销售者的过错产生的,造成他人损害的,就应当由销售者承担产品责任。对此本条规定,因销售者的过错使产品存在缺陷,造成他人损害的,销售者应当承担侵权责任。销售者不能指明缺陷产品的生产者也不能指明缺陷产品的供货者的,销售者应当承担侵权责任。

【相关规定】

《中华人民共和国民法通则》第122条

因产品质量不合格造成他人财产、人身损害的,产品制造者、销售者应当依法承担民事责任。运输者、仓储者对此负有责任的,产品制造者、销售者有权要求赔

偿损失。

《中华人民共和国产品质量法》第42条第1款
  由于销售者的过错使产品存在缺陷,造成人身、他人财产损害的,销售者应当承担赔偿责任。

《中华人民共和国全民所有制工业企业法》第60条
  企业因生产、销售质量不合格的产品,给用户和消费者造成财产、人身损害的,应当承担赔偿责任;构成犯罪的,对直接责任人员依法追究刑事责任。
  产品质量不符合经济合同约定的条件的,应当承担违约责任。

《最高人民法院关于贯彻执行〈中华人民共和国民法通则〉若干问题的意见(试行)》第153条
  消费者、用户因为使用质量不合格的产品造成本人或者第三人人身伤害的、财产损失的,受害人可以向产品制造者或者销售者要求赔偿。因此提起的诉讼,由被告据地或者侵权行为地人民法院管辖。
  运输者和仓储者对产品质量负有责任,制造者或者销售者请求赔偿损失的,可以另案处理,也可以将运输者和仓储者列为第三人,一并处理。

《法国民法典》第1386-7条
  除信贷租赁人或被视为信贷人的人之外,销售人、出租人、或者其他任何职业供应商,按照产品生产者相同的条件,对有缺陷的产品承担责任。

《俄罗斯民法典》第1095条
  因商品、工作或服务的结构、配方的瑕疵或者其他瑕疵,以及因关于商品(工作或服务)的信息不可靠或不详尽,而造成公民生命、健康或财产的损害及法人财产的损害,商品的出售者或制造者,完成工作或提供服务的人(执行人)应负赔偿责任。而不论他们是否有过错,也不论受害人与他们有或无合同关系。

《美国侵权行为法重述·第三次·产品责任》第1条
  从事产品销售或产品其他形式的经营者,对其销售或经营的缺陷产品因该缺陷造成的人身或财产损害,应当承担侵权责任。

《美国侵权行为法重述·第三次·产品责任》第5条
  凡从事产品零件销售行业或者分销业经营活动,销售或者分销产品零件,应对包含该零件的产品造成的人身或财产损害承担责任。

《美国侵权行为法重述·第三次·产品责任》第7条
  凡从事食品销售行业或者分销业经营活动,销售或者分销含有第一条、第三条、第四条规定之缺陷食品者,应对该缺陷所造成的人身或财产损害承担责任。

《美国侵权行为法重述·第三次·产品责任》第8条
  凡从事旧货销售或者分销商业经营活动,销售或分销含有缺陷的旧货,应对该缺陷所造成的人身或财产损害承担责任。

《美国侵权行为法重述·第三次·产品责任》第9条

凡从事产品销售或者分销商业经营活动,销售或者分销缺陷产品,对于有关产品的重要事实作出欺诈的、过失的或者无辜的错误陈述,应对由于这样的错误陈述引起的人身或财产损害承担责任。

《蒙古国民法典》第380条

如果由于其制造、设计、配方和其他方面的缺陷,商品、服务和完成工作的结果引起了对他人生命、健康和财产之损害,应由其生产者或销售者赔偿此等损害。欧洲私法原则第三条规定,下列情形之一的,产品的供应商负相应的侵权责任:(1)不能查明生产者;或者(2)进口产品没有表明进口者身份(无论生产者的名称是否表明),产品提供者在合理时间内告知受害者生产者身份或者上游产品提供者的除外。

第四十三条 因产品存在缺陷造成损害的,被侵权人可以向产品的生产者请求赔偿,也可以向产品的销售者请求赔偿。

产品缺陷由生产者造成的,销售者赔偿后,有权向生产者追偿。

因销售者的过错使产品存在缺陷的,生产者赔偿后,有权向销售者追偿。

【说明】

本条是关于被侵权人要求损害赔偿的途径和先行赔偿人追偿权的规定。

(1)本条所讲被侵权人是指因产品存在缺陷造成人身、财产损害之后,有权要求获得赔偿的人。包括直接购买并使用缺陷产品的人,也包括非直接购买使用缺陷产品但受到缺陷产品损害的其他人。

(2)本条从方便被侵权人维护自己合法权益的角度出发,规定了被侵权人请求赔偿的两个途径:一个是可以向产品的生产者请求赔偿;另一个是可以向产品的销售者请求赔偿。也就是说,只要是缺陷产品引起的损害,被侵权人可以向生产者和销售者中的任何一方提出赔偿请求。如果二者不予赔偿,被侵权人可以生产者和销售者中的任何一方为被告提起民事诉讼。

(3)根据本条规定,生产者、销售者中先行赔偿的一方有权向应当承担责任的一方追偿自己已经向被侵权人垫付的赔偿费用。也就是说,没有责任的生产者或者销售者,对因缺陷产品而引起的赔偿请求,预先替对方垫付了赔偿费用。一方有权要求有责任的一方支付自己已经垫付的赔偿费用。本条即为先行垫付赔偿费用的一方向另一方行使追偿权提供了法律依据。需要明确的是,生产者和销售者承担产品责任的原则是不同的,生产者承担无过错责任,销售者承担过错责任,对此本条明确规定"产品缺陷由生产者造成的,销售者赔偿后,有权向生产者追偿。因销售者的过错使产品存在缺陷的,生产者赔偿后,有权向销售者追偿"。

先行垫付赔偿费用的一方只有在另一方符合承担产品侵权责任条件的情形下,才可以向对方行使追偿权。

**【立法理由】**

被侵权人因产品存在缺陷造成损害后,往往不清楚这一缺陷究竟是谁造成的,因此也就不知道应当向谁请求赔偿。为解决这一问题,本条规定,因产品存在缺陷造成损害的,被侵权人可以向产品的生产者请求赔偿,也可以向产品的销售者请求赔偿。产品缺陷由生产者造成的,销售者赔偿后,有权向生产者追偿。因销售者的过错使产品存在缺陷的,生产者赔偿后,有权向销售者追偿。

**【相关规定】**

《中华人民共和国产品质量法》第43条

因产品存在缺陷造成人身、他人财产损害的,受害人可以向产品的生产者要求赔偿,也可以向产品的销售者要求赔偿。属于产品的生产者的责任,产品的销售者赔偿的,产品的销售者有权向产品的生产者追偿。属于产品的销售者的责任,产品的生产者赔偿的,产品的生产者有权向产品的销售者追偿。

《中华人民共和国消费者权益保护法》第35条第1、2款

消费者在购买、使用商品时,其合法权益受到损害的,可以向销售者要求赔偿。销售者赔偿后,属于生产者的责任或者属于向销售者提供商品的其他销售者的责任的,销售者有权向生产者或者其他销售者追偿。

消费者或者其他受害人因商品缺陷造成人身、财产损害的,可以向销售者要求赔偿,也可以向生产者要求赔偿。属于生产者责任的,销售者赔偿后,有权向生产者追偿。属于销售者责任的,生产者赔偿后,有权向销售者追偿。

《中华人民共和国农产品质量安全法》第54条

生产、销售本法第三十三条所列农产品,给消费者造成损害的,依法承担赔偿责任。

农产品批发市场中销售的农产品有前款规定情形的,消费者可以向农产品批发市场要求赔偿;属于生产者、销售者责任的,农产品批发市场有权追偿。消费者也可以直接向农产品生产者、销售者要求赔偿。

《中华人民共和国农产品质量安全法》第33条

有下列情形之一的农产品,不得销售:

(一)含有国家禁止使用的农药、兽药或者其他化学物质的;

(二)农药、兽药等化学物质残留或者含有的重金属等有毒有害物质不符合农产品质量安全标准的;

(三)含有的致病性寄生虫、微生物或者生物毒素不符合农产品质量安全标准的;

（四）使用的保鲜剂、防腐剂、添加剂等材料不符合国家有关强制性的技术规范的；

（五）其他不符合农产品质量安全标准的。

《最高人民法院关于贯彻执行〈中华人民共和国民法通则〉若干问题的意见（试行）》第153条

消费者、用户因为使用质量不合格的产品造成本人或者第三人人身伤害、财产损失的，受害人可以向产品制造者或者销售者要求赔偿。因此提起的诉讼，由被告所在地或者侵权行为地人民法院管辖。

运输者和仓储者对产品质量负有责任，制造者或者销售者请求赔偿损失的，可以另案处理，也可以将运输者和仓储者列为第三人，一并处理。

《乳品质量安全监督管理条例》第43条

乳制品销售者应当向消费者提供购货凭证，履行不合格乳制品的更换、退货等义务。

乳制品销售者依照前款规定履行更换、退货等义务后，属于乳制品生产企业或者供货商的责任的，销售者可以向乳制品生产企业或者供货商追偿。

《俄罗斯民法典》第1096条

因商品瑕疵致人损害，应依受害人的选择，由商品的出售者或制造者赔偿。

因工作或服务瑕疵致人损害，应由完成工作或提供服务的人（执行人）赔偿。

因未提供完全或可靠的商品（工作、服务）信息致人损害，应由本条第1款和第2款所列之人赔偿。

**第四十四条　因运输者、仓储者等第三人的过错使产品存在缺陷，造成他人损害的，产品的生产者、销售者赔偿后，有权向第三人追偿。**

【说明】

本条是关于运输者、仓储者等第三人因过错致使产品存在缺陷造成他人损害的侵权责任及生产者、销售者先行赔偿后追偿权的规定。

现实生活中，产品从生产者到使用人手中，要经过生产、储存、运输、销售等许多环节，被侵权人往往不知道运输者、仓储者是谁，也不清楚产品缺陷究竟是谁造成的，损害发生后，找生产者或者销售者请求赔偿最简单、方便。因为产品使用人通常清楚从何处购买的产品，即使非直接购买者，也容易找到产品生产者。为了充分保护被侵权人的利益，方便被侵权人请求赔偿，根据本条的规定，即使是因运输者、仓储者等第三人的过错使产品存在缺陷造成损害，被侵权人仍然可以先找产品的生产者或者销售者请求赔偿。生产者、销售者承担赔偿责任后，可以依据本条的规定，向造成产品缺陷的有过错的运输者、仓储者等第三人行使追偿权，要求其支付赔偿费用。

《民法通则》及其司法解释对运输者、仓储者承担产品责任曾有规定。《民法通则》第122条规定,因产品质量不合格造成他人财产、人身损害的,产品制造者、销售者应当依法承担民事责任。运输者、仓储者对此负有责任的,产品制造者、销售者有权要求赔偿损失。《最高人民法院关于贯彻执行〈中华人民共和国民法通则〉若干问题的意见(试行)》第153条规定,消费者、用户因为使用质量不合格的产品造成本人或者第三人人身伤害、财产损失的,受害人可以向产品制造者或者销售者要求赔偿。因此提起的诉讼,由被告所在地或者侵权行为地人民法院管辖。运输者和仓储者对产品质量负有责任,制造者或者销售者请求赔偿损失的,可以另案处理,也可以将运输者和仓储者列为第三人,一并处理。

《侵权责任法》的这条规定,使因运输者、仓储者等第三人的过错致产品缺陷的赔偿责任更加清晰、明确、具体,便于司法实践中掌握和操作。属于运输、储存原因造成产品缺陷的,运输者、仓储者等应当承担赔偿责任,首先承担产品责任的产品生产者、销售者,有权向负有赔偿责任的运输者、仓储者等追偿。

【立法理由】

产品在运输流通过程中,运输者、仓储者等应当按照有关规定和产品包装上标明的储藏、运输等标准进行储存、运输。如果运输者、仓储者等不按上述规定运输或者仓储,有可能造成产品缺陷。根据过错原则,行为人应当对因自己的过错产生的损害负赔偿责任,因此,因运输者、仓储者等第三人导致产品缺陷造成他人损害的,应当承担赔偿责任。

【相关规定】

《中华人民共和国民法通则》第122条

因产品质量不合格造成他人财产、人身损害的,产品制造者、销售者应当依法承担民事责任。运输者、仓储者对此负有责任的,产品制造者、销售者有权要求赔偿损失。

《最高人民法院关于贯彻执行〈中华人民共和国民法通则〉若干问题的意见(试行)》第153条

消费者、用户因为使用质量不合格的产品造成本人或者第三人人身伤害、财产损失的,受害人可以向产品制造者或者销售者要求赔偿。因此提起的诉讼,由被告所在地或者侵权行为地人民法院管辖。运输者和仓储者对产品质量负有责任,制造者或者销售者请求赔偿损失的,可以另案处理,也可以将运输者和仓储者列为第三人,一并处理。

《法国民法典》第1386-14条

如第三人对损害的发生也起了作用,产品生产者对受害人的责任不因此而减少。

《俄罗斯民法典》第1095条

因商品、工作或服务的结构、配方的瑕疵或者其他瑕疵,以及因关于商品(工作或服务)的信息不可靠或不详尽,而造成公民生命、健康或财产的损害及法人财产的损害,商品的出售者或制造者,完成工作或提供服务的人(执行人)应负赔偿责任。而不论他们是否有过错,也不论受害人与他们有或无合同关系。

本条的规定仅适用于以消费目的获得商品(完成工作、给予服务)的倾向,而对于企业经营活动中的使用情形不适用。

《魁北克民法典》第1468条

动产制造商负有责任赔偿因物件的安全瑕疵造成的对第三人的损害,即使该动产作为不动产的服务或运作目的结合或安置在不动产上,亦同。

同样的规则适用于以他的名义行事的或他自己的经销商或供应商,此等经销商是批发商还是零售商,动产是否由供应商进口,在所不问。

**第四十五条　因产品缺陷危及他人人身、财产安全的,被侵权人有权请求生产者、销售者承担排除妨碍、消除危险等侵权责任。**

【说明】

本条是关于因产品缺陷危及他人人身、财产安全的侵权责任的规定。

排除妨碍、消除危险是承担产品侵权责任的两种方式。妨碍是指侵权人实施的妨碍他人合法权益的行为或者造成的妨碍他人合法权益正常行使的某种有害状况。排除妨碍是指依据被侵权人的请求,侵权人以一定的积极行为除去妨碍,以使被侵权人正常行使合法权益的民事责任方式。被侵权人在请求排除妨碍时,应当注意几个问题:(1)妨碍必须是不法的。至于妨碍人主观是否预见妨碍后果,均不影响被侵权人提出请求。但如果妨碍是合法的,即正当行使权利的行为,则妨碍人可以拒绝当事人的请求。(2)妨碍既可以是已经发生的,也可以是可能出现的。被侵权人不仅可以对已经发生的妨碍要求排除,对尚未发生但又确有可能发生的也有请求排除的权利。(3)妨碍是权利人行使权利的障碍,只要不法行为妨碍他人行使物权、人身权等,被侵权人均可请求排除妨碍。

侵权人的侵权行为或者其他行为构成对他人人身、财产的现实威胁,为侵权责任法规定的危险。这里的危险是指现实威胁,即随时可能发生的、发生概率极大的危险而不是遥不可及的危险。消除危险,是指人身或者财产受到现实威胁的当事人请求造成危险或对危险负有责任的人消除危险状况,保障请求权人人身、财产安全的民事责任方式。适用这种责任方式,能有效地防止损害的发生,充分保护民事主体的民事权利。

需要明确的是，产品责任中，被侵权人承担排除妨碍、消除危险侵权责任的前提是产品存在缺陷，且危及他人人身、财产安全，在这两个条件同时具备的情况下，被侵权人可以要求产品生产者或者销售者承担包括但不限于排除妨碍、消除危险的侵权责任。依据本条的规定，被侵权人除了可以要求产品生产者或者销售者承担排除妨碍、消除危险的侵权责任外，还可以依据《侵权责任法》第15条的规定，要求生产者或者销售者以其他方式承担侵权责任，例如停止侵害、恢复原状等。

【立法理由】

产品存在缺陷对他人可能产生两种影响：(1) 造成他人损害，这种损害是已经发生的，是现实存在的。(2) 对他人人身、财产安全产生一种危险，存在不安全因素。从某种角度说，这是一种尚未发生，非现实存在的损害，如果不采取相应措施，这种潜在的损害随时都可能发生，造成受害人的实际损害。为了避免这种潜在损害实际发生，给受害人造成真正的损害，杜绝、减少或者减轻受害人的损失，也为了便利被侵权人请求损害赔偿，本条规定，因产品缺陷危及他人人身、财产安全的，被侵权人有权要求生产者、销售者承担排除妨碍、消除危险等侵权责任。

【相关规定】

《中华人民共和国消费者权益保护法》第43条

经营者违反本法第二十五条规定，侵害消费者的人格尊严或者侵犯消费者人身自由的，应当停止侵害、恢复名誉、消除影响、赔礼道歉，并赔偿损失。

《中华人民共和国消费者权益保护法》第44条

经营者提供商品或者服务，造成消费者财产损害的，应当按照消费者的要求，以修理、重作、更换、退货、补足商品数量、退还货款和服务费用或者赔偿损失等方式承担民事责任。消费者与经营者另有约定的，按照约定履行。

《中华人民共和国食品安全法》第71条第1款

发生食品安全事故的单位应当立即予以处置，防止事故扩大。事故发生单位和接收病人进行治疗的单位应当及时向事故发生地县级卫生行政部门报告。

《最高人民法院关于贯彻执行〈中华人民共和国民法通则〉若干问题的意见（试行）》第162条

在诉讼中遇有需要停止侵害、排除妨碍、消除危险的情况时，人民法院可以根据当事人的申请或依职权先行作出裁定。

当事人在诉讼中用赔礼道歉方式承担了民事责任的，应当在判决中叙明。

第四十六条　产品投入流通后发现存在缺陷的,生产者、销售者应当及时采取警示、召回等补救措施。未及时采取补救措施或者补救措施不力造成损害的,应当承担侵权责任。

【说明】

本条是对产品投入流通后发现存在缺陷的,生产者、销售者应当采取警示、召回等补救措施及承担侵权责任的规定。

警示,是指对产品有关的危险或产品的正确使用给予说明、提醒,提请使用者在使用该产品时注意已经存在的危险或者潜在可能发生的危险,避免危险的发生,防止或者减少对使用者的损害。警示的作用有两个,一是告知使用者产品有危险,明示产品的缺陷;二是让使用者知道在使用该产品时如何避免危险的发生,以保证人身、财产的安全。《侵权责任法》制定前我国已有对产品予以警示说明的规定,例如,《消费者权益保护法》第 18 条规定,经营者应当保证其提供的商品或者服务符合保障人身、财产安全的要求。对可能危及人身、财产安全的商品和服务,应当向消费者作出真实的说明和明确的警示,并说明和标明正确使用商品或者接受服务的方法以及防止危害发生的方法。经营者发现其提供的商品或者服务存在严重缺陷的,即使正确使用商品或者接受服务仍然可能对人身、财产安全造成危害的,应当立即向有关行政部门报告和告知消费者,并采取防止危害发生的措施。《消费者权益保护法》侧重对经营者售出前的产品警示说明作出规定,《侵权责任法》则是对产品售出已经进入流通后发现缺陷产品的警示补救措施作出规定,二者相辅相成,最大程度地保护了用户、消费者的合法权益。

召回,是产品的生产者、销售者依法定程序,对其生产或者销售的缺陷产品以换货、退货、更换零配件等方式,及时消除或减少缺陷产品危害的行为。缺陷产品召回制度已经在我国初步确立,《食品安全法》第 53 条明确规定,国家建立食品召回制度。食品生产者发现其生产的食品不符合食品安全标准,应当立即停止生产,召回已经上市销售的食品,通知相关生产经营者和消费者,并记录召回和通知情况。食品经营者发现其经营的食品不符合食品安全标准,应当立即停止经营,通知相关生产经营者和消费者,并记录停止经营和通知情况。食品生产者认为应当召回的,应当立即召回。食品生产经营者未依照本条规定召回或者停止经营不符合食品安全标准的食品的,县级以上质量监督、工商行政管理、食品药品监督管理部门可以责令其召回或者停止经营。国务院颁布的《乳品质量安全监督管理条例》第 36 条也对缺陷产品的召回作了规定,乳制品生产企业发现其生产的乳制品不符合乳品质量安全国家标准、存在危害人体健康和生命安全危险或者可能危害婴幼儿身体健康或者生长发育的,应当立即停止生产,告知销售者、消费者,召回已经出厂、上市销售的乳制品,并记录召回情况;第 42 条规定,对不符合乳品质量安全国家标准、存在危害人体健康和生命安全或者可能危害婴幼儿身体健康和生长发育的乳制品,销售者应当立即停止销售,追回已经售出的乳制品,并记录追回情况。随后,国家质检总局先后颁布了《食品召回管理规定》、《儿童玩具召回管理规定》,国家食品药品监督管理局颁布了《药品召回管理办法》,国家质量监督检验检疫总局、国家发展和改革委员会、商务部、海关总署联合颁布了《缺陷汽车产品召回管理规定》,分别对食品、儿童玩具、药品、汽车等缺陷产品的召回作了详细的规定。召回的意义在于防患于未然,就此而言,有些类似消除危险的侵权责任方式。消除危险是指行为人的行为对他人人身、财产造成威胁,或者存在侵害他人人身、财产的可能,他人有权要求行为人采取有效措施消除危险。召回是生产者、销售者将缺陷产品从流通环节中撤回,阻断可能发生的危害,与消除危险是有区别的,因此有观点认为,召回是产品责任的一种独立方式,是新生的、独特的侵权责任方式。

依据本条的规定,对投入流通后发现存在缺陷的产品,生产者、销售者采取补救措施不限于警示、召回两种,可以根据每个产品的不同性能、特点、作用、缺陷的状况、损害发生的概率等情况采取更有利于以防止损害发生或者进一步扩大的措施。

如果生产者、销售者对投入流通后发现存在缺陷的产品,不及时采取补救措施或者采取补救措施不力造成损害的,应当承担侵权责任。

这条规定不仅总结了我国相关法律规定及司法实践的经验,而且充分借鉴了国外的做法,例如《美国侵权行为法重述·第三次·产品责任》第10条规定,如果销售者未能在产品销售或者分销之后提出警示,而一个在销售者地位的符合理性的人应该会提出这样的警示,因这样的不作为而导致他人财产或人身伤害的,从事销售或者分销产品的商业行为者,应承担民事责任。第11条规定,凡从事产品销售或者分销商业经营活动,在下列情形下,应对销售者未能在产品出售或分销后追回该产品从而导致的人身或财产损害承担责任:(a)(1)依据成文法或者行政法规所颁发的政府命令,具体要求销售者或分销者追回该产品;或者(2)在没有(a)(1)追回要求的情况下,销售者或分销者主动决定追回该产品;而且(b)销售者或分销者未能在追回产品的过程中合理谨慎地行事。

本条规定的主要目的是,明确生产者、销售者对产品跟踪服务的义务,要求生产者、销售者对投入流通后的产品不能撒手不管,应当跟踪服务,发现产品使用过程中存在缺陷的,应当及时采取警示、召回等补救措施。

【立法理由】

产品投入流通时,生产者、销售者可能因某种原因或者技术水平等未能发现产品有缺陷,在产品已经进入流通后才发现产品存在缺陷。在这种情形下,生产者、销售者应当及时以合理、有效的方式向使用人发出警示，或者采取召回缺陷产品等补救措施，以防止损害的发生或者进一步扩大。对此本条规定，产品投入流通后发现存在缺陷的，生产者、销售者应当及时采取警示、召回等补救措施。

**【相关规定】**

《中华人民共和国消费者权益保护法》第 18 条

经营者应当保证其提供的商品或者服务符合保障人身、财产安全的要求。对可能危及人身、财产安全的商品和服务，应当向消费者作出真实的说明和明确的警示，并说明和标明正确使用商品或者接受服务的方法以及防止危害发生的方法。

经营者发现其提供的商品或者服务存在严重缺陷，即使正确使用商品或者接受服务仍然可能对人身、财产安全造成危害的，应当立即向有关行政部门报告和告知消费者，并采取防止危害发生的措施。

《中华人民共和国食品安全法》第 53 条

国家建立食品召回制度。食品生产者发现其生产的食品不符合食品安全标准，应当立即停止生产，召回已经上市销售的食品，通知相关生产经营者和消费者，并记录召回和通知情况。

食品经营者发现其经营的食品不符合食品安全标准，应当立即停止经营，通知相关生产经营者和消费者，并记录停止经营和通知情况。食品生产者认为应当召回的，应当立即召回。

食品生产者应当对召回的食品采取补救、无害化处理、销毁等措施，并将食品召回和处理情况向县级以上质量监督部门报告。

食品生产经营者未依照本条规定召回或者停止经营不符合食品安全标准的食品的，县级以上质量监督、工商行政管理、食品药品监督管理部门可以责令其召回或者停止经营。

《乳品质量安全监督管理条例》第 36 条

乳制品生产企业发现其生产的乳制品不符合乳品质量安全国家标准、存在危害人体健康和生命安全危险或者可能危害婴幼儿身体健康或者生长发育的，应当立即停止生产，报告有关主管部门，告知销售者、消费者，召回已经出厂、上市销售的乳制品，并记录召回情况。

乳制品生产企业对召回的乳制品应当采取销毁、无害化处理等措施，防止其再次流入市场。

《乳品质量安全监督管理条例》第 42 条

对不符合乳品质量安全国家标准、存在危害人体健康和生命安全或者可能危害婴幼儿身体健康和生长发育的乳制品，销售者应当立即停止销售，追回已经售出的乳制品,并记录追回情况。

乳制品销售者自行发现其销售的乳制品有前款规定情况的,还应当立即报告所在地工商行政管理等有关部门,通知乳制品生产企业。

《食品召回管理规定》第17条

经食品安全危害调查和评估,确认属于生产原因造成的不安全食品的,应当确定召回级别,实施召回。

《食品召回管理规定》第19条

确认食品属于应当召回的不安全食品的,食品生产者应当立即停止生产和销售不安全食品。

《食品召回管理规定》第21条

食品生产者向社会发布食品召回有关信息,应当按照有关法律法规和国家质检总局有关规定,向省级以上质监部门报告。

《食品召回管理规定》第25条

经确认有下列情况之一的,国家质检总局应当责令食品生产者召回不安全食品,并可以发布有关食品安全信息和消费警示信息,或采取其他避免危害发生的措施:

(一)食品生产者故意隐瞒食品安全危害,或者食品生产者应当主动召回而不采取召回行动的;

(二)由于食品生产者的过错造成食品安全危害扩大或再度发生的;

(三)国家监督抽查中发现食品生产者生产的食品存在安全隐患,可能对人体健康和生命安全造成损害的。

食品生产者在接到责令召回通知书后,应当立即停止生产和销售不安全食品。

《食品召回管理规定》第26条

食品生产者应当在接到责令召回通知书后,按照本规定第二十条规定发出通知。

食品生产者应当同时按照本规定第二十三条规定制定食品召回报告,按照本规定第二十二条规定的时限通过所在地的省级质监部门报国家质检总局核准后,立即实施召回;食品召回报告未通过核准的,食品生产者应当修改报告后,按照要求实施召回。

《食品召回管理规定》第27条

食品生产者应当按照本规定第二十四条规定,提交食品召回阶段性进展报告。

所在地的市级以上质监部门应当按照本规定第二十四条规定对召回阶段性进展报告提出处理意见,并将有关情况逐级上报国家质检总局。

《儿童玩具召回管理规定》第21条

确认儿童玩具存在缺陷的,生产者应当立即停止生产销售存在缺陷的儿童玩具,依法向社会公布有关儿童玩具缺陷等信息,通知销售者停止销售存在缺陷的儿童玩具,通知消费者停止消费存在缺陷的儿童玩具,并及时实施主动召回。

《儿童玩具召回管理规定》第27条

确认儿童玩具存在缺陷,生产者应当主动召回但未召回的,或者经确认国家监督抽查中发现生产者生产的儿童玩具存在安全隐患,可能对人体健康和生命安全造成损害的,国家质检总局应当向生产者发出责令召回通知或公告,并通知所在地的省级质量技术监督部门,依法采取相应措施。

《儿童玩具召回管理规定》第28条

生产者在收到国家质检总局发出的责令召回通告后,应当立即停止生产销售所涉及的儿童玩具。

《儿童玩具召回管理规定》第29条

生产者应当在接到国家质检总局责令召回通告5个工作日内,向国家质检总局提交召回报告。

召回报告应当符合本规定第二十三条第二款规定的有关内容要求。

《儿童玩具召回管理规定》第31条

召回报告经国家质检总局审查批准的,生产者应当按照召回报告及时实施召回。

召回报告未获国家质检总局批准的,生产者应当按照国家质检总局提出的召回要求实施召回。

《儿童玩具召回管理规定》第32条

在责令召回实施过程中,生产者应当按照国家质检总局的要求,提交阶段性召回总结。

《药品召回管理办法》第15条

药品生产企业应当对收集的信息进行分析,对可能存在安全隐患的药品按照本办法第十二条、第十三条的要求进行调查评估,发现药品存在安全隐患的,应当决定召回。

进口药品的境外制药厂商在境外实施药品召回的,应当及时报告国家食品药品监督管理局;在境内进行召回的,由进口单位按照本办法的规定负责具体实施。

《缺陷汽车产品召回管理规定》第4条

售出的汽车产品存在本规定所称缺陷时,制造商应按照本规定中主动召回或指令召回程序的要求,组织实施缺陷汽车产品的召回。

国家根据经济发展需要和汽车产业管理要求,按照汽车产品种类分步骤实施缺陷汽车产品召回制度。

国家鼓励汽车产品制造商参照本办法规定,对缺陷以外的其他汽车产品质量等问题,开展召回活动。

《缺陷汽车产品召回管理规定》第 5 条第 10 款

本规定所称召回,指按照本规定要求的程序,由缺陷汽车产品制造商(包括进口商,下同)选择修理、更换、收回等方式消除其产品可能引起人身伤害、财产损失的缺陷的过程。

《缺陷汽车产品召回管理规定》第 7 条

缺陷汽车产品召回的期限,整车为自交付第一个车主起,至汽车制造商明示的安全使用期止;汽车制造商未明示安全使用期的,或明示的安全使用期不满 10 年的,自销售商将汽车产品交付第一个车主之日起 10 年止。

汽车产品安全性零部件中的易损件,明示的使用期限为其召回时限;汽车轮胎的召回期限为自交付第一个车主之日起 3 年止。

《缺陷汽车产品召回管理规定》第 9 条

缺陷汽车产品召回按照制造商主动召回和主管部门指令召回两种程序的规定进行。

制造商自行发现,或者通过企业内部的信息系统,或者通过销售商、修理商和车主等相关各方关于其汽车产品缺陷的报告和投诉,或者通过主管部门的有关通知等方式获知缺陷存在,可以将召回计划在主管部门备案后,按照本规定中主动召回程序的规定,实施缺陷汽车产品召回。

制造商获知缺陷存在而未采取主动召回行动的,或者制造商故意隐瞒产品缺陷的,或者以不当方式处理产品缺陷的,主管部门应当要求制造商按照指令召回程序的规定进行缺陷汽车产品召回。

《缺陷汽车产品召回管理规定》第 13 条

制造商或者主管部门对已经确认的汽车产品存在缺陷的信息及实施召回的有关信息,应当在主管部门指定的媒体上向社会公布。

《缺陷汽车产品召回管理规定》第 14 条

缺陷汽车产品信息系统和指定的媒体发布缺陷汽车产品召回信息,应当客观、公正、完整。

《缺陷汽车产品召回管理规定》第 17 条

销售商、租赁商、修理商应当向制造商和主管部门报告所发现的汽车产品可能存在的缺陷的相关信息,配合主管部门进行的相关调查,提供调查需要的有关资料,并配合制造商进行缺陷汽车产品的召回。

《缺陷汽车产品召回管理规定》第 18 条第 1 款

车主有权向主管部门、有关经营者投诉或反映汽车产品存在的缺陷,并可向主管部门提出开展缺陷产品召回的相关调查的建议。

《缺陷汽车产品召回管理规定》第 26 条

制造商在向主管部门备案同时,应当立即将其汽车产品存在的缺陷、可能造成的损害及其预防措施、召回计划等,以有效方式通知有关进口商、销售商、租赁商、修理商和车主,并通知销售商停止销售有关汽车产品,进口商停止进口有关汽车产品。制造商须设置热线电话,解答各方询问,并在主管部门指定的网站上公布缺陷情况供公众查询。

《缺陷汽车产品召回管理规定》第 31 条

制造商应当在接到主管部门指令召回的通知书之日起 5 个工作日内,通知销售商停止销售该缺陷汽车产品,在 10 个工作日内向销售商、车主发出关于主管部门通知该汽车存在缺陷的信息。境外制造商还应在 5 个工作日内通知进口商停止进口该缺陷汽车产品。

《美国侵权行为法重述·第三次·产品责任》第 10 条

如果销售者未能在产品销售或者分销之后提出警示,而一人在销售者地位的符合理性的人应该会提出这样的警示,因这样的不作为而导致他人财产或人身伤害的,从事销售或者分销产品的商业行为者,应承担民事责任。

《美国侵权行为法重述·第三次·产品责任》第 11 条

凡从事产品销售或者分销商业经营活动,在下列情形下,应对销售者未能在产品出售或分销后追回该产品从而导致的人身或财产损害承担责任:

(a)(1)依据成文法或者行政法规所颁发的政府命令,具体要求销售者或分销者追回该产品;或者

(2)在没有(a)(1)追回要求的情况下,销售者或分销者主动决定追回该产品;而且

(b)销售者或分销者未能在追回产品的过程中合理谨慎地行事。

**第四十七条** 明知产品存在缺陷仍然生产、销售,造成他人死亡或者健康严重损害的,被侵权人有权请求相应的惩罚性赔偿。

【说明】

本条是对产品侵权惩罚性赔偿的规定。

在《侵权责任法》中是否规定惩罚性赔偿有不同意见。有的认为,侵权责任是民事责任,损害赔偿以填平为原则,侵权人情节严重的,还可以依法承担行政责任和刑事责任,《侵权责任法》不宜规定惩罚性赔偿。有的认为,侵权人的侵权行为不同,承担侵权责任的情况不同,对那些昧着良心、草菅人命的违法经营者,应当通过惩罚性赔偿以制止违法经营行为,这是符合侵权责任法立法宗旨的。况且我国有些法律对惩罚性赔偿已有规定。经研究认为,在《侵权责任法》中应当规

定惩罚性赔偿。从我国实际情况看，恶意侵权行为屡有发生，例如，出售假药导致患者死亡，出售劣质奶粉导致少儿死亡等。对这些恶意侵权人施以惩罚性赔偿，有利于遏止恶意侵权行为的发生。《侵权责任法》应对惩罚性赔偿作出规定，体现《侵权责任法》的制裁、遏止功能。但从目前看应当严格限制惩罚性赔偿的适用范围和条件。对此，《侵权责任法》在本条规定，明知产品存在缺陷仍然生产、销售，造成他人死亡或者健康严重损害的，被侵权人有权请求相应的惩罚性赔偿。

根据本条的规定，适用惩罚性赔偿的条件是：(1) 侵权人具有主观故意，即明知是缺陷产品仍然生产或者销售；(2) 要有损害事实，这种损害事实不是一般的损害事实，而应当是造成严重损害的事实，即造成他人死亡或者健康受到严重损害；(3) 要有因果关系，即被侵权人的死亡或者健康严重受损害是因为侵权人生产或者销售的缺陷产品造成的。本条还规定了惩罚性赔偿的适用范围，即在被侵权人死亡或者健康受到严重损害的范围内适用，除此之外的其他损害不适用惩罚性赔偿，例如被侵权人的财产损害。为防止滥用惩罚性赔偿，避免被侵权人要求的赔偿数额畸高，本条规定，被侵权人有权请求相应的惩罚性赔偿。这里的"相应"，主要指被侵权人要求的惩罚赔偿金的数额应当与侵权人的恶意相当，应当与侵权人造成的损害后果相当，与对侵权人威慑相当，具体赔偿数额由人民法院根据个案具体判定。

需要指出的是，惩罚性赔偿的主要目的不在于弥补被侵权人的损害，而在于惩罚有主观故意的侵权行为，并遏止这种侵权行为的发生。从赔偿功能上讲，其主要作用在于威慑，不在于补偿。虽然从个案上看，被侵权人得到了高于实际损害的赔偿数额，但从侵权人来讲，这种赔偿能够提高其注意义务，从而避免类似情况再次发生。

【立法理由】

惩罚性赔偿也称惩戒性赔偿，是加害人给付受害人超过其实际损害数额的一种金钱赔偿，是一种集补偿、惩罚、遏制等功能于一身的赔偿制度。

一些英美法系国家承认惩罚性赔偿制度，比较典型的是美国。20 世纪以来，大公司制造的不合格商品对消费者造成了严重损害。尽管消费者可以通过一般损害赔偿获得补救，但由于大公司财大气粗，补偿性赔偿可能难以对其制造和销售不合格甚至危险商品的行为起遏制作用，需要通过惩罚性赔偿的方法保护广大消费者利益。惩罚性赔偿逐渐被用于产品责任。目前，美国大多数州采纳这一制度。美国的一些联邦法案如《谢尔曼法案》、《克莱顿法案》、《联邦消费者信用保护法》、《联邦职业安全与健康法》等都对惩罚性赔偿作了规定。《美国侵权行为法重述》也对惩罚性赔偿制度作了规定。《美国侵权行为法重述·第二次》第 908 条(1) 规定，惩罚性赔偿是在补偿性赔偿或名义上的赔偿之外，为惩罚该赔偿交付方的恶劣行为并阻遏他与相似者在将来实施类似行为而给予的赔偿。

在美国,适用惩罚性赔偿责任一般要具备以下要件:

1. 主观要件

主要包括以下几种:(1)故意,即行为人明知自己的行为会发生损害他人的结果而故意为之,或者放任结果的发生。(2)具有恶意。恶意指行为人行为时不但具有故意,而且在动机上是恶劣的。动机恶劣指行为人的目的在道德上应当受到谴责。(3)毫不关心他人的权利。即行为人鲁莽而轻率地漠视他人权利致他人损害的,应当承担惩罚性赔偿责任。美国《1982年产品责任法》规定,如果有明确的证据证明损害是由于行为人毫不顾及受害人安全造成的,行为人应负惩罚性赔偿责任。(4)重大过失。如果行为人具有重大过失,则可能被施加惩罚性赔偿。

2. 要有造成损害的后果

适用惩罚性赔偿时,受害人必须首先证明已经发生了实际损害。

3. 要有因果关系的存在

在请求惩罚性赔偿的案件中,受害人不仅要证明损害的发生,而且还要证明该损害是由行为人的行为导致的。

4. 惩罚性赔偿必须依附于一般损害赔偿

惩罚性赔偿不是独立的请求权,必须依附于补偿性的一般损害赔偿。除上述要件外,美国法院在适用惩罚性赔偿时一般还考虑以下因素:(1)行为人的经济条件;(2)行为人行为的影响程度;(3)行为人与受害人的关系;(4)行为的持续程度;(5)行为人是否从该行为中获利;(6)受害人为避免损失承担的费用。

对此,《美国侵权行为法重述·第二次》第908条(2)规定,惩罚性赔偿可以针对因被告的邪恶动机或他莽撞地无视他人的权利而具有恶劣性质的行为作出。在评估惩罚性赔偿的数额时,事实裁定人可以适当考虑被告行为的性质、被告所造成或意欲造成的原告所受损害的性质与范围,以及被告的财产数额。

大陆法系国家在民事立法、司法实践中一直不接受惩罚性赔偿制度,主要原因是:这些国家严格区分公法与私法,强调公私法具有不同的职能。行政法、刑法等公法的任务是惩罚犯罪和不法行为,维护社会公共利益;私法的任务是协调私人之间的利益纷争,对受害人所受损害给予补偿和救济,维护个体之间的利益平衡,私法责任(即民事责任)具有完全补偿性,不具有惩罚性。惩罚性赔偿制度实质是一种公法责任而非私法责任,将其作为民事责任纳入私法体系,与公、私法的严格划分观念及私法的基本原则不相符。但是,近年来,有的大陆法系国家和地区开始被告惩罚性赔偿。

在《侵权责任法》制定前,我国已有惩罚性赔偿的法律规定,例如,《消费者权益保护法》对欺诈消费者的行为规定了惩罚性赔偿。该法第49条规定:经营者提供商品或者服务有欺诈行为的,应当按照消费者的要求增加赔偿其受到的损失,增加赔偿的金额为消费者购买商品的价款或者接受服务的费用的一倍。再如,《食品安全法》第96条第2款规定:生产不符合食品安全标准的食品或者销售明知是不符合食品安全标准的食品,消费者除要求赔偿损失外,还可以向生产者或者销售者要求支付价款10倍的赔偿金。还有,《合同法》第113条第2款规定:经营者对消费者提供商品或者服务有欺诈行为的,依照《中华人民共和国消费者权益保护法》的规定承担损害赔偿责任。此外,《最高人民法院关于审理商品房买卖合同纠纷案件适用法律若干问题的解释》第8条、第9条也对惩罚性赔偿作了规定,该解释第8条规定:"具有下列情形之一,导致商品房买卖合同目的不能实现的,无法取得房屋的买受人可以请求解除合同、返还已付购房款及利息、赔偿损失,并可以请求出卖人承担不超过已付购房款一倍的赔偿责任:(一)商品房买卖合同订立后,出卖人未告知买受人又将该房屋抵押给第三人;(二)商品房买卖合同订立后,出卖人又将该房屋出卖给第三人。"第9条规定:"出卖人订立商品房买卖合同时,具有下列情形之一,导致合同无效或者被撤销、解除的,买受人可以请求返还已付购房款及利息、赔偿损失,并可以请求出卖人承担不超过已付购房款一倍的赔偿责任:(一)故意隐瞒没有取得商品房预售许可证明的事实或者提供虚假商品房预售许可证明;(二)故意隐瞒所售房屋已经抵押的事实;(三)故意隐瞒所售房屋已经出卖给第三人或者为拆迁补偿安置房屋的事实。"

**【相关规定】**

《中华人民共和国消费者权益保护法》第49条

经营者提供商品或者服务有欺诈行为的,应当按照消费者的要求增加赔偿其受到的损失,增加赔偿的金额为消费者购买商品的价款或者接受服务的费用的一倍。

《中华人民共和国食品安全法》第96条

违反本法规定,造成人身、财产或者其他损害的,依法承担赔偿责任。

生产不符合食品安全标准的食品或者销售明知是不符合食品安全标准的食品,消费者除要求赔偿损失外,还可以向生产者或者销售者要求支付价款十倍的赔偿金。

《中华人民共和国合同法》第113条第2款

经营者对消费者提供商品或者服务有欺诈行为的,依照《中华人民共和国消费者权益保护法》的规定承担损害赔偿责任。

《最高人民法院关于审理商品房买卖合同纠纷案件适用法律若干问题的解释》第8条

具有下列情形之一,导致商品房买卖合同目的不能实现的,无法取得房屋的

买受人可以请求解除合同、返还已付购房款及利息、赔偿损失,并可以请求出卖人承担不超过已付购房款一倍的赔偿责任:

(一)商品房买卖合同订立后,出卖人未告知买受人又将该房屋抵押给第三人;

(二)商品房买卖合同订立后,出卖人又将该房屋出卖给第三人。

《最高人民法院关于审理商品房买卖合同纠纷案件适用法律若干问题的解释》第9条

出卖人订立商品房买卖合同时,具有下列情形之一,导致合同无效或者被撤销、解除的,买受人可以请求返还已付购房款及利息、赔偿损失,并可以请求出卖人承担不超过已付购房款一倍的赔偿责任:

(一)故意隐瞒没有取得商品房预售许可证明的事实或者提供虚假商品房预售许可证明;

(二)故意隐瞒所售房屋已经抵押的事实;

(三)故意隐瞒所售房屋已经出卖给第三人或者为拆迁补偿安置房屋的事实。

《美国侵权行为法重述·第二次》第908条

(1)惩罚性赔偿是在补偿性赔偿或名义上的赔偿之外,为惩罚该赔偿交付方的恶劣行为并阻遏他与相似者在将来实施类似行为而给予的赔偿。

(2)惩罚性赔偿可以针对因被告的邪恶动机或他莽撞地无视他人的权利而具有恶劣性质的行为做出。在评估惩罚性赔偿的数额时,事实裁定人可以适当考虑被告行为的性质、被告所造成或意欲造成的原告所受损害的性质与范围,以及被告的财产数额。

# 第六章 机动车交通事故责任

机动车交通事故责任作为一种特殊侵权责任,《侵权责任法》作了专章规定。保障道路交通安全,关系到社会经济发展和人民群众的生命财产安全,至关重要。机动车交通事故损害大,纠纷多。据世界卫生组织报告,全世界每年因道路交通死亡人数大约为 125 万,每天平均 3000 多人;全世界每年因道路交通事故造成损失大约 5000 亿美元。机动车交通事故案件占我国法院受理的侵权案件约 1/3,有的地方法院占一半以上。因此,规定好这一章,对预防和减少交通事故,保护人身和财产安全,维护道路交通秩序,提高道路通行效率,具有重要作用。

本章共 6 条,分别规定了机动车发生交通事故造成损害承担赔偿责任的一般规定;因租赁、借用等情形机动车所有人和使用人不是同一人时,发生交通事故后如何承担赔偿责任;当事人之间已经以买卖等方式转让并交付机动车但未办理所有权转移登记,发生交通事故后由谁承担赔偿责任;以买卖等方式转让拼装的或者已达到报废标准的机动车,发生交通事故造成损害的如何承担责任;盗窃、抢劫或者抢夺的机动车发生交通事故造成损害的,由谁承担赔偿责任;机动车驾驶人发生交通事故后逃逸的责任承担。

**第四十八条** 机动车发生交通事故造成损害的,依照道路交通安全法的有关规定承担赔偿责任。

【说明】

本条是关于机动车发生交通事故造成损害承担赔偿责任的原则规定。

这一条规定的依照《道路交通安全法》的有关规定承担赔偿责任,是指依照《道路交通安全法》第 76 条等有关规定。

《道路交通安全法》于 2003 年 10 月 28 日第十届全国人民代表大会常务委员会第五次会议通过。2007 年 12 月 29 日第十届全国人民代表大会常务委员会第三十一次会议对《道路交通安全法》第 76 条作了修改。修改前的第 76 条第 1 款规定:"机动车发生交通事故造成人身伤亡、财产损失的,由保险公司在机动车第三者责任强制保险责任限额范围内予以赔偿。超过责任限额的部分,按照下列方式承担赔偿责任:(一)机动车之间发生交通事故的,由有过错的一方承担责任;双方都有过错的,按照各自过错的比例分担责任。(二)机动车与非机动车驾驶人、行人之间发生交通事故的,由机动车一方承担责任;但是,有证据证明非机动车驾驶人、行人违反道路交通安全法律、法规,机动车驾驶人已经采取必要处置措施的,减轻机动车一方的责任。"第2款规定:"交通事故的损失是由非机动车驾驶人、行人故意造成的,机动车一方不承担责任。"

在这一规定实施的3年中,对维护道路交通秩序,预防和减少道路交通事故,保护公民人身和财产安全发挥了积极作用。社会各方面普遍认可这条规定的立法原则,同时对非机动车驾驶人、行人有过错以及机动车一方没有过错时如何"减轻"机动车一方的赔偿责任有不同理解和看法,社会上也存在机动车一方"无责全赔"的误解。

道路交通事故赔偿制度,涉及非机动车驾驶人、行人和机动车驾驶人的切身利益。2007年对《道路交通安全法》第76条作修改,总结了第76条施行的实践经验,主要目的是妥善处理非机动车驾驶人、行人和机动车双方的权益,着重明确三个方面的问题:(1)在什么情况下机动车一方承担全部责任;(2)非机动车驾驶人、行人有过错的,如何减轻机动车一方的责任;(3)机动车一方没有过错的,是否承担责任,承担多少责任。

修改后的《道路交通安全法》第76条第1款规定:"机动车发生交通事故造成人身伤亡、财产损失的,由保险公司在机动车第三者责任强制保险责任限额范围内予以赔偿;不足的部分,按照下列规定承担赔偿责任:(一)机动车之间发生交通事故的,由有过错的一方承担赔偿责任;双方都有过错的,按照各自过错的比例分担责任。(二)机动车与非机动车驾驶人、行人之间发生交通事故,非机动车驾驶人、行人没有过错的,由机动车一方承担赔偿责任;有证据证明非机动车驾驶人、行人有过错的,根据过错程度适当减轻机动车一方的赔偿责任;机动车一方没有过错的,承担不超过百分之十的赔偿责任。"该条第2款规定:"交通事故的损失是由非机动车驾驶人、行人故意碰撞机动车造成的,机动车一方不承担赔偿责任。"

本条所指向的《道路交通安全法》第76条,主要有以下几层含义:

一、关于强制保险的赔偿

《道路交通安全法》第76条的规定表明,机动车发生交通事故造成人身伤亡、财产损失的,首先由保险公司在机动车第三者责任强制保险责任限额范围内予以赔偿。该法第17条规定:"国家实行机动车第三者责任强制保险制度。"机动车第三者责任强制保险是解决道路交通事故赔偿问题的重要制度。机动车发生交通事故,包括机动车与机动车之间,机动车与非机动车驾驶人、行人之间,都是先由保险公司在机动车第三者责任强制保险责任限额内予以赔偿,不足的部分才由机动车一方承担赔偿责任。这对及时充分地使受害人获得赔偿,分散机动车驾驶人的风险,有重要意义。

机动车第三者责任强制保险,也称机动车交通事故责任强制保险,是指由保险公司对被保险机动车发生道路交通事故造成本车人员、被保险人以外的受害人的人身伤亡、财产损失,在责任限额内予以赔偿的强制性责任保险。根据《机动车交通事故责任强制保险条例》第2条的规定:"在中华人民共和国境内道路上行驶的机动车的所有人或者管理人,应当依照《中华人民共和国道路交通安全法》的规定投保机动车交通事故责任强制保险。"第21条规定:"被保险机动车发生道路交通事故造成本车人员、被保险人以外的受害人人身伤亡、财产损失的,由保险公司依法在机动车交通事故责任强制保险责任限额范围内予以赔偿。"第23条规定:"机动车交通事故责任强制保险在全国范围内实行统一的责任限额。责任限额分为死亡伤残赔偿限额、医疗费用赔偿限额、财产损失赔偿限额以及被保险人在道路交通事故中无责任的赔偿限额。"

2008年2月1日施行的机动车交通事故责任强制保险责任限额为:(1)机动车在道路交通事故中有责任的赔偿限额:死亡伤残赔偿限额110000元人民币;医疗费用赔偿限额10000元人民币;财产损失赔偿限额2000元人民币。(2)机动车在道路交通事故中无责任的赔偿限额:死亡伤残赔偿限额11000元人民币;医疗费用赔偿限额1000元人民币;财产损失赔偿限额100元人民币。

二、在强制保险责任限额范围内赔偿后不足部分的责任承担

(一)机动车之间发生交通事故的赔偿责任

机动车之间发生交通事故的,由有过错的一方承担赔偿责任;双方都有过错的,按照各自过错的比例分担责任。这一规定表明,机动车之间发生交通事故的,适用过错责任原则,即机动车之间发生交通事故造成损害的,由有过错的机动车一方承担责任,没有过错的,不承担赔偿责任。由于机动车之间没有强弱之分,发生交通事故的,应当适用侵权责任的一般归责原则,由有过错的一方承担赔偿责任;如果双方都有过错,应当按照各自过错的比例分担责任。

(二)机动车与非机动车驾驶人、行人之间发生交通事故的赔偿责任

1. 归责原则

《道路交通安全法》第76条第1款第2项规定,机动车与非机动车驾驶人、行人之间发生交通事故,非机动车驾驶人、行人没有过错的,由机动车一方承担赔偿责任;有证据证明非机动车驾驶人、行人有过错的,根据过错程度适当减轻机动车一方的赔偿责任;机动车一方没有过错的,承担不超过10%的赔偿责任。这一规定表明,机动车与非机动车驾驶人、行人之间发生交通事故,主要适用过错推定原则,同时,机动车一方还要承担一部分无过错责任。

过错推定源于过错责任原则,但在适用上与一般的过错责任原则有明显不同。发生损害后,首先推定行为人有过错,同时给予其举证证明自己没有过错以及对方有过错的机会,如果能够证明自己没有过错,可以免除责任;不能证明自己没有过错,就要承担损害赔偿责任。过错推定与一般过错责任的最大不同就是采

用了举证责任倒置的方法。无过错责任原则是指,在发生损害后,不考虑行为人是否有过错,只要符合责任要件,就应当承担侵权责任。行为人如欲免责,仅举证证明自己没有过错是不能免责的,而需要证明具有法律明确规定的免责事由。

修改后的《道路交通安全法》第76条还表明:

(1) 机动车与非机动车驾驶人、行人之间发生交通事故,非机动车驾驶人、行人没有过错的,由机动车一方承担全部赔偿责任。

(2) 有证据证明非机动车驾驶人、行人有过错的,应当根据其过错程度适当减轻机动车一方的责任。这样规定,一是明确了非机动车驾驶人、行人有过错的,应当根据其过错程度适当减轻机动车一方的责任。在第76条修改过程中,对非机动车驾驶人、行人有过错的情况下,是否规定机动车一方的具体赔偿比例有不同意见。有的意见认为,规定具体赔偿比例有利于统一赔偿标准,便于操作。有的意见认为,赔偿比例不宜规定过死,应有个幅度。有的意见认为,规定具体赔偿比例难以切合实际。比如,行人负5%的次要责任,机动车一方只承担80%的赔偿责任不合适;行人负95%的主要责任,机动车一方要承担40%的赔偿责任也不合理。修改后的《道路交通安全法》第76条作出这样的规定,主要考虑的是交通事故错综复杂,在当事人和解、公安机关调解或者人民法院审判中,根据该规定所确立的原则确定个案的具体赔偿数额较为切合实际。据了解,国外也没有在法律中对具体赔偿比例作规定。二是明确了机动车一方的举证责任。机动车与非机动车驾驶人、行人之间发生交通事故后,依过错推定原则,非机动车驾驶人、行人只需证明损害是由机动车碰撞造成,而机动车有无过错等需要由机动车一方举证证明。

具体来说,主要有以下几个方面:第一,非机动车驾驶人、行人是否有过错;第二,机动车驾驶人是否尽到了谨慎驾驶的高度注意义务,是否采取了必要的处置措施;第三,所驾驶的机动车是否具备安全运行的技术条件等。上述过错推定原则的规定,无论第76条修改前后,其原则精神都是一致的。

(3) 机动车一方没有过错的,承担不超过10%的赔偿责任。这是机动车在没有过错的情况下,也要承担一小部分的赔偿责任的规定。就此部分而言,机动车承担的是无过错责任。对机动车一方没有过错,应当承担多少责任,在第76条修改过程中有不同意见。有的意见认为,这一规定体现了以人为本、关爱生命的精神,是恰当的。有的意见认为,机动车一方没有过错,承担10%的赔偿责任过高。有的部门根据解决道路交通事故赔偿问题的实践,还提出承担不超过10%的赔偿责任是不够的,建议提高到不超过20%。第76条规定机动车一方没有过错的,承担不超过10%的赔偿责任,与1991年国务院颁布的《道路交通事故处理办法》确定的赔偿原则是类似的,也是多年来公安交通管理部门处理交通事故的实际做法,执行中基本可行。在征求意见过程中,广大机动车驾驶员对这一规定也普遍表示可以接受。

**2. 道路交通事故赔偿制度及其归责原则的演进**

道路交通事故损害赔偿责任制度,尤其是其中的归责原则是有一个发展过程的。

世界上第一辆机动车是1886年卡尔·奔驰制造的。从汽车诞生以来到现在,道路交通事故损害赔偿责任制度不断发展,不断完善。根据部分国家和我国台湾地区等实际情况看,道路交通事故损害赔偿责任制度大体经历了三个阶段:

第一阶段——按照过错责任原则处理交通事故赔偿问题(也可以说是按责论处阶段)。19世纪80年代至20世纪三四十年代,是按照过错责任原则处理交通事故赔偿问题。按责论处是处理民事侵权问题的普遍原则,当时解决道路交通事故损害赔偿纠纷也适用这一原则,即受害人只有证明机动车一方有过错才能得到赔偿,否则,机动车一方不承担赔偿责任。

第二阶段——按照无过失责任原则或者过错推定责任原则处理交通事故赔偿问题。1925年,法国一个叫珍德的女孩横穿马路被卡车撞死,一审、二审法院按照过错责任原则判定女孩的母亲败诉,女孩的母亲上诉到法国最高法院。1930年,法国最高法院作出终审判决,判机动车一方败诉。法国最高法院认为,道路交通事故的赔偿问题,仅以机动车一方没有过错就不承担责任是不够的,只有在不可抗力等情况下才能免除机动车一方的责任。这个判例确立了法国在交通事故上的无过失责任原则。

从学理上探讨过错责任原则到无过失责任原则或者过错推定原则的理由主要是:(1)导致交通事故发生的原因是多方面的,不只是驾驶员的过错。驾驶员的驾驶技术、身体状况,车辆的安全性能,交通设施状况,甚至天气状况等,都会影响到交通事故的发生。(2)发生交通事故,受伤害的都是行人和非机动车一方,机动车是用钢铁制作的,在高速行驶时对行人和非机动车一方具有危险性。(3)在道路交通中,机动车一方获得了代步的安全性和舒适性,作为交通工具的受益者,机动车一方应当承担更多的风险。(4)在交通事故中绝大多数是车撞人而不是人撞车,加重机动车一方的责任,更能避免事故的发生。

为什么道路交通事故赔偿原则从过错责任原则发展到无过失责任原则或者过错推定原则,学理上有危险源说、风险控制说和利益说等多种理论,但其最主要的原因是,根据传统的过错责任原则,受害人不能证明机动车一方有过错,机动车一方就不承担赔偿责任,这一原则实施的结果是,大量的受害人因难以证明而得不到赔偿,酿成社会问题。据英国议会皮尔森委员会和美国交通部的报告,适用过错责任原则,有一半左右的受害人得不到赔偿或者只得到部分赔偿。

据了解,德国、意大利、奥地利、葡萄牙、荷兰、俄罗斯、比利时、瑞士、日本、韩国、越南、蒙古等多数国家在交通事故上都实行无过失责任原则或者过错推定原则。1955年,日本借鉴欧洲一些国家的经验,制定了《机动车损害赔偿保障法》,

法律规定的是过错推定原则,但在该法的说明中明确指出,在交通事故上实行"近于无过失责任"。

第三阶段——主要通过第三者责任强制保险制度解决道路交通事故赔偿问题。无过失责任原则或者过错推定责任原则虽然加重了机动车一方的赔偿责任,有利于保护受害人的权益,但对受害人的保护还不够。(1)解决纠纷耗时长,受害人要从机动车一方切实得到赔偿,往往旷日持久,对受害人及时救助非常不利。(2)交通事故往往后果严重,伤亡大,机动车一方赔不起,受害越严重,越难以得到赔偿。如何解决这一难题,英国、德国从20世纪30年代,多数的国家从20世纪五六十年代,开始建立第三者责任强制保险制度,以解决道路交通事故赔偿问题。根据第三者责任强制保险制度,机动车一方只需向保险公司交纳少量保费,事故发生后,原则上不论机动车一方是否有过错,受害人都可以在强制保险责任限额范围内从保险公司直接获得赔偿。

(三)机动车一方不承担责任的情形

《道路交通安全法》第76条第2款规定,交通事故的损失是由非机动车驾驶人、行人故意碰撞机动车造成的,机动车一方不承担赔偿责任。这是关于机动车一方免责事由的规定。机动车与非机动车驾驶人、行人之间发生交通事故,如果交通事故的损失是因非机动车驾驶人、行人自杀、自伤、有意冲撞(碰瓷)等行为故意造成的,机动车一方不承担赔偿责任。这与本法第27条规定的"损害是因受害人故意造成的,行为人不承担责任"的原则是一致的。

【立法理由】

道路交通事故赔偿责任问题,涉及广大人民群众的切身利益。规定机动车交通事故责任,首先是要对发生交通事故造成损害承担赔偿责任的原则作出规定。机动车交通事故赔偿制度设计的指导思想是:(1)减少事故。道路交通事故发生原因错综复杂,好的赔偿制度应当明确责任,促使各方面都遵守交通法律法规,减少事故发生。(2)减少纠纷。事故发生后,责任明确,能及时、合理解决纠纷,就能减少纠纷。(3)有利道路畅通。

【相关规定】

《中华人民共和国道路交通安全法》第17条

国家实行机动车第三者责任强制保险制度,设立道路交通事故社会救助基金。具体办法由国务院规定。

《中华人民共和国道路交通安全法》第76条

机动车发生交通事故造成人身伤亡、财产损失的,由保险公司在机动车第三者责任强制保险责任限额范围内予以赔偿;不足的部分,按照下列规定承担赔偿责任:

（一）机动车之间发生交通事故的，由有过错的一方承担赔偿责任；双方都有过错的，按照各自过错的比例分担责任。

（二）机动车与非机动车驾驶人、行人之间发生交通事故，非机动车驾驶人、行人没有过错的，由机动车一方承担赔偿责任；有证据证明非机动车驾驶人、行人有过错的，根据过错程度适当减轻机动车一方的赔偿责任；机动车一方没有过错的，承担不超过百分之十的赔偿责任。

交通事故的损失是由非机动车驾驶人、行人故意碰撞机动车造成的，机动车一方不承担赔偿责任。

《机动车交通事故责任强制保险条例》第 2 条

在中华人民共和国境内道路上行驶的机动车的所有人或者管理人，应当依照《中华人民共和国道路交通安全法》的规定投保机动车交通事故责任强制保险。

机动车交通事故责任强制保险的投保、赔偿和监督管理，适用本条例。

《机动车交通事故责任强制保险条例》第 3 条

本条例所称机动车交通事故责任强制保险，是指由保险公司对被保险机动车发生道路交通事故造成本车人员、被保险人以外的受害人的人身伤亡、财产损失，在责任限额内予以赔偿的强制性责任保险。

《机动车交通事故责任强制保险条例》第 21 条

被保险机动车发生道路交通事故造成本车人员、被保险人以外的受害人人身伤亡、财产损失的，由保险公司依法在机动车交通事故责任强制保险责任限额范围内予以赔偿。

道路交通事故的损失是由受害人故意造成的，保险公司不予赔偿。

《机动车交通事故责任强制保险条例》第 23 条

机动车交通事故责任强制保险在全国范围内实行统一的责任限额。责任限额分为死亡伤残赔偿限额、医疗费用赔偿限额、财产损失赔偿限额以及被保险人在道路交通事故中无责任的赔偿限额。

机动车交通事故责任强制保险责任限额由保监会会同国务院公安部门、国务院卫生主管部门、国务院农业主管部门规定。

**第四十九条** 因租赁、借用等情形机动车所有人与使用人不是同一人时，发生交通事故后属于该机动车一方责任的，由保险公司在机动车强制保险责任限额范围内予以赔偿。不足部分，由机动车使用人承担赔偿责任；机动车所有人对损害的发生有过错的，承担相应的赔偿责任。

【说明】

本条是关于因租赁、借用等情形机动车所有人和使用人不是同一人时，发生交通事故后如何承担赔偿责任的规定。

机动车租赁，是指机动车所有人将机动车在一定时间内交付承租人使用、收益，机动车所有人收取租赁费用，不提供驾驶劳务的行为。机动车借用，是指机动车所有人将机动车在约定时间内交由借用人使用的行为。现实生活中，机动车租赁主要是出租人仅将机动车交付承租人使用，出租人收取租金，但不提供驾驶人员。例如，汽车租赁公司在一定期间内按约定的租金将机动车出租给其他单位或个人使用。

一、关于如何确定责任主体的两种意见

在本法征求意见过程中，对因租赁、借用等情形机动车所有人与使用人不一致时，责任如何承担的问题有不同意见：

（一）机动车所有人应当与使用人共同承担责任

有的意见提出，运行支配与运行利益的归属是确定机动车交通事故责任承担的一般标准。在机动车出租、出借的情况下，承租人、借用人直接支配机动车运行，从中直接获取利益；而出租人、出借人间接支配车辆，要么从中获得经济收益，要么享有人情回报等利益。机动车承租人、借用人和出租人、出借人都应有防范机动车运行风险的义务，都应对机动车交通事故承担责任。出租人、出借人向受害人承担责任后，可以向承租人、借用人追偿。

有的意见提出，机动车的使用是一种高度危险行为，应当强化机动车所有人的管理义务。机动车所有人将车辆交与他人使用，就应当承担一定的风险。为了有效解决纠纷、减少司法和行政成本，应当规定租用、借用双方承担连带责任。

有的意见提出，发生交通事故后应由使用人承担责任，但是如果机动车使用人无力赔偿或者下落不明，应由出租人、出借人承担赔偿责任。出租人、出借人承担赔偿责任后，可以向机动车使用人追偿。

有的意见提出，不论机动车所有人在出租、出借的过程是否有过错，只要是出租、出借的机动车发生交通事故造成损害的，机动车所有人都应当承担补充责任。这样规定可以提高机动车所有人在出租、出借时的谨慎注意义务。

有的意见提出，目前在交通事故处理中，机动车所有人、实际支配人（包括承租人、借用人等）都被公安交通行政管理部门列为机动车一方，承担损害赔偿责任。

有的意见提出，原《道路交通事故处理办法》曾规定，承担赔偿责任的机动车驾驶员暂时无力赔偿的，由驾驶员所在单位或者机动车的所有人负责垫付。目前虽然不再有类似规定，但是在实际纠纷中，机动车交通事故受害人往往以所有人也从机动车运行中获取利益为由，主张驾驶人和所有人都要赔偿。

(二) 机动车所有人有过错的,应当承担责任

有的意见提出,在车辆出租、出借的情况下,对于责任承担应区分三种情况:(1)在一般情况下,机动车使用人既是行为支配人又是受益人,应当由机动车使用人承担赔偿责任;(2)如果机动车所有人明知机动车使用人没有驾驶资格,仍将机动车出租、出借给机动车使用人的,双方存在共同过错,构成共同侵权行为,应由机动车所有人与机动车使用人承担连带赔偿责任;(3)如果机动车所有人明知车辆存在交通安全技术隐患,仍将车辆出租、出借给机动车使用人的,由机动车所有人与机动车使用人按照造成交通事故的过错比例承担责任。

有的意见提出,原则上应当由租用人、借用人承担责任。如果车辆所有人有过错,比如未能提供符合安全技术标准的车辆,明知租用人、借用人没有驾驶资格或者处于醉酒状态,仍然将车辆交与其使用,就应当承担相应的赔偿责任。在租用人、借用人逃逸或者无力赔偿的情况下,出租人或者出借人没有过错的也应当承担一定数额的补偿责任,其后再向租用人、借用人追偿。

有的意见提出,如果机动车所有人明知承租人、借用人没有驾驶资格或者醉酒,仍然出租、出借的,机动车所有人应当与承租人、借用人承担连带责任。

有的意见提出,出租、出借机动车发生交通事故的,原则上出租人、出借人不承担责任,只有在出租人、出借人有过错,比如未排除或者未告知机动车安全隐患的情况下,才应当对因此导致的损害承担相应的赔偿责任。

二、关于本条的基本含义

根据本条规定,因租赁、借用等情形机动车所有人与使用人不是同一人时,发生交通事故后属于该机动车一方责任的,如何承担责任,需要把握以下三点:

(1)由保险公司在机动车强制保险责任限额范围内予以赔偿。根据《机动车交通事故责任强制保险条例》第 2 条的规定,在中华人民共和国境内道路上行驶的机动车的所有人或者管理人,应当依照《中华人民共和国道路交通安全法》的规定投保机动车交通事故责任强制保险。作为机动车的所有人,应当为自己的机动车购买第三者责任强制保险。在发生交通事故后,首先由保险公司在机动车强制保险责任限额范围内予以赔偿。

(2)保险公司在机动车强制保险责任限额范围内予以赔偿后,不足的部分,由机动车使用人承担赔偿责任。作为机动车出租人、出借人的所有人,将机动车出租或者出借后,就丧失了对该机动车是否会给他人带来损害的直接控制力。机动车承租人和借用人作为机动车的使用人,有直接的运行支配力并享有运行利益,是承担责任的主体。因此,发生交通事故后,应由使用人承担赔偿责任。本条中的"使用人"不仅包括承租人、借用人,还包括机动车出质期间的质权人、维修期间的维修人、由他人保管期间的保管人等。在机动车出质、维修和由他人保管期间,机动车由质权人、维修人和保管人占有,他们对机动车享有运行支配力,而

所有人则丧失了运行支配力。质权人、维修人、保管人擅自驾驶机动车发生交通事故的,应由质权人、维修人、保管人承担赔偿责任。

(3) 机动车所有人对损害的发生有过错的,承担相应的赔偿责任。机动车所有人在将机动车出租、出借时应当对承租人、借用人进行必要的审查,比如承租人、借用人有否驾驶资格。同时,还应当保障机动车性能符合安全的要求,比如车辆制动是否灵敏等。机动车所有人没有尽到上述应有的注意义务,便有过错,该过错可能成为该机动车造成他人损害的一个因素,机动车所有人应当对因自己的过错造成的损害负相应的赔偿责任。

【立法理由】

机动车发生交通事故,属于该机动车一方责任的,当机动车所有人与使用人是同一人时,损害赔偿责任由所有人承担,这是一种常态。在现实生活中,因出租、出借等情形使机动车与其所有人分离,机动车承租人或者借用人为使用人、实际控制人的形态也是常见的。这就面临机动车发生交通事故后,是由机动车所有人还是使用人承担赔偿责任的问题。

进一步完善机动车交通事故责任,需要根据发生事故的特殊情况作出具体规定。机动车被租赁、借用后发生事故,机动车所有人、使用人如何承担责任即是本条所规定的内容。

【相关规定】

《机动车交通事故责任强制保险条例》第 2 条

在中华人民共和国境内道路上行驶的机动车的所有人或者管理人,应当依照《中华人民共和国道路交通安全法》的规定投保机动车交通事故责任强制保险。

机动车交通事故责任强制保险的投保、赔偿和监督管理,适用本条例。

《机动车交通事故责任强制保险条例》第 3 条

本条例所称机动车交通事故责任强制保险,是指由保险公司对被保险机动车发生道路交通事故造成本车人员、被保险人以外的受害人的人身伤亡、财产损失,在责任限额内予以赔偿的强制性责任保险。

《机动车交通事故责任强制保险条例》第 21 条

被保险机动车发生道路交通事故造成本车人员、被保险人以外的受害人人身伤亡、财产损失的,由保险公司依法在机动车交通事故责任强制保险责任限额范围内予以赔偿。

道路交通事故的损失是由受害人故意造成的,保险公司不予赔偿。

《机动车交通事故责任强制保险条例》第 23 条

机动车交通事故责任强制保险在全国范围内实行统一的责任限额。责任限额分为死亡伤残赔偿限额、医疗费用赔偿限额、财产损失赔偿限额以及被保险人在道路交通事故中无责任的赔偿限额。

机动车交通事故责任强制保险责任限额由保监会会同国务院公安部门、国务院卫生主管部门、国务院农业主管部门规定。

**第五十条** 当事人之间已经以买卖等方式转让并交付机动车但未办理所有权转移登记,发生交通事故后属于该机动车一方责任的,由保险公司在机动车强制保险责任限额范围内予以赔偿。不足部分,由受让人承担赔偿责任。

【说明】

本条是关于已经买卖并交付机动车。但未办理所有权转移登记,由谁承担赔偿责任的规定。

一、关于如何确定责任主体的几种意见

在出现了登记簿上的名义所有人与实际所有人不一致的情况下,应当由谁承担发生交通事故后的赔偿责任,在本法起草过程中有不同意见:

(一)登记记载的机动车所有人应当承担责任

有的意见提出,实际生活中买卖机动车后为省过户费而不办过户手续的现象一直存在。现在不但机动车买卖后不过户的现象比较普遍,还有的机动车所有人与他人串通,试图借虚假买卖机动车逃避交通事故责任。为了充分保护受害人,遏制这些不良现象,应当将登记记载的机动车所有人与买受人都确定为机动车一方的责任人,共同对受害人承担连带赔偿责任;登记记载的所有人承担责任后,有证据证明确实不支配机动车,也不享有运行利益的,可以向买受人追偿。

有的意见提出,机动车实际交付之后,原所有人就不再实际控制机动车,不宜与实际占有人一同承担连带责任;但是为了保护受害人利益,并且促使当事人及时依法办理变更登记,应当规定发生交通事故后,由登记记载的机动车所有人承担补充责任。

有的意见提出,根据公安部《机动车登记规定》,已注册登记的机动车所有权发生转移的,现机动车所有人应当自机动车交付之日起30日内向登记地车辆管理所申请转移登记。在未办理过户的情况下,如果在30日过户期间内发生交通事故的,一般由买受人承担赔偿责任。如果买受人逃逸或者无力赔偿,原车主也要做出一点补偿;如果在30日过户期间届满后发生交通事故的,由于原车主违反了规定,应当与买受人承担连带责任。

有的意见提出,机动车转让时原所有人应当尽到及时办理转让登记的义务,否则就应当承担责任。现实中存在由于机动车转让未办理转让登记,相应的机动车第三者强制责任保险也仍然保持着原所有人的名义,未相应变更。发生交通事故要求理赔时,保险公司往往以机动车受让人不是保险合同当事人为由,对未办理转让登记的买受人不予理赔,以致受害人难以获得赔付。机动车保险到期后,如果机动车仍未办理转让登记手续,保险公司也不会给买受人办理新的保险,一旦机动车发生交通事故,买受人承担的责任就会很重。

(二)登记记载的机动车所有人不应当承担责任

有的意见提出,机动车权属登记是为了保护交易活动中的善意第三人,并不是为了确定机动车交通事故的责任人。即使尚未变更登记,原所有人通过实际转移占有也已经转让了机动车所有权,不再控制机动车运行的风险,不应当再对此后发生的机动车交通事故承担责任。现实生活中未办理变更登记的情况不少,公安交管部门处理事故时主要调查肇事者,并不考虑机动车原所有人是谁,是否已经办理变更登记等情况。

有的意见提出,2001年《最高人民法院关于连环购车未办理过户手续,原车主是否对机动车发生交通事故致人损害承担责任的请示的批复》规定:"连环购车未办理过户手续,因车辆已经交付,原车主既不能支配该车的营运,也不能从该车的营运中获得利益,故原车主不应对机动车发生交通事故致人损害承担责任。但是,连环购车未办理过户手续的行为,违反有关行政管理法规的,应受其规定的调整。"这一规定是合理的,买卖机动车一经交付,原车主就既不再支配该机动车的运行,也不再从运行中获取利益,即使尚未变更权属登记,也不应当再承担机动车交通事故责任。

有的意见提出,连环买卖但未过户车辆发生交通事故,由于车辆运行的支配人及其利益支配人均属于买受方,故应由买受人承担赔偿责任,而出卖人不承担赔偿责任。有的意见提出,实践中曾处理过一辆车卖了五次都没过户的案件,由原登记车主一直追到最后一个买车的人。对于没过户的,谁实际拥有车辆谁就应当承担责任。在农村,农民之间买卖车辆付了钱,连个收据都没有,找原登记车主不公平。

(三)应当区别情况确定责任的承担

有的意见提出,已转让但未办理变更登记的机动车发生交通事故,登记记载的机动车所有人只有证明已经履行了转让中应尽的义务的,才可以不承担责任。

有的意见提出,原则上应当由实际买受人承担责任,但出卖人有过错的,应当承担连带责任。

二、关于本条的基本含义

根据本条规定,当事人之间已经以买卖等方式转让并交付机动车但未办理所有权转移登记,机动车发生交通事故后,属于该机动车一方责任的,由保险公司在机动车强制保险责任限额范围内予以赔偿。不足部分,由受让人承担赔偿责任。这一条主要有两层意思:

（1）由保险公司在机动车强制保险责任限额范围内予以赔偿。根据《机动车交通事故责任强制保险条例》第2条的规定，在中华人民共和国境内道路上行驶的机动车的所有人或者管理人，应当依照《中华人民共和国道路交通安全法》的规定投保机动车交通事故责任强制保险。作为机动车的所有人，应当投保机动车第三者责任强制保险。根据本条规定，发生交通事故后，机动车原所有人已投保机动车第三者责任强制保险的，无论机动车买卖双方、赠与和受赠双方是否办理了所有权转移登记，都应当首先由保险公司在机动车强制保险责任限额范围内予以赔偿。

（2）保险公司在机动车强制保险责任限额范围内赔偿后，不足部分，由受让人承担赔偿责任。根据《物权法》第23条的规定，动产物权的设立和转让，自交付时发生效力。机动车属于动产，但又是价值较高、使用期限较长的特殊动产。因此，《物权法》第24条又规定，船舶、航空器和机动车等物权的设立、变更、转让和消灭，未经登记，不得对抗善意第三人。物权法的这一规定表明，机动车所有权的转移在交付时发生效力，未经登记，只是缺少公示而不产生社会公信力，在交易过程中不能对抗善意第三人。当事人之间已经以买卖、赠与等方式转让并交付机动车但未办理所有权转移登记的，原机动车所有人已经不是真正的所有人，更不是机动车的占有人，不具有机动车的实质所有权，丧失了对机动车运行支配的能力，不具有防范事故发生的控制力。在机动车发生事故后，仍然要求其承担赔偿责任，是不合理、不公平的。赔偿义务应当由买受人、受赠人等对机动车运行有实质影响力和支配力的机动车的实际所有人、占有人承担。

此外，在附所有权保留特别约定的分期付款买卖机动车的情形下，如果机动车已交付购买人，虽然出卖人仍保留机动车所有权，但并不影响购买人取得机动车的实际支配力和使用收益。该所有权仅在购买人不依约定支付价金时才发生效力，即要求购买人返还出卖人享有所有权的机动车。因此，在发生道路交通事故后，应当由购买人承担赔偿责任，保留机动车所有权的出卖人不承担赔偿责任。《最高人民法院关于购买人使用分期付款购买的车辆从事运输因交通事故造成他人财产损失保留车辆所有权的出卖方不应承担民事责任的批复》对此有所规定："采取分期付款方式购车，出卖方在购买方付清全部车款前保留车辆所有权的，购买方以自己名义与他人订立货物运输合同并使用该车运输时，因交通事故造成他人财产损失的，出卖方不承担民事责任。"该规定与本条规定的精神是一致的。

**【立法理由】**

根据《道路交通安全法》第12条的规定，机动车所有权发生转移的，应当办理相应的登记。在现实生活中，存在着机动车已经通过买卖、赠与等方式转让，但当

第 50 条　《中华人民共和国侵权责任法》条文说明、立法理由及相关规定

事人没有及时办理所有权转移(过户)登记的情形,甚至还存在连环转让机动车但都没有办理所有权转移登记的情形。本条正是针对这种情况,明确规定了承担赔偿责任的主体。

【相关规定】

《中华人民共和国物权法》第 23 条

动产物权的设立和转让,自交付时发生效力,但法律另有规定的除外。

《中华人民共和国物权法》第 24 条

船舶、航空器和机动车等物权的设立、变更、转让和消灭,未经登记,不得对抗善意第三人。

《中华人民共和国道路交通安全法》第 12 条

第十二条　有下列情形之一的,应当办理相应的登记:

(一)机动车所有权发生转移的;

(二)机动车登记内容变更的;

(三)机动车用作抵押的;

(四)机动车报废的。

《机动车交通事故责任强制保险条例》第 2 条

在中华人民共和国境内道路上行驶的机动车的所有人或者管理人,应当依照《中华人民共和国道路交通安全法》的规定投保机动车交通事故责任强制保险。

机动车交通事故责任强制保险的投保、赔偿和监督管理,适用本条例。

《最高人民法院关于连环购车未办理过户手续,原车主是否对机动车发生交通事故致人损害承担责任的请示的批复》

连环购车未办理过户手续,因车辆已经交付,原车主既不能支配该车的营运,也不能从该车的营运中获得利益,故原车主不应对机动车发生交通事故致人损害承担责任。但是,连环购车未办理过户手续的行为,违反有关行政管理法规的,应受其规定的调整。

《最高人民法院关于购买人使用分期付款购买的车辆从事运输因交通事故造成他人财产损失保留车辆所有权的出卖方不应承担民事责任的批复》

采取分期付款方式购车,出卖方在购买方付清全部车款前保留车辆所有权的,购买方以自己名义与他人订立货物运输合同并使用该车运输时,因交通事故造成他人财产损失的,出卖方不承担民事责任。

**第五十一条** 以买卖等方式转让拼装或者已达到报废标准的机动车,发生交通事故造成损害的,由转让人和受让人承担连带责任。

**【说明】**

本条是关于以买卖等方式转让拼装的或者已达到报废标准的机动车,发生交通事故造成损害如何承担责任的规定。

根据国务院《报废汽车回收管理办法》第2条的规定,报废机动车是指达到国家报废标准,或者虽未达到国家报废标准,但发动机或者底盘严重损坏,经检验不符合国家机动车运行安全技术条件或者国家机动车污染物排放标准的机动车。拼装车,是指使用报废汽车发动机、方向机、变速器、前后桥、车架(统称"五大总成")以及其他零配件组装的机动车。

需要说明的是,本条所称"已达到报废标准的机动车",包括国务院《报废汽车回收管理办法》中所指的两类报废机动车,主要是指"达到国家报废标准,或者虽未达到国家报废标准,但发动机或者底盘严重损坏,经检验不符合国家机动车运行安全技术条件"的机动车。

研制、生产机动车,需要有很高的技术水平。而拼装车辆很难达到机动车应有的安全技术标准,这样的车上路行驶,会构成很大的事故隐患。国家对报废机动车的回收、拆解和机动车的修理实行严格的监督管理。报废汽车回收企业必须拆解回收的报废汽车;其中,回收的报废营运客车,应当在公安机关的监督下解体。拆解的"五大总成"应当作为废金属,交售给钢铁企业作为冶炼原料;拆解的其他零配件能够继续使用的,可以出售,但必须标明"报废汽车回用件"。禁止任何单位或者个人利用报废汽车"五大总成"以及其他零配件拼装汽车。禁止报废汽车整车、"五大总成"和拼装车进入市场交易或者以其他任何方式交易。禁止拼装车和报废汽车上路行驶。根据道路交通安全法的规定,生产、销售拼装的机动车的,没收非法生产、销售的拼装车,可以并处非法产品价值三倍以上五倍以下罚款;有营业执照的,由工商行政管理部门吊销营业执照,没有营业执照的,予以查封。构成犯罪的,依法追究刑事责任。出售已达到报废标准的机动车的,没收违法所得,处销售金额等额的罚款,对该机动车予以收缴,强制报废。根据《道路交通安全法》第100条的规定,驾驶拼装的机动车或者已达到报废标准的机动车上路行驶的,公安交通管理部门应当予以收缴,强制报废。对驾驶人处200元以上2000元以下罚款,并吊销机动车驾驶证。

转让拼装的或者已达到报废标准的机动车,本身即具有违法性,上路行驶又具有更大的危险性,因此,本条对以买卖、赠与等方式转让拼装的或者已达到报废标准的机动车,发生交通事故造成损害的,适用无过错责任原则且没有法定免责事由,并由买卖、赠与等转让人和受让人、赠与人和受赠人承担连带责任。这样规定有利于预防并制裁转让、驾驶拼装的或者已达到报废标准的机动车的行为,更好地保护人民群众的生命财产安全;在受害人有损害时,也可以根据本条获得较为充分的损害赔偿。

【立法理由】

根据《道路交通安全法》的规定,任何单位或者个人不得拼装机动车。国家实行机动车强制报废制度。拼装和已达到报废标准的机动车,由于其不能达到机动车上路行驶的安全标准,上路行驶后极易造成其他机动车、非机动车驾驶人和行人的损害。因此,本法需要对以买卖等方式转让拼装的或者已达到报废标准的机动车,发生交通事故造成损害的责任承担作出规定。

【相关规定】

《中华人民共和国道路交通安全法》第 14 条

国家实行机动车强制报废制度,根据机动车的安全技术状况和不同用途,规定不同的报废标准。

应当报废的机动车必须及时办理注销登记。

达到报废标准的机动车不得上道路行驶。报废的大型客、货车及其他营运车辆应当在公安机关交通管理部门的监督下解体。

《中华人民共和国道路交通安全法》第 16 条

任何单位或者个人不得有下列行为:

(一)拼装机动车或者擅自改变机动车已登记的结构、构造或者特征;

(二)改变机动车型号、发动机号、车架号或者车辆识别代号;

(三)伪造、变造或者使用伪造、变造的机动车登记证书、号牌、行驶证、检验合格标志、保险标志;

(四)使用其他机动车的登记证书、号牌、行驶证、检验合格标志、保险标志。

《中华人民共和国道路交通安全法》第 100 条

驾驶拼装的机动车或者已达到报废标准的机动车上道路行驶的,公安机关交通管理部门应当予以收缴,强制报废。

对驾驶前款所列机动车上道路行驶的驾驶人,处二百元以上二千元以下罚款,并吊销机动车驾驶证。

出售已达到报废标准的机动车的,没收违法所得,处销售金额等额的罚款,对该机动车依照本条第一款的规定处理。

《中华人民共和国道路交通安全法》第 103 条

国家机动车产品主管部门未按照机动车国家安全技术标准严格审查,许可不合格机动车型投入生产的,对负有责任的主管人员和其他直接责任人员给予降级或者撤职的行政处分。

机动车生产企业经国家机动车产品主管部门许可生产的机动车型，不执行机动车国家安全技术标准或者不严格进行机动车成品质量检验，致使质量不合格的机动车出厂销售的，由质量技术监督部门依照《中华人民共和国产品质量法》的有关规定给予处罚。

擅自生产、销售未经国家机动车产品主管部门许可生产的机动车型的，没收非法生产、销售的机动车成品及配件，可以并处非法产品价值三倍以上五倍以下罚款；有营业执照的，由工商行政管理部门吊销营业执照，没有营业执照的，予以查封。

生产、销售拼装的机动车或者生产、销售擅自改装的机动车的，依照本条第三款的规定处罚。

有本条第二款、第三款、第四款所列违法行为，生产或者销售不符合机动车国家安全技术标准的机动车，构成犯罪的，依法追究刑事责任。

《报废汽车回收管理办法》第2条

本办法所称报废汽车（包括摩托车、农用运输车，下同），是指达到国家报废标准，或者虽未达到国家报废标准，但发动机或者底盘严重损坏，经检验不符合国家机动车运行安全技术条件或者国家机动车污染物排放标准的机动车。

本办法所称拼装车，是指使用报废汽车发动机、方向机、变速器、前后桥、车架（以下统称"五大总成"）以及其他零配件组装的机动车。

**第五十二条　盗窃、抢劫或者抢夺的机动车发生交通事故造成损害的，由盗窃人、抢劫人或者抢夺人承担赔偿责任。保险公司在机动车强制保险责任限额范围内垫付抢救费用的，有权向交通事故责任人追偿。**

【说明】

本条是关于盗抢的机动车发生交通事故造成损害的，由谁承担赔偿责任的规定。

一、盗抢的机动车发生交通事故造成损害的，由盗抢人承担赔偿责任

对盗抢的机动车发生交通事故造成损害的，由谁承担赔偿责任的问题，我国司法实践已有相关审判依据。1999年7月3日《最高人民法院关于被盗机动车辆肇事后由谁承担损害赔偿责任问题的批复》指出："使用盗窃的机动车辆肇事，造成被害人物质损失的，肇事人应当依法承担损害赔偿责任，被盗机动车辆的所有人不承担损害赔偿责任。"

在本法起草过程中，对机动车被盗窃、抢劫或者抢夺后发生交通事故造成损害的，由谁承担赔偿责任的问题有两种意见：

一种意见认为，机动车被盗窃、抢劫或者抢夺以后，机动车的所有人失去监管、支配机动车的能力，因而机动车产生的危险也应由盗窃者、抢劫者或者抢夺者

承担。同时,还要考虑机动车所有人是否尽到妥善保管的注意义务,即所有人对机动车的被盗或者被抢有无过错。例如,车主忘记锁车门或把钥匙遗忘在车内,使他人有机可乘。如果所有人有过错,应当承担其过错限度内的补充责任。如果所有人没有过错,则不承担责任。

另一种意见认为,根据《最高人民法院关于被盗机动车辆肇事后由谁承担损害赔偿责任问题的批复》,使用盗窃的机动车肇事的,肇事人应当依法承担责任,被盗机动车的所有人不承担损害赔偿责任。机动车被盗,所有人既失去了对机动车的运行支配,又丧失了运行利益,不应当再承担责任。即使机动车所有人对机动车被盗有没锁车门等管理上的过错,但这种过错与发生交通事故没有直接的因果关系。因此,也不应由所有人承担责任。

本条规定,盗窃、抢劫或者抢夺的机动车发生交通事故造成损害的,由盗窃人、抢劫人或者抢夺人承担赔偿责任,没有规定机动车所有人的赔偿责任,主要考虑:(1)机动车被盗窃、抢劫或抢夺后,机动车所有人丧失了对机动车的运行支配力,而这种支配力的丧失是盗抢者的违法行为造成的,又是所有人不情愿的,有时还是所有人不知悉、未预想到的。(2)在机动车被盗的情形下,因所有人对机动车保管上的疏忽,导致机动车丢失,与机动车发生交通事故没有直接的因果关系。因此,应当由盗抢者承担发生交通事故后的损害赔偿责任,机动车所有人不承担赔偿责任。

驾驶盗抢的机动车上道路行驶,通常会给他人的生命财产安全和公共安全带来极大的危害。由于盗抢人不是车辆的拥有者,自认为轻易可以逃脱法律的制裁,因此,常发生不遵守交通法规、任意违章,甚至漠视他人生命财产安全的情况。法律在对机动车盗抢人课以刑罚的同时,规定其承担民事责任,有利于保护受害人的权益,制裁此类侵权行为。

二、机动车被盗抢后发生交通事故造成损害,保险公司在机动车强制保险责任限额范围内垫付抢救费用的,有权向交通事故责任人追偿

《机动车交通事故责任强制保险条例》第22条规定,被保险机动车被盗抢期间肇事的,由保险公司在机动车交通事故责任强制保险责任限额范围内垫付抢救费用,并有权向致害人追偿。参照这一规定,本条作出机动车被盗窃、抢劫或者抢夺后发生交通事故造成损害,保险公司在机动车强制保险责任限额范围内垫付抢救费用的,有权向交通事故责任人追偿的规定。

【立法理由】

机动车被盗抢,也是所有人与机动车相分离的形态之一。驾驶盗抢的机动车又是擅自驾驶中最极端的情形。本法需要回答机动车被盗窃、抢劫或者抢夺后发生交通事故造成损害的,由谁承担赔偿责任的问题。

**【相关规定】**

《机动车交通事故责任强制保险条例》第 22 条

有下列情形之一的,保险公司在机动车交通事故责任强制保险责任限额范围内垫付抢救费用,并有权向致害人追偿:

(一)驾驶人未取得驾驶资格或者醉酒的;

(二)被保险机动车被盗抢期间肇事的;

(三)被保险人故意制造道路交通事故的。

有前款所列情形之一,发生道路交通事故的,造成受害人的财产损失,保险公司不承担赔偿责任。

《最高人民法院关于被盗机动车辆肇事后由谁承担损害赔偿责任问题的批复》

使用盗窃的机动车辆肇事,造成被害人物质损失的,肇事人应当依法承担损害赔偿责任,被盗机动车辆的所有人不承担损害赔偿责任。

**第五十三条** 机动车驾驶人发生交通事故后逃逸,该机动车参加强制保险的,由保险公司在机动车强制保险责任限额范围内予以赔偿;机动车不明或者该机动车未参加强制保险,需要支付被侵权人人身伤亡的抢救、丧葬等费用的,由道路交通事故社会救助基金垫付。道路交通事故社会救助基金垫付后,其管理机构有权向交通事故责任人追偿。

**【说明】**

本条是关于机动车驾驶人发生交通事故后逃逸的,对受害人如何救济的规定。

机动车肇事逃逸,是指发生道路交通事故后,道路交通事故当事人为逃避法律追究,驾驶车辆或者遗弃车辆逃离道路交通事故现场的行为。

依照《道路交通安全法》第 70 条的规定,在道路上发生交通事故,车辆驾驶人应当立即停车,保护现场;造成人身伤亡的,车辆驾驶人应当立即抢救受伤人员,并迅速报告执勤的交通警察或者公安机关交通管理部门。因抢救受伤人员变动现场的,应当标明位置。该条规定要求机动车驾驶人在发生交通事故后,应当立即停车、保护现场、立即抢救受伤人员并及时报案。行为人之所以在肇事后逃逸,通常是行为人对造成交通事故有过错,负有一定的责任。我国刑法、道路交通安全法和道路交通安全法实施条例分别对发生交通事故后逃逸的行为规定了刑事处罚、行政处罚,并规定了逃逸的当事人应当承担事故的全部责任。

本条规定有三层含义:

(1)机动车驾驶人发生交通事故后逃逸,该机动车参加强制保险的,由保险公司在机动车强制保险责任限额范围内予以赔偿。这一规定表明,发生交通事故的机动车参加了机动车强制保险,并且发生交通事故后能够确定机动车的,由保险公司在机动车强制保险责任限额范围内予以赔偿。

(2) 机动车不明或者该机动车未参加强制保险,需要支付被侵权人人身伤亡的抢救、丧葬等费用的,由道路交通事故社会救助基金垫付。

根据《道路交通安全法》第 17 条的规定,国家设立道路交通事故社会救助基金。《道路交通事故社会救助基金管理试行办法》第 2 条的规定,道路交通事故社会救助基金,是指依法筹集用于垫付机动车道路交通事故中受害人人身伤亡的丧葬费用、部分或者全部抢救费用的社会专项基金。该办法第 6 条规定:"救助基金的来源包括:(一) 按照机动车交通事故责任强制保险(以下简称交强险)的保险费的一定比例提取的资金;(二) 地方政府按照保险公司经营交强险缴纳营业税数额给予的财政补助;(三) 对未按照规定投保交强险的机动车的所有人、管理人的罚款;(四) 救助基金孳息;(五) 救助基金管理机构依法向机动车道路交通事故责任人追偿的资金;(六) 社会捐款;(七) 其他资金。"

发生交通事故后,有时会出现受害人人身伤亡的抢救费用、丧葬费用等无法解决、无法落实的情况,其原因,一是机动车驾驶人驾车逃逸,一时难以查明是哪一辆机动车肇事;二是肇事的机动车没有参加机动车强制保险;三是抢救费用超过机动车强制责任保险责任限额。在这些情况下,需要由交通事故社会救助基金先行垫付受害人的抢救、丧葬等费用。根据《机动车交通事故责任强制保险条例》第 24 条的规定,道路交通事故中,抢救费用超过机动车交通事故责任强制保险责任限额的、肇事机动车未参加机动车交通事故责任强制保险的、机动车肇事后逃逸的,受害人人身伤亡的丧葬费用、部分或者全部抢救费用,由救助基金先行垫付。这里的"抢救费用",是指机动车发生道路交通事故导致人员受伤时,医疗机构按照《道路交通事故受伤人员临床诊疗指南》,对生命体征不平稳和虽然生命体征平稳但如果不采取处理措施会产生生命危险,或者导致残疾、器官功能障碍,或者导致病程明显延长的受伤人员,采取必要的处理措施所发生的医疗费用。

本条着重对机动车驾驶人驾车逃逸,导致机动车不明以及肇事的机动车没有参加机动车强制保险的情形,规定了需要支付被侵权人人身伤亡的抢救、丧葬等费用的,由道路交通事故社会救助基金先行垫付全部费用。对抢救费用超过机动车强制责任保险责任限额的,根据道路交通安全法的规定,由道路交通事故社会救助基金先行垫付超过限额部分的费用。

(3) 道路交通事故社会救助基金垫付后,其管理机构有权向交通事故责任人追偿。这一规定表明,道路交通事故社会救助基金垫付被侵权人人身伤亡的抢救、丧葬等费用后,道路交通事故社会救助基金管理机构有权向逃逸的机动车驾驶人、应当购买而未购买强制责任保险的机动车所有人或者管理人等交通事故责任人追偿。《道路交通安全法》和《机动车交通事故责任强制保险条例》也作了同样的规定。

**【立法理由】**

在现实生活中，有的机动车驾驶人在肇事后，为了逃避法律追究，要么驾车逃逸，要么弃车逃逸，给受害人的生命、财产造成了不可弥补的损失，也对社会构成了严重的危害。本法需要针对机动车驾驶人发生交通事故后逃逸，在驾驶人应当承担赔偿责任的前提下，如何通过机动车强制保险和道路交通事故社会救助基金救济受害人等问题作出规定。

**【相关规定】**

《中华人民共和国道路交通安全法》第 17 条

国家实行机动车第三者责任强制保险制度，设立道路交通事故社会救助基金。具体办法由国务院规定。

《中华人民共和国道路交通安全法》第 75 条

医疗机构对交通事故中的受伤人员应当及时抢救，不得因抢救费用未及时支付而拖延救治。肇事车辆参加机动车第三者责任强制保险的，由保险公司在责任限额范围内支付抢救费用；抢救费用超过责任限额的，未参加机动车第三者责任强制保险或者肇事后逃逸的，由道路交通事故社会救助基金先行垫付部分或者全部抢救费用，道路交通事故社会救助基金管理机构有权向交通事故责任人追偿。

《机动车交通事故责任强制保险条例》第 24 条

国家设立道路交通事故社会救助基金（以下简称救助基金）。有下列情形之一时，道路交通事故中受害人人身伤亡的丧葬费用、部分或者全部抢救费用，由救助基金先行垫付，救助基金管理机构有权向道路交通事故责任人追偿：

（一）抢救费用超过机动车交通事故责任强制保险责任限额的；

（二）肇事机动车未参加机动车交通事故责任强制保险的；

（三）机动车肇事后逃逸的。

《机动车交通事故责任强制保险条例》第 25 条

救助基金的来源包括：

（一）按照机动车交通事故责任强制保险的保险费的一定比例提取的资金；

（二）对未按照规定投保机动车交通事故责任强制保险的机动车的所有人、管理人的罚款；

（三）救助基金管理机构依法向道路交通事故责任人追偿的资金；

（四）救助基金孳息；

（五）其他资金。

# 第七章 医疗损害责任

本章共 11 条,对医疗损害责任作了规定。《侵权责任法(草案)》的一审稿,即 2002 年 12 月提请九届全国人大常委会第三十一次会议审议的民法草案第八编,没有专章规定医疗损害责任。近年来医疗纠纷逐年上升,引起社会广泛关注。在立法征求意见过程中,人们普遍认为,医疗纠纷案件在实际处理过程中存在着法律适用二元化的现象,成为当前解决医疗纠纷中的突出问题。

(一)关于责任范围

国务院于 2002 年发布的《医疗事故处理条例》(本章简称《条例》)第 2 条规定,医疗事故"是指医疗机构及其医务人员在医疗活动中,违反医疗卫生管理法律、行政法规、部门规章和诊疗护理规范、常规,过失造成患者人身损害的事故。"条例的这一规定,比国务院 1987 年《医疗事故处理办法》规定的医疗事故的范围,已有明显扩大。但是,在医疗活动中仍有可能存在"违反医疗卫生管理法律、行政法规、部门规章和诊疗护理规范、常规"以外的其他原因造成患者人身损害的情况。条例仅对医疗事故的赔偿作了专章规定,同时《条例》第 49 条第 2 款规定:"不属于医疗事故的,医疗机构不承担赔偿责任。"《民法通则》第 106 条第 2 款规定:公民、法人由于过错侵害他人财产、人身的,应当承担民事责任。《民法通则》是民事基本法,《民法通则》的这一规定,是我国法律对侵权行为造成损害予以救济的一般规定。2003 年《最高人民法院关于参照〈医疗事故处理条例〉审理医疗纠纷民事案件的通知》规定:"条例施行后发生的医疗事故引起的医疗赔偿纠纷,诉到法院的,参照条例的有关规定办理;因医疗事故以外的原因引起的其他医疗赔偿纠纷,适用民法通则的规定。"这样,关于医疗纠纷的责任范围,实践中就出现医疗事故和非医疗事故的二元现象。

(二)关于赔偿标准

《条例》规定了医疗费、误工费等 12 个赔偿项目,并分别规定了计算标准。2003 年 12 月,最高人民法院发布了《关于审理人身损害赔偿案件适用法律若干问题的解释》(本章简称《司法解释》),该司法解释根据《民法通则》等法律的有关规定,详细列明了人身损害的赔偿项目和计算方法。《司法解释》与《条例》的差别主要有以下几点:

(1)死亡赔偿金。《条例》未规定死亡赔偿金,而《司法解释》作了规定。因而在医疗侵权造成患者死亡的情况下,按医疗事故适用《条例》所得到的赔偿将明显少于按非医疗事故适用《民法通则》和《司法解释》所得到的赔偿。《司法解释》规定的死亡赔偿金的计算标准是"按照受诉法院所在地上一年度城镇居民人均可支配收入或者农村居民人均纯收入标准,按二十年计算。"据介绍,目前死亡赔偿金在农村平均10万元左右,在城市平均20万元左右,在一些经济较发达的城市,达到40万元左右。条例对于造成患者死亡的,规定了一项"精神损害抚慰金",按照医疗事故发生地居民年平均生活费计算,"赔偿年限最长不超过6年"。

(2) 残疾赔偿金。《条例》规定了残疾生活补助费,其标准是,"根据伤残等级,按照医疗事故发生地居民年平均生活费计算,自定残之月起最长赔偿30年";《司法解释》规定了残疾赔偿金,其计算标准是,"根据受害人丧失劳动能力程度或者伤残等级,按照受诉法院所在地上一年度城镇居民人均可支配收入或者农村居民人均纯收入标准,自定残之日起按二十年计算。"

(3) 被扶养人生活费。《条例》规定的标准是,"按照其户籍所在地或者居所地居民最低生活保障标准计算。对不满16周岁的,扶养到16周岁。对年满16周岁但无劳动能力的,扶养20年";《司法解释》规定的标准是,"按照受诉法院所在地上一年度城镇居民人均消费性支出和农村居民人均年生活消费支出标准计算。被扶养人为未成年人的,计算至十八周岁;被扶养人无劳动能力又无其他生活来源的,计算二十年。"

(4) 护理费。《条例》仅规定了陪护费,即"患者住院期间需要专人陪护的,按照医疗事故发生地上一年度职工年平均工资计算";《司法解释》规定的护理费标准是,"护理人员有收入的,参照误工费的规定计算;护理人员没有收入或者雇用护工的,参照当地护工从事同等级别护理的劳务报酬标准计算。""护理期限应计算至受害人恢复生活自理能力时止。受害人因残疾不能恢复生活自理能力的,可以根据其年龄、健康状况等因素确定合理的护理期限,但最长不超过二十年。"

(三) 关于鉴定机构

实践中,根据《条例》和《最高人民法院关于参照〈医疗事故处理条例〉审理医疗纠纷民事案件的通知》规定,医疗事故由医学会组织专家进行鉴定;因医疗事故以外的原因引起的其他医疗赔偿纠纷,由司法鉴定机构进行鉴定。医疗事故鉴定主要由医学会组织的医疗卫生专业技术人员进行,司法鉴定主要由法医和其他医务人员进行。据介绍,由于医疗事故鉴定的结果既是医疗事故损害赔偿的依据,同时又是对医疗机构及其医务人员给予行政处分的依据,医学会组织的专家存在不愿意出具构成医疗事故鉴定结论的现象。患者也普遍不信任医疗事故鉴定,即使经过医疗事故鉴定,往往还要申请司法鉴定。

各方面普遍认为,医疗纠纷案件处理中法律适用二元化现象损害了我国法制的严肃性和统一性,影响司法公正,加剧了医患矛盾,亟须通过立法加以解决。立法机关通过深入调研,广泛听取各方面意见,在《侵权责任法(草案)》中增加了"医疗损害责任"一章,调整范围涵盖了前述的医疗事故和非医疗事故。患者在诊疗活动中受到损害的,都统一适用本法的各项规定,从而有利于消除二元化现象。本章采用了"医疗损害责任"的章名,这里的"损害"指的是依照本法规定,医疗机构应当承担侵权责任的患者损害,不包括实施正常的医疗行为无法避免的患者肌体损伤或者功能障碍。

2008年12月,《侵权责任法(草案)》提请十一届全国人大常委会第六次会议第二次审议。在这次会议上,《全国人民代表大会法律委员会关于〈中华人民共和国侵权责任法草案〉主要问题的汇报》提出:"要妥善处理医疗纠纷,界定医疗损害责任,切实保护患者的合法权益,也要保护医务人员的合法权益,促进医学科学的进步和医药卫生事业的发展。"这是起草本章规定所遵循的指导原则。本章明确了医疗损害责任,即"患者在诊疗活动中受到损害,医务人员有过错的,由所属的医疗机构承担赔偿责任。"此外,本章对医疗损害责任的一些重要内容作了规定,包括患者的知情同意权、医务人员的过错界定、医疗机构的过错推定、药品和血液等造成患者损害的责任、医疗机构免责事由、病历资料的查阅复制、患者的隐私保护、制止过度检查以及医疗机构和医务人员的合法权益保护等。

**第五十四条** 患者在诊疗活动中受到损害,医疗机构及其医务人员有过错的,由医疗机构承担赔偿责任。

【说明】

本条是关于医疗损害责任归责原则的规定。

合理规定医疗损害责任,必须充分考虑诊疗活动特点。诊疗活动的主要特点有:(1)未知性。医学是一门探索性、经验性的学科,直至今天,我们对许多疾病的发生原因还不了解,已知发病原因的,也有一半难以治愈,对许多药品副作用的认识非常有限。(2)特异性。人体的基因不同,体质不同,情绪不同,所处环境不同,因此患者疾病表现、治疗效果也不同。如大家熟知的青霉素,有人过敏,有人不过敏,即使青霉素皮试过关,也不排除有过敏反应的可能。(3)专业性。医务人员是救死扶伤的白衣天使,据了解,培养一名专科医师至少需要15年时间。如卫生部《医疗机构诊疗科目名录》,一级科目有32类,二级科目有130类。

疾病的发生有患者原因,疾病的治疗需要患者配合,在诊疗纠纷中不能适用无过错责任,也没有哪个国家实行无过错责任。不问青红皂白,一律实行过错推定,将助长保守医疗,不利于医学科学进步。对诊疗活动引起的纠纷,应当适用一般过错责任。医疗机构及其医务人员有过错的,医疗机构才承担赔偿责任,原则上由原告承担过错的举证责任。只在特殊情况下如医务人员有违规治疗行为或者隐匿、拒绝提供与纠纷有关的医学资料,才适用过错推定责任原则,发生举证责任倒置。患者和医院之间信息不对称问题,应当通过信息交流和信息公开等办法解决。

关于医疗侵权的归责原则,各国大都按照过错责任原则处理,如德国、法国、日本、美国等。德国处理医疗侵权案件的法律依据是《德国民法典》第823条的规定,适用一般的过错责任原则,即原则上由病人承担举证责任,病人需要证明医生没有遵守相应的标准、医生存在过错、医生的过错与其损害之间具有因果关系。只有当医生出现重大过错时,则由医生承担没有过错和因果关系的举证责任。一些国家将医疗侵权归入专家责任范畴,如英美法系国家的不当执业概念包含医生、律师、会计师的失职行为,《奥地利民法典》对专家责任作了规定,适用范围包括医疗侵权。无论是适用侵权法的一般条款,还是适用专家责任,过错原则都是解决医疗侵权的基本原则。我国台湾地区司法实务中曾试图用无过错责任原则处理医疗侵权责任。台湾地区法院曾认为,医疗行为系属医疗机构提供服务之消费行为,而依据台湾地区"消费者保护法"第7条的规定,应当适用无过错责任。有台湾学者认为,医疗行为终究不是商品,也不是以消费为目的的营利性服务,自然不宜适用消费者保护法。2004年台湾地区"医疗法"第82条规定:医疗机构及其医事人员因执行业务致病人损害,以故意或过失为限,负损害赔偿责任。依该条的立法目的以及文义解释,显然已经改变"消费者保护法"第7条规定的原则,使医疗侵权责任转变为过错责任。

本章规定的"诊疗活动",包括诊断、治疗、护理等环节,对此可以参考《医疗机构管理条例实施细则》第88条的有关规定,即诊疗活动是指通过各种检查,使用药物、器械及手术等方法,对疾病作出判断和消除疾病、缓解病情、减轻痛苦、改善功能、延长生命、帮助患者恢复健康的活动。

本法第四章规定,用人单位的工作人员因执行工作任务造成他人损害的,由用人单位承担侵权责任。因此,本条规定患者在诊疗活动中受到损害,医疗机构及其医务人员有过错的,"由医疗机构承担赔偿责任"。

还有一点需要说明,患者在诊疗活动中受到损害,除了医疗机构及其医务人员有过错的条件外,医疗机构及其医务人员的过错还要与患者的损害具有因果关系,医疗机构才承担赔偿责任。因果关系的条件适用于各种侵权行为产生的侵权责任。本条规定的患者在诊疗活动中受到的损害,指的就是与医疗机构及其医务人员的过错有因果关系的损害。

**【立法理由】**

目前,与医疗损害责任的归责原则相关的规定主要是,《医疗事故处理条例》第2条规定:"本条例所称医疗事故,是指医疗机构及其医务人员在医疗活动中,违反医疗卫生管理法律、行政法规、部门规章和诊疗护理规范、常规,过失造成患者人身损害的事故。"同时,《条例》第五章规定了医疗事故的赔偿。可见《条例》体现的是过错责任原则的思路。2001年《最高人民法院关于民事诉讼证据的若干规定》第4条第1款第8项规定:"因医疗行为引起的侵权诉讼,由医疗机构就医疗行为与损害结果之间不存在因果关系及不存在医疗过错承担举证责任。"依照最高人民法院这项司法解释处理医疗损害赔偿案件,可能产生等同于过错推定原则的适用效果。

在立法征求意见过程中,大体有三种意见。有的认为,医疗侵权责任一般应当适用过错责任原则。医疗行为不同于一般的民事行为,其本身往往具有侵害性,即在治疗疾病的同时亦会给患者造成一定的损害后果。如果对医疗损害责任一般适用无过错责任或者过错推定责任,将会给医疗机构带来过重的负担,影响正常的医疗活动。有的认为,医学是一门探索性、经验性的学科,并受到患者体质特异的局限,简单地采用过错推定,会加重医务人员的责任,可能阻碍医学的发展,最终是对患者不利。有的认为,《最高人民法院关于民事诉讼证据的若干规定》中的举证责任倒置规则应当在侵权责任法中继续保留。实行举证责任倒置更符合医疗侵权案件的特殊性。如果不规定举证责任倒置,对患者来说,打医疗官司实在太难。医学文书基本掌握在医疗机构手中,只要医疗机构在证据上采取一些对患者不利的措施,患者将毫无办法。有的提出,在举证责任分配方面,可采用"谁主张,谁举证"以及特定条件下的举证责任转移方式。在一般情况下,应当由患者就医疗机构存在过错承担初步的举证责任。在实践中,该举证责任可以通过提交相关证据或者专业鉴定的方式完成。如果有医疗机构隐匿或者销毁患者病历资料等情形,则可以推定医疗机构有过错,举证责任转移至医疗机构。

**【相关规定】**

《医疗事故处理条例》第2条

本条例所称医疗事故,是指医疗机构及其医务人员在医疗活动中,违反医疗卫生管理法律、行政法规、部门规章和诊疗护理规范、常规,过失造成患者人身损害的事故。

《医疗事故处理条例》第49条

医疗事故赔偿,应当考虑下列因素,确定具体赔偿数额:

(一)医疗事故等级;

(二)医疗过失行为在医疗事故损害后果中的责任程度;

(三)医疗事故损害后果与患者原有疾病状况之间的关系。

不属于医疗事故的,医疗机构不承担赔偿责任。

《最高人民法院关于参照〈医疗事故处理条例〉审理医疗纠纷民事案件的通知》

各省、自治区、直辖市高级人民法院,解放军军事法院,新疆维吾尔自治区高级人民法院生产建设兵团分院:

2002年4月4日国务院公布了《医疗事故处理条例》（以下简称条例），自2002年9月1日起施行。条例对于妥善解决医疗纠纷，保护医患双方的合法权益，维护医疗秩序具有重要意义。现就人民法院参照条例审理医疗纠纷民事案件的有关问题通知如下：

一、条例施行后发生的医疗事故引起的医疗赔偿纠纷，诉到法院的，参照条例的有关规定办理；因医疗事故以外的原因引起的其他医疗赔偿纠纷，适用民法通则的规定。

人民法院在条例施行前已经按照民法通则、原《医疗事故处理办法》等法律、法规审理的民事案件，依法进行再审的，不适用条例的规定。

二、人民法院在民事审判中，根据当事人的申请或者依职权决定进行医疗事故司法鉴定的，交由条例所规定的医学会组织鉴定。因医疗事故以外的原因引起的其他医疗赔偿纠纷需要进行司法鉴定的，按照《人民法院对外委托司法鉴定管理规定》组织鉴定。

人民法院对司法鉴定申请和司法鉴定结论的审查按照《最高人民法院关于民事诉讼证据的若干规定》的有关规定处理。

三、条例施行后，人民法院审理因医疗事故引起的医疗赔偿纠纷民事案件，在确定医疗事故赔偿责任时，参照条例第四十九条、第五十条、第五十一条和第五十二条的规定办理。

人民法院在审理涉及医疗事故民事案件中遇到的其他重大问题，请及时层报我院。

《最高人民法院关于民事诉讼证据的若干规定》第4条

下列侵权诉讼，按照以下规定承担举证责任：

……

（八）因医疗行为引起的侵权诉讼，由医疗机构就医疗行为与损害结果之间不存在因果关系及不存在医疗过错承担举证责任。

有关法律对侵权诉讼的举证责任有特殊规定的，从其规定。

**第五十五条** 医务人员在诊疗活动中应当向患者说明病情和医疗措施。需要实施手术、特殊检查、特殊治疗的，医务人员应当及时向患者说明医疗风险、替代医疗方案等情况，并取得其书面同意；不宜向患者说明的，应当向患者的近亲属说明，并取得其书面同意。

医务人员未尽到前款义务，造成患者损害的，医疗机构应当承担赔偿责任。

【说明】

本条是关于患者知情同意权利的规定。

本条第1款规定，医务人员在诊疗活动中应当向患者说明病情和医疗措施。这是医务人员在诊疗活动中一般应尽的义务。除此以外，如果需要实施手术、特殊检查、特殊治疗的，还应当及时向患者说明医疗风险、替代医疗方案等情况，并取得其书面同意。上述说明如果不宜向患者说明，例如造成患者悲观、恐惧、心理负担沉重，不利于治疗，医务人员应当向患者的近亲属说明，并取得其书面同意。本条第2款规定，医务人员未尽到前款义务，造成患者损害的，医疗机构应当承担赔偿责任。这里需要说明一点，不是说医务人员尽到了本条第1款规定的义务，在后续的诊疗活动中造成患者损害的，医疗机构就可以不承担赔偿责任了。本章第57条规定，医务人员在诊疗活动中未尽到与当时的医疗水平相应的诊疗义务，造成患者损害的，医疗机构应当承担赔偿责任。医务人员尽管尽到了本条第1款规定的义务，尽管取得了患者或者其近亲属同意相关治疗的签字，但如果在后续的诊疗活动中未尽到与当时的医疗水平相适应的诊疗义务，造成患者损害的，医疗机构仍应当承担赔偿责任。

【立法理由】

一些现有法律、行政法规、规章中规定了有关医务人员告知说明义务和患者知情同意权的内容，这些规定普遍为医疗机构的诊疗活动所遵循，并取得了很好的实践效果。本条对这些规定加以借鉴。《中华人民共和国执业医师法》(以下简称《执业医师法》)第26条规定，医师应当如实向患者或者其家属介绍病情，但应注意避免对患者产生不利后果。医师进行试验性临床医疗，应当经医院批准并征得患者本人或其家属同意。《医疗事故处理条例》第11条规定："在医疗活动中，医疗机构及其医务人员应当将患者的病情、医疗措施、医疗风险等如实告知患者，及时解答其咨询；但是，应当避免对患者产生不利后果。"《医疗机构管理条例》第33条规定，医疗机构施行手术、特殊检查或者特殊治疗时，必须征得患者同意，并应当取得其家属或者关系人同意并签字；无法取得患者意见时，应当取得家属或者关系人同意并签字。《医疗机构管理条例实施细则》第62条规定："医疗机构应当尊重患者对自己的病情、诊断、治疗的知情权利。在实施手术、特殊检查、特殊治疗时，应当向患者作必要的解释。因实施保护性医疗措施不宜向患者说明情况的，应当将有关情况通知患者家属。"《医疗机构管理条例实施细则》第88条规定："特殊检查、特殊治疗是指具有下列情形之一的诊断、治疗活动：(一)有一定危险性，可能产生不良后果的检查和治疗；(二)由于患者体质特殊或者病情危笃，可能对患者产生不良后果和危险的检查和治疗；(三)临床试验性检查和治疗；(四)收费可能对患者造成较大经济负担的检查和治疗。"

医疗机构的说明义务和患者的知情同意权为各国相关法律普遍规定。了解国外相关规定有助于更好地理解本条的规定。关于说明义务，综观各国情况，医方的说明义务与患者的知情同意权相对应,该项义务主要是指医方为取得患者对医疗行为的同意,而对该医疗行为的有关事项进行说明的义务。此种说明义务的对象主要是医疗过程中具有严重损伤后果的医疗行为,该行为可能影响身体机能甚至危及生命,因此需要患者在知晓自己病情并了解该医疗行为风险的基础上,作出是否同意该医疗措施的决定。一般医疗过程中惯常实施的不具有严重损伤后果的医疗行为,如常规注射、用药等,则不需向患者详尽说明。医方说明义务源自20世纪初叶,美国1914年就有相关判例,某患者因脊椎方面的疾病到医院接受手术治疗,术前医院向患者告知该手术可能导致死亡,但未告知可能导致残疾。术后患者残疾,以医院告知不足为由要求损害赔偿,法院判决支持患者的请求。其后各国法律对此都有相应的规定,也出现了大量的相关判例。美国有《统一医疗信息法》、《病人权利典章》等法律,确定了患者的如下权利:有权了解关于其疾病的诊断、治疗及愈后情况;有权了解对其病情的医疗决定及所有治疗建议的措施;有权了解医疗和护理上适宜的替代方法;有权了解实质性的风险;有权了解为其服务的医务人员的身份和职业状态;有权了解结算的总账单的分项和详细解释;有权了解病历、化验等各种与其病情有关的资料。英国通过判例也确立了知情同意原则,《荷兰民法典》在医疗服务合同中对患者知情同意权作了规定,芬兰在《病人权利法》中规定了患者有权了解的内容。各国规定的内容基本相似。

据日本学者介绍,虽然日本学术界于20世纪60年代就提出了说明义务理论,但作为损害赔偿的诉因,在诉讼中得到广泛承认是近些年的事情。目前日本法学界通说认为,说明义务可分为两类:(1)为取得患者有效同意的说明义务,日本最高法院昭和56年(1981年)6月19日的一个案例,对说明义务事项作了非常详细的列举,基本上囊括了有关医疗行为的所有细节,为日本以后的此类案件所遵从。(2)为回避不良结果的说明义务。对于这项义务日本最高法院认为其判断标准为诊疗当时临床医学实践中的医疗水准,对依当时诊疗水准未确立的内容,医师不负有说明义务。

关于患者的同意,《美国医院法》规定,病人有权利通过合理方式参与有关其医疗的决定。如果没有病人或者其合法代表基于充分理解和自愿的同意,不能对病人采取任何诊疗措施。在荷兰,医生要将治疗方案的特征和危险因素、可能存在的副作用、成功的可能性及其他可供选择方法等信息以简单易懂的语言提供给患者,只有在病人同意后才能开始治疗。同时,患者有权中止正在进行的治疗或者要求采用其他方案,医生必须遵从病人的决定。并非一切医疗行为都要征得患者的同意,例如,芬兰法律规定,如果医患双方的目的都很明确且不涉及比较复杂的治疗方法,如感冒病人到执业医生的诊所打针,就不涉及病人的同意权问题。日本札幌高等法院1981年5月27日及横滨地方法院1982年5月20日就有关于阑尾炎手术案件的判决认为,关于脊髓麻醉的危险性属于一般社会常识,医生不必取得患者专门同意。在日本另外一起案件中,医生手术摘取了患者右乳房的肿瘤后,又对其左乳房做了病理切片检查出异常,在没有得到本人的承诺下,将其左乳房也切除了。对此案的判决认为,全部摘除女性乳房对于患者来说,从生理机能到外观上都具有非常重大的影响。为此,被告在摘除原告左乳房手术时,必须重新取得患者的同意。各国还要求患者应当具有同意的能力。在美国,判断患者是否具有同意的能力要考虑患者的信息传达能力、理解能力以及对于选择的逻辑性思考能力和推理能力。患者没有同意能力时,通常由其近亲属或者监护人代为同意,这基本上是各国的共同规则。德国实务认为,子女无同意能力时,医生不能无视其父母不同意的表示,即使其父母是因继承或者财产利益等不合理的理由拒绝同意,但是,可以请示法院给予变更,强令同意治疗。美国 1990 年 Curran v. Bosze 案的判例也表明,如果父母的决定不符合孩子的最终利益,法院可以否决其决定。而英国的一个判例认为,危急即使监护人不同意,医生也应当及时施行救治。在该案中,一个 13 岁女孩患扁桃腺肿,急需手术治疗,但其父母拒绝手术,结果造成女孩耳聋。法院认为,为了保护患者的生命健康,如果疾病已危及生命或者无充分时间取得代理人或者监护人的同意,即使未经同意也应当进行治疗。我国台湾地区"医疗法"第 46 条规定,医院实施手术时,应取得病人或其配偶、家属或关系人之同意,签具手术同意书;在签具之前医师应向其本人或配偶家属或关系人说明手术原因、手术成功率或可能发生之并发症及危险,在其同意之下,始得为之。但如情况紧急不在此限。

**【相关规定】**

《中华人民共和国执业医师法》第 26 条

医师应当如实向患者或者其家属介绍病情,但应注意避免对患者产生不利后果。

医师进行实验性临床医疗,应当经医院批准并征得患者本人或者其家属同意。

《医疗事故处理条例》第 11 条

在医疗活动中,医疗机构及其医务人员应当将患者的病情、医疗措施、医疗风险等如实告知患者,及时解答咨询;但是,应当避免对患者产生不利后果。

《医疗机构管理条例》第 33 条

医疗机构施行手术、特殊检查或者特殊治疗时,必须征得患者同意,并应当取得其家属或者关系人同意并签字;无法取得患者意见时,应当取得家属或者关系人同意并签字;无法取得患者意见又无家属或者关系人在场,或者遇到其他特殊情况时,经治医师应当提出医疗处置方案,在取得医疗机构负责人或者被授权负责人员的批准后实施。

《医疗机构管理条例实施细则》第 62 条

医疗机构应当尊重患者对自己的病情、诊断、治疗的知情权利。在实施手术、特殊检查、特殊治疗时,应当向患者作必要的解释。因实施保护性医疗措施不宜向患者说明情况的,应当将有关情况通知患者家属。

《医疗机构管理条例实施细则》第 88 条

条例及本细则中下列用语的含义:

特殊检查、特殊治疗:是指具有下列情形之一的诊断、治疗活动:

(一)有一定危险性,可能产生不良后果的检查和治疗;

(二)由于患者体质特殊或者病情危笃,可能对患者产生不良后果和危险的检查和治疗;

(三)临床试验性检查和治疗;

(四)收费可能对患者造成较大经济负担的检查和治疗。

**第五十六条** 因抢救生命垂危的患者等紧急情况,不能取得患者或者其近亲属意见的,经医疗机构负责人或者授权的负责人批准,可以立即实施相应的医疗措施。

【说明】

本条是关于紧急情况下知情同意的特殊规定。

上一条规定了患者的知情同意权,本条是针对抢救危急患者等紧急情况所作的特殊规定。本条规定的"不能取得患者或者其近亲属意见",主要是指患者不能表达意志,也无近亲属陪伴,又联系不到近亲属的情况,不包括患者或者其近亲属明确表示拒绝采取医疗措施的情况。2008 年 12 月,《侵权责任法(草案)》提请全国人大常委会二审时,本条规定为,"因抢救生命垂危的患者等紧急情况,难以取得患者或者其近亲属同意的,经医疗机构负责人批准可以立即实施相应的医疗措施。"这里的"难以取得患者或者其近亲属同意"的表述易被理解为包括了患者或者其近亲属明确表示不同意的情况。后来,根据各方面意见对草案进行修改,考虑到虽然患者或者其近亲属明确不同意治疗的情况在实践中确有发生,但对于如何处理认识上不一致,分歧较大。国外的情况也不尽相同,有的国家要求,疾病已危及生命时,为了保护患者的生命健康,即使代理人或者监护人不同意也应当进行治疗。有的国家规定,医生不能无视患者家属不同意治疗的表示,但可以请求法院裁定治疗。这个问题还涉及法定代理权、监护权等基本民事法律制度,情况较为复杂,还应当总结实践经验作进一步研究,待今后条件成熟时再作明确规定。

【立法理由】

《医疗机构管理条例》第 33 条规定:"无法取得患者意见又无家属或者关系

人在场,或者遇到其他特殊情况时,经治医师应当提出医疗处置方案,在取得医疗机构负责人或者被授权负责人员的批准后实施。"本条借鉴了这一规定。

【相关规定】

《医疗机构管理条例》第33条

医疗机构施行手术、特殊检查或者特殊治疗时,必须征得患者同意,并应当取得其家属或者关系人同意并签字;无法取得患者意见时,应当取得家属或者关系人同意并签字;无法取得患者意见又无家属或者关系人在场,或者遇到其他特殊情况时,经治医师应当提出医疗处置方案,在取得医疗机构负责人或者被授权负责人员的批准后实施。

**第五十七条** 医务人员在诊疗活动中未尽到与当时的医疗水平相应的诊疗义务,造成患者损害的,医疗机构应当承担赔偿责任。

【说明】

本条是关于在诊疗活动中如何界定医务人员过错的规定。

依照本条规定,医务人员的注意义务就是应当尽到与当时的医疗水平相应的诊疗义务。尽到诊疗义务的一个重要方面,是诊疗行为符合法律、行政法规、规章以及诊疗规范的有关要求。然而,医务人员的注意义务并非合法合规是完全等同的概念。一个医务人员应当具有的诊疗水平,并非完全能够被法律、行政法规、规章以及诊疗规范的有关要求所涵盖。医务人员完全遵守了具体的操作规程,仍然有可能作出事后证明是错误的判断,实施事后证明是错误的行为。然而,医疗行为具有未知性、特异性和专业性等特点,不能仅凭事后证明错误这一点来认定医务人员存在诊疗过错,不能唯结果论。关键要看是不是其他的医务人员一般都不会犯这种错误。因此,本条规定的诊疗义务可以理解为一般情况下医务人员可以尽到的、通过谨慎的作为或者不作为避免患者受到损害的义务。

医疗纠纷解决的时间可能较长,判断是否尽到诊疗义务应当以诊疗行为发生时的诊疗水平为参照才公平合理。另外,《侵权责任法(草案)》曾规定,"判断医务人员注意义务时,应当适当考虑地区、医疗机构资质、医务人员资质等因素。"后来考虑到诊疗行为的实际情况很复杂,删去了这一规定。地区、资质等因素能否在适用本条时考虑,应当结合具体情况。法律、行政法规、规章以及诊疗规范规定了具体要求的诊疗行为,医疗机构和医务人员一般都应当遵守,不应当因地区、资质的不同而有差别。除此以外,有的诊疗行为属于基本性操作,也不一定要考虑这些因素。反之,对于有的诊疗行为,在有的情况下,"与当时的医疗水平相应的诊疗义务"也可以理解为包括地区、资质等因素。

**【立法理由】**

本法第54条规定,患者在诊疗活动中受到损害,医疗机构及其医务人员有过错的,由医疗机构承担赔偿责任。医务人员的过错包括故意和过失,故意易于理解,如何界定过失是本条的主要着眼点。"尽到与当时的医疗水平相应的诊疗义务"体现了侵权责任法上的重要概念,即注意义务。在现代侵权责任法上,无论是大陆法系还是英美法系,注意义务是侵权责任的核心要素,是界定过失的基准。各国侵权责任法中注意义务的内涵大同小异。英美法对注意义务的一般解释是一种为了避免造成损害而合理注意的法定责任。在侵权法中,如果行为人造成损害的行为违反了应对受害人承担的注意义务,则应当承担侵权责任。如果一个人能够合理地预见其行为可能对其他人造成人身或者财产损害,一般情况下他应对可能受其影响的人负有注意义务。

一些国家的立法和实务对诊疗注意义务有所规定,可以作为理解本条的参考。从国外情况看,注意义务的内容包括两个方面:(1)注意义务的一般抽象性规定;(2)明确在每一项具体医疗行为中的注意义务。关于抽象的注意义务,日本最高法院1961年2月16日在东大医院因输血致梅毒感染一案中明确,从事人的生命及健康管理业务的人,与其业务的性质相对照,要求负有为防止危险而在实际经验上必要的最完善的注意义务。日本最高法院1969年2月6日在国立东京第一医院脚癣放射线皮肤癌一案中对前一判例中对"最完善的注意义务"作了进一步阐述:作为医师,对于患者的症状应予以注意,并在依当时的医学知识考虑效果及副作用的前提下确定治疗方法及程度,在万全的注意之下实施治疗。《荷兰民法典》第7-453条规定,"提供救助者在其作业过程中必须遵守一个好救助者的谨慎,他的行为应当符合其源于救助者的专业标准,并据此承担责任。"

诊疗环节的具体注意义务涉及问诊是否充分、诊断和治疗是否错误。

1. 关于问诊义务

在日本东大医院因输血致梅毒感染一案中,医师在对职业供血人(该供血人持有值得信赖的血清反应的阴性检查证明、健康诊断书、血液调供所会员证等材料)进行问诊时,依照惯例询问"是否身体健康"并得到供血人肯定回答后(当时供血人所患有的梅毒症尚无任何外在表现引起医师注意),实施了抽血输血,最终导致接受输血的患者感染梅毒。该案焦点在于医师是否进行了充分的问诊。日本最高法院在判决中认为,虽然对持有上述证件的职业供血者,依照医学界惯例只需询问"身体是否健康",在得到肯定回答后即可进行抽血,但医学界这一惯例仅是判定过失轻重的参酌因素,仅依这种医学界惯例本身不能否定医师违反了注意义务。本案中,如果医师对供血者血液有无危险的相关问题进行详细问诊,通过仔细观察他回答时的反应来诱导其作出真实回答,则并非不可能得出供血者感染梅毒这一事实。所以本案医师未尽"最完善注意义务"。日本最高法院1976年一例关于疫苗接种的案件曾在日本医疗界引起强烈反响。该案中,医师对上千名受种者接种,仅依照惯例询问"是否健康"后即加以实施,结果一些人第二天发生过敏现象,法院判决认为,医师仅进行简单询问是不够的,应对每位受种者当时的身体状况进行具体详细的询问,因此法院判定医师存在过失。医界人士普遍认为,在对上千人进行集体接种时要求医师对每个人进行分别询问是难以做到的,但司法界认为,为更切实保护患者利益,必须要求医师充分履行问诊义务。医界行业惯例是否可以作为抗辩事由,很多医师在医疗损害赔偿诉讼中提出自己省略某些问诊内容的做法是医学界的惯例,因此不应认定违反问诊义务。日本法院一般认为,行业惯例在法律上不具有直接的效力,法律判断问题的依据是法律规定与立法目的,是否存在医界惯例,不能直接影响法律上是否违反注意义务的判断,但可在过失程度上予以考虑。这要求医界人士认真对待患者的利益,改变惯性思维,重新审视已有惯例的合理性。

2. 关于诊断过失

诊断过程中医师的过失行为主要是误诊,但并非所有误诊都可判定存在过失。因人体生理的复杂性及许多疾病在症状上的相似性常使医师难以一次性诊断正确。德国学者克雷斯蒂安在《欧洲比较侵权法》一书中介绍,欧洲法院在误诊案件中对过失的认定持相当谨慎的态度。瑞典最高法院在1974年3月15日一例误诊案件中仍适用传统的过失标准,认为要考虑未查出病症和其他诊断错误是否在一定程度上可认为是无法避免的。德国法院也持同样的态度,据德国法官介绍,在德国法中,只有在医师作出的诊断是极为严重和错误的情形下,才可认定医生作出了错误的诊断。错误可能源于应当做某项检查而没有做,如果患者描述了症状,但医师未作相应检查,或做检查后未做相应治疗,则是非常严重的错误,可以认定医师过失的存在。而法国最高法院民事审判庭在1987年11月24日的判决中也明确,只有当误诊是源于对当前医学知识的过失不知时,误诊才表现为过错。爱尔兰最高法院在数个医生同时疏忽了新生婴儿髋关节移位的案件中否认了医师过失的存在,并且将"一个理性的医生不可能出现这样的错误"认定为误诊责任的条件。

3. 关于治疗过失

各国法院对治疗过失的判定一般也采取谨慎的态度。如丹麦最高法院1985年6月25日在脊椎穿刺一案中明确,当某种医疗措施本身就有一定的危险,只有当此种医疗措施无必要或者在施行过程中有严重错误时,方能认定医师的过失。丹麦最高法院在另一例案件中也判定医师无过失,该案中医师作了20次尝试,试图将管子插入病人的气管,但终未成功,由于病人被麻醉时间过长导致终身瘫痪。法院认为,麻醉过程过长并不表明医师具有错误,因为它是源于对极不寻常症状的错误估计。同时,治疗方法选择过程中的错误也不必然导致赔偿责任的产生,在这方面,法院倾向于给医师相当的自由空间。据德国法官介绍,德国在判断医生是否有过失方面,往往通过客观地评判医生采取的措施是否得当,是否应当知道但不知道该采取何种措施,或者应当采取却没有采取相应的措施。

【相关规定】

《中华人民共和国执业医师法》第22条

医师在执业活动中履行下列义务:

(一)遵守法律、法规,遵守技术操作规范;

(二)树立敬业精神,遵守职业道德,履行医师职责,尽职尽责为患者服务;

(三)关心、爱护、尊重患者,保护患者的隐私;

(四)努力钻研业务,更新知识,提高专业技术水平;

(五)宣传卫生保健知识,对患者进行健康教育。

《医疗事故处理条例》第5条

医疗机构及其医务人员在医疗活动中,必须严格遵守医疗卫生管理法律、行政法规、部门规章和诊疗护理规范、常规,恪守医疗服务职业道德。

**第五十八条** 患者有损害,因下列情形之一的,推定医疗机构有过错:

(一)违反法律、行政法规、规章以及其他有关诊疗规范的规定;

(二)隐匿或者拒绝提供与纠纷有关的病历资料;

(三)伪造、篡改或者销毁病历资料。

【说明】

本条是关于在什么情况下推定医疗机构有过错的规定。

患者有损害,因本条规定情形之一的,推定医疗机构有过错,并非当然认定医疗机构有过错。也就是说,医疗机构可以提出反证,证明自己没有过错。患者在诊疗活动中受到损害,医疗机构及其医务人员有过错的,由医疗机构承担赔偿责任。具体地,依照本法第57条规定,医务人员在诊疗活动中未尽到与当时的医疗水平相应的诊疗义务,造成患者损害的,医疗机构应当承担赔偿责任。本条第1项规定的违反法律、行政法规、规章以及其他诊疗规范的规定,是医疗机构存在过错的表面证据,并且是一种很强的表面证据,因此,本条规定这种情形下推定存在过错。但医务人员有过错与违反法律、行政法规、规章以及诊疗规范的规定毕竟不是等同的概念。例如,遇有抢救危急患者等特殊情况,医务人员可能采取不太合规范的行为;如果证明在当时情况下该行为是合理的,就可以认定医疗机构没有过错。

本条第2项和第3项规定了医疗机构隐匿或者拒绝提供与纠纷有关的病历资料和伪造、篡改或者销毁病历资料。这两项情形,一方面反映了医疗机构的恶意;另一方面使患者难以取得与医疗纠纷有关的证据资料,这时再让患者举证已不合理。因此,推定医疗机构有过错。

**【立法理由】**

本法第 54 条规定,患者在诊疗活动中受到损害,医疗机构及其医务人员有过错的,由医疗机构承担赔偿责任。这表明医疗损害一般适用过错责任归责原则。只在本条规定的特殊情况下,即医务人员有违规治疗行为或者隐匿、拒绝提供与纠纷有关的病历资料,伪造、篡改或者销毁病历资料的,才推定医疗机构有过错。

**【相关规定】**

《中华人民共和国执业医师法》第 22 条

医师在执业活动中履行下列义务:

(一)遵守法律、法规,遵守技术操作规范;

(二)树立敬业精神,遵守职业道德,履行医师职责,尽职尽责为患者服务;

(三)关心、爱护、尊重患者,保护患者的隐私;

(四)努力钻研业务,更新知识,提高专业技术水平;

(五)宣传卫生保健知识,对患者进行健康教育。

《中华人民共和国执业医师法》第 23 条

医师实施医疗、预防、保健措施,签署有关医学证明文件,必须亲自诊查、调查,并按照规定及时填写医学文书,不得隐匿、伪造或者销毁医学文书及有关资料。

《中华人民共和国执业医师法》第 37 条

医师在执业活动中,违反本法规定,有下列行为之一的,由县级以上人民政府卫生行政部门给予警告或者责令暂停六个月以上一年以下执业活动;情节严重的,吊销其执业证书;构成犯罪的,依法追究刑事责任:

(一)违反卫生行政规章制度或者技术操作规范,造成严重后果的;

(二)由于不负责任延误急危患者的抢救和诊治,造成严重后果的;

(三)造成医疗责任事故的;

(四)未经亲自诊查、调查,签署诊断、治疗、流行病学等证明文件或者有关出生、死亡等证明文件的;

(五)隐匿、伪造或者擅自销毁医学文书及有关资料的;

(六)使用未经批准使用的药品、消毒药剂和医疗器械的;

(七)不按照规定使用麻醉药品、医疗用毒性药品、精神药品和放射性药品的;

(八)未经患者或者其家属同意,对患者进行实验性临床医疗的;

(九)泄露患者隐私,造成严重后果的;

（十）利用职务之便，索取、非法收受患者财物或者牟取其他不正当利益的；

（十一）发生自然灾害、传染病流行、突发重大伤亡事故以及其他严重威胁人民生命健康的紧急情况时，不服从卫生行政部门调遣的；

（十二）发生医疗事故或者发现传染病疫情，患者涉嫌伤害事件或者非正常死亡，不按照规定报告的。

《医疗事故处理条例》第5条

医疗机构及其医务人员在医疗活动中，必须严格遵守医疗卫生管理法律、行政法规、部门规章和诊疗护理规范、常规，恪守医疗服务职业道德。

《医疗事故处理条例》第9条

严禁涂改、伪造、隐匿、销毁或者抢夺病历资料。

《医疗机构管理条例》第25条

医疗机构执业，必须遵守有关法律、法规和医疗技术规范。

**第五十九条　因药品、消毒药剂、医疗器械的缺陷，或者输入不合格的血液造成患者损害的，患者可以向生产者或者血液提供机构请求赔偿，也可以向医疗机构请求赔偿。患者向医疗机构请求赔偿的，医疗机构赔偿后，有权向负有责任的生产者或者血液提供机构追偿。**

【说明】

本条是关于因药品、消毒药剂、医疗器械的缺陷，或者输入不合格的血液造成患者损害的责任的规定。

因药品、消毒药剂、医疗器械的缺陷，或者输入不合格的血液造成患者损害的，涉及药品、消毒药剂、医疗器械的生产者或者血液提供机构和医疗机构的责任。立法调研中了解到，许多患者在因此受到损害后，都有被相互推诿、求偿困难的经历。由于法律缺乏明确的规定，患者在这方面寻求司法保护的效果也不理想。本条为了更好地维护患者的权益，便利患者受到损害后主张权利，明确规定"患者可以向生产者或者血液提供机构请求赔偿，也可以向医疗机构请求赔偿"。同时规定，如果患者向医疗机构请求赔偿，医疗机构赔偿后，有权向负有责任的生产者或者血液提供机构追偿。

【立法理由】

患者因药品、消毒药剂、医疗器械的缺陷受到损害的，在立法征求意见中争议相对较小。药品、消毒药剂、医疗器械属于产品，《产品质量法》第41条规定，因产品存在缺陷，造成人身、缺陷产品以外的其他财产（以下简称他人财产）损害的，生产者应当承担赔偿责任。第43条规定，因产品存在缺陷造成人身、他人财产损害的，受害人可以向产品的生产者要求赔偿，也可以向产品的销售者要求赔偿。

属于产品生产者的责任,产品的销售者先行赔偿的,有权向产品的生产者追偿。属于产品的销售者的责任,产品的生产者先行赔偿的,有权向产品的销售者追偿。立法征求意见中就医疗机构是否为销售者有不同意见。但是,如前所述,本条主要以便利患者受到损害后主张权利为目的,依据《产品质量法》作出具体规定。一些医疗机构的同志也认为,因药品、消毒药剂、医疗器械的缺陷造成患者损害,患者向医疗机构请求赔偿,符合社会一般常理,可以接受。理解本条中"缺陷"的含义,可以参考《产品质量法》第46条的规定,即"是指产品存在危及人身、他人财产安全的不合理的危险;产品有保障人体健康和人身、财产安全的国家标准、行业标准的,是指不符合该标准"。

关于输入不合格的血液造成患者损害,情况复杂一些,立法过程中有不同意见。主要考虑了以下几方面的情况。

1. 法律规定无偿献血的意义和目的

无偿献血是指公民向血站自愿、无报酬地提供自身血液的行为。《献血法》第2条规定:"国家实行无偿献血制度。国家提倡十八周岁至五十五周岁的健康公民自愿献血。"无偿献血是国际红十字会和世界卫生组织从20世纪30年代建议和提倡的。经过几十年的不懈努力,世界上很多国家都从过去的有偿献血,逐步向无偿献血过渡,最终实现了公民无偿献血。如德国、日本、瑞士、美国、加拿大、澳大利亚等国家都先后全部或基本上实现了公民无偿献血。实行无偿献血制度,有利于保证医疗临床用血安全,保障献血者和用血者的身体健康。个体供血者容易受经济利益驱动,频繁供血,使得血液质量下降,经血液途径传播疾病的风险加大。实行公民无偿献血制度,禁止血液买卖,是从根本上提高血液质量、保证医疗临床用血安全的重要途径。另外,无偿献血是一种社会共济行为,是一种无私的奉献,是人道主义精神的体现。实行无偿献血制度,有利于弘扬中华民族团结、友爱、互助的传统美德,促进社会主义精神文明建设。

2. 血液从血站经医疗机构到患者的费用和价格

血液从采集到最终输入患者体内,经过血站及医疗机构两个阶段的操作程序。血站是采集和提供临床用血的机构。目前我国规范血站的法律、法规和规范主要有《献血法》、《血站管理办法》等血站质量管理规范。这些法律、法规和规范规定了血液的采集、检验、储存的操作程序,主要包括:要求献血者填写健康征询表;对献血者的血液做初筛,初筛合格后采集血液;将采集到的血液带回至血站进一步检测;将检测合格的血液按照要求进行保存。目前我国规范医疗机构用血、输血的规定主要是医疗机构临床用血管理办法(试行)、临床输血技术规范等。较大的医院一般设有血库,医院根据自身情况向血站申请调取血液,经核对后办理入库。患者有用血指征,经过有关检查,并同意输血的,医院按照操作程序从血库调取血液,进行交叉配血,无异常即可进行输血。根据卫生部、国家发改委《关于调整公民临床用血收费标准的通知》(卫规财发[2005]437号)的规定,血站向医疗机构供应血液的价格包括血站采集、储存、分离、检验的费用。不同类型的血液具有不同的供应价格。其中,"全血"执行全国统一价格220元(200毫升);对于其他类型的血液分别制定了最高价格:手工分红细胞悬液每单位(200毫升全血制备)210元、手工分浓缩血小板每单位(200毫升全血制备)100元、手工分冰冻血浆每100毫升40元、机采血小板每治疗量($\geq 2.5 \times 10^{11}$血小板)1400元,同时允许各省、自治区、直辖市卫生行政部门会同同级价格主管部门根据当地实际情况,在不超过最高供应价格的前提下制定当地的血站供应价格。医疗机构对临床用血的收费包括血站供应的血液价格、储血费和配血费。储血费收费标准由各省、自治区、直辖市价格主管部门会同同级卫生行政部门根据实际情况确定,目前北京市规定每单位10元;配血费一般按当地有关医疗服务价格的规定收取,实践中多为几十元不等。医疗机构按血站供应价格向血站支付费用,留取储血费和配血费。

3. 输血中发生的突出问题

近年来,因输血而导致患者受到损害的事例时有发生,因此而引发的医疗纠纷也越来越受到社会关注。实践中发生的输血感染或者导致其他损害的案例,大多是因为血站或者医疗机构在血液采集或者临床用血过程中未按照有关法律、法规和规范的要求操作造成的。表现在采供血环节的主要是:未做检测或者未检验出应当检验出的病毒;采血过程中,血液受到污染;保管过程中,因保管措施不当导致血液变质;运输过程中,因设备配置不当导致血液变质等。表现在临床用血环节的主要是:血液保存、管理不当导致血液受到污染或者变质;使用过期输血器具或者消毒不严使患者受到损害;未考虑患者的特殊体征不当输血导致患者受到损害,如对心功能不全的患者输血过多过快导致心衰,对肝功能不全的患者输入大量贮存血导致氨血症等。如果血站和医疗机构的行为存在过错,则依法解决这些纠纷的难度并不大。实践中较为突出的问题是采血、输血行为无过错的情况下如何适用法律处理纠纷。这主要反映在输血引发感染的情况下。输血引发感染主要包括感染乙肝、丙肝、艾滋病、梅毒病毒等等。据了解,实践中经采供血机构检验合格的血液输血后,仍有传染肝炎、艾滋病等疾病的可能性。目前的检验方法受到现有医学水平的限制,部分早期病毒感染患者,其病毒标志物在血液中难以检出,医学上一般称为"窗口期"。处于"窗口期"的献血者的血液在按照操作规范检查时通常显示为正常,这类经初检和复检合格的血液,作为正常血液输入人体后就会发生上述传染病。基于目前医学的局限,这类血液引发的感染有时难以避免。从司法实践看,近年来各地因输血感染疾病而引发的侵权损害赔偿案件不断出现。现行法律法规对该类纠纷缺乏明确具体的规定,法院在审理中适用不同的归责原则,导致不同的判决结果。

主要有以下三种情况：(1) 适用无过错责任原则。这类情况实践中不多。例如某案例中，原告在医院手术中输血 400 毫升，术后不久被确诊为丙型肝炎。法院查明原告输入的血液已经过检验，不存在质量问题，但判决医院赔偿原告各项损失 6000 余元。(2) 适用过错责任原则。这类情况实践中较为常见。例如某案例中，原告在被告医院手术治疗过程中两次输血共 1400 毫升。原告出院后 1 个月被确诊为丙型肝炎，起诉至法院。医疗事故鉴定委员会鉴定认为，原告所患肝炎系输血所致，但属于无过错输血，不属于医疗事故。法院依据该鉴定结论，判决驳回原告的诉讼请求。再如某案例中，原告因摔伤到医院治疗，输血 4 次，后发现感染艾滋病病毒。法院查明，原告所用血液的 3 名供血员无献血档案，无法确定这 3 名供血者的健康状况，血站存在过错。因血站被撤销，由当地卫生局以血站的财产赔偿原告各项损失 11 余万元。(3) 适用公平责任原则。《民法通则》第 132 条规定："当事人对造成损害都没有过错的，可以根据实际情况，由当事人分担民事责任。"一般认为，该条规定不是该侵权损害赔偿中的一个独立归责原则，而只是对损害结果的分担原则。对于输血感染疾病的纠纷，法院认为医疗机构及血液中心均无过错，但适用过错责任原则又对受害人明显不公平时，往往适用公平责任原则，由各方当事人分担损害结果，判决医疗机构和血站给予患者一定的补偿，以适当保护患者的利益，或者达到社会的稳定目的。例如某案例中，原告住院治疗，输血 4 次，出院后发现感染乙肝。法院查明，医院及血站均无过错，法院判决原告、医院、血站各承担原告医疗费的 1/3。在另一案情相似的案例中，法院判决原告、医院、血站按 3∶3∶4 的比例分担原告的损失。

4. 关于血站的责任

对于血站违反有关操作规程和制度采集血液的，《献血法》第 19 条只规定了给献血者健康造成损害的，应当依法赔偿，未规定对受害患者的赔偿。对于血站违反规定向医疗机构提供不符合国家规定标准的血液，造成经血液途径传播的疾病传播，《献血法》第 21 条只规定了行政责任以及"构成犯罪的，依法追究刑事责任"，未规定血站的民事责任。血站在采、供血过程中存在违反有关操作规程和制度等过错，向医疗机构提供不合格的血液，造成经血液途径传播的疾病，给患者健康造成损害的，依照《民法通则》的规定应当承担赔偿责任。对此当无异议，司法实践也是这样掌握的。有关血站是否应当承担赔偿责任的争议，主要存在于采、供血过程中无过错的情况，例如造成不合格血液产生的原因是供血者处于病毒感染的"窗口期"，限于目前的医学检测水平无法发现。在这种情况下，对于血站依法是否应当承担无过错责任，有不同意见。目前没有法律明确规定血站对民事损害应当承担无过错责任。依照《产品质量法》第 41 条的规定，缺陷产品的生产者应当承担无过错责任。因此，对血站责任问题的不同意见就主要反映在对于血液是否属于"产品"的争议上，大体有三种意见：

（1）认为血液不是产品，输血是医疗抢救和治疗病人的重要手段，不同于普通的商品买卖，对血液不应当作为"产品"适用《产品质量法》。《产品质量法》第2条规定："本法所称产品，是指经过加工、制作，用于销售的产品"。将从供血者身体抽取的血液，进行分装、贮存、保管、运输以及加入抗凝剂等，这些工序尚不构成加工和制作。血液的本质特征不是生产劳动的成果，血站也不能生产、制造血液。"制造"血液是人类的一种身体机能，血液是从献血者身上采集而来。输血不同于普通的商品销售，而类似于人体组织的移植，其目的是为了满足患者治疗的需要。《献血法》规定，国家实行无偿献血制度。血站是采集、提供临床用血的机构，是不以营利为目的的公益性组织。无偿献血的血液必须用于临床，不得买卖。血站、医疗机构不得将无偿献血的血液出售给单采血浆站或者血液制品生产单位。公民临床用血时只交付用于血液的采集、储存、分离、检验等费用。根据这些规定，结合《产品质量法》第2条的规定，应当认为输血用的血液不属于"产品"，血站不应承担无过错责任。

（2）认为血液是产品，无过错输血感染疾病案件应适用《产品质量法》，由血液提供者向受害人承担无过错责任。输血用血液（包括全血与成分血）与人体内的血液不同，它经过了加工、制作，尽管过程相对简单一些，但如果不经过器械采血、分离、加入抗凝剂等工艺流程，人体内流出的血液不能自动成为输血用血液。而且，输血用血液是血站通过等价交换的方式销售给医院，患者又通过等价交换的方式向医院支付相关费用后才使用的。

（3）认为应当将血液视为"产品"，使血液提供者承担与血液制品生产者相同的责任。相对于输血用血液，普遍认为血液经过提取分离而形成的血液制品，如冻干血浆、白蛋白、丙种球蛋白和凝血因子等属于产品。血液与血液制品的来源相同，都是献血者体内自然流动的血液（或血浆），只是输血用血液由血液提供者以较为简单的工艺流程加工而成，而血液制品由企业以较为复杂的工艺流程加工制作。如果对"窗口期"等原因造成的输血感染事件按照不同的规则处理，对血站适用过错责任原则，而对血液制品生产企业则适用无过错责任原则，不符合法律公平公正的理念。因此在无过错输血感染疾病案件中，对于血液是否为产品不宜机械考虑，即使血液不是产品，亦应将其视为产品，适用产品质量法由血液提供机构承担无过错责任。以上第三种意见有可取之处。输血感染案件中的受害人与血液提供机构相比是处于被动接受地位的弱者。对于无过错输血感染这一不可预料的风险，血液提供者更有控制风险、承担风险和分散风险的能力。合理保护受害患者的利益，有利于体现公平正义的法律精神，有利于减少医患纠纷，构建和谐社会。然而，妥善处理这一纠纷，也要考虑医药卫生事业的发展，避免过于加重血液提供机构的经济负担。应当借鉴国外的有益经验，尽快研究推进我国医药卫生领域的责任保险制度和赔偿基金制度的建设。职业责任保险制度已被许多国家采用,血液损害责任保险也在很多国家实行。国外的经验表明,通过责任保险或者赔偿基金制度,由全社会分担输血损害的风险,是解决这一问题的最有效方法,符合现代社会处理此类涉及广大民众利益的侵权纠纷的发展方向。

5. 关于医疗机构的责任

医疗机构因过错致使患者受到输血损害的,应当承担侵权责任。为了规范、指导医疗机构用血,《临床输血技术规范》、《医疗机构临床用血管理办法(试行)》等都规定了医疗机构在临床用血的各个环节中应当履行的职责。医疗机构未履行职责,如对血液的储存措施不当、血型核对错误、交叉配血错误、输血后发生不良反应抢救不当等,造成患者损害,应当承担赔偿责任。争议较大的是在无过错输血中患者感染病毒性疾病的情况下,医疗机构如何承担责任。与血站的情形相似,也有上述三种意见。主张医疗机构不应承担责任的意见进一步提出,医疗机构只是血站提供血液的使用者。在输血过程中,医疗机构仅负责检测患者的血型,以及将血站取得的血液与患者的血样进行交叉配血检测。对于从血站取来的血液,医疗机构没有义务进行乙肝、丙肝、艾滋病、梅毒等病毒检测。医疗机构对血液本身并未收取任何费用。在输血过程中,医疗机构向患者收取三项费用,包括血站供应价格、储血费和配血费。其中血站供应价格是由医疗机构代为收取的,要全款支付给血站,属于患者支付给血站的费用。患者支付给医疗机构的费用只有储血费和配血费两项,分别是血液储存费用和为患者输血进行血型试验和交叉配血试验的检验项目费用。主张医疗机构应当承担责任的意见进一步提出,医疗机构与其他销售者相比,更具专业性,对于血液和血液制品,医疗机构都应负有最终的把关责任,这种责任关系着患者的生死存亡,作为专业机构和专业人员,医院和医生有能力和责任对血液和血液制品进行鉴别,而患者比一般消费者而言,在专业性方面更处于劣势。因此,医疗机构的责任不应当比一般销售者的责任更低。

【相关规定】

《中华人民共和国产品质量法》第41条

因产品存在缺陷造成人身、缺陷产品以外的其他财产(以下简称他人财产)损害的,生产者应当承担赔偿责任。

生产者能够证明有下列情形之一的,不承担赔偿责任:

(一) 未将产品投入流通的;

(二) 产品投入流通时,引起损害的缺陷尚不存在的;

(三) 将产品投入流通时的科学技术水平尚不能发现缺陷的存在的。

《中华人民共和国产品质量法》第43条

因产品存在缺陷造成人身、他人财产损害的,受害人可以向产品的生产者要求赔偿,也可以向产品的销售者要求赔偿。属于产品的生产者的责任,产品的销售者赔偿的,产品的销售者有权向产品的生产者追偿。属于产品的销售者的责任,产品的生产者赔偿的,产品的生产者有权向产品的销售者追偿。

《中华人民共和国产品质量法》第46条

本法所称缺陷,是指产品存在危及人身、他人财产安全的不合理的危险;产品有保障人体健康和人身、财产安全的国家标准、行业标准的,是指不符合该标准。

《中华人民共和国献血法》第2条

国家实行无偿献血制度。

国家提倡十八周岁至五十五周岁的健康公民自愿献血。

《中华人民共和国献血法》第11条

无偿献血的血液必须用于临床,不得买卖。血站、医疗机构不得将无偿献血的血液出售给单采血浆站或者血液制品生产单位。

《中华人民共和国献血法》第14条

公民临床用血时只交付用于血液的采集、储存、分离、检验等费用;具体收费标准由国务院卫生行政部门会同国务院价格主管部门制定。

无偿献血者临床需要用血时,免交前款规定的费用;无偿献血者的配偶和直系亲属临床需要用血时,可以按照省、自治区、直辖市人民政府的规定免交或者减交前款规定的费用。

**第六十条** 患者有损害,因下列情形之一的,医疗机构不承担赔偿责任:

(一)患者或者其近亲属不配合医疗机构进行符合诊疗规范的诊疗;

(二)医务人员在抢救生命垂危的患者等紧急情况下已经尽到合理诊疗义务;

(三)限于当时的医疗水平难以诊疗。

前款第一项情形中,医疗机构及其医务人员也有过错的,应当承担相应的赔偿责任。

【说明】

本条是关于医疗机构免责情形的规定。现就本条规定的三种免责情形解释如下:

(一)患者或者其近亲属不配合医疗机构进行符合诊疗规范的诊疗

正确理解本项规定,需要同本条第2款的规定结合起来。本条第2款规定:"前款第一项情形中,医疗机构及其医务人员也有过错的,应当承担相应的赔偿责任"。立法过程中,有意见认为,如果规定患者或者其近亲属不配合医疗机构进行符合诊疗规范的诊疗,医疗机构就可完全免除责任,太过绝对。患者或者其近亲属不配合诊疗的情况比较复杂,有的是仅仅患者一方存在过错,如在医务人员尽到合理的说明告知义务和诊疗义务的前提下,患方仍拒不配合诊疗的情况;也有的可能是混合过错,如既有患者一方不配合诊疗的行为,也有医务人员未尽相应诊疗义务的情况,因此,笼统地规定只要是因为患者或者其近亲属不配合医疗机构进行符合诊疗规范的诊疗,医疗机构就一概不承担赔偿责任的规定是不妥当的。在该种情况下,如果医疗机构及其医务人员也有过错的,医疗机构还应当承担相应的赔偿责任。

具体而言,实践中患者一方不配合诊疗的行为可以分为两类:第一类比较常见,是患者囿于其医疗知识水平的局限而对医疗机构采取的诊疗措施难以建立正确的理解,从而导致其不遵医嘱、错误用药等与诊疗措施不相配合的现象。对于因患者上述行为导致损害后果的发生,并不能当然视为患者一方的"不配合",具有主观过错,从而医疗机构可以免除责任。判断患者一方是否存在过错的前提,是医务人员是否向患者一方履行了合理的说明告知义务。医务人员是否尽到了上述说明告知义务,是否使患者一方对于医疗机构采取的诊疗措施及其风险和后果具有合理的认识,这是判断患者一方客观上不配合诊疗的行为是否具有主观过错的关键。关于说明告知义务,本法第55条已经作了规定。在判断是否履行说明告知义务,以及该义务的履行是否合理适当时,还要考虑医疗行业的特殊性,结合个案进行分析。第二类是患者一方主观上具有过错,该过错又可分为故意和过失。故意的情形一般比较少见,患者就医就是为了治疗疾病、康复身体,而非追求身体损害的结果。但现实情况是复杂的,也不能完全排除患者主观追求损害结果的可能。例如医务人员再三嘱咐某糖尿病患者不可饮酒,否则易引发低血糖昏迷,重则有生命危险。但该患者或者出于得到高额保险的目的或者基于其他原因,在明知该行为后果的情况下,拒不遵守医嘱,数次饮酒,结果导致低血糖昏迷。除故意的情形外,过失的情况也比较常见。如近视眼激光手术后,医务人员再三明确叮嘱患者应按时滴用抗生素眼药水,否则会产生眼部炎症等不良反应,但患者疏忽大意不遵医嘱,在医务人员复查并告知其遵行医嘱后,仍未遵行,结果感染炎症。以上两种情况,医务人员已经合理尽到说明告知义务,且采取的诊疗措施并无不当,患者的行为即属于本条第1项规定的"不配合医疗机构进行符合诊疗规范的诊疗",对此,医疗机构不承担赔偿责任。

综上可以看出,因患者一方不配合医疗机构进行符合诊疗规范的诊疗而导致患者损害的,是否可以完全免除医疗机构的赔偿责任,不能一概而论。医疗损害责任的归责原则是过错责任,医务人员是否合理地履行了说明义务及相应的诊疗义务,这是医疗机构最终是否承担责任的基础。因此,尽管有患者或者其近亲属不配合医疗机构进行符合诊疗规范的诊疗行为,如果医疗机构及其医务人员也有过错的,如履行说明告知义务不充分,医疗机构仍应对患者的损害承担相应的责任;反之,若医务人员已经尽到相应义务,患者的损害是因患者或者其近亲属不配合的行为所致,则医疗机构对此不应当承担赔偿责任。

(二)医务人员在抢救生命垂危的患者等紧急情况下已经尽到合理诊疗义务

本项内容规定了两个要件,在两要件均符合的情况下,对于患者的损害,医疗机构不承担赔偿责任。这两个要件分别为:

1. 抢救生命垂危的患者等紧急情况

对患者的紧急救治是医疗机构及其医务人员的职责之一。《执业医师法》第24条规定,对急危患者,医师应当采取紧急措施进行诊治;不得拒绝急救处置。现行的医疗法规规章对于紧急情况的界定为,患者因疾病发作、突然外伤受害及异物侵入体内,身体处于危险状态或非常痛苦的状态,在临床上表现为急性外伤、脑挫伤、意识消失、大出血、心绞痛、急性严重中毒、呼吸困难、各种原因所致的休克等。一般来讲,上述情况中的紧急性可以概括为两类:一类是时间上的紧急性,它是指医师的诊疗时间非常短暂,在技术上不可能作出十分全面的考虑及安排;第二类是事项上的紧急性,它是指采取何种治疗措施,直接关系患者的生死存亡,需要医师作出紧急性的决断。需要说明的是,判断是否构成紧急情况,除了依据法律、法规和规章的规定外,还需要考虑以下两个方面:(1)患者的生命健康受到伤病急剧恶化的威胁,这种威胁应当限定为对患者生命的威胁,而不是对患者一般健康状况的威胁;(2)患者生命受到的威胁是正在发生和实际存在的,患者伤病的急剧恶化对其生命安全的威胁不能是假想的,而应当是正在发生和实际存在的,不立即采取紧急救治措施必然导致患者死亡的后果。如果医师主观想象或虚幻地认为存在需要采取紧急救治的危险,而实际上这种危险并不存在,由于假想危险认识错误所采取的救治措施导致了不必要损害后果的,医疗机构还是应当承担责任。

仅仅是"抢救受到生命威胁的患者等紧急情况",医疗机构是否能够完全免除责任,还不能一概而论。在紧急情况下,由于时间和治疗措施的紧迫性,取得患者或其近亲属的同意往往不现实,如患者重度昏迷而其近亲属又不在现场,但救治急危患者又是医疗机构及其医务人员的职责之一,无正当理由拖延救治时间导致不良后果的,还必须承担相应的法律责任。为此,本法第56条规定,因抢救急危患者等紧急情况,不能取得患者或者其近亲属意见的,经医疗机构负责人或者授权的负责人批准,可以立即实施相应的医疗措施。但是,该条只是回答了紧急情况下难以取得患者一方意见时,医疗机构是否可以"治"的问题。如果"治"的过程中产生损害,例如,患者心跳骤停时医务人员对其进行胸外按摩致肋骨骨折并小量血气胸,再如,患者窒息时因来不及采用无菌条件下的气管切开术,医务人员在医院大厅实施气管切开术后导致感染。对于上述患者的损害,医疗机构是否承担赔偿责任,这就涉及第二个关键的要件,即医务人员在紧急情况下是否尽到合理的诊疗义务。

2. 医务人员在紧急情况下的合理诊疗义务

在理解本条第 2 项的内容时,必须同《医疗事故处理条例》的规定区别开来。《医疗事故处理条例》第 33 条第 1 项规定,在紧急情况下为抢救垂危患者生命而采取紧急医学措施造成不良后果的,不属于医疗事故,医疗机构不承担责任。在立法过程中,有意见认为,《条例》规定只要是在紧急情况下为抢救危急患者而采取紧急医学措施导致的不良后果,医疗机构一概不负责任,太过绝对。医疗机构是否承担责任,还要看医务人员是否已经尽到了合理的诊疗义务。如何判断何为"合理诊疗义务",要考虑到在紧急情况下,患者生命危在旦夕,抢救时间紧迫,医务人员对患者的病情及病状无法作详细的检查、观察、诊断,难以要求医生具有与平常时一样的思考时间、判断能力和预见能力。对于这种情况,法律对医生在注意程度上的要求相对低于一般医疗时的情形。但是,由于医疗行为直接关系患者的生命健康权,在紧急情况下实施的紧急救治措施,医务人员仍应尽到合理诊疗的注意义务。

具体而言,根据现行的诊疗规范,紧急情况下合理的诊疗义务包括如下四个方面:(1)对患者伤病的准确诊断。对患者伤病的准确诊断是正确实施治疗措施的前提。如情况紧急,应当采取控制患者伤病恶化的紧急措施后,再做进一步诊断和治疗。(2)治疗措施的合理、适当,包括治疗措施和治疗用药的适当、合理。(3)谨慎履行说明告知义务。在紧急情况下,如果事前告知不可行,那么采取紧急救治措施后仍应履行该项义务。(4)将紧急救治措施对患者造成的损害控制在合理限度之内。结合上述情况,如果医务人员已经尽到在紧急救治情况下医务人员通常应尽到的诊疗义务,即合理诊疗义务的,医疗机构不承担赔偿责任;否则,即便是为抢救生命垂危的患者,但医务人员未尽到紧急救治情况下医务人员应尽到的合理诊疗义务,医疗机构仍难以免除其赔偿责任。

(三)限于当时的医疗水平难以诊疗的

医疗行为具有高技术性、高风险性、复杂性以及不可控因素,还有很多未知领域需要探索,医疗结果有时具有不确定性和不可预见性。现代医学技术水平的发展具有局限性,目前还不能达到百分之百的治愈率。据统计,即使是在发达国家,临床医疗确诊率也仅有 70% 左右。医学作为发展中的科学,人们至今还在实践中不断探索并寻找解除疾病的办法。即使医学家开始从基因水平认识疾病,人类对癌症、艾滋病等疾病仍没有根治手段。此外,由于病人个体的差异性,就是治疗常见病或者治疗同一种疾病,即便医生采取相同的诊疗措施,所达到的效果也不尽一样。因此,法律对医务人员采取的诊疗行为是否存在过错的判断,只能基于当时的医学科学本身的发展,即是否尽到与当时的医疗水平相适应的诊疗义务,尽到该项义务的,就视为医疗机构及其医务人员没有过错,对于患者的损害不承担赔偿责任。

需要说明的是,医疗机构及其医务人员对患者进行诊疗,并不负有保证治愈的义务。对于某些复杂的疾病,如果医疗机构及其医务人员已经尽到与当时的医疗水平相适应的诊疗义务,但限于当时的医疗水平,对患者采取的医疗措施不仅未取得治愈效果,反而带来新的损害,对此,医疗机构不承担赔偿责任。这一免责事由的规定也是出于鼓励和促进医学科学发展的需要。医学科学的发展必须以医务人员积极探索、大胆创新为前提,同时,由于医疗行业高技术性、高风险性和未知性的特点,医务人员在诊疗措施上的探索和创新可能会成功,例如攻克顽疾为患者带来生的希望;但也可能失败,例如不仅未治愈疾病反而对患者肌体带来新的侵害后果。因此,并不能以是否治愈的结果来判断医疗机构及其医务人员在诊疗活动中是否具有过错,如果医务人员已经尽到与当时医疗水平相适应的诊疗义务,而该疾病限于当时的医疗水平难以诊疗的,医疗机构对于患者的损害不承担赔偿责任。

【立法理由】

本法第三章专门规定了一般情况下免责和减责情形的内容,如损害是因受害人故意造成的,行为人不承担责任;再如因不可抗力造成他人损害的,不承担责任。以上规定对于医疗损害责任也是适用的,但是,鉴于医疗损害责任的特殊性,对于医疗损害中医疗机构的免责情形还应当作出特别规定。因此,除本法第三章的规定外,患者有损害,是因下列情形之一的,医疗机构也不承担赔偿责任:(1)患者或者其近亲属不配合医疗机构进行符合诊疗规范的诊疗(该种情形下医疗机构完全免责的前提,必须是医疗机构及其医务人员没有过错。如果患者或者其近亲属有不配合诊疗的行为,但医疗机构及其医务人员也有过错的,医疗机构仍应对患者的损害承担相应的赔偿责任)。(2)医务人员在抢救生命垂危的患者等紧急情况下已经尽到合理诊疗义务。(3)限于当时的医疗水平难以诊疗。

最后需要说明的是,本条规定的几项免责事由,并不是单纯向医方利益倾斜,而是考虑到广大患者利益以及整个医疗行业健康发展的需要而在法律制度上所作的平衡。对医疗机构的责任,如果法律规定得过于严格,可能导致医务人员在诊疗活动中大量采取保守性甚至防御性治疗措施,对于存在风险的治疗方案畏首畏尾,最终牺牲的还是广大患者的利益。法律在制度上为医务人员在医学科学技术的探索和创新上提供保障,也是最终为广大患者利益服务的需要。

【相关规定】

《医疗事故处理条例》第33条

有下列情形之一的,不属于医疗事故:

(一)在紧急情况下为抢救垂危患者生命而采取紧急医学措施造成不良后

果的;

(二) 在医疗活动中由于患者病情异常或者患者体质特殊而发生医疗意外的;

(三) 在现有医学科学技术条件下,发生无法预料或者不能防范的不良后果的;

(四) 无过错输血感染造成不良后果的;

(五) 因患方原因延误诊疗导致不良后果的;

(六) 因不可抗力造成不良后果的。

**第六十一条** 医疗机构及其医务人员应当按照规定填写并妥善保管住院志、医嘱单、检验报告、手术及麻醉记录、病理资料、护理记录、医疗费用等病历资料。

患者要求查阅、复制前款规定的病历资料的,医疗机构应当提供。

【说明】

本条是关于医疗机构对住院志、医嘱单等病历资料的制作、保存及向患者提供的义务的规定。要正确理解本条的含义,需把握如下几个问题:

一、"病历资料"的含义和范围

《执业医师法》曾有"医学文书及有关资料"的提法,该法第23条第1款规定:"医师实施医疗、预防、保健措施,签署有关医学证明文件,必须亲自诊查、调查,并按照规定及时填写医学文书,不得隐匿、伪造或者销毁医学文书及有关资料。"该条第2款规定:"医师不得出具与自己执业范围无关或者与执业类别不相符的医学证明文件。"

在《侵权责任法(草案)》审议过程中,有的意见认为,"医学文书及有关资料"的含义不明确,建议采用"病历资料"的表述。采用了"病历资料"这一概念的规范性文件还有《医疗事故处理条例》和《医疗机构病历管理规定》。《医疗事故处理条例》第8条第1款规定:"医疗机构应当按照国务院卫生行政部门规定的要求,书写并妥善保管病历资料。"卫生部和国家中医药管理局联合制定的《医疗机构病历管理规定》,对"病历"作了界定,是指医务人员在医疗活动过程中形成的文字、符号、图表、影像、切片等资料的总和,包括门(急)诊病历和住院病历。同时,该规定还对"病历资料"作了进一步明确,规定医疗机构可以为申请人复印或者复制的病历资料包括:门(急)诊病历和住院病历中的住院志(入院记录)、体温单、医嘱单、化验单(检验报告)、医学影像检查资料、特殊检查(治疗)同意书、手术同意书、手术及麻醉记录单、病理报告、护理记录、出院记录。

从行政法规和部门规章可以看出,"病历资料"是一个集合概念,是一系列医学文书资料的总和。从分类上讲,病历包括门(急)诊病历和住院病历;从内容上讲,病历包括体温单、医嘱单、化验单(检验报告)、医学影像检查资料、手术及麻醉记录单、病理报告、护理记录等一系列医学文书资料。

二、患者查阅、复制权利的保障和行使

1. 查阅、复制权利的保障

对诊疗护理活动进行记录的病历资料,是认定是否存在医疗过错的重要依据。实践中,很多医疗诉讼结果的成败往往决定于相关病历资料的证明效力。而医疗行业的高度专业性和闭锁性特点,决定了这类重要的证据资料从产生时起至争议发生时止,都处于医疗机构一方的控制之中,从证据学角度讲,患者的举证能力处于劣势。同时,本法所规定的医疗损害责任归责原则,其核心是过错责任,虽然本法第58条对过错推定作了规定,但仅限于三种特定情形,对这三种情形之外的一般的医疗损害赔偿诉讼,患者一方负有证明医疗机构一方存在过错的举证责任。因此,对于在证据资料的掌握上地位相差悬殊的医患双方,如何公平合理地分配二者的举证责任,尤其是如何提升患者一方掌握相关证据资料的能力,这是法律必须要考虑的问题。

具体而言,对于诊疗活动中产生的病历资料,必须在公平、合理的限度内保障患者一方的查阅和复制权利。关于患者的该项权利,美国1974年就颁布了联邦立法,规定医疗机构必须向患者出示病历、化验结果等各种与病情有关的资料。1985年美国又颁布了统一医疗信息法,赋予患者及其家属请求医疗机构出示与病情有关的各种资料的请求权。如今美国已有半数以上的州在立法上规定了患者有请求医疗机构出示与病情有关的各种资料的权利。关于患者该项权利的保障,我国相关行政法规及部门规章也有明确规定。《医疗事故处理条例》第10条规定:"患者有权复印或者复制其门诊病历、住院志、体温单、医嘱单、化验单(检验报告)、医学影像检查资料、特殊检查同意书、手术同意书、手术及麻醉记录单、病理资料、护理记录以及国务院卫生行政部门规定的其他病历资料。患者依照前款规定要求复印或者复制病历资料的,医疗机构应当提供复印或者复制服务并在复印或者复制的病历资料上加盖证明印记。复印或者复制病历资料时,应当有患者在场。"可以看出,患者对相关病历资料的查阅和复制权利,我国现行法规中已经有所规定,本条从法律的角度作了进一步明确。

2. 查阅、复制权利的行使主体

患者本人当然是行使这一权利的主体,这一点不存在争议。除患者本人外,其他人是否可以成为查阅、复制该类病历资料的主体,对此,相关部门规章已有明确规定。

根据卫生部和国家中医药管理局联合制定的《医疗机构病历管理规定》第12条:"医疗机构应当受理下列人员和机构复印或者复制病历资料的申请:(一)患

者本人或其代理人;(二)死亡患者近亲属或其代理人;(三)保险机构。"该管理规定第13条规定:"受理申请时,应当要求申请人按照下列要求提供有关证明材料:(一)申请人为患者本人的,应当提供其有效身份证明;(二)申请人为患者代理人的,应当提供患者及其代理人的有效身份证明、申请人与患者代理关系的法定证明材料;(三)申请人为死亡患者近亲属的,应当提供患者死亡证明及其近亲属的有效身份证明、申请人是死亡患者近亲属的法定证明材料;(四)申请人为死亡患者近亲属代理人的,应当提供患者死亡证明、死亡患者近亲属及其代理人的有效身份证明,死亡患者与其近亲属关系的法定证明材料,申请人与死亡患者近亲属代理关系的法定证明材料;(五)申请人为保险机构的,应当提供保险合同复印件,承办人员的有效身份证明,患者本人或者其代理人同意的法定证明材料;患者死亡的,应当提供保险合同复印件,承办人员的有效身份证明,死亡患者近亲属或者其代理人同意的法定证明材料。"

可以看出,除患者本人外,经本人指定的代理人,或者在患者本人死亡的情况下,其近亲属或者该近亲属的代理人等,均可依法对有关病历资料进行查阅和复制。对于患者本人未死亡的情况下,即使是患者的近亲属,如果缺乏患者本人的授权同意,也无权查阅、复制该患者的相关病历资料,在该类情况下,医疗机构可以拒绝提供,这涉及法律对患者隐私权的保护问题。

3. 医疗机构向患者提供查阅、复制病历资料的范围

按照《医疗机构病历管理规定》的规定,一般情况下,门(急)诊病历由患者负责保管,只有在医疗机构建有门(急)诊病历档案的,其门(急)诊病历才由医疗机构负责保管;而住院病历一般均由医疗机构负责保管。因此,对于一般由患者负责保管的门(急)诊病历资料,医疗机构及其医务人员只有按照相关规定填写、制作的义务,而无保管责任,自然也就不产生患者对该类病历资料要求医疗机构提供查阅、复制的问题。

对于按照法律、行政法规及部门规章的要求,应由医疗机构负责保管的病历资料,根据本条第2款的规定,患者要求查阅、复制的,医疗机构应当提供。这类病历资料,按照本条第1款的规定,即"住院志、医嘱单、检验报告、手术及麻醉记录、病理资料、护理记录、医疗费用等"。本条的规定参考了现行行政法规和部门规章的相关规定,如《医疗事故处理条例》第10条第1款的规定,患者有权复印或者复制的资料包括:患者门诊病历、住院志、体温单、医嘱单、化验单(检验报告)、医学影像检查资料、特殊检查同意书、手术同意书、手术及麻醉记录单、病理资料、护理记录以及国务院卫生行政部门规定的其他病历资料;再如卫生部和国家中医药管理局联合制定的《医疗机构病历管理规定》,对于可向申请人复印或者复制的资料范围,列举了如下几项内容:门(急)诊病历和住院病历中的住院志(入院记录)、体温单、医嘱单、化验单(检验报告)、医学影像检查资料、特殊检查(治疗)

同意书、手术同意书、手术及麻醉记录单、病理报告、护理记录、出院记录等。

需要说明的是,关于某些特殊医学文书及有关资料的问题,这涉及主观性病历资料和客观性病历资料的区别。一般来讲,整个诊疗活动(尤其是针对涉及手术治疗的复杂诊疗活动)所产生的医学文书资料,可以分为两类,一类是客观性病历资料;另一类是主观性病历资料。客观性病历资料,是指记录患者症状、生命体征、病史的病历资料,即《医疗事故处理条例》所明确的"门诊病历、住院志、体温单、医嘱单、化验单(检验报告)、医学影像检查资料、特殊检查同意书、手术同意书、手术及麻醉记录单、病理资料、护理记录"等。而主观性病历,是指医疗机构的医务人员对病情观察、对病史的了解和掌握进行的综合分析所做的记录,指的是死亡病历讨论记录、疑难病例讨论记录、上级医师查房记录、会诊意见、病程记录等。根据现行的行政法规和部门规章,对于客观性病历资料,如住院志、医嘱单、化验单(检验报告)、医学影像检查资料、手术及麻醉记录单、病理资料、护理记录等,对患者一方公开,应没有异议,《医疗事故处理条例》和《医疗机构病历管理规定》均有明确规定。但是,对于主观性病历资料,如死亡病历讨论记录、疑难病例讨论记录、上级医师查房记录、会诊意见等,是否可以应患者一方的申请予以公开,存在不同意见。《医疗事故处理条例》并未从正面规定患者对该类资料是否有查阅和复制权,只是规定在发生争议时对该类资料应予封存。《医疗事故处理条例》第16条规定:"发生医疗事故争议时,死亡病例讨论记录、疑难病例讨论记录、上级医师查房记录、会诊意见、病程记录应当在医患双方在场的情况下封存和启封。封存的病历资料可以是复印件,由医疗机构保管。"《医疗机构病历管理规定》也有类似内容,该规定第19条第1款规定:"发生医疗事故争议时,医疗机构负责医疗服务质量监控的部门或者专(兼)职人员应当在患者或者其代理人在场的情况下封存死亡病例讨论记录、疑难病例讨论记录、上级医师查房记录、会诊意见、病程记录等。封存的病历由医疗机构负责医疗服务质量监控的部门或者专(兼)职人员保管。"

在立法过程中,曾有意见认为,对于患者有权查阅、复制的病历资料,法律应当明确排除主观性病历资料的内容。主观性病历资料不宜向患者公开,该类资料多是医师对患者诊疗时各抒己见的讨论记录,是供同行借鉴之用,不宜公开给患者,以免产生不必要的矛盾。但也有意见认为,主观性病历资料,虽然多是医师对患者病情进行分析、诊断的思维过程的纪录,具有一定的主观性,但是,它本质上还是反映了医师遵循医学规律进行分析、推理的客观过程,也具有一定的客观性,尤其是主观性病历资料中的"病程记录"更是对患者诊疗过程的客观反映。并且,当前医患矛盾激化的一个突出原因就在于医疗机构诊疗活动的不透明,造成患者对医疗机构及其医务人员不信任。有鉴于此,对于该类资料,应当应患者的请求予以及时公开。综合考虑上述两个方面的意见,尤其是兼顾到医疗行业的特殊性，本法并未对主观性病历资料复制和查阅作出明确规定，这部分内容是否能向患者提供，在诉讼中是否应当提供，有必要进一步明确。

4. 拒绝提供相关病历资料的法律后果

根据《医疗事故处理条例》及《医疗机构病历管理规定》，医疗机构应当按照规定向患者提供相关病历资料，这是医疗机构的一项义务，违反该义务，要承担相应的行政责任。如《医疗事故处理条例》第56条规定，医疗机构违反本条例的规定，没有正当理由，拒绝为患者提供复印或者复制病历资料服务的，由卫生行政部门责令改正；情节严重的，对负有责任的主管人员和其他直接责任人员依法给予行政处分或者纪律处分。除了行政法上的责任外，在民事责任上，如果医疗机构拒绝向患者提供与纠纷有关的医学文书及有关资料的，根据本法第58条的规定，隐匿或者拒绝提供与纠纷有关的病历资料的，推定医疗机构对患者的损害有过错。在推定过错的情况下，如果医疗机构没有相反证明，则"推定"的过错将被"认定"为过错，医疗机构将承担不利的法律后果。

【立法理由】

医疗服务具有不公开的特点，无论是基于医学科学的考虑，还是从保护患者隐私的角度看，除医患双方外，与医疗行为无关者不得进入医疗现场。并且，即便对于患者本人，在采取手术等治疗措施时，通常已被采取麻醉措施，对于整个手术过程也无从见证和记录。鉴于医疗行业的这一特点，由医务人员填写、制作的病历、住院志、检验报告、手术及麻醉记录、病理资料、护理资料等病历资料，在发生医患纠纷时，就成了医疗侵权诉讼中极为关键的证据。这类资料作为证据，往往直接导致医疗诉讼的成败。同时，考虑到这类资料的制作、保管均由医疗机构一方完成，从证据角度讲，医疗机构一方对于证据的掌握和控制是强势的，因此，必须在合理的限度内赋予患者查阅和复制这类资料的权利，以平衡双方在举证责任能力上的悬殊。因此，本条从两方面作了规定：(1)医务人员应当按照规定填写并妥善保管住院志、医嘱单、检验报告、手术及麻醉记录、病理资料、护理记录、医疗费用等病历资料；(2)在患者要求查阅、复制前款规定的病历资料的情况下，医疗机构有义务向患者提供。

【相关规定】

《中华人民共和国执业医师法》第23条

医师实施医疗、预防、保健措施，签署有关医学证明文件，必须亲自诊查、调查，并按照规定及时填写医学文书，不得隐匿、伪造或者销毁医学文书及有关资料。

医师不得出具与自己执业范围无关或者与执业类别不相符的医学证明文件。

### 第七章 医疗损害责任

**《医疗事故处理条例》第8条**

医疗机构应当按照国务院卫生行政部门规定的要求,书写并妥善保管病历资料。

因抢救急危患者,未能及时书写病历的,有关医务人员应当在抢救结束后6小时内据实补记,并加以注明。

**《医疗事故处理条例》第9条**

严禁涂改、伪造、隐匿、销毁或者抢夺病历资料。

**《医疗事故处理条例》第10条**

患者有权复印或者复制其门诊病历、住院志、体温单、医嘱单、化验单(检验报告)、医学影像检查资料、特殊检查同意书、手术同意书、手术及麻醉记录单、病理资料、护理记录以及国务院卫生行政部门规定的其他病历资料。

患者依照前款规定要求复印或者复制病历资料的,医疗机构应当提供复印或者复制服务并在复印或者复制的病历资料上加盖证明印记。复印或者复制病历资料时,应当有患者在场。

医疗机构应患者的要求,为其复印或者复制病历资料,可以按照规定收取工本费。具体收费标准由省、自治区、直辖市人民政府价格主管部门会同同级卫生行政部门规定。

**《医疗事故处理条例》第16条**

发生医疗事故争议时,死亡病例讨论记录、疑难病例讨论记录、上级医师查房记录、会诊意见、病程记录应当在医患双方在场的情况下封存和启封。封存的病历资料可以是复印件,由医疗机构保管。

**《医疗机构病历管理规定》第2条**

病历是指医务人员在医疗活动过程中形成的文字、符号、图表、影像、切片等资料的总和,包括门(急)诊病历和住院病历。

**《医疗机构病历管理规定》第3条**

医疗机构应当建立病历管理制度,设置专门部门或者配备专(兼)职人员,具体负责本机构病历和病案的保存与管理工作。

**《医疗机构病历管理规定》第4条**

在医疗机构建有门(急)诊病历档案的,其门(急)诊病历由医疗机构负责保管;没有在医疗机构建立门(急)诊病历档案的,其门(急)诊病历由患者负责保管。

住院病历由医疗机构负责保管。

**《医疗机构病历管理规定》第5条**

医疗机构应当严格病历管理,严禁任何人涂改、伪造、隐匿、销毁、抢夺、窃取病历。

《医疗机构病历管理规定》第6条

除涉及对患者实施医疗活动的医务人员及医疗服务质量监控人员外,其他任何机构和个人不得擅自查阅该患者的病历。

因科研、教学需要查阅病历的,需经患者就诊的医疗机构有关部门同意后查阅。阅后应当立即归还。不得泄露患者隐私。

《医疗机构病历管理规定》第7条

医疗机构应当建立门(急)诊病历和住院病历编号制度。

门(急)诊病历和住院病历应当标注页码。

《医疗机构病历管理规定》第8条

在医疗机构建有门(急)诊病历档案患者的门(急)诊病历,应当由医疗机构指定专人送达患者就诊科室;患者同时在多科室就诊的,应当由医疗机构指定专人送达后续就诊科室。

在患者每次诊疗活动结束后24小时内,其门(急)诊病历应当收回。

《医疗机构病历管理规定》第9条

医疗机构应当将门(急)诊患者的化验单(检验报告)、医学影像检查资料等在检查结果出具后24小时内归入门(急)诊病历档案。

《医疗机构病历管理规定》第10条

在患者住院期间,其住院病历由所在病区负责集中、统一保管。

病区应当在收到住院患者的化验单(检验报告)、医学影像检查资料等检查结果后24小时内归入住院病历。

住院病历在患者出院后由设置的专门部门或者专(兼)职人员负责集中、统一保存与管理。

《医疗机构病历管理规定》第11条

住院病历因医疗活动或复印、复制等需要带离病区时,应当由病区指定专门人员负责携带和保管。

《医疗机构病历管理规定》第12条

医疗机构应当受理下列人员和机构复印或者复制病历资料的申请:

(一)患者本人或其代理人;

(二)死亡患者近亲属或其代理人;

(三)保险机构。

《医疗机构病历管理规定》第13条

医疗机构应当由负责医疗服务质量监控的部门或者专(兼)职人员负责受理复印或者复制病历资料的申请。受理申请时,应当要求申请人按照下列要求提供有关证明材料:

(一)申请人为患者本人的,应当提供其有效身份证明;

（二）申请人为患者代理人的,应当提供患者及其代理人的有效身份证明、申请人与患者代理关系的法定证明材料；

（三）申请人为死亡患者近亲属的,应当提供患者死亡证明及其近亲属的有效身份证明、申请人是死亡患者近亲属的法定证明材料；

（四）申请人为死亡患者近亲属代理人的,应当提供患者死亡证明、死亡患者近亲属及其代理人的有效身份证明,死亡患者与其近亲属关系的法定证明材料,申请人与死亡患者近亲属代理关系的法定证明材料；

（五）申请人为保险机构的,应当提供保险合同复印件,承办人员的有效身份证明,患者本人或者其代理人同意的法定证明材料；患者死亡的,应当提供保险合同复印件,承办人员的有效身份证明,死亡患者近亲属或者其代理人同意的法定证明材料。合同或者法律另有规定的除外。

《医疗机构病历管理规定》第14条

公安、司法机关因办理案件,需要查阅、复印或者复制病历资料的,医疗机构应当在公安、司法机关出具采集证据的法定证明及执行公务人员的有效身份证明后予以协助。

《医疗机构病历管理规定》第15条

医疗机构可以为申请人复印或者复制的病历资料包括：门(急)诊病历和住院病历中的住院志(即入院记录)、体温单、医嘱单、化验单(检验报告)、医学影像检查资料、特殊检查(治疗)同意书、手术同意书、手术及麻醉记录单、病理报告、护理记录、出院记录。

《医疗机构病历管理规定》第16条

医疗机构受理复印或者复制病历资料申请后,应当在医务人员按规定时限完成病历后予以提供。

《医疗机构病历管理规定》第17条

医疗机构受理复印或者复制病历资料申请后,由负责医疗服务质量监控的部门或者专(兼)职人员通知负责保管门(急)诊病历档案的部门(人员)或者病区,将需要复印或者复制的病历资料在规定时间内送至指定地点,并在申请人在场的情况下复印或者复制。

复印或者复制的病历资料经申请人核对无误后,医疗机构应当加盖证明印记。

《医疗机构病历管理规定》第18条

医疗机构复印或者复制病历资料,可以按照规定收取工本费。

《医疗机构病历管理规定》第19条

发生医疗事故争议时,医疗机构负责医疗服务质量监控的部门或者专(兼)职人员应当在患者或者其代理人在场的情况下封存死亡病例讨论记录、疑难病例讨论记录、上级医师查房记录、会诊意见、病程记录等。

封存的病历由医疗机构负责医疗服务质量监控的部门或者专(兼)职人员保管。

封存的病历可以是复印件。

《医疗机构病历管理规定》第20条

门(急)诊病历档案的保存时间自患者最后一次就诊之日起不少于15年。

**第六十二条** 医疗机构及其医务人员应当对患者的隐私保密。泄露患者隐私或者未经患者同意公开其病历资料,造成患者损害的,应当承担侵权责任。

【说明】

本条是关于患者隐私保护的规定。要正确理解本条的规定,需要从以下几个问题上把握:

一、隐私权的内容和现行法律的规定

所谓隐私,是自然人不愿向外人披露的私人生活信息。隐私是无形的,是精神性人身要素。隐私保护是法律赋予自然人享有私人生活安宁与私人生活信息不受他人侵犯、知悉、使用、披露和公开的权利。属于隐私的私人生活信息内容非常广泛,从家庭成员、社会关系、财产状况,到个人的身高、体重、病史、身体缺陷、健康状况、爱好、婚恋史等,与每个人的日常生活密不可分。隐私权的概念和理论发端于美国,1890年美国两位法学家路易斯和沃伦在哈佛大学的《法学评论》杂志上,发表了一篇著名的论文《隐私权》,第一次明确提出了隐私权的概念。文章认为,隐私权是宪法规定的人所共享的自由权利的重要组成部分。之后,关于隐私权的理论开始受到广泛的重视和承认,隐私权的理论研究得到了蓬勃发展。比路易斯稍晚一些的美国学者埃·威斯汀将隐私权进一步概括为,不受旁人干涉搅扰的权利。现代民法关于隐私权的通说认为,隐私权的客体包括:(1)身体秘密,指身体隐秘部位即生殖器官和性感器官、身高、体重、健康状况、身体缺陷等;(2)私人空间,指个人住宅及周围居住环境、私人专用箱包、日记等;(3)个人事实,指个人生活经历、生活习惯、性格爱好、社会关系、学历、婚恋状况、家庭住址、电话、收入情况等;(4)私人生活,指一切与社会无关的个人生活,如日常生活、社交、性生活等。

与此对应,隐私权主要包括四项基本权能:(1)隐私隐瞒权,又称保密权。它首先包括公民对身体隐秘部位的保密权,这是公民一项最根本的隐私权,因为早期人类的隐私意识即萌发于裸露身体隐秘部位的羞耻心,今天的隐私权最早也是从"阴私"的范围逐渐扩大演变而来的。此外,隐瞒权还包括对个人身高、体重、女性三围、病历、生活经历、财产状况、身体缺陷、健康状况、婚恋、家庭、性生活、社会关系、信仰、心理特征等情报信息的保密权,未经许可,任何人不得刺探、公开和传播。(2)隐私利用权。公民对个人隐私进行积极利用,以满足自己精神、物质方面的需要。(3)隐私维护权。公民对自己的隐私享有维护其不受侵犯的权利,在受到非法侵害时可以依法寻求司法保护。(4)隐私支配权。公民对于个人隐私有权按照自己的意愿进行支配,可以公开部分隐私,准许他人对个人活动和个人领域进行察知,准许他人利用自己的隐私。如患者在诊疗过程中,允许医生检查身体隐秘部位、了解个人经历、生活习惯等。

《中华人民共和国宪法》(以下简称《宪法》)等法律,对于隐私保护的问题都有所规定。如本法第2条明确将"隐私权"列入应受保护的民事权益范围之内。此外,《宪法》、《刑法》、《刑事诉讼法》、《执业医师法》及有关《民法通则》的司法解释中均对隐私的保护作了规定。如,《宪法》明确规定,公民的人格尊严不受侵犯,住宅不受侵犯,通信秘密受法律保护;《刑法》规定,非法搜查他人身体、住宅;或者非法侵入他人住宅的,处3年以下有期徒刑或者拘役;《刑事诉讼法》规定,有关国家秘密或者个人隐私的案件,不公开审理;1986年的《民法通则》虽然没有直接规定隐私权的内容,却明确了对人格权的保护,据此,《最高人民法院关于贯彻执行〈中华人民共和国民法通则〉若干问题的意见(试行)》第140条规定:"以书面、口头等形式宣扬他人的隐私,或者捏造事实公然丑化他人人格,以及用侮辱、诽谤等方式损害他人名誉,造成一定影响的,应当认定为侵害公民名誉权的行为。"其后,《最高人民法院关于审理名誉权案件若干问题的解答》再次指出,对未经他人同意,擅自公布他人的隐私材料或以书面、口头形式宣扬他人隐私,致他人名誉受到损害,按照侵犯他人名誉权处理。具体到医患关系之间的隐私保护,《执业医师法》第22条规定,医师应当关心、爱护、尊重患者,保护患者的隐私。同法第37条规定,医师在执业活动中,泄露患者隐私,造成严重后果的,由县级以上人民政府卫生行政部门给予警告或者责令暂停6个月以上1年以下执业活动;情节严重的,吊销其执业证书;构成犯罪的,依法追究刑事责任。卫生部和国家中医药管理局联合制定的《医疗机构病历管理规定》第6条第2款规定,因科研、教学需要查阅病历的,需经患者就诊的医疗机构有关部门同意后查阅,阅后应当立即归还,不得泄露患者隐私。

二、医疗机构及其医务人员对患者隐私侵害的表现形式

我们每个人的生活几乎都离不开医院,无论是健康查体还是生病就医,都要与医院发生关系。患者到医院就医,医务人员自然首先要知晓患者的病情与既往病史,要根据患者的陈述制作门诊或住院病历。在必要的情况下,还需对患者的身体进行接触和观察,以便对疾病予以正确的治疗。正是基于诊疗活动本身的特点,医务人员在其执业活动中极易掌握患者的隐私。因此,对于其基于患者的信

赖而在执业活动中知悉的患者的隐私，医疗机构及其医务人员应负有保密的义务。实践中，医疗机构及其医务人员侵犯患者隐私权的情况可大体分为如下两种：

1. 泄露患者隐私

泄露患者隐私，既包括医疗机构及其医务人员将其在诊疗活动中掌握的患者的个人隐私信息，向外公布、披露的行为，如对外散布患者患有性病、艾滋病的事实，导致患者隐私暴露，精神遭受巨大痛苦；也包括未经患者同意而将患者的身体暴露给与诊疗活动无关人员的行为。关于患者隐私保护和医疗机构教学需要的冲突，美国于1974年制定了专门的《隐私法》，对患者隐私的保护是直接而强有力的。同时，美国的教学医院管理制度也非常规范，其通行的做法是，当患者入院时向其告知本院为教学医院，以及见习教学对患者的相应要求。如果患者或其家属同意则可以进行见习教学，如果不同意则不得进行或建议患者转院。患者或家属的同意并非概括性的，医院要在诊疗的不同阶段分别征求他们的意见，对于是否接受见习教学，患者或家属享有充分的选择权。德国也是对患者隐私权采取直接保护的国家，1954年后，德国将隐私权解释为《民法典》第823条第1款所称的"其他权利"之一，而教学医院的教学见习活动，凡涉及隐私权的内容都要受其规范。

在医患关系中，医疗机构及其医务人员并不享有向无关人员公开患者隐私的权利。这里，需要说明两点：(1)患者到医疗机构就医，相对于施治的医务人员来说，患者实际上放弃了自己的隐私权。同时，根据生命健康权高于隐私权这一基本的权利价值判断，在隐私权与生命健康权正面冲突时，隐私权应当主动让位于生命健康权。因此，施治人员接触患者隐私无疑是合法的，但也应以其必要的治疗活动所应接触的范围为限。(2)医学院学生教学观摩问题，尽管医疗行政机关确定某些医院负有教学实习的义务，但有的专家认为，该义务仅及于教学医院一方，对患者来说，不具有法律约束力，即患者并不负有放弃自己的隐私权满足教学医院进行教学的义务。教学医院与见习学生之间、教学医院与患者之间是两个不同的法律关系，受不同法律规范的约束。医疗机构即使是出于教学目的而侵犯患者隐私，仍应承担相应的法律责任。

2. 未经患者同意公开其病历资料

患者在就诊过程中，一般均会配合医务人员的问询，披露自己的病情、病史、症状等一系列私人信息，以配合医务人员的诊疗。同时，医务人员会根据患者的陈述，将该部分信息形成患者的病历资料等医学文书。这部分记载有患者隐私内容的医学文书及相关资料，一旦被披露，不但引起患者的精神痛苦，还往往导致患者社会评价的降低，比如患者的某种身体缺陷、曾患有伤风化的疾病等。实践中，医疗机构及其医务人员未经患者同意公开其医学文书及有关资料的情况，也分为两种：(1)出于医学会诊、医学教学或者传染性疾病防治的目的，公开患者的医学文书及有关资料；(2)医疗机构本身对医学文书及有关资料管理不善，向未取得患者授权的人公开，造成患者损害的行为。对于第一种情况，在考虑患者隐私保护的同时，还要兼顾医学本身的特点以及医疗行业公益性的需要。在该种情况下，判断侵权责任是否成立的一个关键，就是看是否造成患者的损害。一般说来，如果医疗机构及其医务人员在为医学会诊、医学教学而公开患者医学文书及有关资料的过程中，隐去带有能辨识患者个人信息的内容，如隐去患者的姓名或者用化名，再如对容易引起歧义的内容作适当掩饰，一般情况下，对患者就不至于造成损害，也不易导致侵权责任的产生。对于第二种情况，则应当加强医疗机构对患者医学文书及有关资料的管理。曾有某患者因妇科疾病住院治疗，医院对其病历资料疏于保管，其配偶详细查阅该患者的病历资料，其中记载有该患者曾做人工流产的病例记录，其配偶遂以该原因为由与患者离婚。该患者一纸诉状将该医院告上法庭，要求其承担侵犯隐私权的赔偿责任。

《医疗事故处理条例》和《医疗机构病历管理规定》中的相关规定就体现了对患者隐私保护的内容，对于未死亡患者，如果未经其许可，即使是近亲属也无权查阅和复制相关的病历资料。如《医疗机构病历管理规定》第6条规定，除涉及对患者实施医疗活动的医务人员及医疗服务质量监控人员外，其他任何机构和个人不得擅自查阅该患者的病历。因科研、教学需要查阅病历的，需经患者就诊的医疗机构有关部门同意后查阅，阅后应当立即归还，不得泄露患者隐私。此外，对于能够提起查阅和复制病历资料申请的权利主体范围，《医疗机构病历管理规定》还作了明确。可以看出，除患者本人外，经本人指定的代理人，或者在患者本人死亡的情况下，其近亲属或者该近亲属的代理人等，均可依法对相关医学文书及有关资料进行查阅和复制。对于患者本人未死亡的情况下，即使是患者的近亲属，如果缺乏患者本人的授权同意，也无权查阅、复制该患者的相关医学文书及有关资料，在该类情况下，医疗机构可以拒绝提供。如果医疗机构违反上述义务，向未经患者许可的其他人公开患者的医学文书及有关资料，造成患者损害的，医疗机构还要对此承担赔偿责任。

最后需要说明的一点是，上述两种侵害患者隐私权的行为，无论是泄露患者隐私，还是未经患者同意公开医学文书及有关资料，都必须在造成患者损害的情况下，医疗机构才承担侵权责任。本条中"造成患者损害的"，包含了两层含义：(1)必须有损害事实，如患者承受的巨大精神痛苦等；(2)该损害和医疗机构及其医务人员的行为之间存在因果关系。对于损害事实，虽然现实生活的复杂性不能排除该损害为物质损害的可能性，但一般来说，泄露患者隐私或者未经患者同意公开其医学文书及有关资料造成的损害，大多表现为精神损害。对于精神损害，根据本法第22条的规定，只有造成他人严重精神损害的，被侵权人才可以请求精神损害赔偿。

**【立法理由】**

关于隐私保护,这是民法上的每个自然人作为民事权利主体所应享有的一项基本权利,它具有普遍性,并非只存在于医患关系之间。但是基于医患关系的特殊性以及当前医患纠纷中的现实矛盾,本法对这类特殊的隐私保护问题作了专门规定。

**【相关规定】**

《中华人民共和国执业医师法》第22条

医师在执业活动中履行下列义务:

(一)遵守法律、法规,遵守技术操作规范;

(二)树立敬业精神,遵守职业道德,履行医师职责,尽职尽责为患者服务;

(三)关心、爱护、尊重患者,保护患者的隐私;

(四)努力钻研业务,更新知识,提高专业技术水平;

(五)宣传卫生保健知识,对患者进行健康教育。

《最高人民法院关于确定民事侵权精神损害赔偿责任若干问题的解释》第1条

违反社会公共利益、社会公德侵害他人隐私或者其他人格利益,受害人以侵权为由向人民法院起诉请求赔偿精神损害的,人民法院应当依法予以受理。

《医疗机构病历管理规定》第6条

除涉及对患者实施医疗活动的医务人员及医疗服务质量监控人员外,其他任何机构和个人不得擅自查阅该患者的病历。

因科研、教学需要查阅病历的,需经患者就诊的医疗机构有关部门同意后查阅。阅后应当立即归还。不得泄露患者隐私。

**第六十三条** 医疗机构及其医务人员不得违反诊疗规范实施不必要的检查。

**【说明】**

本条是关于医疗机构及其医务人员不得违反诊疗规范,实施不必要检查的规定。要正确理解本条的规定,需要从如下几个方面进行把握:

一、过度检查的特点和表现形式

关于过度检查,一般是指由医疗机构提供的超出患者个体和社会保健实践需求的医疗检查服务,医学伦理学界把它称为"过度检查"。过度检查具有以下的特征:(1)为诊疗疾病所采取的检查手段超出疾病诊疗的基本需求,不符合疾病的规律与特点。(2)采用非"金标准"的诊疗手段,所谓"金标准",是指当前临床医学界公认的诊断疾病的最可靠方法。较为常用的金标准有活检、手术发现、微生物培养、特殊检查和影像诊断,以及长期随访的结果等。(3)费用超出与疾病对基本诊疗需求无关的过度消费。有意见提出,近年来,公立医院公益性质淡化,有过分追求经济利益倾向。由于政府投入不足,不少公立医院运行主要靠向患者收费,出现过分依赖市场的导向。有人错误地认为,医疗改革就是赚钱,把医疗引入商业化道路。与医院服务相关的药品和医疗器材生产流通秩序混乱,价格虚高,这些都成为诱发过度检查问题的社会因素。对于患者来说,过度检查导致医疗费用激增。1990—2002年,在我国门诊和住院病人的医疗费用中,检查治疗费用所占比例从28%上升到36.7%。过度检查不仅给患者造成过重经济负担,对患者身体也会带来不必要的风险和损害。

二、过度检查形成的原因

过度检查不仅仅是涉及医疗机构及其医务人员诊疗活动的问题,还是一个复杂的社会问题,它的成因主要有如下几个方面:

(1)现行医疗体制不健全。在20世纪七八十年代,尽管存在缺医少药的问题,但医患关系相对和谐,究其原因,主要有两个,首先是"低水平,广覆盖"的医疗保障制度,缓和了就医的经济压力;其次是相对完善的医院经济补偿机制,抑制了医院和医生的求利动机。当前卫生管理运行机制发生了重大变化,但这些变化尚不够协调、不同步,因而转型时期医患关系恶化的现象是存在的。一方面是患者的医疗负担越来越重,看病贵的现象普遍存在;另一方面是医院的生存和发展依赖市场,强化了医院的求利倾向,催生了"以药养医","以检养医"现象的出现,进一步使医患关系恶化。

(2)受司法实践中医疗举证责任倒置的影响。为应对司法实践中举证责任倒置而导致的举证压力,医疗机构采取了"防御性医疗"的对策,而过度检查就是"防御性医疗"的一种表现形式。有些医生为了在可能发生的医疗诉讼中能够举证和免责,而对患者进行超出所患疾病本身的检查和治疗。比如,为避免患者以误诊为名将医疗机构及其医务人员诉之法院,对于普通感冒引起的头痛脑热等不适,有的医生竟然开出一系列CT检查单。

(3)医疗责任保险制度不完善。由于人体生命科学的复杂性,决定了医疗行业具有极高的风险性,而目前中国尚缺乏化解此类高风险的有效机制。

从宏观来看,过度检查最根本的成因在于制度层面,应从建立国家基本药物制度、推进公立医院试点改革方面解决这一问题。对此,2009年《中共中央国务院关于深化医药卫生体制改革的意见》和国务院《医药卫生体制改革近期重点实施方案(2009—2011年)》,从推广使用基本药物、使用适宜技术的层面,对该问题作了明确。2009年《中共中央国务院关于深化医药卫生体制改革的意见》提出,"城乡基层医疗卫生机构应全部配备、使用基本药物,其他各类医疗机构也要将基本药物作为首选药物并确定使用比例"。同时明确,"政府举办的城市社区卫生服务中心(站)和乡镇卫生院等基层医疗卫生机构,要严格界定服务功能,明确规定使用适宜技术、适宜设备和基本药物,为广大群众提供低成本服务"。2009年国务院《医药卫生体制改革近期重点实施方案(2009—2011年)》提出,要建立基本药物优先选择和合理使用制度,明确"从2009年起,政府举办的基层医疗卫生机构全部配备和使用基本药物,其他各类医疗机构也必须按规定使用基本药物。卫生行政部门制订临床基本药物应用指南和基本药物处方集,加强用药指导和监管"。并且,要推进公立医院改革试点,明确"强化医疗服务质量管理。规范公立医院临床检查、诊断、治疗、使用药物和植(介)入类医疗器械行为,优先使用基本药物和适宜技术,实行同级医疗机构检查结果互认"。综上可以看出,不必要检查不仅仅是医疗机构及其医务人员违反诊疗规范的问题,更是一个复杂的社会问题,最终的解决要依靠改革我国的医药卫生体制以及建立健全医疗保障体系。

【立法理由】

本条所针对的不必要检查行为,也就是目前社会上比较关注的"过度检查"问题。"过度检查"首次在规范性文件中出现,是卫生部和国家中医药管理局2006年联合制定的《关于建立健全防控医药购销领域商业贿赂长效机制的工作方案》。该方案提出,要实行院长问责制,"若发现医院存在乱收费、私设小金库、严重的过度检查、过度医疗行为等严重违纪违法问题,将首先追究医院院长责任"。2009年《中共中央国务院关于深化医药卫生体制改革的意见》和国务院《医药卫生体制改革近期重点实施方案(2009—2011年)》中,并未直接对"过度检查"作出规定,而是从正面提倡使用"基本药物"、"适宜技术"和"适宜检查"。

在《侵权责任法》起草过程中,曾经使用了"过度检查"的表述。但是,有意见认为,"过度检查"是非法律用语,并且何为"过度检查",含义不明确,难以判断,建议删除。但也有意见认为,"过度检查"的现象当前确实存在,不仅给患者造成不必要的经济负担,有的过度检查甚至会对患者身体带来不良影响。因此,为了维护患者的合法权益,对该问题作出禁止性规定是必要的。还有意见认为,不仅应当对"过度检查"作出禁止性规定,还应当规定其法律后果,如医疗机构应当退回不必要诊疗的费用,造成患者损害的,还应当承担赔偿责任。也有不同意见认为,在何为"过度检查"不明确的情况下,退费问题难以操作,同时,建议以"不必要的检查"代替"过度检查"的表述,并进一步明确"不必要检查"的判断标准。在对各方意见进行综合考量的基础上,本条规定,医疗机构及其医务人员不得违反诊疗规范实施不必要的检查。判断"检查"是否为"不必要"的标准,即是否符合诊疗规范的要求。

**第六十四条** 医疗机构及其医务人员的合法权益受法律保护。干扰医疗秩序,妨害医务人员工作、生活的,应当依法承担法律责任。

**【说明】**

本条是关于维护医疗机构及其医务人员合法权益的规定。需要说明的是,对于干扰医疗秩序,妨害医务人员工作、生活的,应当依法承担法律责任,这里的法律责任不仅仅包括民事赔偿责任,还涉及行政责任和刑事责任。《执业医师法》第21条规定了医师在执业活动中享有的七项权利,其中第五项为:"在执业活动中,人格尊严、人身安全不受侵犯"。同时,该法第40条规定,阻碍医师依法执业,侮辱、诽谤、威胁、殴打医师或者侵犯医师人身自由、干扰医师正常工作、生活的,依照《治安管理处罚法》的规定处罚;构成犯罪的,依法追究刑事责任。《治安管理处罚法》第23条第1项规定:"有下列行为之一的,处警告或者二百元以下罚款;情节较重的,处五日以上十日以下拘留,可以并处五百元以下罚款:(一)扰乱机关、团体、企业、事业单位秩序,致使工作、生产、营业、医疗、教学、科研不能正常进行,尚未造成严重损失的。"同时,该条第2款规定:"聚众实施前款行为的,对首要分子处十日以上十五日以下拘留,可以并处一千元以下罚款。"

**【立法理由】**

当前,医患矛盾属于社会关注的焦点问题之一,近年来医疗纠纷明显增多,主要有以下几方面的原因:(1)由于医保制度的普及,老百姓就医看病呈明显上升趋势,门诊及住院量大幅度上升,而医疗机构由于多年来投入不足,条件有限,一时难以满足患者的就医需求,继而出现各种医患矛盾和纠纷。(2)部分患者对医学科学期望值过高,认为进了医院如同进了保险箱,个别患者对有些疾病无法治愈不理解,将矛盾转嫁给医院和医务人员,以至于产生医疗纠纷。(3)长期以来,医疗卫生事业投入不足,导致医院不得不注重经济效益挣钱养人,患者对看病难、看病贵意见很大,对医疗机构产生积怨,借以释放。(4)一些医院管理不到位,制度执行不严,一些医务人员医疗技术不高,业务素质及修养缺失,对患者人文关怀不够,不会进行医患沟通。

实践中解决医疗纠纷的难点主要表现为以下几个方面:(1)医患双方信息不对称,导致取信患者难。医疗服务的专业性很强,普通患者及其家属对出现医疗事故的原因无从分辨,不懂得如何取得对自己有利的证据,导致患方一开始就与医方处在信息完全不对等的位置,其举证和维权处于相对被动的地位。而部分医疗机构也存在为了维护自身利益,利用自身的强势地位,最大限度地减轻医疗责任、隐瞒部分医疗信息的情况,使患方权利难以得到保证。引起患方对医疗机构的不信任,常常导致矛盾激化。(2)医疗纠纷取证难,导致责任认定难。由于医疗行为具有高度的技术性、专业性和复杂性,医疗行为未知数多,具有不可控因素，又因为患者个体差异等原因，除少数事实可以由双方当事人自行认定外，大多数需要经医学鉴定作出。然而，对医疗事故鉴定的公正性一直受到患者的质疑，认为是"老子为儿子鉴定"，导致患者宁肯"医闹"也不信任医疗鉴定的现象。(3) 患者对公正解决纠纷缺乏信心，一些患者和家属不愿按法律程序解决问题。医疗事故处理有协商、调解和诉讼三种途径，但在实际操作中却遇到种种困难。由于医患双方缺乏信任，往往难以通过协商达成协议。患方认为卫生行政部门和医疗机构是"父子"关系，对卫生行政调解的公正性存在顾虑，不愿去调解。由于诉讼时间长、诉讼代理和申请鉴定成本高等原因，无论是患者还是医疗机构，都不倾向用诉讼方式处理纠纷。纠纷发生后，一些患者和家属不愿按法律程序解决，而是采取动员亲属形成群体一味"闹医"、"闹访"，甚至存在威胁医疗机构和侮辱、殴打医护人员等过激行为。社会上还存在一种"职业医闹"，哪里出了患者死亡、伤残的事情，他们就去找家属谈，揽生意，然后纠集一些人找医院闹，闹来赔偿后与家属分成。对于该类事件，政府和卫生、司法部门往往从维护社会稳定大局出发，本着息事宁人、息诉罢访的原则，采取医疗机构赔偿了事的办法，化解医患纠纷。在一定程度上造成了医疗纠纷"大闹大解决，小闹小解决"的认识，助长了患者家属闹医、闹访的心理倾向，给医疗单位造成了不同程度的负担。

可以看出，当前医患双方的极度不信任导致医患关系紧张，这种紧张状态又促使医疗纠纷不断升级。法律介入医疗活动的目的是实现医患双方权利的平衡和利益的协调，并非去解释或者解决本属于医学理论和医疗科学方面的问题。因此，在法律制度设计上，既要考虑患者作为医疗活动中弱势一方的利益保护，也应兼顾医学行业本身的特点，如医学科学的局限性、医疗行业的高风险性。法律不仅仅应为遭受医疗过错损害的患者提供保护，同样，对于医疗机构及其医务人员的合法权益，法律也要保护，医疗行业的健康、有序发展是整个社会公益的需要。因此，本法对医疗机构及其医务人员的合法权益的保护作了规范。立法过程中，曾有意见认为，本条规定属于行政法上的内容，与《侵权责任法》无关，建议不作规定。但是，也有意见认为，考虑到当前医患矛盾较为突出的现状，尤其是"医闹"事件屡有发生，已经严重干扰了正常的医疗秩序，对医务人员的工作和生活造成很大影响。在这种情况下，《侵权责任法》不仅要对正在发生的权利义务关系作出调整和平衡，还应对将来可能发生的冲突作出法律上的指引，这也符合《侵权责任法》"预防和制裁侵权行为"的立法目的。

【相关规定】

《中华人民共和国执业医师法》第 21 条

医师在执业活动中享有下列权利：

（一）在注册的执业范围内，进行医学诊查、疾病调查、医学处置、出具相应的

医学证明文件,选择合理的医疗、预防、保健方案;

(二)按照国务院卫生行政部门规定的标准,获得与本人执业活动相当的医疗设备基本条件;

(三)从事医学研究、学术交流,参加专业学术团体;

(四)参加专业培训,接受继续医学教育;

(五)在执业活动中,人格尊严、人身安全不受侵犯;

(六)获取工资报酬和津贴,享受国家规定的福利待遇;

(七)对所在机构的医疗、预防、保健工作和卫生行政部门的工作提出意见和建议,依法参与所在机构的民主管理。

*《中华人民共和国执业医师法》第40条*

阻碍医师依法执业,侮辱、诽谤、威胁、殴打医师或者侵犯医师人身自由、干扰医师正常工作、生活的,依照治安管理处罚条例的规定处罚;构成犯罪的,依法追究刑事责任。

*《医疗事故处理条例》第27条*

专家鉴定组依照医疗卫生管理法律、行政法规、部门规章和诊疗护理规范、常规,运用医学科学原理和专业知识,独立进行医疗事故技术鉴定,对医疗事故进行鉴别和判定,为处理医疗事故争议提供医学依据。

任何单位或者个人不得干扰医疗事故技术鉴定工作,不得威胁、利诱、辱骂、殴打专家鉴定组成员。

专家鉴定组成员不得接受双方当事人的财物或者其他利益。

# 第八章 环境污染责任

《宪法》第26条第1款规定:"国家保护和改善生活环境和生态环境,防治污染和其他公害。"环境问题关系到人民群众的切身利益,关系到人与自然和谐相处和经济社会永续发展。环境侵权在构成要件、归责原则、举证责任等方面具有特殊性,《侵权责任法》对环境污染责任作了专章规定。本章共4条,分别对环境污染责任的归责原则、不承担责任或者减轻责任、举证责任、两个以上污染者造成损害的责任、因第三人的过错污染环境的责任作了规定。

**第六十五条 因污染环境造成损害的,污染者应当承担侵权责任。**

【说明】

本条是关于调整范围和归责原则的规定。

一、关于本章的调整范围

环境,按照《环境保护法》第2条的规定,是指"影响人类生存和发展的各种天然的和经过人工改造的自然因素的总体,包括大气、水、海洋、土地、矿藏、森林、草原、野生生物、自然遗迹、人文遗迹、自然保护区、风景名胜区、城市和乡村等"。环境污染,是指由于人为的原因致使环境发生化学、物理、生物等特征上的不良变化,从而影响人类健康和生产生活,影响生物生存和发展的现象。

本条规定,因污染环境造成损害的,污染者应当承担侵权责任。本条明确了本章的调整范围,本章所指的环境污染,既包括对生活环境的污染,也包括对生态环境的污染。对大气、水体、海洋、土地等生活环境的污染属于环境污染,对生物多样性的破坏、破坏生态环境和自然资源,造成水土流失等生态环境的污染也属于环境污染。环境污染的形式既包括水污染、大气污染、噪音污染等传统的污染形式,还包括光污染、辐射污染等新型的污染形式。总之,因污染者的行为污染环境造成损害的,污染者应当承担侵权责任。

《民法通则》第124条规定:"违反国家保护环境防止污染的规定,污染环境造成他人损害的,应当依法承担民事责任。"我国在保护环境、防治污染方面制定了一系列法律,如《环境保护法》、《海洋环境保护法》、《水污染防治法》、《大气污染防治法》、《固体废物污染环境防治法》、《环境噪声污染防治法》、《放射性污染防治法》等。这一系列法律形成环境保护的法律体系,其中也规定了一些污染环境致人损害的侵权法规范。依据这些法律,因污染环境造成损害的,除法律明确规定的不承担责任的情形,都属环境污染侵权行为,行为人应当对受害人承担赔偿损失等民事责任。这对于保护公民、法人的合法权益和生态环境不受环境污染的侵害,具有重要的意义。

二、关于归责原则

环境污染责任作为一种特殊的侵权责任,其特殊性首先表现在其采用了无过错责任的归责原则。依无过错责任原则,在受害人有损害,污染者的行为与损害有因果关系的情况下,不论污染者有无过错,都应对其污染造成的损害承担侵权责任。在立法过程中,对环境污染责任采用无过错责任的归责原则争议不大。值得注意的是,从侵权纠纷角度研究环境污染责任,根据不同的污染源,适用不同的归责原则。居民之间生活污染适用过错责任,主要由《物权法》规定的相邻关系解决,不受本章调整。而企业生产污染等污染环境的适用无过错责任,主要由《侵权责任法》、《环境保护法》、《大气污染防治法》、《水污染防治法》等相关法律调整。

此外,对企业排污符合规定的标准但造成损害的情况是否应当承担侵权责任的问题,在立法过程中有不同意见。有的认为,企业排污符合规定的标准时应减轻或者免除企业的侵权责任。如果符合规定的标准也应承担侵权责任,会削弱企业的环保意识,加重企业的负担,企业就有经营困难甚至破产的可能,如果符合排放标准仍造成损害,应由国家出台更高的标准,否则应由国家承担相应的责任。有的意见认为,即使排污符合规定的标准,造成损害也应当承担侵权责任。本条规定"因污染环境造成损害的,污染者应当承担侵权责任"。环境污染责任采用无过错责任,国家或者地方规定的污染物排放标准,是环境保护主管部门决定排污单位是否需要缴纳排污费和进行环境管理的依据,并不是确定排污者是否承担赔偿责任的界限。即使排污符合标准,给他人造成损害的,也应当根据有损害就要赔偿的原则,承担赔偿责任。

三、关于不承担责任或者减轻责任的情形

本条规定,因污染环境造成损害的,污染者应当承担侵权责任。本法第5条规定,其他法律对侵权责任另有特别规定的,依照其规定。对于适用无过错责任的环境侵权,其责任并非绝对责任,侵权人可以依据法律规定的不承担责任或者减轻责任的情形提出抗辩,从而免除或者减轻自己的侵权责任。不同类型的环境污染,关于不承担责任或者减轻责任的法律规定也不尽相同。如因核材料或者核设施泄漏引起的核污染责任,与工业废水排放引起的污染责任,法律规定其不承担责任或者减轻责任的情形有所不同。

我国环境保护方面的法律中对不承担责任或者减轻责任的情形有所规定,主要涉及不可抗力、受害人故意和第三人责任,如《环境保护法》第41条第3款,《海洋环境保护法》第90条第1款、第92条,《水污染防治法》第85条,《大气污染防治法》第 63 条。在发生这些环境污染侵权时，污染者可以依据这些法律的规定不承担责任或者减轻责任。

**【立法理由】**

对企业生产等环境污染责任采用无过错责任的归责原则，主要是由以下几个原因决定的。

一、环境污染已经成为我国发展中的突出问题

环境问题关系到人民群众切身利益，关系到人与自然和谐相处和经济社会永续发展，我国目前正处于工业化中期，重工业比重高，原材料消耗高，污染风险也高。由于国际经济结构的变化，西方发达国家已经完成了经济结构的调整，第二产业比重下降，第三产业比重大幅提升。我国有些企业一方面大量开发和利用资源，以获取利润；另一方面为节省处理成本大量排污，造成他人人身、财产和公共环境的损害。无过错责任原则有利于追究侵权人的责任，促使其积极治理污染，预防和减少污染，保护环境，救济受害人。

二、与现行的环境保护法律中归责原则的规定一致

我国现行《民法通则》和环境保护法律中对环境污染侵权都规定了无过错责任的归责原则。《民法通则》第 124 条规定："违反国家保护环境防止污染的规定，污染环境造成他人损害的，应当依法承担民事责任。"《环境保护法》第 41 条第 1 款规定："造成环境污染危害的，有责任排除危害，并对直接受到损害的单位或者个人赔偿损失。"《海洋环境保护法》第 90 条第 1 款规定："造成海洋环境污染损害的责任者，应当排除危害，并赔偿损失；完全由于第三者的故意或者过失，造成海洋环境污染损害的，由第三者排除危害，并承担赔偿责任。"《水污染防治法》第 85 条第 1 款规定："因水污染受到损害的当事人，有权要求排污方排除危害和赔偿损失。"《大气污染防治法》第 62 条第 1 款规定："造成大气污染危害的单位，有责任排除危害，并对直接遭受损失的单位或者个人赔偿损失。"《固体废物污染环境防治法》第 85 条规定："造成固体废物污染环境的，应当排除危害，依法赔偿损失，并采取措施恢复环境原状。"《环境噪声污染防治法》第 61 条第 1 款规定："受到环境噪声污染危害的单位和个人，有权要求加害人排除危害；造成损失的，依法赔偿损失。"《放射性污染防治法》第 59 条规定："因放射性污染造成他人损害的，应当依法承担民事责任。"《侵权责任法》规定环境污染责任采用无过错责任的归责原则与这些法律的规定是一致的。

三、符合国际上通行的做法

对于环境污染侵权，是适用一般的过错原则还是无过错原则，不同国家针对不同情况在立法上也有所不同，大都区分不同环境侵权的类型，分别采用过错责任和无过错责任。大多数国家对企业生产等危害较大的环境污染采用无过错责

任的归责原则。

日本的环境立法中对一般的环境侵权依据其《民法典》第709条承担过错责任,但在公害事件中适用无过错原则。公害无过错原则的适用对象为大气污染、水质污染和放射性污染等有害物质所引起的公害,对于因噪声、振动、地面沉降、恶臭等造成的环境损害,无过错原则并不适用。对于适用无过错归责原则的公害事件,赔偿范围仅限于对人生命、健康损害的救济,对于财产的损害则不适用无过错原则。日本政府自1967年以来陆续出台了《公害对策基本法》、《噪声控制法》、《大气污染防治法》、《水污染防治法》和《环境影响评价法》等十多部环境保护法律。《大气污染防治法》、《水污染防治法》等法律中确定了无过错责任的归责原则。其《大气污染防治法》第25条第1款规定:"企业因伴随其活动而向大气中排放(包括飞散)有害于人体健康的物质(烟尘、特定物质或粉尘。而作为仅对生活环境有害的物质则是政令规定以外的物质),从而危害了人的生命或健康时,与该排放有关的企业者对由此而引起的损害应承担赔偿责任。"《水污染防治法》第19条规定:"伴随企业的活动排放含有有害物质的废水或废液,或者向地下渗透而危害了人的生命和身体时,与该排放或向地下渗透有关的企业者,应该承担由此而引起的损害赔偿责任。"《矿业法》第109条第1款规定:"为了采掘矿物而挖掘土地,由于排放坑水或废水、堆积废石或排放矿烟,对他人造成损害时,损害发生时的该矿区的矿业权者,或者损害发生时矿业权业已消灭,矿业权消灭时该矿区的矿业权人,负赔偿该损害的责任。"

德国法对于环境侵害作了两类区分:(1)由于人们的日常活动或者企业无需政府许可的营业活动所引起的环境侵害,这被称为一般性的环境侵害;(2)经政府许可的营业活动,也即企业的产业活动所引起的环境侵害,这被称为特殊类型的环境侵害。

与此相对应,德国环境侵权方面的法律主要涉及两个层面:(1)《民法典》关于侵权行为、干扰侵害和侵害排除的一般性规定,主要解决一般性的环境侵权问题。《德国民法典》第906条规定:"在干扰不损害或者较轻微损害土地的使用的范围内,土地所有权人不得禁止煤气、蒸汽、臭气、烟气、煤烟、热气、噪声、震动和其他来自他人土地的类似的干扰的侵入。如果此类干扰对土地的通常使用或者对土地的收益所造成的妨害超出预期的程度,所有权人可以要求适当的金钱赔偿。"对于无法用相邻关系制度调整的其他一般性环境侵权损害赔偿,应适用《德国民法典》第823条规定的过错原则,即"因故意或过失不法侵害他人的生命、身体、健康、自由、所有权或其他权利者,负有向他人赔偿因此所生损害的义务"。当此类环境侵害造成的后果仅限于精神层面,而不涉及被侵害人生命、身体、健康、自由和财产权利时,即便加害人存在故意或者过失,被侵害人也不能依据《德国民法典》第823条的规定得到赔偿。德国司法判例认为,对清洁的空气、水和舒适生活环境的利益(即所谓的环境权等法益),并不属于《德国民法典》第823条所称"其他权利"的范畴。(2)涉及环境侵权的专门性法律,如《公害防治法》《水利法》《环境责任法》和《联邦固体废弃物防治和固体废弃物管理法》等,主要解决特殊类型的环境侵权问题。德国法将其纳入危险责任,在《民法典》之外通过特别法加以规范。《德国环境赔偿责任法》第1条规定:"因环境侵害而致人死亡,侵害其身体或者健康,或者使一个物发生毁损,以此项环境侵害是由附件一中所列举的设备引起的为限,对于由此发生的损害,设备的持有人负有向受害人给付赔偿的义务。"《德国水利法》第22条规定:"向水体(包括河流、湖泊、沿海和地下水)投放或导入物质,或者变更水体原来的物理、化学或生物性质,致损害他人者,就其所生损害负赔偿责任。如果是多人使水域产生影响,那他们作为整体负债人而承担责任。"

英美法系的干扰妨害和严格责任在环境侵权救济中运用比较普遍。自1970年以来,美国逐渐采取以环境专门立法的形式来确立严厉的行政控制制度以及损害赔偿的严格责任原则,如《综合环境治理损害赔偿法》(或称《1980超级基金法》)、《安全饮用水法》、《清洁空气法》和《清洁水法》等,均以严格责任为原则。

**【相关规定】**

《中华人民共和国宪法》第26条第1款

国家保护和改善生活环境和生态环境,防治污染和其他公害。

《中华人民共和国民法通则》第124条

违反国家保护环境防止污染的规定,污染环境造成他人损害的,应当依法承担民事责任。

《中华人民共和国环境保护法》第2条

本法所称环境,是指影响人类生存和发展的各种天然的和经过人工改造的自然因素的总体,包括大气、水、海洋、土地、矿藏、森林、草原、野生生物、自然遗迹、人文遗迹、自然保护区、风景名胜区、城市和乡村等。

《中华人民共和国环境保护法》第41条

造成环境污染危害的,有责任排除危害,并对直接受到损害的单位或者个人赔偿损失。

赔偿责任和赔偿金额的纠纷,可以根据当事人的请求,由环境保护行政主管部门或者其他依照法律规定行使环境监督管理权的部门处理;当事人对处理决定不服的,可以向人民法院起诉。当事人也可以直接向人民法院起诉。

完全由于不可抗拒的自然灾害,并经及时采取合理措施,仍然不能避免造成环境污染损害的,免予承担责任。

《中华人民共和国海洋环境保护法》第 90 条第 1 款

造成海洋环境污染损害的责任者,应当排除危害,并赔偿损失;完全由于第三者的故意或者过失,造成海洋环境污染损害的,由第三者排除危害,并承担赔偿责任。

《中华人民共和国海洋环境保护法》第 92 条

完全属于下列情形之一,经过及时采取合理措施,仍然不能避免对海洋环境造成污染损害的,造成污染损害的有关责任者免予承担责任:

(1) 战争;

(2) 不可抗拒的自然灾害;

(3) 负责灯塔或者其他助航设备的主管部门,在执行职责时的疏忽,或者其他过失行为。

《中华人民共和国水污染防治法》第 85 条

因水污染受到损害的当事人,有权要求排污方排除危害和赔偿损失。

由于不可抗力造成水污染损害的,排污方不承担赔偿责任;法律另有规定的除外。

水污染损害是由受害人故意造成的,排污方不承担赔偿责任。水污染损害是由受害人重大过失造成的,可以减轻排污方的赔偿责任。

水污染损害是由第三人造成的,排污方承担赔偿责任后,有权向第三人追偿。

《中华人民共和国大气污染防治法》第 62 条第 1 款

造成大气污染危害的单位,有责任排除危害,并对直接遭受损失的单位或者个人赔偿损失。

《中华人民共和国大气污染防治法》第 63 条

完全由于不可抗拒的自然灾害,并经及时采取合理措施,仍然不能避免造成大气污染损失的,免于承担责任。

《中华人民共和国固体废物污染环境防治法》第 85 条

造成固体废物污染环境的,应当排除危害,依法赔偿损失,并采取措施恢复环境原状。

《中华人民共和国环境噪声污染防治法》第 61 条第 1 款

受到环境噪声污染危害的单位和个人,有权要求加害人排除危害;造成损失的,依法赔偿损失。

《中华人民共和国放射性污染防治法》第 59 条

因放射性污染造成他人损害的,应当依法承担民事责任。

《法国民法典》第 1384 条第 1 款

任何人不仅因自己的行为造成的损害负赔偿责任,而且对应由其负责之人的行为或由其照管之物造成的损害负赔偿责任。

《德国民法典》第 906 条

（1）土地所有人不得禁止煤气、蒸气、臭气、烟、煤烟、热、噪音、震动以及从另一块土地发出的类似干涉的侵入，但以该干涉不妨害或仅轻微地妨害其土地的使用为限。在通常情况下，法律或法规命令确定的极限值或标准值不被依照这些规定算出和评价的干涉所超出的，即为存在轻微的妨害。依照《联邦公害防止法》第 48 条颁布并反映技术水平的一般行政法规中的数值，亦同。

（2）在重大妨害由对另一块土地作当地通常的使用而引起，且不能被在经济上对于这类使用人可合理地期待的措施所阻止的限度内，亦同。土地所有人据此须容忍某一干涉，且该干涉超过可合理期待的限度，侵害对其土地作当地通常的使用或侵害其土地的收益的，土地所有人可以向另一块土地的使用人请求适当的金钱补偿。

《德国环境赔偿责任法》第 1 条

因环境侵害而致人死亡，侵害其身体或者健康，或者使一个物发生毁损的，以此项环境侵害是由附件一中所列举的设备引起的为限，对于由此发生的损害，设备的持有人负有向受害人给付赔偿的义务。

《德国环境赔偿责任法》第 2 条

（1）环境侵害系出自一个尚未完成的设备，并且此项环境侵害系基于一定的事由，而该一定事由表明设备在完成之后具有危险性的，尚未完成的设备的持有人依本法第 1 条负责任。

（2）环境侵害系出自一个已经不再运营的设备，并且此项环境侵害系基于一定的事由，而该一定事由表明设备在停止运营之前具有危险性的，在设备停止运营之时设备的持有人依本法第 1 条负责任。

《德国环境赔偿责任法》第 3 条第 1 款

一项损害系因材料、振动、噪声、压力、射线、气体、蒸汽、热量或者其他现象而引起的，以这些现象是在土地、空气或者水中传播为限，此项损害系因环境侵害而产生。

《德国环境赔偿责任法》第 4 条

以损害系因不可抗力引起的为限，不存在赔偿的义务。

《德国环境赔偿责任法》第 5 条

设备系按规定运营的，对于物的损害，以物只是非实质性地受到侵害，或者只是在从地点关系上看为可以苛求的范围内受到侵害为限，排除赔偿义务。

《德国环境赔偿责任法》第 11 条

损害发生时受害人具有共同过错的，适用《德国民法典》第 254 条，在物受损毁的情形下，对物进行事实管领和支配的人的过错，视同受害人的过错（注:《德国民法典》第 254 条［与有过错］第 1 款　损害发生时，受害人的过错共同起了作用的,赔偿义务和须给予的赔偿的范围取决于诸如损害在多大程度上主要由一方或另一方引起等情况)。

《德国水利法》第 22 条

向水体(包括河流、湖泊、沿海和地下水)投放或导入物质,或者变更水体原来的物理、化学或生物性质,致损害他人者,就其所生损害负赔偿责任。如果是多人使水域产生影响,那他们作为整体负债人而承担责任。

因制造、加工、贮藏、堆积、运送或毁弃物品,从其设备向水体投放物质,致损害于他人者,设备营运人就所生损害负赔偿责任。如果损失由暴力引起,则没有赔偿义务。

《荷兰民法典》债法总则编第 178 条

具有下列情形之一的,不发生本编第 175 条、第 176 条或者第 177 条(注:《荷兰民法典》第 175、176、177 条分别规定的是危险责任、垃圾场经营者污染责任及采矿工作物经营者责任)规定的责任:

(1) 损害因武装冲突、内战、叛乱、国内骚乱、暴动或者兵变所致;

(2) 损害因意外的、不可避免的和不可克服的自然事件所致,但是,在本编第 177 条第 1 款所称的情形下引发的地下自然力除外;

(3) 损害仅因执行公共机关发布的命令或者强制性法规所致;

(4) 损害仅因为了受害人自身的利益而合理地置受害人于遭受损害的危险之下而使用本编第 175 条所称的物质所致;

(5) 损害仅因具有故意的第三人的作为或不作为所致,但以不违背本编第 170 条和第 171 条的规定为限;

(6) 在由故意造成妨害、污染或者其他后果的人承担责任的情形下,不存在根据前节规定产生的有关妨害、污染或者其他后果的责任。

《瑞典环境损害赔偿法》第 2 条

因离子辐射或者电力设备的电流效应造成的损害或伤害适用特别法规,不适用本法。

《瑞典环境损害赔偿法》第 3 条

由下列原因造成的损害或伤害应当予以赔偿:

(1) 河流、湖泊或者其他水域的污染;

(2) 地下水的污染;

(3) 地下水位的变化;

(4) 空气污染;

(5) 土壤污染;

(6) 噪声;

(7) 振动;

(8) 其他类似的侵害。

本条第1款第1项至第3项不适用于依《水法》许可从事的活动所造成的损害或伤害。

从侵害和损害的性质、损害的其他可能原因以及其他情况看存在相当因果关系的,应当认定损害由本条第1款规定的侵害所致。

**《欧盟关于预防和补救环境损害的环境责任指令》第4条**

该指令不调整由以下情况导致的环境损害或者紧急的环境威胁:(1)武装冲突,敌对行动,内战或者骚乱;(2)不可避免和不可抑制的自然现象。该指令不适用于由建立欧洲原子能共同体条约所调整的活动导致的核风险或者环境损害或者紧急的环境损害。

**《日本民法典》第709条**

因故意或过失侵害他人权利或受法律保护之利益者,负因此而产生损害的赔偿责任。

**《日本民法典》第717条第1款**

因工作物的设置或保存有瑕疵造成他人损害时,该工作物的占有人对受害人负赔偿该损害的责任。但占有人为防止损害的发生已尽必要注意时,所有人必须赔偿该损害。

**《日本民法典》第722条第2款**

受害人有过失时,法院可以考虑这一因素,决定损害赔偿额。

**《日本环境基本法》第2条**

本法所称"公害"是指伴随企(事)业活动及其他人为活动而发生的相当范围的大气污染、水体污染、土壤污染、噪声、振动、地面沉降和恶臭,并由此而危害人的健康或生活环境(包括与人的生活有密切关系的财产以及动植物及其繁衍的环境)。

**《日本矿业法》第109条第1款**

为了采掘矿物而挖掘土地,由于排放坑水或废水、堆积废石或排放矿烟,对他人造成损害时,损害发生时的该矿区的矿业权者,或者损害发生时矿业权业已消灭,矿业权消灭时该矿区的矿业权人,负赔偿该损害的责任。

**《日本大气污染防治法》第25条第1款**

企业因伴随其活动而向大气中排放(包括飞散)有害于人体健康的物质(指烟尘、特定物质或粉尘。而作为仅对生活环境有害的物质则是政令规定以外的物质),从而危害了人的生命或健康时,与该排放有关的企业者对由此引起的损害应承担赔偿责任。

**《日本大气污染防治法》第25条第3款**

关于第25条第1款规定的损害的发生,与天灾及其他不可抗力联系在一起时,法院在对损害赔偿责任与赔偿额的认定上,应该斟酌这一情况。

《日本水污染防治法》第 19 条

伴随企业的活动排放含有有害物质的废水或废液,或者向地下渗透而危害了人的生命和身体时,与该排放或向地下渗透有关的企业者,应该承担由此而引起的损害赔偿责任。

《日本水污染防治法》第 20 条第 2 款

第 19 条第 1 款规定的损害的发生,如果是天灾及其他不可抗力等多种原因造成的,则法院在认定损害赔偿责任和赔偿金额时,可以斟酌这一情况。

《美国综合环境反应、赔偿和责任法(1980)》第七部分(b)款

如果某人能证明泄漏某种有害物质及由此造成的损失是由于以下原因引起的,则不承担本条(a)款的责任:

(1) 不可抗力;

(2) 战争;

(3) 损害仅因第三方的过失引起,并且第三方同该人(被告)之间不存在雇佣或者代理关系,不存在任何直接或者间接的合同关系,同时,被告必须能够证明他不仅对于该有害物质的性质以及所有相关的因素都已尽到谨慎的注意义务,并且对能够合理预见到的第三方过失都已采取谨慎的预防措施;

(4) 任何以上原因的组合。

《加拿大环境保护法》第 205 条

依据本章,在环境紧急事件之前所有或负责、管理或控制物质的人承担下列责任:

(1) 为了恢复被紧急事件损害或在紧急事件期间损害的环境;

(2) 由公共部门在刑法典的意义上引起的,或者加拿大的其他公共管理机关采取的有关防治、恢复、补救或缩小由紧急事件导致的环境损害,……

(3) 由部长采取的有关防治、恢复、补救或减少环境紧急事件所采取的费用以及开支在合理限度内的,承担所发生的费用和开支,以及承担因为这些措施引起的任何损失或损害。

依据第 1 款规定的个人责任并不依靠过失或疏忽的证据,但是如果财产所有人确定环境事件有如下情形,则依据该款的规定不承担责任:

(1) 因战争、敌对或叛乱行为所导致,或者因一种异常的、不可避免、不可克服的自然现象所导致;

(2) 完全是由故意引起损害的第三方的作为或不作为引起的;

(3) 完全是由于政府公共部门或者公共管理机关的疏忽或其他错误行为引起的。

## 我国台湾地区"民法"第793条

土地所有人于他人之土地、建筑物或其他工作物有瓦斯、蒸气、臭气、烟气、热气、灰屑、喧嚣、振动及其他与此相类者侵入时,得禁止之。但其侵入轻微,或按土地形状、地方习惯,认为相当者,不在此限。

## 我国台湾地区"环境基本法"第4条第2款

环境污染者、破坏者应对其所造成之环境危害或环境风险负责。

## 我国台湾地区"空气污染防治法"第80条

空气污染物受害人,得向当地主管机关申请鉴定其受害原因;当地主管机关得会同有关机关查明原因后,命排放空气污染物者立即改善,受害人并得请求适当赔偿。前项赔偿经协议成立者,如拒绝履行时,受害人得径行申请法院强制执行。

## 我国台湾地区"水污染防治法"第70条

水污染受害人,得向主管机关申请鉴定其受害原因;主管机关得会同有关机关查明后,命排放水污染物者立即改善,受害人并得请求适当赔偿。

**第六十六条** 因污染环境发生纠纷,污染者应当就法律规定的不承担责任或者减轻责任的情形及其行为与损害之间不存在因果关系承担举证责任。

## 【说明】

本条是关于环境污染侵权举证责任的规定。

举证责任,是指法律要求纠纷当事人对自己所主张的事实,提出证据加以证明的责任。根据《中华人民共和国民事诉讼法》(以下简称《民事诉讼法》)的规定,一般实行"谁主张、谁举证"的原则。《民事诉讼法》第64条第1款规定:"当事人对自己提出的主张,有责任提供证据。"如果原告不能用证据证明自己的诉讼请求,人民法院将不支持原告的诉讼请求。举证责任的分配是指这种证明责任在当事人之间如何配置的问题。一般来说,承担较重举证责任的当事人在纠纷解决中处于相对不利的地位,因此,举证责任的分配是否公平直接关系到当事人的利益。依据本法第65条的规定,环境污染责任适用无过错责任的归责原则。环境污染责任确定无过错责任原则,固然可使环境侵害中受害人的合法权益得到保护,但是,环境侵权中因果关系的认定也是环境污染纠纷中的重要问题。本条规定,因环境污染发生纠纷,污染者应当就法律规定的不承担责任或者减轻责任的情形及其行为与损害之间不存在因果关系承担举证责任。这表明环境污染侵权实行因果关系的举证责任倒置。所谓举证责任倒置,是指在法律规定的一些特殊情形下,将通常应由提出事实主张的当事人所负担的举证责任分配给对方,由对方对否定该事实承担举证责任,如果该方当事人不能就此举证证明,则推定事实主张成立的一种举证责任分配制度。它是举证责任分配的一种特殊表现形式,是相对于一般举证责任分配规则的正常分配结果而言的。其实质便是免除本应由原告承担的举证责任,而就待证事实的反面事实,由被告承担举证责任。将污染行为与损害之间的因果关系的举证义务加于污染者,有利于保护受害人的合法权益。

本条规定,因环境污染发生纠纷,污染者应当就法律规定的不承担责任或者减轻责任的情形承担举证责任。我国环境保护方面的法律中对不承担责任或者减轻责任的情形有所规定,主要涉及不可抗力、受害人故意和第三人责任。《环境保护法》、《海洋环境保护法》、《水污染防治法》、《大气污染防治法》等法律对不承担责任或者减轻责任的情形都有规定。因环境污染发生纠纷,污染者应当就法律规定的不承担责任或者减轻责任的情形承担举证责任。

**【立法理由】**

按照环境污染责任的构成要件,构成环境污染侵权须污染者有污染环境的行为,受害人有损害,污染者污染环境的行为与受害人的损害之间有因果关系。污染者承担赔偿责任的一个必要条件就是污染行为与损害之间有因果关系,只有存在因果关系,受害人才能要求侵权人承担环境污染侵权责任。在一般的侵权关系中,加害行为与损害结果之间往往具有即时性的特点,因果关系的判断上相对容易,因此,侵权人的行为与受害人的损害之间的因果关系由受害人证明,运用相应的因果关系理论可以较好地解决侵权纠纷。在环境污染责任的认定中,由受害人对污染者的行为与其损害之间存在因果关系进行举证非常困难,如果仍然按照民事诉讼中"谁主张、谁举证"原则,由受害人承担因果关系的举证义务,则受害人很难获得救济,这是由环境污染侵权的特殊性决定的。

(1) 环境污染损害一般具有长期性、潜伏性、持续性、广泛性的特点,有的环境污染损害地域广泛,污染源与损害结果地距离很远,有的损害结果往往不是即时完成的,而是日积月累慢慢形成的,所以即使产生损害,往往时过境迁,证据灭失,很难判断损害事实是否由某侵权行为造成,使因果关系的证明非常困难。比如日本的哮喘病事件,从1955年开始排出废气,到1961年开始出现哮喘病人发作,1964年才开始出现死亡病例,从开始排放到污染损害发生,历时近十年。

(2) 环境污染造成损害的过程具有复杂性,损害并非总是由污染物直接作用人身和财产造成的,往往是污染物与各环境要素或者其他要素相互之间发生物理、化学、生物的反应,经过迁移、扩散、转化、代谢等一系列中间环节后才起作用。甚至有的时候,污染物本身是不会致害的,但和其他因素一起作用就产生了损害,使因果关系表现得十分隐蔽和不紧密,认定十分困难。

(3) 有的环境污染侵权涉及一系列的物理、化学、生物、地理、医学等专业知识甚至一些高科技知识,要证明行为与损害事实之间的因果关系,必须具备相关的专门科学技术知识和仪器设备,这些知识、技术和仪器并非平常人所能具备。甚至在一些时候,在现在的科学技术条件下,一些环境污染损害的因果关系还无法认定。

(4) 在确定因果关系时,多因一果的现象经常出现,如数家工厂向同一河流排污,河水被污染致使饮用该河水的居民感染疾病,在这种情况下,受害人很难或根本无法证明谁是致害人,证明因果关系更为困难。

正因为环境污染侵权的这些特殊性,导致环境污染的因果关系链条十分复杂,所以要证明这些因果关系链条就更为复杂,由受害人承担因果关系的举证责任有非常大的难度。如果坚持在环境侵权中按照一般侵权行为的规范,仍要求有严密的因果关系的证明,适用由受害人举证的严密的逻辑推论和判断去论证因果关系,并按通常的诉讼程序去查证,在无法证明因果关系的情况下,受害人就要承担无法举证的不利益,受害人的损害将得不到救济,无异于剥夺了受害人的请求权。为了减轻环境侵权受害人的举证负担,更迅速地救济受害人,举证责任转移或倒置制度便应运而生。经过长期的探索与实践,在环境侵权中因果关系举证责任的转移或倒置已成为各国环境法上的通则,在对受害者的保护方面起到了积极作用。

因此,本条规定,因环境污染发生纠纷,污染者应当就法律规定的不承担责任或者减轻责任的情形及其行为与损害之间不存在因果关系承担举证责任。规定了环境污染侵权因果关系的举证责任倒置,由污染者就行为与损害之间的因果关系承担举证义务。污染者必须提出反证,证明其行为与损害之间没有因果关系,才能不承担侵权责任,否则依据本条规定,其应承担环境污染的侵权责任。

由于环境污染责任因果关系的证明难度,随着各国环境污染案件迅速增加,一些国家采取各种方式降低受害人对因果关系的证明责任,举证责任转移原则被引入环境法制领域。如美国密歇根州1970年颁布的《环境保护法》第203条规定:"当原告在诉讼中初步证明被告的行为已经或可能损害或毁坏空气、水体或公共托管的其他自然资源时,被告可提出相反证据来反驳这一初步证明。"

在日本,对一般不法行为,受害人应就不法行为人的故意或过失行为、损害、行为与损害之间的因果关系进行举证。对于因果关系的证明程度,只需达到高度盖然性的标准,即根据经验原则综合研究所有证据,证明特定事实导致特定结果发生的高度盖然性,达到一般人不抱有疑问的程度。但对公害案件,受害者不掌握证明因果关系的资料,证明因果关系的高度盖然性有困难。针对这些受害人证明困难的情况,通过提高加害人的注意义务、预见义务的导入、因果关系的事实推定来降低原告的举证义务。预见义务的导入是指以认识到结果发生的抽象危险为基础,赋予信息收集义务、调查研究义务,在未能尽到必要的信息收集、调查研究义务时,对于如果尽到该义务就能预见的具体危险,认为有可预见性。

对于因果关系的举证责任,日本没有引进举证责任倒置。不承认举证责任倒置是从不法行为的归责根据和保障行为自由的角度考虑的。因为日本的不法行为法主要采用过错责任,原则上不存在原因责任、结果责任,加害人只有在没有采取通常合理的行为造成损害时才承担责任。但是不承认举证责任倒置并不是不考虑受害人的举证困难,对举证困难的案件,一般由法官采取心证,进行因果关系的事实推定。如在公害案件中,食用被加害人的工厂排出的废水污染的鱼而受到重大健康损害的受害人,在证明健康损害与加害人的过失行为之间的因果关系时,针对疾病的机理、到达路径、被告工厂工业废水的排放、污染源可以追溯到加害工厂的排水沟这些事实进行主张、立证时,裁判官适用经验原则,形成受害人的健康损害是加害人工厂排放废水的行为导致的结果的心证,即因果关系的事实推定。加害人除非反证不存在因果关系,否则承担责任。由于这种事实上的推论在受害人提供初步的因果关系证据时就会形成,推论后举证责任就转移到加害人一方,事实上减轻了受害人的举证义务。

【相关规定】

《中华人民共和国水污染防治法》第87条

因水污染引起的损害赔偿诉讼,由排污方就法律规定的免责事由及其行为与损害结果之间不存在因果关系承担举证责任。

《中华人民共和国固体废物污染环境防治法》第86条

因固体废物污染环境引起的损害赔偿诉讼,由加害人就法律规定的免责事由及其行为与损害结果之间不存在因果关系承担举证责任。

《最高人民法院关于民事诉讼证据的若干规定》第4条第1款第3项

下列侵权诉讼,按照以下规定承担举证责任:

……

(三)因环境污染引起的损害赔偿诉讼,由加害人就法律规定的免责事由及其行为与损害结果之间不存在因果关系承担举证责任。

……

《最高人民法院关于适用〈中华人民共和国民事诉讼法〉若干问题的意见》第74条

在诉讼中,当事人对自己提出的主张,有责任提供证据。但在下列侵权诉讼中,对原告提出的侵权事实,被告否认的,由被告负责举证:

……

(3)因环境污染引起的损害赔偿诉讼;

……

## 《德国环境责任法》第 6 条

（1）就具体情形之下的情况而论，一个设备能够引起所发生的损害的，推定损害是由该设备引起的。至于一个设备在具体情况之下是否能够引起损害，依运营过程、所使用的装置、投入使用以及所产生的材料的性质和浓度、气象学上的情况、损害发生的时间和地点、损害情况本身以及所有其他在具体情况之下能够说明引起损害或者能够说明不引起损害的情况加以判断和认定。

（2）设备是按规定运营的，不适用第 1 款。按规定运营系指特别的运营义务已经得到遵守，并且也不存在运营障碍的情形。

（3）特别的运营义务系指由行政法上的许可、指令以及可以执行的命令和法律规定产生的运营义务，但以这种许可、指令、命令和法律规定的宗旨是制止引起损害情形可能发生的环境侵害为限。

（4）为监督特别运营义务的执行情况而在许可、指令、命令和法律规定中规定有监控措施的，在下列情形，推定遵守了此种运营义务：

A. 监控措施系在一个时期之内实施，而在该时期之内，在考虑范围之内的环境侵害可能是由设备产生，并且这些监控措施并没有为违反运营义务提供依据的；或者

B. 在主张损害赔偿请求权之时，在考虑范围之内的环境侵害已经超过十年的。

## 《德国环境责任法》第 7 条

（1）数个设备都能够引起损害的，在从具体情形之下的情况来看，另外一个事由能够引起损害时，不适用推定。至于在具体情况之下是否能够引起损害，依损害发生的时间和地点、损害情况本身以及所有其他在具体情况之下能够说明引起损害或者能够说明不引起损害的情况加以判断和认定。

（2）只有一个设备能够引起损害的，在从具体情形之下的情况来看，另外一个事由能够引起损害时，不适用推定。

## 美国密歇根州《环境保护法》第 203 条

当原告在诉讼中初步证明被告的行为已经或可能损害或毁坏空气、水体或公共托管的其他自然资源时，被告可提出相反证据来反驳这一初步证明。

## 《奥地利损害赔偿法学者建议稿（草案）》第 1338 条

依据具体情况，尤其是考虑到损害的类型、损害发生的时间和地点、运营的时间长短、投入使用的设备、投入原材料的种类与密集程度以及气候上的既有条件，有害于环境的设备或者活动易于造成损害的，认定此种设备或者活动造成损害。保有人能够证明，其设备或者活动具有高度盖然性，不可能造成此种损害的，不存在此种认定。在此种情况下，依据本法第 1294 条第 2 款按份分担损害。

**第六十七条** 两个以上污染者污染环境,污染者承担责任的大小,根据污染物的种类、排放量等因素确定。

**【说明】**

本条是关于两个以上污染者造成损害的责任的规定。

在一定的时间、空间里,环境容量是有限的,多个污染者共同排污的行为可能超过环境容量和环境的自净能力,污染环境给受害人造成损害。在这种情况下,多个污染者之间对受害人如何承担责任,污染者之间的责任大小如何确定是本条所规范的内容。

一、关于两个以上污染者造成损害的责任

本条所规范的环境污染侵权行为有以下要件:(1)多个侵权主体,有两个或者两个以上的污染者;(2)污染者存在无意思联络的侵权行为,即污染者都有污染环境的行为,但其行为之间没有意思联络;(3)数个侵权行为与损害有总体上的因果关系,并不是单个侵权行为与损害之间有因果关系;(4)造成了同一损害。本条规定的两个以上污染者污染环境,污染者之间不存在污染环境的意思联络。现实中的环境污染共同侵权,从各行为人的角度考察,在污染者彼此实施侵权行为之前,一般没有主观上的意思联络。如果污染者之间有意思联络,则不是本条调整的范围,应由本法第8条规定的"二人以上共同实施侵权行为,造成他人损害的,应当承担连带责任"所调整,构成有意思联络的共同侵权,污染者承担连带责任。

一些国家也对两个以上污染者污染环境如何承担责任作出了规定。在日本,两个以上排污者的环境污染行为被视为共同不法行为。一般情况下,根据《日本民法典》第719条,共同不法行为中的每个共同不法行为人都对于全部损害承担连带责任,不认可根据原因力分担责任或减责。日本认为否定分担责任,可以回避各个企业排放的污染物质对各个受害人产生影响的数量、各污染源排放的污染物质多大程度上造成了受害人的疾病等,难以科学、明确地进行分析阐明的问题成为诉讼争点的不便之处。多个排放者对外承担连带责任后,再根据原因力进行相互之间的追偿。

在近年日本的判例以及学说中,将共同不法行为分为"弱关联共同性"和"强关联共同性"。为了保护受害人,一般情况下,对于"弱关联共同性"也类推适用《民法典》第719条第1款中"无法得知共同行为人中的某一人是否施加了不法行为对他人造成损害时,各人对于该损害负有连带责任"的规定,由有加害可能的人全部承担连带责任,但加害人可以通过证明自己的行为与损害没有因果关系来免除赔偿责任。在有些仅认定为"弱关联共同性"的判例中,如西淀川公害,综合判断各人的样态、归责性、原因力,认为不应承担连带责任,判定承担按份责任,对证明自身行为与损害没有因果关系或责任明显很小的人,认可免责或减责。

在日本,对依据《大气污染防治法》等的无过错责任适用共同不法行为的情形,根据排放量、排放浓度,认为行为人对于损害的发生应负责任明显很小时,日本法院可以对这一情况加以考虑,免除或减轻此行为人的责任。这种情形下,该行为人需向法院提交自己事业场所的排放量、排放浓度的记录。其《大气污染防治法》第25条第2款规定:"对于由两个以上的事业者向大气中排放有害健康的物质而引起的该损害赔偿责任,适用民法719条第1款的规定(共同不法行为)的情形下,当认为事业者对于该损害的造成应负责任明显很小时,裁判所在决定该事业者的损害赔偿金额时可以对这一情况加以考虑。"《水污染防治法》第19条第1款也有类似规定。

二、关于判断污染者责任大小的依据

在确定两个以上污染者污染环境,应当承担按份责任后,如何判断污染者承担责任的份额,其责任大小根据什么因素确定。本条规定,污染者承担责任的大小,根据污染物的种类、排放量等因素确定。

污染者承担责任大小的依据主要是污染者的行为在导致损害的结果中所占的原因力的比例。环境污染中原因力的确定比较复杂,具体到确定责任大小,应考虑污染者排放污染物的种类、排放量等因素。排放污染物的种类是指导致损害结果的污染物的种类,如一家企业既排放A有害物质又排放B有害物质,在确定致害污染物只是A有害物质的情况下,只考虑A有害物质的排放量。排放量的概念是排放污染物总量乘以排放浓度,如一家企业排放污水10吨,浓度是0.1%,另一家企业排放污水5吨,浓度是0.2%,排放量的计算是排放污水总量乘以排放浓度,并非单指排放污水总量。突发事故的排污量可以参照监测数据,累积型的排污量可以以排污单位申报量、日常监测数据、环保部门监测数据、物量核算等方式确定。

另外,在确定责任大小时不仅仅只考虑污染物的种类、排放量两种因素,还应考虑其他因素,如排放地距离、排放持续时间、污染物的致害程度等。

【立法理由】

在立法过程中,关于两个以上污染者污染环境造成损害,污染者对外是承担连带责任还是按份责任有不同意见。有的人提出,应当规定污染者对外承担连带责任,再根据污染物排放量等因素确定排污者的内部责任,这样有利于救济受害人。另一种意见认为,应当规定污染者承担按份责任。经研究认为,承担连带责任虽然能更好地保护受害人,但从社会公平的角度来说,值得商榷。污染损害发生后,受害人从赔付能力考虑,一般会起诉经济能力较强的大企业,而大企业由于处理污染物能力较强,不一定比小企业排放污染物多,规定连带责任会加重大企业的负担,不利于社会公平,也不利于排污多的小企业积极治理污染。同时,部分排污者承担连带责任后还需另行起诉,根据污染物排放量等因素在排污者之间追偿,增加诉累。应当规定按份责任,直接根据污染物的种类、排放量等因素确定排污者责任的大小。如数家企业向同一河流排污,河水被污染致使饮用该河水的居民感染疾病,受害人起诉这数家企业,允许被告依据本法第66条提出反证,如果任何一个企业能够证明其行为与损害之间没有因果关系,则不承担责任。剩余企业承担按份责任,根据污染物的种类、排放量等因素确定责任大小。

【相关规定】

《德国水利法》第22条

向水体(包括河流、湖泊、沿海和地下水)投放或导入物质,或者变更水体原来的物理、化学或生物性质,致损害他人者,就其所生损害负赔偿责任。如果是多人使水域产生影响,他们作为整体负债人而承担责任。

因制造、加工、贮藏、堆积、运送或毁弃物品,从其设备向水体投放物质,致损害于他人者,设备营运人就所生损害负赔偿责任。如果损失由暴力引起,则没有赔偿义务。

《日本民法典》第719条

由于多人共同的不法行为而对他人造成了损害时,各人对于该损害负有连带赔偿责任。无法得知共同行为人中的某一人是否施加了该损害时亦同。

《日本大气污染防治法》第25条第2款

对于由两个以上的事业者向大气中排放有害健康的物质而引起的该损害赔偿责任,适用民法第719条第1款的规定(共同不法行为)的情形下,当认为事业者对于该损害的造成应负责任明显很小时,裁判所在决定该事业者的损害赔偿金额时可以对这一情况加以考虑。

**第六十八条** 因第三人的过错污染环境造成损害的,被侵权人可以向污染者请求赔偿,也可以向第三人请求赔偿。污染者赔偿后,有权向第三人追偿。

【说明】

本条是关于因第三人的过错污染环境的责任的规定。

第三人的过错,是指除污染者与被侵权人之外的第三人,对被侵权人损害的发生具有过错,此种过错包括故意和过失。本条规定的是,如果污染环境造成损害是由于第三人的过错引起,责任如何承担的问题。这种情况需具备以下几个条件:(1)第三人是指被侵权人和污染者之外的第三人,即第三人不属于被侵权人和污染者一方,第三人与受害者和污染者之间不存在法律上的隶属关系,如雇佣关系等。(2) 第三人和污染者之间不存在意思联络。如果第三人与污染者有意思联络，则第三人与污染者构成共同侵权，不属于本条规范。

**【立法理由】**

本条规定，因第三人的过错污染环境造成损害的，被侵权人可以向污染者请求赔偿，也可以向第三人请求赔偿。一般情况下污染者的赔偿能力比第三人强，规定污染者先替第三人承担责任再追偿的本意是对被侵权人的保护，但在第三人的赔偿能力比污染者强的情况下，应该赋予被侵权人赔偿对象的选择权，被侵权人可以向污染者请求赔偿，也可以向第三人请求赔偿。污染者赔偿后，有权向第三人追偿。

**【相关规定】**

《中华人民共和国水污染防治法》第 85 条第 4 款

水污染损害是由第三人造成的，排污方承担赔偿责任后，有权向第三人追偿。

《中华人民共和国海洋环境保护法》第 90 条第 1 款

造成海洋环境污染损害的责任者，应当排除危害，并赔偿损失；完全由于第三者的故意或者过失，造成海洋环境污染损害的，由第三者排除危害，并承担赔偿责任。

《国际油污损害民事责任公约》第 3 条第 2 款

船舶所有人如能证实损害系属于以下情况，即对之不负责任：

（1）由于战争行为、敌对行动、内战或者武装暴动，或者特殊的、不可避免的和不可抗拒的自然现象所引起的损害；

（2）完全由于第三者有意造成损害的行为或者怠慢所引起的损害；

（3）完全是由于负责灯塔或其他助航设备的政府或其他主管当局在执行其职责时，疏忽或其他过失行为所造成的损害。

《关于危险废弃物越境转移及其处置所造成损害的责任和赔偿问题议定书》第 4 条第 5 款

如果本条 1 和第 2 款中所述之人证明损害系由以下原因之一所致，则该人便不应对之负任何赔偿责任：

（1）武装冲突、敌对行动、内战或叛乱行为；

（2）罕见、不可避免、不可预见和无法抵御的自然现象；

（3）完全系因遵守损害发生所在国的国家公共当局的强制性措施；或者

（4）完全由于第三者的蓄意不当行为，包括遭受损害者的不当行为。

《荷兰民法典》第 178 条

具有下列情形之一的，不承担本编第 175 条、第 176 条或者第 177 条规定的责任：

(5) 损害仅因具有故意的第三人的作为或不作为所致,但以不违背本编第 170 条和第 171 条的规定为限;

……

**《美国综合环境反应、赔偿和责任法(1980)》第七部分(b)款**

如果某人能证明泄漏某种有害物质及由此造成的损失是由于以下原因引起的,则不承担本条(a)款的责任:

(1) 不可抗力;

(2) 战争;

(3) 损害仅因第三方的过失引起,并且第三方同该人(被告)之间不存在雇佣或者代理关系,不存在任何直接或者间接的合同关系,同时,被告必须能够证明他不仅对于该有害物质的性质以及所有相关的因素都已尽到谨慎的注意义务,并且对能够合理预见到的第三方过失都已采取谨慎的预防措施;

(4) 任何以上原因的组合。

**《加拿大环境保护法》第 205 条第 2、3 款**

环境事件完全是由故意引起损害的第三方的作为或不作为引起的,免除侵害人的赔偿责任。

环境紧急事件全部或者部分是由故意引起损害的人的作为或者不作为,或者由于该人的疏忽或错误行为造成的,应减轻侵害人的赔偿责任。

# 第九章 高度危险责任

本章共9条,对高度危险责任的一般规定和几种典型的高度危险作业的致害责任作出规定。在本法制定前,《民法通则》第123条对高度危险作业责任作了原则性规定。此后,《铁路法》、《民用航空法》、《电力法》等法律对相关的使用铁路、民用航空器和电力等高度危险作业致人损害的民事责任作出了规定。本法在这些法律的基础上,结合实践经验,对高度危险责任作出专章规定。第69条是关于高度危险责任的一般规定,第70条至第73条,根据危险程度的高低,区分不同的高度危险作业类型,分别对民用核设施、民用航空器、高度危险物和从事高空、高压、地下挖掘活动、高速轨道运输工具的致害责任及其不承担或者减轻责任的情形作了规定。第74条规定了对遗失、抛弃危险物致害责任,第75条规定了非法占有高度危险物的致害责任。第76条规定了未经许可进入高度危险作业区域受到损害作业人的责任减免情形。第77条对赔偿限额作了规定。

**第六十九条** 从事高度危险作业造成他人损害的,应当承担侵权责任。

【说明】

本条是关于高度危险责任的一般规定。

(1)关于本条调整的范围。这里讲的"高度危险作业",既包括使用民用核设施、高速轨道运输工具和从事高压、高空、地下采掘等高度危险活动,也包括占有、使用易燃、易爆、剧毒和放射性等高度危险物的行为。本条的调整范围仅使用了"高度危险作业"的表述,并没有如《民法通则》第123条一样,将常见、典型的高度危险作业列举出来。主要考虑是:一是采用列举的方式,不可能将所有常见的高度危险作业列举穷尽,列举过多也使条文显得繁琐;二是列举的方式在实践中容易让人误解高度危险行为仅指列明的那几种,使高度危险责任的适用范围变窄;三是错误的列举可以导致某些行为承担不合理的责任;四是本章对运行民用核设施、使用民用航空器、占有或者使用易燃、易爆、剧毒和放射性等高度危险物,从事高空、高压、地下采掘活动,使用高速轨道运输工具等高度危险作业都作了专门的规定,没有必要在一般规定中再列明这些高度危险作业形式。因此,本条的调整范围采用了"高度危险作业"的表述,这是个开放性的概念,包括一切对周围环境产生高度危险的作业形式。

那么,如何理解"高度危险作业",或者说,实践中在法律明确规定的高度危险作业以外,还有哪些行为可以属于高度危险作业?在理论和司法实践中,一般认为,具体行为构成高度危险作业应具备以下三个条件:

第一,作业本身具有高度的危险性。也就是说,危险性变为现实损害的几率很大,超过了一般人正常的防范意识,或者说超过了在一般条件下人们可以避免或者躲避的危险。

第二,高度危险作业即使采取安全措施并尽到了相当的注意也无法避免损害。日常生活中,任何一种活动都可能对周围人们的财产或人身产生一定的危险性。但高度危险作业则具有不完全受人控制或者难以控制的危害性。

第三,不考虑高度危险作业人对造成损害是否有过错。

(2)关于归责原则。高度危险作业造成他人损害的,应当承担无过错责任,就是说只要是高度危险作业造成他人人身、财产损害,无论作业人是否有过错,都要承担侵权责任。高度危险责任采用无过错责任,是大部分国家的普遍做法。我国在制定《民法通则》时,也将高度危险责任规定为无过错责任。其后根据《民法通则》制定的《铁路法》、《电力法》和《民用航空法》等单行法确认了有关高度危险作业的无过错责任。在司法实践和学术研究中,也普遍接受高度危险作业应当实行无过错责任。因此,本条规定高度危险作业的无过错责任,与我国已有的法律实践相一致,也符合世界各国的主流做法,有利于迅速解决纠纷,及时救济受害人。

(3)关于减免责任事由。作为高度危险责任的一般规定,本条没有写明哪些情形可以不承担责任或者减轻责任,这是因为考虑到不同的高度危险作业因为其性质不同,难以规定统一的不承担责任或者减轻责任的事由,这个问题宜由法律根据不同高度危险作业的特点和实际情况作出具体规定。如果法律对某种高度危险责任规定了不承担责任或者减轻责任情形,应当依照其规定。如《民用航空法》第124条规定,因发生在民用航空器上或者在旅客上、下民用航空器过程中的事件,造成旅客人身伤亡的,承运人应当承担责任;但是,旅客的人身伤亡完全是由于旅客本人的健康状况造成的,承运人不承担责任。又如本法第70条规定,民用核设施发生核事故造成他人损害的,民用核设施的经营者能够证明损害是因战争等情形或者受害人故意造成的,不承担责任。

(4)关于责任方式。本条规定,从事高度危险作业造成他人损害的,应当承担侵权责任。这里的"侵权责任"不仅仅是损害赔偿责任。由于高度危险作业一旦造成损害,可能对周围环境带来很大的危害,因此,作业人不仅在事后向受害人进行损害赔偿,而且在事发时就应当积极采取停止侵害、消除危险等措施并开展积极救助受害人,因此,我们在这里强调的是"侵权责任"而不是仅要求高度危险作业人承担赔偿责任。

### 第69条　《中华人民共和国侵权责任法》条文说明、立法理由及相关规定

【立法理由】

19世纪以来，随着工业革命带来的社会化大生产的迅速发展和科学技术的不断进步，铁路、机械、炸药等广泛应用于生产、生活中，即使作业人没有过错，这些高度危险作业也时常造成他人人身、财产损害，这种情况下传统的过错责任显得不足以保护受害人的利益。当时的普鲁士在1838年通过了《普鲁士铁路企业法》。该法规定："铁路公司所运输的人及物，或者因转运之事故对他人人身和财物造成损害，应当承担赔偿责任。容易致人损害的企业的企业主即使没有任何过失，也不得以无过失为由请求免除赔偿。"后来，该规定扩大适用于包括铁路公司在内的一切"容易致人损害（从事高度危险作业）"的企业。通常认为这是首次确立高度危险作业无过错赔偿责任原则的法律规定。此后，许多国家相继通过立法对高度危险责任作出了规定。

在本法制定之前，《民法通则》第123条规定："从事高空、高压、易燃、易爆、剧毒、放射性、高速运输工具等对周围环境有高度危险的作业造成他人损害的，应当承担民事责任；如果能够证明损害是由受害人故意造成的，不承担民事责任。"这条规定，一是通过列举"高空、高压、易燃、易爆、剧毒、放射性、高速运输工具"这七种常见的高度危险作业形式，同时也在其后加上"等对周围环境有高度危险的作业"来界定高度危险作业的范围。二是规定了高度危险作业实行的是无过错原则，并规定损害是由受害人故意造成的，高度危险作业人可以不承担责任。《民法通则》第123条作为高度危险责任的一般规定，为其后制定有关涉及高度危险责任的单行法和司法实践发挥了积极的指导作用。本法在《民法通则》的基础上也规定了高度危险责任的一般条款，明确从事高度危险作业造成他人损害的，应当承担无过错责任。这样做的好处是，对目前已有法律规范的高度危险行为侵权责任的共性问题作出规定，可以为司法实践处理尚未有法律明确规范的高度危险行为提供一个指导性原则。同时，考虑到不同的高度危险作业因为其性质不同，难以规定统一的不承担责任或者减轻责任的事由，所以本条没有明确规定高度危险责任的不承担责任和减轻责任的情形，如果法律对某种高度危险责任规定了不承担责任或者减轻责任情形的，应当依照其规定。

【相关规定】

《中华人民共和国民法通则》第123条

从事高空、高压、易燃、易爆、剧毒、放射性、高速运输工具等对周围环境有高度危险的作业造成他人损害的，应当承担民事责任；如果能够证明损害是由受害人故意造成的，不承担民事责任。

《意大利民法典》第2050条

在进行危险活动时给他人造成的任何损害，根据危险的性质或运用手段的特

征,在未证明已采取全部适当措施以避免损害的情况下,行为人要承担赔偿责任。

**《荷兰民法典》第六编债法总则第 175 条**

(1) 在其营业或经营活动中使用或保有某种已知对人身或财产具有特别严重危险性的危险物质者,对危险之实现(造成的损害)承担责任。从事经营活动的人,也包括在其履行义务的过程中使用或保有此等危险物质的法人。特别严重危险性(物质)是指,在任何情况下,依据《环境有害物质法》第 34 条第 3 款(《法规与法令汇编》,《荷兰官报》1985 年第 639 号)规定的标准和方法认定的具有爆炸、氧化、可燃、高度可燃或特别易燃、有毒或剧毒性质的物质。

**《埃塞俄比亚民法》第 2069 条**

(1) 通过使用或储存爆炸性或有毒物质、安装高压输电线路、改变地势,或从事特别危险的工业活动使他人承担不正常风险的人,如果他造成的危险已成为事实,由此引起他人的损害,他应承担责任。

(2) 即使危险的制造者是国家或已获得授权的行政当局,仍应适用第(1)款的规定。

**我国台湾地区"民法"第 191-3 条**

经营一定事业或从事其他工作或活动之人,其工作或活动之性质或其使用之工具或方法有生损害于他人之危险者,对他人之损害应负赔偿责任。但损害非由于其工作或活动或其使用之工具或方法所致,或于防止损害之发生已尽相当之注意者,不在此限。

**第七十条** 民用核设施发生核事故造成他人损害的,民用核设施的经营者应当承担侵权责任,但能够证明损害是因战争等情形或者受害人故意造成的,不承担责任。

【说明】

本条是关于民用核设施责任的规定。

(1) 本条调整的主体是民用核设施。按照《放射性污染防治法》的规定,核设施是指核动力厂(核电厂、核热电厂、核供汽供热厂等)和其他反应堆(研究堆、实验堆、临界装置等);核燃料生产、加工、贮存和后处理设施;放射性废物的处理和处置设施等。核设施包括民用核设施和军用核设施,本条规定的是民用核设施。我国加入的国际《核安全公约》中,核设施也是限定在民用核设施。其所谓的"核设施"是缔约方管辖下的任何陆基民用核动力厂,包括设在同一厂址并与该核动力厂的运行直接有关的设施,如贮存、装卸和处理放射性材料的设施。当按照批准的程序永久地从堆芯卸出所有核燃料元件和安全贮存以及其退役计划经监管机构同意后,该厂即不再为核设施。

（2）针对的是民用核设施发生核事故造成的损害。一般来说，核事故是指在核设施（例如核电厂）内发生了意外情况，造成放射性物质外泄，致使工作人员和公众受超过或相当于规定限值的照射。国际上，根据核设施发生的核损害的严重程度，分为七个等级。只有四至七级才称为"核事故"。如苏联的切尔诺贝利事故、英国的温茨凯尔事故和美国的三哩岛事故。在我国，按照《核电厂核事故应急管理条例》规定，只有民用核设施可能或者已经引起放射性物质释放并造成重大辐射后果的，才能构成核事故，应当适用本条的规定。除此之外，核设施造成他人人身、财产损害的，可以适用本法的其他规定。

（3）承担责任的主体是民用核设施的经营者，即民用核设施的营运者。按照2007年《国务院关于核事故损害赔偿责任问题的批复》的规定，民用核设施的营运者应当对核事故造成的人身伤亡、财产损失或者环境受到的损害承担赔偿责任。营运者以外的其他人不承担赔偿责任。中华人民共和国境内，依法取得法人资格，营运核电站、民用研究堆、民用工程实验反应堆的单位或者从事民用核燃料生产、运输和乏燃料贮存、运输、后处理且拥有核设施的单位，为该核电站或者核设施的营运者。因民用核设施的设计人、建筑人的过错，导致该民用核设施发生核事故造成他人人身、财产损害的，按照2007年《国务院关于核事故损害赔偿责任问题的批复》的规定，也应当由该民用核设施的经营者向受害人承担责任，然后由经营者依照合同的约定，向设计人或者施工人等责任人追偿。

（4）民用核设施发生核事故的致害责任，实行无过错原则，按照本条规定，只有在能够证明损害是因战争等情形或者受害人故意造成的才可以不承担责任。根据2007年《国务院关于核事故损害赔偿责任问题的批复》的规定，对直接由于武装冲突、敌对行动、战争或者暴乱所引起的核事故造成的核事故损害，营运者不承担赔偿责任。该规定与1997年《关于核损害民事责任的维也纳公约》的规定基本一致。本条在起草过程中，参考了上述规定，明确规定因"战争等情形"民用核设施的经营者不承担责任。其中的"等"字就包括了武装冲突、敌对行动、暴乱等人为的突发性暴力事件。此外，根据《民法通则》第123条和本法第27条的规定，明确损害是因"受害人故意"造成的，民用核设施的经营者也不承担责任。

关于不可抗力是否免责的问题，在本法起草过程中有不同意见。有的意见认为，不可抗力应当作为免责事由。德国、日本等国家的核损害法中都规定了特别异常的自然灾害导致的核事故也可以免责。经研究认为，为了更好地保护受害人，本条将受害人故意之外的不承担责任情形限制在"战争等行为"，而没有一般规定为"不可抗力"，这与国际上通行做法也是一致的。

（5）关于责任方式。本条规定，民用核设施的经营者应当承担侵权责任。这里的"侵权责任"不仅仅是损害赔偿责任。由于发生核事故，可能对周围环境带来很大的危害，因此，民用核设施的经营者不仅在事后向受害人进行损害赔偿，而且在事发时就应当积极采取停止侵害、消除危险等措施并开展积极救助受害人。在损害赔偿责任上,由于核事故造成的危害面比较广,因此,为了兼顾核工业的正常发展和保护受害人的权益,国际通行做法是通过立法规定民用核设施的赔偿限额。如2007年《国务院关于核事故损害赔偿责任问题的批复》的规定,核电站的营运者对一次核事故所造成的核事故损害的最高赔偿额为3亿元人民币。核事故损害的应赔总额超过规定的最高赔偿额的,国家提供最高限额为8亿元人民币的财政补偿。本法也在第77条规定,承担高度危险责任,法律规定赔偿限额的,依照其规定。

【立法理由】

核科学技术的发展和核能的和平利用是20世纪人类最伟大的成就之一。第二次世界大战后,美国、苏联、英国、法国、德国、日本等一些国家相继建立起核电厂。我国在20世纪80年代初,开始决定建造秦山核电站和广东大亚湾核电站,开始发展核电工业。截止2007年,我国(不包括台湾地区)有9台核电机组在运行。世界核电经过半个多世纪的发展,积累了1.2万多堆年的运行经验,迄今为止,核电保持了良好的运行安全记录,但美国三哩岛和苏联切尔诺贝利核电站的事故警示我们,尽管核电厂发生严重事故的频度极低,但是,由于其后果极为严重,因此必须采取严格措施保证核设施安全稳定运行。

我国一直十分重视核安全管理,不仅制定了《放射性污染防治法》、《民用核设施安全监督管理条例》、《核电厂核事故应急管理条例》等一系列法律、法规,还加入了国际《核安全公约》,全面履行公约所要求的核安全义务。总的说来,我国已经建立起一套比较完善的核安全管理法律体系,但关于核设施发生核事故的民事责任,在法律层面上规定得较为原则,如《放射性污染防治法》第59条规定,因放射性污染造成他人损害的,应当依法承担民事责任。而《民法通则》第123条也是对从事高空、高压、易燃、易爆、剧毒、放射性和高速运输工具等高度危险作业责任作了一般性规定。2007年,国务院针对核事故损害赔偿责任,向国家原子能机构作出批复(国函[2007]64号),该批复根据国际通行做法,对核损害赔偿责任的主体、归责原则、赔偿限额等问题作了规定。在本法起草过程中,经研究认为,民用核设施的运行是一种高度危险程度很高的行为,其不承担责任的情形应当更加严格限制,因此,在《民法通则》和2007年《国务院关于核事故损害赔偿责任问题的批复》的基础上,作出本条规定。

【相关规定】

《中华人民共和国民法通则》第123条

从事高空、高压、易燃、易爆、剧毒、放射性、高速运输工具等对周围环境有高度危险的作业造成他人损害的,应当承担民事责任;如果能够证明损害是由受害人故意造成的,不承担民事责任。

《中华人民共和国放射性污染防治法》第 59 条

因放射性污染造成他人损害的,应当依法承担民事责任。

《中华人民共和国放射性污染防治法》第 62 条

本法中下列用语的含义:

(一)放射性污染,是指由于人类活动造成物料、人体、场所、环境介质表面或者内部出现超过国家标准的放射性物质或者射线。

(二)核设施,是指核动力厂(核电厂、核热电厂、核供汽供热厂等)和其他反应堆(研究堆、实验堆、临界装置等);核燃料生产、加工、贮存和后处理设施;放射性废物的处理和处置设施等。

《国务院关于核事故损害赔偿责任问题的批复》

一、中华人民共和国境内,依法取得法人资格,营运核电站、民用研究堆、民用工程实验反应堆的单位或者从事民用核燃料生产、运输和乏燃料贮存、运输、后处理且拥有核设施的单位,为该核电站或者核设施的营运者。

二、营运者应当对核事故造成的人身伤亡、财产损失或者环境受到的损害承担赔偿责任。营运者以外的其他人不承担赔偿责任。

六、对直接由于武装冲突、敌对行动、战争或者暴乱所引起的核事故造成的核事故损害,营运者不承担赔偿责任。

七、核电站的营运者和乏燃料贮存、运输、后处理的营运者,对一次核事故所造成的核事故损害的最高赔偿额为 3 亿元人民币;其他营运者对一次核事故所造成的核事故损害的最高赔偿额为 1 亿元人民币。核事故损害的应赔总额超过规定的最高赔偿额的,国家提供最高限额为 8 亿元人民币的财政补偿。

对非常核事故造成的核事故损害赔偿,需要国家增加财政补偿金额的由国务院评估后决定。

十、受到核事故损害的自然人、法人以及其他组织有权请求核事故损害赔偿。

**第七十一条** 民用航空器造成他人损害的,民用航空器的经营者应当承担侵权责任,但能够证明损害是因受害人故意造成的,不承担责任。

【说明】

本条是关于民用航空器责任的规定。

(1)本条调整范围限定在民用航空器。所谓的航空器是指通过空气的反作用,而不是由空气对地面发生的反作用,在大气中取得支承的任何机器,航空器主要包括固定翼飞机、滑翔机、直升机等飞机,此外,热气球、飞艇也属于航空器。一般认为,火箭是借助燃料所产生的反作用力,运动方式和空气无直接关系,因而不属于航空器。另外,气垫船和地面效应船也不属于航空器,因为它们虽然能够离开地面或水面,在离地面较低的高度上滑行,但它们的升力大部分都是靠地面效应产生的,以至于它们根本无法真正在大气中飞行。航空器从使用目的看,民用航空器是指除用于执行军事、海关、警察飞行任务外的航空器。民用航空器主要用途有两方面:一是专门从事运送旅客、行李、邮件或者货物的运输飞行;二是通用航空,包括从事工业、农业、林业、渔业和建筑业的作业飞行,以及医疗卫生、抢险救灾、气象探测、海洋监测、科学实验、教育训练、文化化育等方面的飞行活动。

(2) 责任主体是民用航空器的经营者。这里的经营者主要包括从事运输旅客、货物运输的承运人和从事通用航空的民用航空器使用人。从事旅客、货物运输的承运人主要是公共航空运输企业。公共运输企业运送旅客的,应当出具客票,客票是航空旅客运输合同订立和运输合同条件的初步证据。公共运输企业运送货物的,应当与托运人订立合同,接受托运人出具的航空货运单,航空货运单是航空货物运输合同订立和运输条件以及承运人接受货物的初步证据。公共运输企业应当按照约定将旅客、货物及时送到目的地。从事通用航空的,民用航空器的使用人,在组织实施作业飞行时,应当采取有效措施,保证飞行安全,保护环境和生态平衡,防止对环境、居民、作物或者牲畜等造成损害。

(3) 承担责任前提是民用航空器在使用中造成他人损害。民用航空器造成他人损害的,包括两种情形。一种情形是,民用航空器在从事旅客、货物运输过程中,对所载运的旅客、货物造成的损害。按照《民用航空法》的规定,在从事公共运输航空中,因发生在民用航空器上或者在旅客上、下民用航空器过程中的事件,造成的旅客人身伤亡和其随身携带物品毁灭、遗失或者损坏的,承运人应当依法承担侵权责任。对托运的行李、货物而言,因发生在航空运输期间的事件,造成货物毁灭、遗失或者损坏的,承运人应当依法承担侵权责任。这里的"航空运输期间"是指在机场内、民用航空器上或者机场外降落的任何地点,托运行李、货物处于承运人掌管之下的全部期间。另一种情形是,民用航空器对地面第三人的人身、财产造成的损害。具体说来,就是飞行中的民用航空器或者从飞行中的民用航空器上落下的人或者物,造成地面(包括水面)上的人身伤亡和财产损害。这里的"飞行中",是指自民用航空器为实际起飞而使用动力时起至着陆冲程终了时止;就轻于空气的民用航空器而言,飞行中是指自其离开地面时起至其重新着地时止。

(4) 民用航空器的经营者承担无过错责任。民用航空器作为一种高速运输工具,《民法通则》和《民用航空法》都规定了民用航空器的经营者应当承担无过错责任,这与国际公约和世界上通行做法是一致的。本条也坚持这个原则:民用航空器造成他人损害的,民用航空器的经营者应当承担侵权责任。关于不承担责任的情形,根据本条规定,能够证明损害是因受害人故意造成的,民用航空器经营者不承担责任;即使是因为自然原因引起的不可抗力事件,造成他人损害的,民用航空器的经营者也要承担责任,这也与《民法通则》的规定是一致的。当然,《民用航空法》针对不同情况,规定了较为详细的不承担责任和减轻责任情形:如旅客的人身伤亡完全是由于其本人的健康状况造成的,承运人不承担责任。因货物本身的自然属性、质量或者缺陷造成的货物毁损,承运人不承担责任。在旅客、行李运输中,承运人能够证明损失是由旅客过错造成的,可以相应免除或者减轻承运人的赔偿责任。因武装冲突直接造成的飞行中民用航空器对地面第三人损害的,民用航空器经营者不承担责任。本条虽然没有如《民用航空法》,把所有不承担责任的情形都一一写出来,是因为《侵权责任法》作为处理侵权纠纷的基本法,对民用航空器致害责任的基本原则作出规定,对《民用航空法》中关于不承担责任情形的具体规定,仍然适用。

**【立法理由】**

在我国,改革开放 30 年来,民航的增长速度远远高于其他运输方式。据有关资料显示,2008 年我国民用航空的客运量已经突破 1.6 亿人次。由于航空运输具有特殊性,飞机一旦发生事故常常会造成较大规模的人员伤亡和巨大的财产损失,并造成很大的社会影响甚至政治影响,因此,如何处理民用航空器造成他人损害的民事责任是法律面临的重要问题。我国最早处理民用航空器致害责任的法律依据是 1986 年《民法通则》第 123 条,其中规定使用高速运输工具造成他人损害的,应当承担民事责任,如果能够证明损害是由受害人故意造成的,不承担民事责任。根据该规定,民用航空器作为一种高速运输工具,如果造成他人损害的,除能够证明损害是受害人故意造成的外,民用航空器的经营者应当承担无过错责任。1995 年我国颁布了《民用航空法》,该法根据《民法通则》、国际公约,结合我国的实际情况和国际通行做法,对民用航空器造成乘客人身、财产损害和对地面第三人损害的民事责任作了具体规定。考虑到民用航空器高速、高空带来的高风险,本法在《民法通则》和《民用航空法》的基础上,对民用航空器致害责任作出了原则性规定。

**【相关规定】**

《中华人民共和国民法通则》第 123 条

从事高空、高压、易燃、易爆、剧毒、放射性、高速运输工具等对周围环境有高度危险的作业造成他人损害的,应当承担民事责任;如果能够证明损害是由受害人故意造成的,不承担民事责任。

《中华人民共和国民用航空法》第 124 条

因发生在民用航空器上或者在旅客上、下民用航空器过程中的事件,造成旅客人身伤亡的,承运人应当承担责任;但是,旅客的人身伤亡完全是由于旅客本人的健康状况造成的,承运人不承担责任。

《中华人民共和国民用航空法》第125条

因发生在民用航空器上或者在旅客上、下民用航空器过程中的事件,造成旅客随身携带物品毁灭、遗失或者损坏的,承运人应当承担责任。因发生在航空运输期间的事件,造成旅客的托运行李毁灭、遗失或者损坏的,承运人应当承担责任。

旅客随身携带物品或者托运行李的毁灭、遗失或者损坏完全是由于行李本身的自然属性、质量或者缺陷造成的,承运人不承担责任。

本章所称行李,包括托运行李和旅客随身携带的物品。

因发生在航空运输期间的事件,造成货物毁灭、遗失或者损坏的,承运人应当承担责任;但是,承运人证明货物的毁灭、遗失或者损坏完全是由于下列原因之一造成的,不承担责任:

(一)货物本身的自然属性、质量或者缺陷;
(二)承运人或者其受雇人、代理人以外的人包装货物的,货物包装不良;
(三)战争或者武装冲突;
(四)政府有关部门实施的与货物入境、出境或者过境有关的行为。

本条所称航空运输期间,是指在机场内、民用航空器上或者机场外降落的任何地点,托运行李、货物处于承运人掌管之下的全部期间。

航空运输期间,不包括机场外的任何陆路运输、海上运输、内河运输过程;但是,此种陆路运输、海上运输、内河运输是为了履行航空运输合同而装载、交付或者转运,在没有相反证据的情况下,所发生的损失视为在航空运输期间发生的损失。

《中华人民共和国民用航空法》第157条

因飞行中的民用航空器或者从飞行中的民用航空器上落下的人或者物,造成地面(包括水面,下同)上的人身伤亡或者财产损害的,受害人有权获得赔偿;但是,所受损害并非造成损害的事故的直接后果,或者所受损害仅是民用航空器依照国家有关的空中交通规则在空中通过造成的,受害人无权要求赔偿。

前款所称飞行中,是指自民用航空器为实际起飞而使用动力时起至着陆冲程终了时止;就轻于空气的民用航空器而言,飞行中是指自其离开地面时起至其重新着地时止。

**第七十二条** 占有或者使用易燃、易爆、剧毒、放射性等高度危险物造成他人损害的,占有人或者使用人应当承担侵权责任,但能够证明损害是因受害人故意或者不可抗力造成的,不承担责任。被侵权人对损害的发生有重大过失的,可以减轻占有人或者使用人的责任。

【说明】

本条是关于易燃、易爆、剧毒、放射性等高度危险物致害责任的规定。

(1)本条调整的范围涉及的是易燃、易爆、剧毒、放射性等高度危险物。对易燃、易爆、剧毒、放射性物品的认定,一般根据国家颁布的三个标准:GB6944-2005《危险货物分类和品名编号》、GB12268-90《危险货物品名表》、GB13690-92《常用危险化学品分类及标志》。如《危险货物分类和品名编号》规定,危险货物是指具有爆炸、易燃、毒害、感染、腐蚀、放射性等危险特性,在运输、储存、生产、经营、使用和处置中,容易造成人身伤亡、财产损毁或环境污染而需要特别防护的物质和物品。

(2)本条规范的行为是对高度危险物的占有或者使用,承担责任的主体是占有人和使用人。在高度危险责任中,由于其归责的基础在于危险的存在,因此,责任的承担者原则上是控制或者应当控制该危险的人。高度危险物本身具有危及他人人身、财产的自然属性,但往往是因为在占有和使用当中造成他人损害。这里的"占有"和"使用"包括生产、储存、运输高度危险品以及将高度危险品作为原料或者工具进行生产等行为。因此,高度危险物的占有人和使用人必须采取可靠的安全措施,避免高度危险物造成他人损害。如《放射性污染防治法》明确规定,放射性同位素应当单独存放,不得与易燃、易爆、腐蚀性物品等一起存放,其贮存场所应当采取有效的防火、防盗、防射线泄漏的安全防护措施。《化学危险品安全管理条例》也明确要求,生产、储存、使用危险化学品的,应当根据危险化学品的种类、特性,在车间、库房等作业场所设置相应的监测、通风、防晒、调温、防火、灭火、防爆、泄压、防毒、消毒、中和、防潮、防雷、防静电、防腐、防渗漏、防护围堤或者隔离操作等安全设施、设备,并按照国家标准和国家有关规定进行维护、保养,保证符合安全运行要求。

(3)占有人或者使用人承担无过错责任。这与《民法通则》的规定和实践做法是一致的。只要是易燃、易爆、剧毒、放射性等高度危险物造成他人人身、财产损害的,占有人或者使用人应当承担侵权责任。这里的"侵权责任"并不限于赔偿损失,而且应当包括在事故发生后,占有人或者使用人应当迅速采取有效措施,组织抢救,防止事故扩大,减少人员伤亡和财产损失等措施。

(4)不承担责任和减轻责任情形。本条规定,能够证明损害是因受害人故意或者不可抗力造成的,占有人或者使用人不承担责任。《民法通则》第 123 条规定的高度危险责任,仅在受害人故意造成损害的情况下免责,本条针对高度危险物的情况,增加规定了不可抗力不承担责任的情形。不可抗力是指不能预见、不能避免并不能克服的客观情况。主要考虑是以下两点:一是高度危险物虽然本身具有危险属性,但危险程度不及民用核设施和民用航空器,因此,在不承担和减轻责任上,应有所区别。二是根据《环境保护法》、《水污染防治法》等法律规定,因不可抗力造成高度危险物污染损害的,免予承担责任。本条增加"不可抗力"作为不承担责任情形,也是符合实际情况的。需要指出的是,不承担责任情形的举证责任在于占有人或者使用人,由其来证明损害是因为受害人故意或者不可抗力引起的,才能依法不承担责任。

此外,本条还明确规定了减轻责任的情形:被侵权人对损害的发生有重大过失的,可以减轻占有人或者使用人的责任。该规定也体现了高度危险物致害责任与民用核设施发生核事故致害责任的不同,民用核设施如果发生核事故损害,波及的范围广,损害后果非常严重,因此责任更为严格,不论受害人有无过失,过失程度如何,民用核设施的经营者都不能减轻责任。相比之下,高度危险物发生损害的危险程度一般逊于民用核设施,因此,在高度危险物占有人或者使用人已经尽到注意义务的前提下,在受害人有重大过失的情况下,可以减轻占有人或者使用人的赔偿责任,也是合理的。毕竟高度危险物的危险性也很高,一旦造成损害,对其周围的环境和人民群众人身、财产安全影响也很大,因此,本条将减轻责任的情形,严格限定在受害人的"重大过失",受害人有一般过失的,不能减轻占有人或者使用人的赔偿责任。至于什么是"重大过失",可以在实践中根据占有人或者使用人是否已经尽到注意义务、受害人行为方式、因果关系等因素作具体判断。

【立法理由】

本条的规定源于《民法通则》第123条。《民法通则》把高空、高压、高速运输工具与易燃、易爆、剧毒、放射性等高度危险物都作为典型的高度危险作业形式规定了高度危险责任的一般原则。实际上,不同的高度危险作业其危险程度是不同的,在具体不承担责任和减轻责任的情形上是有区别的。此外,近年来,因烟花爆竹爆炸、矿山瓦斯爆炸、危险化学品泄漏等因高度危险物品致人伤亡的重大事故时有发生,因此,有必要对高度危险品致人损害责任作单独规定。本条在《民法通则》规定的基础上,结合实践经验,规定因易燃、易爆、剧毒、放射性等高度危险物造成他人损害责任应当承担无过错责任。根据其危险性特点,明确限定了其不承担责任和减轻责任的情形。

## 【相关规定】

《中华人民共和国民法通则》第 123 条

从事高空、高压、易燃、易爆、剧毒、放射性、高速运输工具等对周围环境有高度危险的作业造成他人损害的，应当承担民事责任；如果能够证明损害是由受害人故意造成的，不承担民事责任。

《中华人民共和国放射性污染防治法》第 59 条

因放射性污染造成他人损害的，应当依法承担民事责任。

《中华人民共和国放射性污染防治法》第 62 条

本法中下列用语的含义：

（一）放射性污染，是指由于人类活动造成物料、人体、场所、环境介质表面或者内部出现超过国家标准的放射性物质或者射线。

（四）放射性同位素，是指某种发生放射性衰变的元素中具有相同原子序数但质量不同的核素。

（五）放射源，是指除研究堆和动力堆核燃料循环范畴的材料以外，永久密封在容器中或者有严密包层并呈固态的放射性材料。

（六）射线装置，是指 X 线机、加速器、中子发生器以及含放射源的装置。

（七）伴生放射性矿，是指含有较高水平天然放射性核素浓度的非铀矿（如稀土矿和磷酸盐矿等）。

（八）放射性废物，是指含有放射性核素或者被放射性核素污染，其浓度或者比活度大于国家确定的清洁解控水平，预期不再使用的废弃物。

《荷兰民法典》第六编债法总则第 175 条

（1）在其营业或经营活动中使用或保有某种已知对人身或财产具有特别严重危险性的危险物质者，对危险之实现（造成的损害）承担责任。从事经营活动的人，也包括在其履行义务的过程中使用或保有此等危险物质的法人。特别严重危险性（物质）是指，在任何情况下，依据《环境有害物质法》第 34 条第 3 款（《法规与法令汇编》，《荷兰官报》1985 年第 639 号）规定的标准和方法认定的具有爆炸、氧化、可燃、高度可燃或特别易燃、有毒或剧毒性质的物质。

（2）于此等危险物质处于经营仓储业务的人储存控制下之情形，产生于第 1 款的责任由其承担。于此等情形，对于保管人，包括运送人、邮送人、装卸人、仓储人或类似的承诺运送该危险物质以及在其控制该危险物质的期限里涉及运送该危险物质的承揽人，不适用本法第 8 编第 6 章第 4 节、第 11 章第 4 节、第 14 章第 1 节或第 19 章第 4 节。

（3）处于管道中的此等危险物质，产生于第 1 款的责任由管道的管理人承担，但是管道处于建筑物或工作物之内，用于此等建筑物或工作物给排水的除外。

（4）于损害产生于被此等危险物质污染的空气、水或土壤之情形，产生于第 1

款的责任由在引起污染的事件之初被本条确定为责任人者承担。将此等危险物质以包装的形态沉入水体、埋入地下或遗留在地面,则污染被认定在沉入、埋入或遗留时即已发生。

(5) 只要损害是由于与危险物质相关的危险之实现所造成的,依据第173条第1款之规定,不论其是否与其他部分相连接,只要此等危险物质是可以移动者,或者依据第174条第3款之规定不论其被包装于他物之中还是储存于为其设计的建筑物或工作物之内,产生于第173条和第174条的责任由依据前款规定的对此等物质负有责任的相同主体承担。

(6) 一种物质被法规所确认,则为符合第1款第1句之定义的危险物质。在任何情形,如果依据《环境有害物质法》第34条第3款所规定的标准和方法(《法规与法令汇编》,《荷兰官报》1985年第639号)一种物质可以被确认为危险物质,则属于该条第2款所规定的类别之一。这种确认可以限于特定浓度的某种物质、内含特定危险程度被界定的某种物质,以及在特定条件下被发现和被界定其内含危险的某种物质。

《俄罗斯民法典》第1079条

从事对周围环境有高度危险活动(使用交通工具、机械装置、高压电力、原子能、爆炸物、剧毒品等;从事建筑和其他与建筑有关的活动等)的法人和公民,如果不能证明损害是因不可抗力或受害人故意所致,应赔偿高度危险来源所造成的损害。法院也可依本法典第1083条第2款和第3款的规定,全部或部分免除高度危险来源占有人的责任。

对高度危险来源的占有有所有权、经营权或业务管理权或者其他占有法律依据的(租赁权,依委托书对交通工具的管理权,依有关机关关于交付高度危险来源的指令等)法人或者公民负损害赔偿责任。

高度危险来源的占有人如果能证明,高度危险来源是因他人违法行为而脱离占有人占有,则对该来源所致损害不负担责任。此时,由非法占有人对其占有高度危险来源所致损害负赔偿责任。当高度危险来源的占有人对该来源非法脱离其占有有过错时,则既可由高度危险来源的占有人,也可由非法侵占人负担赔偿责任。

高度危险来源的占有人因该来源的相互作用致第三人损害(交通工具的碰撞等),依本条第1款的规定,负连带责任。

因高度危险来源的相互作用给占有人造成的损害,依责任的一般根据赔偿(第1064条)。

第七十三条　从事高空、高压、地下挖掘活动或者使用高速轨道运输工具造成他人损害的,经营者应当承担侵权责任,但能够证明损害是因受害人故意或者不可抗力造成的,不承担责任。被侵权人对损害的发生有过失的,可以减轻经营者的责任。

【说明】

本条是关于从事高空、高压、地下挖掘活动,使用高速轨道运输工具致害责任的规定。

一、高空作业

(1)高空作业也称为高处作业,根据《高处作业标准》规定,凡距坠落高度基准面 2 米及其以上,有可能坠落的高处进行的作业,称为高处作业。高空作业在实践中很常见,包括高层建筑施工、在建筑物顶部安装广告牌、对高层建筑物表面进行清洁工作等,都属于高空作业。

(2)责任主体和责任的减免。从事高空活动造成他人损害的,应当承担无过错责任。承担责任的主体"经营者"这里指的是从事高空作业的作业人。如果能够证明损害因受害人故意或者不可抗力造成的,作业人不承担责任。这里的"受害人故意",是指受害人自杀或者自伤行为。对受害人故意导致损害,经营者不承担责任,这与《民法通则》的规定是一致的。这里的"不可抗力"是指不能预见、不能避免并不能克服的客观情况。

二、高压作业

(1)"高压"就是指较高的压强,在本条里的"高压"则属于工业生产意义上的高压,包括高压电、高压容器等。在不同行业里认定高压的标准不同。如在压力容器中,高压容器的设计压力为 10 MPa 以上低于 100 MPa;100 MPa 以上为超高压容器。在电力行业,2001 年《最高人民法院关于审理触电人身损害赔偿案件若干问题的解释》(法释[2001]3 号)中规定的高压电是指 1 千伏以上电压等级。

(2)责任主体。根据本条规定,从事高压活动造成他人损害的,经营者应当承担侵权责任。如果是使用高压容器造成损害的,经营者就是高压容器的使用者。如果是高压电造成损害的,作为责任主体的经营者则依发电、输电、配电、用电等具体情况而定。如是在发电企业内的高压设备造成损害的,作为责任主体的"经营者"就是发电企业。如果是高压输电线路造成损害的,责任主体就是输电企业,在我国主要是电网公司。如果是在工厂内高压电力生产设备造成损害的,责任主体就是该工厂的经营者。

(3)责任的减免。根据本条规定,从事高压作业的经营者能够证明损害是由受害人故意或者不可抗力造成的,不承担责任。受害人对损害的发生有过失的,可以减轻经营者的责任。受害人故意和不可抗力作为免责事由,是与《民法通则》《电力法》和有关司法解释的规定一致的。受害人对损害的发生有过失的,可以相应减轻经营者的责任,这与《电力法》的规定不同。《电力法》第 60 条规定,因用户自身的过错引起电力运行事故造成自己损害的,电力企业不承担责任。这里的"过错"包括用户的故意和过失。本条规定区分了受害人故意和过失两种情形,受害人故意导致损害的,经营者不承担责任,这是与《电力法》一致的,但受害人只是有过失,经营者就不承担责任,对保护受害人而言不是十分公平,也不利于促进经营者加强管理,改进措施以减少损害。但另一方面,如果受害人有过失,也让经营者承担全部责任,对经营者而言也负担太重。因此,从平衡经营者和受害人双方的利益出发,本条规定被侵权人有过失的,可以减轻经营者的责任。这里的"减轻"应当是相应减轻,如果受害人的过失很轻,可以减轻经营者一点责任,如果受害人有严重过失,如违反法律规定,从事危害发电设施、变电设施或者电力线路行为而触电的,经营者基本上可以不承担责任。

三、地下挖掘

地下挖掘就是在地表下向下一定深度进行挖掘的行为。近年来,因地下采矿、地下施工造成的损害日益增多。特别是城市隧道(主要是地铁工程及各类市政地下工程)施工往往处于建筑物、道路和地下管线等设施的密集区,从而导致城市隧道建设中经常出现塌陷事件,造成他人伤害。如最近几年,北京、上海、深圳、杭州等地都出现过在建地铁隧道塌陷,造成多人伤亡事件。因此,在本条中明确规定,地下挖掘活动造成他人损害的,由经营者承担侵权责任。这里的经营者就是从事挖掘活动的作业单位。如果能够证明损害是因受害人故意或者不可抗力造成的,经营者不承担责任;能够证明被侵权人对损害的发生有过失的,可以减轻经营者的责任。需要指出的是,现实中,因地下挖掘如采矿而造成人员伤亡的,受害人多属于作业企业的职工。对受害职工的赔偿,应当依据工伤保险有关规定处理。

四、高速轨道运输工具

(1)高速轨道运输工具就是沿着固定轨道上行驶的车辆。通常来说,高速轨道运输工具包括铁路、地铁、轻轨、磁悬浮列车和有轨电车等。高速轨道运输一个主要的特点是速度快。正因为高速,如果列车与车外的人员、物体发生碰撞或者发生脱轨或列车相撞,所产生的冲击力巨大,因此会产生严重的损害后果。高速轨道运输工具的另一个主要特点就是不可避让性。因为高速轨道运输工具只能在固定的轨道上运行,如果在前方轨道上出现人员或者其他物体,列车无法避让,即使紧急制动,也因为高速和本身的重量大,也会因惯性向前滑行一段距离。因此,高速轨道运输工具对近距离内轨道上出现的人员和车辆或者其他物品,可能无法避免地产生严重碰撞损害。正因为高速轨道运输的高速性和不可避让性,使用高速轨道运输工具便会产生高度危险性。

（2）责任主体。根据本条规定，责任主体是经营者，具体到高速轨道运输工具而言，经营者就是从事高速轨道运输的运输企业。如在铁路运输中，责任主体就是铁路运输企业，如一些地方的铁路局。地铁运输就是地铁公司，如北京市地铁运营有限公司。

（3）责任减免。根据本条规定，只有能够证明损害是因受害人故意或者不可抗力造成的，经营者不承担责任。在本法制定前，关于使用高速轨道运输工具致害责任的法律是《铁路法》，该法仅调整铁路运输。《铁路法》第58条规定，因铁路行车事故及其他铁路运营事故造成人员伤亡的，铁路运输企业应当承担赔偿责任；如果人身伤亡是因不可抗力或者受害人自身原因造成的，铁路运输企业不承担赔偿责任。违章通过平交道口或者人行过道，或者在铁路线路上行走、坐卧造成的人身伤亡，属于受害人自身的原因造成的人身伤亡。2007年国务院颁布的《铁路交通事故应急救援和调查处理条例》（下称"有关条例"）第32条也作了同样的规定。关于不可抗力作为铁路运输企业不承担责任情形，本法规定与《铁路法》和有关条例规定是一致的。但《铁路法》和有关条例将受害人自身原因也作为铁路运输企业不承担责任情形，本条规定与之不同。受害人的自身原因有多种，本条区分故意和过失行为作不同处理。如果损害是因为受害人故意行为，即卧轨自杀或者自伤引起的，这种情况下，铁路运输企业作为经营者不承担责任。如果受害人的人身伤亡仅仅是因为其过失造成的，铁路运输企业就丝毫不承担责任，不但对受害人不公平，而且也不符合将铁路运输本身作为高度危险作业的立法目的。因此，根据本条规定，受害人违章通过平交道口或者人行过道，或者违章在铁路线路上行走、坐卧造成人身伤亡的，铁路运输企业仍然要承担一点责任。另一方面，由于铁路运输本身虽然具有高度危险性，但与民用核设施、民用航空运输和使用高度危险物相比，危险性小一些；此外，还考虑到，因为铁路运输相对而言，安全快捷、票价较低，已经成为我国最主要的运输方式之一，为了发展轨道交通，国家为此提供了巨额的财政补贴。如果在受害人对损害发生有过失的情况下，如醉酒、违反安全规定等原因失足坠轨受伤，也要让经营者承担全部赔偿责任，可能给铁路、地铁运输企业带来沉重负担，不利于高速轨道运输的发展。因此，在受害人对损害的发生有过失的情况下，可以减轻铁路运输企业的责任。

【立法理由】

《民法通则》第123条对高度危险作业致害责任的一般原则作出了规定，并列举了高空、高压、易燃、易爆、剧毒、放射性和高速运输工具这几种高度危险作业。本章根据危险程度不同，对不同的高度危险作业进行区分，分别作出规定，其中第72条对易燃、易爆、剧毒、放射性等高度危险物造成他人损害的责任作出了规定。由于高空、高压活动的危险程度比高度危险物的危险程度低一些，因此，在本条中对高空、高压作业致人损害责任作出了规定。同时,考虑到《民法通则》第 123 条中的"高速运输工具"包括机动车、民用航空器以及铁路等轨道运输工具,而在本法中针对不同的高速运输工具种类,在现有《道路交通安全法》和《民用航空法》的基础上,在第六章和本章第 71 条分别对机动车交通事故责任和民用航空器致害责任作出了规定,因此,本条将运输工具限定于"高速轨道运输工具"。另外,针对现实中时常发生的因煤矿挖掘和地下施工建设造成地表坍塌造成他人伤害事故,有的部门提出,地下采矿、挖掘活动也是属于高度危险作业,应当在本法中作出明确规定,因此,在本条的调整范围中明确规定了"地下挖掘活动"。由于从事高空、高压、地下挖掘活动、使用高速轨道运输工具,同使用民用核设施、民用航空器和占有、使用易燃、易爆、剧毒、放射性等高度危险物相比,危险性稍低,因此,在不承担责任尤其是减轻责任的情形上,应当与本章规定的其他高度危险作业有所区别:只要被侵权人对损害的发生有"过失"而不仅限于"重大过失"的情况下,可以减轻责任人的赔偿责任。

**【相关规定】**

《中华人民共和国民法通则》第 123 条

从事高空、高压、易燃、易爆、剧毒、放射性、高速运输工具等对周围环境有高度危险的作业造成他人损害的,应当承担民事责任;如果能够证明损害是由受害人故意造成的,不承担民事责任。

《中华人民共和国电力法》第 60 条

因电力运行事故给用户或者第三人造成损害的,电力企业应当依法承担赔偿责任。

电力运行事故由下列原因之一造成的,电力企业不承担赔偿责任:

(一)不可抗力;

(二)用户自身的过错。

因用户或者第三人的过错给电力企业或者其他用户造成损害的,该用户或者第三人应当依法承担赔偿责任。

《中华人民共和国铁路法》第 58 条

因铁路行车事故及其他铁路运营事故造成人员伤亡的,铁路运输企业应当承担赔偿责任;如果人身伤亡是因不可抗力或者受害人自身原因造成的,铁路运输企业不承担赔偿责任。

违章通过平交道口或者人行过道,或者在铁路线路上行走、坐卧造成的人身伤亡,属于受害人自身的原因造成的人身伤亡。

《铁路交通事故应急救援和调查处理条例》第 32 条

事故造成人身伤亡的,铁路运输企业应当承担赔偿责任;但是人身伤亡是不可抗力或者受害人自身原因造成的,铁路运输企业不承担赔偿责任。

违章通过平交道口或者人行过道,或者在铁路线路上行走、坐卧造成的人身伤亡,属于受害人自身的原因造成的人身伤亡。

《最高人民法院关于审理触电人身损害赔偿案件若干问题的解释》第1条

民法通则第一百二十三条所规定的"高压"包括1千伏(KV)及其以上电压等级的高压电;1千伏(KV)以下电压等级为非高压电。

《最高人民法院关于审理触电人身损害赔偿案件若干问题的解释》第2条

因高压电造成人身损害的案件,由电力设施产权人依照民法通则第一百二十三条的规定承担民事责任。

但对因高压电引起的人身损害是由多个原因造成的,按照致害人的行为与损害结果之间的原因力确定各自的责任。致害人的行为是损害后果发生的主要原因,应当承担主要责任;致害人的行为是损害后果发生的非主要原因,则承担相应的责任。

《最高人民法院关于审理触电人身损害赔偿案件若干问题的解释》第3条

因高压电造成他人人身损害有下列情形之一的,电力设施产权人不承担民事责任:

(一)不可抗力;

(二)受害人以触电方式自杀、自伤;

(三)受害人盗窃电能,盗窃、破坏电力设施或者因其他犯罪行为而引起触电事故;

(四)受害人在电力设施保护区从事法律、行政法规所禁止的行为。

**第七十四条** 遗失、抛弃高度危险物造成他人损害的,由所有人承担侵权责任。所有人将高度危险物交由他人管理的,由管理人承担侵权责任;所有人有过错的,与管理人承担连带责任。

【说明】

本条是关于遗失、抛弃高度危险物造成他人损害的侵权责任的规定。

(1)遗失、抛弃高度危险物造成他人损害的,由所有人承担侵权责任。按照有关高度危险物的生产、储存和处置的安全规范,所有人应当采取必要的安全措施保管或者处置其所有的高度危险物。如果违反有关规定抛弃或者遗失高度危险物造成他人损害的,就应当承担侵权责任。这里的"侵权责任"不仅仅包括对受害人的赔偿,也包括应当积极采取补救措施,立即将抛弃的高度危险物妥善回收,防止损害扩大。如果遗失高度危险物的,应当立即组织力量追查寻找遗失的高度危险物,采取一切可能的警示措施,同时还要立即报告公安、环保等有关主管部门并配合采取应急措施。由于高度危险物本身的危险特性,这里的侵权责任是无过错责任。同时,考虑到遗失、抛弃高度危险物,其所有人往往是违反有关安全规范,本身有过错,因此,这里的责任应当更严格。

(2) 所有人将高度危险物交由他人管理的,由管理人承担侵权责任。现实中,所有人根据生产、经营需要,将其所有的高度危险物交由他人管理。如所有人可能不具备大量储存高度危险物的条件,将生产所需的高度危险物交由符合条件的储存单位保管。有的因生产、经营需要将高度危险物通过运输交由他人占有、使用。管理人在这里就是指根据所有人的委托,对高度危险物进行占有并进行管理的单位,如专业的危险化学品仓储公司、危险化学品运输公司等。高度危险物的管理人应当具有相应的资质,并应当按照国家有关安全规范,妥善管理他人所交付的高度危险物。如果因为管理不善,遗失、抛弃高度危险物的,管理人应当承担侵权责任。

(3) 所有人有过错的,与管理人承担连带责任。所有人将高度危险物交由他人管理的,应当选择有相应资质的管理单位,并如实说明高度危险物的名称、性质、数量、危害、应急措施等情况。如果所有人未选择符合资质的管理人,或者未如实说明有关情况,所有人即有过错。如果管理人抛弃、遗失高度危险物造成他人损害的,所有人与管理人承担连带责任。被侵权人可以要求所有人承担侵权责任,或者要求管理人承担侵权责任,也可以要求所有人和管理人共同承担侵权责任。在对内关系上,所有人和管理人根据各自的责任大小确定各自的赔偿数额;难以确定的,平均承担赔偿责任。支付超出自己赔偿数额的连带责任人,有权向其他连带责任人追偿。

【立法理由】

高度危险物包括易燃、易爆、剧毒、放射性等危险物品,这些物品因为本身即具有对人身、财产极易造成损害的高度危险性,因此,国家对高度危险物品的生产和储存实行统一规划、合理布局和严格控制,并对高度危险物生产、储存和处理制定了严格的规范。高度危险物的所有人或者管理人应当严格按照有关安全生产规范,对其占有、使用的高度危险物进行储存或者处理:(1) 生产、储存、使用高度危险物的,应当根据高度危险物的种类、特性,在车间、库房等作业场所设置相应的监测、通风、防晒、调温、防火、灭火、防爆、泄压、防毒、消毒、中和、防潮、防雷、防静电、防腐、防渗漏、防护围堤或者隔离操作等安全设施、设备,并按照国家标准和国家有关规定进行维护、保养,保证符合安全运行要求。(2) 高度危险物必须储存在专用仓库、专用场地或者专用储存室内,储存方式、方法与储存数量必须符合国家标准,并由专人管理。高度危险物出入库,必须进行核查登记。库存高度危险物应当定期检查。剧毒化学品以及储存数量构成重大危险源的其他高度危险物必须在专用仓库内单独存放,实行双人收发、双人保管制度。(3)剧毒化学品的生产、储存和使用单位,应当对剧毒化学品的产量、流向、储存量和用途如实记录,并采取必要的保安措施,防止剧毒化学品被盗、丢失或者误售、误用。(4)生产、储存、使用剧毒化学品的单位,应当对本单位的生产、储存装置作定期的安全评价。但在现实中,有些储存、使用高度危险物的单位的安全措施不到位,随意处置高度危险物,对周围的人民群众的生命健康和财产产生巨大威胁,并造成人员伤亡事故。因此,应当对遗失、抛弃高度危险物造成损害的侵权责任作出明确规定,并加重责任人的责任。考虑到现实中,高度危险物有些情况下是由所有人占有的,有些是由所有人交由他人管理的,所以,本条区分不同情况,规定了所有人、管理人的责任承担。

【相关规定】

《中华人民共和国民法通则》第 123 条

从事高空、高压、易燃、易爆、剧毒、放射性、高速运输工具等对周围环境有高度危险的作业造成他人损害的,应当承担民事责任;如果能够证明损害是由受害人故意造成的,不承担民事责任。

《荷兰法民法典》第六编债法总则第 175 条

(2)于此等危险物质处于经营仓储业务的人储存控制下之情形,产生于第 1 款的责任由其承担。于此等情形,对于保管人,包括运送人、邮送人、装卸人、仓储人或类似的承诺运送该危险物质以及在其控制该危险物质的期限里涉及运送该危险物质的承揽人,不适用本法第 8 编第 6 章第 4 节、第 11 章第 4 节、第 14 章第 1 节或第 19 章第 4 节。

《俄罗斯民法典》第 1079 条

从事对周围环境有高度危险活动(使用交通工具、机械装置、高压电力、原子能、爆炸物、剧毒品等;从事建筑和其他与建筑有关的活动等)的法人和公民,如果不能证明损害是因不可抗力或受害人故意所致,应赔偿高度危险来源所造成的损害。法院也可依本法典第 1083 条第 2 款和第 3 款的规定,全部或部分免除高度危险来源占有人的责任。

对高度危险来源的占有有所有权、经营权或业务管理权或者其他占有法律依据的(租赁权,依委托书对交通工具的管理权,依有关机关关于交付高度危险来源的指令等)法人或者公民负损害赔偿责任。

高度危险来源的占有人如果能证明,高度危险来源是因他人违法行为而脱离占有人占有,则对该来源所致损害不负担责任。此时,由非法占有人对其占有高度危险来源所致损害负赔偿责任。当高度危险来源的占有人对该来源非法脱离其占有有过错时,则既可由高度危险来源的占有人,也可由非法侵占人负担赔偿责任。

高度危险来源的占有人因该来源的相互作用致第三人损害(交通工具的碰撞等),依本条第1款的规定,负连带责任。

因高度危险来源的相互作用给占有人造成的损害,依责任的一般根据赔偿(第1064条)。

**第七十五条　非法占有高度危险物造成他人损害的,由非法占有人承担侵权责任。所有人、管理人不能证明对防止他人非法占有尽到高度注意义务的,与非法占有人承担连带责任。**

【说明】

本条是关于被非法占有的高度危险物造成他人损害的侵权责任的规定。

(1)非法占有高度危险物造成他人损害的,由非法占有人承担侵权责任。所谓的非法占有,是指明知自己无权占有,而通过非法手段将他人的物品占为己有。现实中,盗窃、抢劫、抢夺都是非法占有的主要形式。按照高度危险物致害责任原理,一般由实际控制人承担侵权责任。在高度危险物被非法占有的情况下,高度危险物已经脱离所有人或者管理人的实际占有,由非法占有人实际控制。因此,应当由非法占有人承担侵权责任。为了加重非法占有人的责任,非法占有高度危险物造成他人损害的,非法占有人承担无过错责任。

(2)所有人、管理人与非法占有人的连带责任。按照有关高度危险物安全规范,所有人或者管理人对其占有的高度危险物要尽到高度注意义务,采取严格的安全措施,妥善保管高度危险物,将高度危险物放置在特定的区域,并由专人看管,防止高度危险物被盗或者非法流失。如果所有人或者管理人未尽到高度注意义务,一旦导致高度危险物被非法占有,将对社会产生巨大危害,严重威胁周围人民群众的人身财产和公共安全。因此,应当加重所有人、管理人的责任,使其对自己的过失行为负责。此外,考虑到非法占有人可能没有赔偿能力,如果仅让其承担侵权责任,受害人得不到合理的赔偿,对受害人保护不力,也不利于促使高度危险物的所有人或者管理人加强管理,采取有效的安全措施。所以,所有人、管理人不能证明对防止他人非法占有尽到高度注意义务的,与非法占有人承担连带责任。如果是所有人自己占有高度危险物的,由所有人与非法占有人承担连带责任。如果所有人将高度危险物交由他人管理的,由管理人与非法占有人承担连带责任。如果所有人和管理人都有过错的,所有人、管理人和非法占有人一起承担连带责任。需要指出的是,所有人、管理人与非法占有人承担连带责任的前提是,所有人、管理人不能证明对防止他人非法占有尽到高度注意义务,而不是由受害人去证明所有人、管理人是否尽到高度注意义务。也就是说,是否尽到高度注意义务的举证责任在所有人、管理人,如果他们不能证明已尽到高度注意义务,就推定其有过错,应当与非法占有人承担连带责任,受害人可以要求所有人、管理人、非法占有人中任何人、部分或者全部承担侵权责任。

【立法理由】
　　高度危险物包括易燃、易爆、剧毒、放射性危险化学品,这些物品因为本身即具有对人身、财产极易造成损害的高度危险性,因此,高度危险物品的所有人和管理人应当严格按照有关安全生产规范,对其占有、使用的高度危险物进行保管,将高度危险物储存在专用仓库、专用场地或者专用储存室内,并由专人管理。高度危险物出入库,必须进行核查登记并对库存高度危险物定期检查。剧毒化学品以及储存数量构成重大危险源的其他高度危险物必须在专用仓库内单独存放,实行双人收发、双人保管制度,并采取必要的保安措施,防止高度危险物被盗、丢失。但在现实中,有些储存、使用高度危险物的所有人或者管理人的安全措施不到位,导致高度危险物被盗,对周围的人民群众的生命健康和财产产生巨大威胁,并造成人员伤亡事故。因此,对被非法占有的高度危险物造成损害的侵权责任应作出明确规定,并区分非法占有人、所有人、管理人的责任,明确侵权责任的承担。

【相关规定】
　　《中华人民共和国民法通则》第123条
　　从事高空、高压、易燃、易爆、剧毒、放射性、高速运输工具等对周围环境有高度危险的作业造成他人损害的,应当承担民事责任;如果能够证明损害是由受害人故意造成的,不承担民事责任。

　　《俄罗斯民法典》第1079条
　　从事对周围环境有高度危险活动(使用交通工具、机械装置、高压电力、原子能、爆炸物、剧毒品等;从事建筑和其他与建筑有关的活动等)的法人和公民,如果不能证明损害是因不可抗力或受害人故意所致,应赔偿高度危险来源所造成的损害。法院也可依本法典第1083条第2款和第3款的规定,全部或部分免除高度危险来源占有人的责任。

　　对高度危险来源的占有有所有权、经营权或业务管理权或者其他占有法律依据的(租赁权,依委托书对交通工具的管理权,依有关机关关于交付高度危险来源的指令等)法人或者公民负损害赔偿责任。

　　高度危险来源的占有人如果能证明,高度危险来源是因他人违法行为而脱离占有人占有,则对该来源所致损害不负担责任。此时,由非法占有人对其占有高度危险来源所致损害负赔偿责任。当高度危险来源的占有人对该来源非法脱离其占有有过错时,则既可由高度危险来源的占有人,也可由非法侵占人负担赔偿责任。

第九章 高度危险责任　　　　　　　　　　　　　　　　第 76 条

《越南社会主义共和国民法典》第 627 条
（1）高度危险源包括机动交通运输工具、输电系统、正在运行中的工业机械、武器、易爆物、易燃物、剧毒物、放射物、野兽及法律规定的其他高度危险源。

高度危险源的所有人必须严格遵守法律关于高度危险源的管理、看护、运输和使用的各项规定。

（2）高度危险源的所有人对于高度危险源造成的损害必须承担赔偿责任；若所有人已将高度危险源移交他人占有、使用，则占有人、使用人必须赔偿损害；双方另有约定的，依约定。

（3）高度危险源的所有人、接受所有人之移交而占有、使用高度危险源的人，对于损害的发生即使无过错，也必须赔偿损害；但以下情形除外：

A. 损害完全由受害人自己故意造成的；

B. 因不可抗力或紧急避险造成的损害；法律另有规定的，依规定。

（4）若高度危险源被非法占有、使用，则非法占有人、使用人必须赔偿损害。

若所有人、接受所有人之移交而占有、使用高度危险源的人，对于高度危险源被非法占有或使用也有过错，则必须承担连带赔偿责任。


**第七十六条**　未经许可进入高度危险活动区域或者高度危险物存放区域受到损害，管理人已经采取安全措施并尽到警示义务的，可以减轻或者不承担责任。

【说明】

本条是关于未经许可进入高度危险活动区域或者高度危险物存放区域后，损害责任如何承担的规定。要正确理解本条的规定，需要看到高度危险责任的类型非常复杂，一般来说，对于高度危险作业活动，即高度危险作业人积极、主动地对周围环境实施具有高度危险的活动，作业人应当承担无过错责任。无过错责任非常重要的一个特点，就是它的免责或者减责事由仅限于法律规定，即只有在法律明文规定不承担责任或者减轻责任的情况下，作业人才可以提出抗辩。否则，即使存在本法第三章规定的对于其他侵权责任一般适用的不承担责任或者减轻责任的情形（如受害人过错等），高度危险作业人仍然无法减轻或者免除责任。但是，高度危险责任中除了这一类对周围环境实施积极、主动危险活动的高度危险作业外，还包括另一类，它并非积极、主动实施对周围环境造成高度危险的活动，而是因其管理控制的场所、区域具有高度危险性，如果未经许可擅自进入该区域，则易导致损害的发生，即高度危险活动区域或者高度危险物存放区域责任。如果将对高度危险场所、区域的控制和管理也视为高度危险活动，这一类高度危险活动是静态的，不像高度危险作业活动一样对周围环境实施了积极、主动的危险。

虽然二者都属于高度危险责任,但在免责和减责事由上,二者应有所区别。因此,本条规定,未经许可进入高度危险活动区域或者高度危险物存放区域受到损害,管理人已经采取安全措施并且尽到警示义务的,可以减轻或者不承担责任。

一般来说,高度危险活动区域或者高度危险物存放区域都同社会大众的活动场所相隔绝,如果在管理人已经采取安全措施并且尽到警示义务的情况下,受害人未经许可进入该高度危险区域,这一行为本身就说明受害人对于损害的发生具有过错,例如出于自杀的故意积极追求损害的发生,或者出于过失,虽然看到警示标识但轻信自己能够避免,上述两种情况下,高度危险活动区域或者高度危险物存放区域的管理人可以减轻或者不承担责任。

【立法理由】

高度危险责任是伴随现代化工业的发展而产生的,由于它对周围环境具有高度危险性,且常人即使对它给予合理的注意,有时也难以避免损害的发生。相对于高度危险源的控制者(如高度危险物的所有人或者管理人,高度危险作业人或者高度危险活动区域的管理人)来说,受害人往往处于弱势地位。世界多数国家的法律为保护这些处于弱势地位的受害人的利益,通过不同的形式确立了高度危险致人损害适用无过错责任或者严格责任的原则。例如《美国侵权行为法重述·第二次》第519条规定,从事某种高度危险行为,即使尽其最大注意避免损害,也应对其行为为他人人身、土地或动产造成的损害承担责任。该法第520条又规定了判断何为高度危险行为的标准,即决定某一行为是否为高度危险,宜考虑下列因素:(1)该行为是否对他人人身、土地或动产具有高度危险;(2)因该行为产生损害几率是否很大;(3)通过合理的注意是否能避免这一危险;(4)该行为是否为一常用作业;(5)该行为在其实施地点是否合适;(6)该行为对公众的价值。

【相关规定】

《中华人民共和国民法通则》第123条

从事高空、高压、易燃、易爆、剧毒、放射性、高速运输工具等对周围环境有高度危险的作业造成他人损害的,应当承担民事责任;如果能够证明损害是由受害人故意造成的,不承担民事责任。

**第七十七条　承担高度危险责任,法律规定赔偿限额的,依照其规定。**

【说明】

本条是关于高度危险责任赔偿限额的规定。我国现行法律对于高度危险责任赔偿限额问题也有比较明确的规定,对此,如果法律对不同类型的高度危险责任有赔偿限额规定的,要依照其规定。

第九章　高度危险责任

## 【立法理由】

高度危险责任,属于无过错责任,其重要特点之一就是不论行为人对损害的发生是否具有过错,高度危险责任人都必须对损害承担责任,除非法律另有规定。因此,法律对于高度危险责任人的要求非常严格。但是,从行业的发展和权利义务平衡的角度看,法律必须考虑在这种严格责任的前提下,有相应责任限额的规定,这也是许多国家在高度危险责任立法上的一致态度。

## 【相关规定】

《中华人民共和国民用航空法》第 128 条第 1 款

国内航空运输承运人的赔偿责任限额由国务院民用航空主管部门制定,报国务院批准后公布执行。

《中华人民共和国民用航空法》第 128 条第 2 款

旅客或者托运人在交运托运行李或者货物时,特别声明在目的地点交付时的利益,并在必要时支付附加费的,除承运人证明旅客或者托运人声明的金额高于托运行李或者货物在目的地点交付时的实际利益外,承运人应当在声明金额范围内承担责任;本法第一百二十九条的其他规定,除赔偿责任限额外,适用于国内航空运输。

《中华人民共和国民用航空法》第 129 条

国际航空运输承运人的赔偿责任限额按照下列规定执行:

(一)对每名旅客的赔偿责任限额为 16600 计算单位;但是,旅客可以同承运人书面约定高于本项规定的赔偿责任限额。

(二)对托运行李或者货物的赔偿责任限额,每公斤为 17 计算单位。旅客或者托运人在交运托运行李或者货物时,特别声明在目的地点交付时的利益,并在必要时支付附加费的,除承运人证明旅客或者托运人声明的金额高于托运行李或者货物在目的地点交付时的实际利益外,承运人应当在声明金额范围内承担责任。

托运行李或者货物的一部分或者托运行李、货物中的任何物件毁灭、遗失、损坏或者延误的,用以确定承运人赔偿责任限额的重量,仅为该一包件或者数包件的总重量;但是,因托运行李或者货物的一部分或者托运行李、货物中的任何物件的毁灭、遗失、损坏或者延误,影响同一份行李票或者同一份航空货运单所列其他包件的价值的,确定承运人的赔偿责任限额时,此种包件的总重量也应当考虑在内。

(三)对每名旅客随身携带的物品的赔偿责任限额为 332 计算单位。

《中华人民共和国民用航空法》第 130 条

任何旨在免除本法规定的承运人责任或者降低本法规定的赔偿责任限额的条款,均属无效;但是,此种条款的无效,不影响整个航空运输合同的效力。

《中华人民共和国民用航空法》第 132 条

经证明,航空运输中的损失是由于承运人或者其受雇人、代理人的故意或者明知可能造成损失而轻率地作为或者不作为造成的，承运人无权援用本法第一百二十八条、第一百二十九条有关赔偿责任限制的规定；证明承运人的受雇人、代理人有此种作为或者不作为的，还应当证明该受雇人、代理人是在受雇、代理范围内行事。

《国内航空运输承运人赔偿责任限额规定》第 3 条

国内航空运输承运人（以下简称承运人）应当在下列规定的赔偿责任限额内按照实际损害承担赔偿责任，但是《民用航空法》另有规定的除外：

（一）对每名旅客的赔偿责任限额为人民币 40 万元；

（二）对每名旅客随身携带物品的赔偿责任限额为人民币 3000 元；

（三）对旅客托运的行李和对运输的货物的赔偿责任限额，为每公斤人民币 100 元。

《国内航空运输承运人赔偿责任限额规定》第 4 条

本规定第三条所确定的赔偿责任限额的调整，由国务院民用航空主管部门制定，报国务院批准后公布执行。

《国内航空运输承运人赔偿责任限额规定》第 5 条

旅客自行向保险公司投保航空旅客人身意外保险的，此项保险金额的给付，不免除或者减少承运人应当承担的赔偿责任。

《铁路交通事故应急救援和调查处理条例》第 33 条

事故造成铁路旅客人身伤亡和自带行李损失的，铁路运输企业对每名铁路旅客人身伤亡的赔偿责任限额为人民币 15 万元，对每名铁路旅客自带行李损失的赔偿责任限额为人民币 2000 元。铁路运输企业与铁路旅客可以书面约定高于前款规定的赔偿责任限额。

《国务院关于核事故损害赔偿责任问题的批复》第 7 项

核电站的营运者和乏燃料贮存、运输、后处理的营运者，对一次核事故所造成的核事故损害的最高赔偿额为 3 亿元人民币；其他营运者对一次核事故所造成的核事故损害的最高赔偿额为 1 亿元人民币。核事故损害的应赔总额超过规定的最高赔偿额的，国家提供最高限额为 8 亿元人民币的财政补偿。

对非常核事故造成的核事故损害赔偿，需要国家增加财政补偿金额的由国务院评估后决定。

《国务院关于核事故损害赔偿责任问题的批复》第 8 项

营运者应当做出适当的财务保证安排，以确保发生核事故损害时能够及时、有效的履行核事故损害赔偿责任。

在核电站运行之前或者乏燃料贮存、运输、后处理之前，营运者必须购买足以履行其责任限额的保险。

# 第十章　饲养动物损害责任

本章共7条,对饲养的动物致人损害的一般规定,未对动物采取安全措施的责任承担,禁止饲养的危险动物致害的责任,动物园的责任,遗弃、逃逸动物造成损害后的责任主体,第三人过错致使动物造成他人损害责任等问题进行了规定。

**第七十八条**　饲养的动物造成他人损害的,动物饲养人或者管理人应当承担侵权责任,但能够证明损害是因被侵权人故意或者重大过失造成的,可以不承担或者减轻责任。

【说明】

本条是关于饲养动物损害责任的一般规定。

一、动物损害责任概述

饲养的动物致人损害应承担赔偿责任是一项古老的法律规则。在古代,动物是一种重要的财产,同时,由此产生的损害也属于一种常见的侵权责任。罗马法的《十二表法》规定,如果动物致人损害,其所有人负责赔偿,或者把该牲畜交与受害人作为对其的补偿。在我国古代社会,动物致害责任也为不同时期的法律所确认。在《秦简·法律答问》中记载,如果因为马受惊或者被人弄断绊索,食他人庄稼,要进行赔偿。唐宋以后,各代律令也对动物致害规定了赔偿责任,如动物毁食官私之物,畜主负全部赔偿责任。

近代以来,法国、德国、意大利、日本、荷兰、埃塞俄比亚民法典,《瑞士债务法》,《美国侵权行为法重述·第二次》,以及加拿大、秘鲁、新加坡等国的有关法律对动物致害责任都有规定。如法国规定,动物的所有人或者使用人在使用期间,对动物所造成的损害,不问该动物是否在其管束下,或者在走失或者逃脱时所造成的损害,均应负赔偿责任。《德国民法典》规定,因动物致人死亡或者伤害人的身体健康,或者损坏财物时,动物饲养人对受害人因此产生的损害负有赔偿义务。如果损害系由于维持动物饲养人的职业、营业或者生计的家畜所造成的,而动物饲养人已尽必要注意,或者即使已尽必要注意仍难免发生损害的,不发生赔偿义务。《意大利民法典》规定,动物的所有权人或在利用动物期间对其进行管理之人,无论动物是在其保管下,还是遗失或者跑走,都要对动物所致损害承担责任,除非证明是意外事件所致。在我国,《民法通则》和《最高人民法院关于民事诉讼证据的若干规定》的司法解释对动物损害责任也都有规定。

二、我国饲养的动物致人损害的情况介绍

（一）被饲养的动物伤害的数字

据统计,2006年上半年北京市被狗咬伤的人数高达6.9万,每天平均不少于380人被咬伤。2007年北京市被犬咬伤或者抓伤的人数已达8.3万余人次,比2006年同期上升了33.7%,其中被自家宠物犬致伤的人数约占60%—70%;亲朋好友串门时被宠物犬致伤的人数约占20%;因饲养人出门遛犬对犬不束链等违规行为造成伤害的约占10%—20%。上海2007年犬咬伤患者高达13万多人。

2008年宁波有12万多人不同程度地被狗、猫等抓伤、咬伤。2008年国庆长假期间,北京市有3587人被狗咬伤。较2007年国庆期间的3435例的咬伤人数上升4.42%。

2009年,根据我国人用狂犬病疫苗的使用量,估计全国(不含港澳台)每年被动物伤害的人数超过4000万人。

（二）我国狂犬病疫情形势

1. 狂犬病的简介

狂犬病是人类最古老的疫病之一,每年全球有55000人死于狂犬病,即平均每10分钟就有1人死亡。至今,已知的人与猫、狗共患的疾病约有60多种,其中危害较大的是狂犬病。狂犬病是一种由弹状病毒科狂犬病毒侵犯中枢神经系统引起的人畜共患的急性传染病,因临床表现以恐水为特征,又称恐水病。我国《传染病防治法》规定其为乙类传染病,人狂犬病主要是通过已感染狂犬病病毒的疯动物咬人时,动物唾液中的狂犬病病毒经伤处的伤口侵入人体而感染,伤人动物以犬多见。除犬外,"恒温动物"都有可能携带狂犬病毒,如猫、蝙蝠、狐狸、狼、猫鼬、浣熊、臭鼬等。

狂犬病的潜伏期一般在3个月以内,多数病例的潜伏期在20—60天,个别病例的潜伏期仅9天,也有报道病例的潜伏期长达10年以上,但较罕见。狂犬病发病率虽然比较低,但是,一旦发病无一幸免,死亡率达100%,可以说只可防不可治。全球现仅有一例美国狂犬病患者花费80万美元才被治愈。

狂犬病在我国流行已久,自1951年起开展全国性灭犬活动,狂犬病控制工作大见成效,但20世纪70年代以后疫情又开始上升并日趋严重。在我国38种法定报告传染病中,与动物致人损伤有最直接联系的为狂犬病,狂犬病报告死亡病例数长期位居甲乙类法定传染病的前三位。根据卫生部等四部委发出《中国狂犬病防治现状》的数据显示,我国已经成为受狂犬病危害最为严重的国家之一,仅次于印度,居全球第二位。有关专家甚至认为"第三次狂犬病流行高峰正在中国形成"。

2. 狂犬病防控现状及问题

（1）犬密度高。家犬是我国现阶段最主要的狂犬病传播动物,90%以上的病例由犬引起。近年来,农村和城市地区的看家护院犬和宠物犬数量不断增加。据有关部门估计,全国现有犬只数量为1亿只左右,而且其需求量正以每年20%的速度递增。在很多乡村,几乎每户都养有犬或者猫。每年因犬伤人事件频发,其中约60%以上的受伤者是被他人养的犬、猫所伤,有30%被自家犬、猫所伤。

（2）犬管理差、免疫率低。我国目前的犬只管理和免疫状况令人担忧。按规定一年注射一次狂犬病疫苗就是健康宠物,不带有狂犬病毒。在疫情严重的农村,犬只几乎都没有登记注册,更没有注射疫苗。由于看家护院的需要,犬只绝大多数为放养。农村的犬只免疫率非常低,使人感染病毒的危险持续存在。现在很多人喜欢带宠物去郊区玩,这很容易使相对健康的家养犬和一些没免疫的犬、流浪犬等接触。

（3）人群暴露率高、暴露后处置率低。由于犬只数量庞大且散养居多,每年有大量人群被犬所伤。调查显示,部分农村地区居民每年的Ⅱ和Ⅲ度暴露率高达5%左右,北京和上海等城市估计也达2%左右。根据我国人用狂犬病疫苗的使用量统计,全国每年被动物伤害的人数超过4000万人。然而,由于难以负担疫苗费用和缺乏狂犬病预防知识,很多人被犬伤后不去医院就诊和接种疫苗。目前国产狂犬病疫苗为200—300元/人份,进口疫苗为380—650元/人份,免疫球蛋白则超过1000元,这对于经济条件较差的农民来说难以负担,很多群众抱着侥幸的心态咬伤后不去就诊。

疾病预防控制中心的专家认为,狂犬病疫情上升的主要原因是,当前群众养犬逐渐增多,城市的宠物犬、农村的看家犬等数量明显增加;养犬人由于犬只注册、管理费较高等因素而逃避注册;部分群众被犬咬伤后不能进行正规的伤口处理,或者因为价格较高等因素不接种狂犬病疫苗等。

（三）管理措施

据有关部门的介绍,国家对养犬问题历来的政策就是限养而不禁养。目前群众反映比较集中、比较强烈的主要问题,一个是犬伤人的问题,另一个就是犬扰民的问题。对于这两个问题,有关机关依照《刑法》、《治安管理处罚法》的有关规定,对构成犯罪的追究了刑事责任,比如驱使恶犬伤人,用犬来阻碍执行公务,对这类行为构成犯罪的,要追究刑事责任。不构成犯罪的,属于治安案件的,要依照《治安管理处罚法》的有关规定给予处罚。

地方性法规对养犬人的行为规范也作了规定:如《上海市犬类管理办法》规定,携犬进入道路、广场和其他公共场所的,应当束以犬链,并采取防止犬类咬伤他人的措施。《天津市养犬管理条例》规定,携犬出户时携带养犬登记证,由成年人用束犬链牵领,并应当避让他人,特别是避让老年人、残疾人、孕妇和儿童。《重庆市养犬管理暂行办法》规定,不得虐待、遗弃饲养犬只;饲养犬只不得干扰他人正常生活,不得放任、驱使犬只恐吓、攻击他人;犬吠影响他人休息的,养犬人应当采取措施予以制止。

三、饲养动物损害责任的归责原则

在各类侵权行为中,饲养动物致人损害是一种特殊的形式,其特殊性在于它是一种间接侵权引发的一种直接责任,其加害行为是人的行为与动物的行为的复合。人的行为是指人对动物的所有、占有、饲养或者管理。动物的行为是直接的加害行为。这两种行为相结合,才能构成侵权行为。

一般民法理论认为动物致人损害的构成要件是:须为饲养的动物;须有动物的加害行为;须有造成他人损害的事实;须有动物加害行为与损害之间的因果关系。

法国规定,动物的所有人或者使用人在使用期间,对动物所造成的损害,不问该动物是否在其管束下,或者在走失或者逃脱时所造成的损害,均应负赔偿责任。在具体适用上,法国民法理论对动物致害责任最初倾向于采取过错责任原则,后期才逐渐改为无过错责任原则。在英美法国家,法律将动物致害责任作为无过错责任对待,即无论动物的占有人有无过失,只要其产生了损害后果,那么,动物的占有人或者管理人必须要承担责任。

在我国,《民法通则》实施以前,司法实践中是按照过错责任原则处理的。如1981年1月22日《最高人民法院关于李桂英诉孙桂清鸡啄眼赔偿一案的复函》指出:"李桂英带领自己三岁男孩外出,应认识到对小孩负有看护之责。李桂英抛开孩子,自己与他人路旁闲聊,造成孩子被鸡啄伤右眼,这是李桂英做母亲的过失,与养鸡者(即孙桂英)无直接关系。因此,判决孙桂英负担医药费是没有法律根据的。"这一司法解释肯定了动物致害责任是一种过错责任。1984年8月30日《最高人民法院关于贯彻执行民事政策法律若干问题的意见》第74条又明确动物致害责任的过错责任性质:"动物因饲养人或管理人管理不善,而致他人人身或财物损害的,应由饲养人或管理人承担赔偿责任。"尔后,1986年《民法通则》第127条规定:"饲养的动物造成他人损害的,动物饲养人或者管理人应当承担民事责任;由于受害人的过错造成损害的,动物饲养人或者管理人不承担民事责任;由于第三人的过错造成损害的,第三人应当承担民事责任。"《最高人民法院关于民事诉讼证据的若干规定》第4条第1款第5项规定,饲养动物致人损害的侵权诉讼,由动物饲养人或者管理人就受害人有过错或者第三人有过错承担举证责任。

本条规定,饲养的动物造成他人损害的,动物饲养人或者管理人应当承担侵权责任,这一规定的目的就是要促使动物饲养人或者管理人能够认真、负责地担负起全面的注意、防范义务,以保护公众的安全。

任何动物,其本性决定了都不同程度地存在着致人损害的危险。由于动物的饲养人或者管理人对动物负有管束的义务,因而也就必须对动物所具有的危险性负责,保证其动物不至于造成他人损害。而一旦这种危险性造成损害,动物的饲养人或者管理人就应承担民事责任,除具有法定的抗辩事由外,不能免责。对动物饲养人或者管理人责任承担进行特别规定的原因,在于动物具有令人难以估量的行为和因此而对他人的生命、健康和财产造成的危险,因此,动物饲养人或者管理人必须对所有由于这种动物的难以估量而发生的损害承担责任。

四、"饲养的动物"范围

关于"饲养的动物"范围,有的认为,不管是什么性质的动物,只要是人工饲养的动物都包括在内,例如,饲养的家畜家禽、饲养的野生动物,公园里饲养的猴子、老虎、豹子、毒蛇等。有的认为,饲养的动物既应包括以食用、牟利为目的的,也应包括以观赏为目的的。有的认为,只要属于在人的控制下,主要依靠人为供给食物生存的动物,都应包括在这个范围内。各国对此的规定也不尽一致,大陆法系的德国、法国、意大利、日本等国对"动物"的范围是宽泛的理解,而美国不仅包括"放牧牲畜",也包括"家养动物"和野兽。

普遍认为,"饲养的动物"应同时具备:为特定的人所有或者占有;饲养人或者管理人对动物具有适当程度的控制力;依动物自身的特性,有可能对他人或者财产造成损害;该动物为家畜、家禽、宠物或者驯养的野兽、爬行类动物等。因此说,饲养的动物必须是能够为人所占有或者控制的动物。那么,对于自然保护区或者野生动物保护区的野兽,虽然可能为人们在一定程度上所饲养或者管理,如定期投放食物,甚至为其生存和繁殖提供了适宜的条件和环境,但人们对它的控制力较低,因此,野生动物不能列入本法所说"饲养的动物"。

五、动物致害责任的赔偿主体

动物的饲养人或者管理人都是责任主体。动物的饲养人是指动物的所有人,即对动物享有占有、使用、收益、处分权的人;动物的管理人是指实际控制和管束动物的人,管理人对动物不享有所有权,而只是根据某种法律关系直接占有和控制动物。在实际生活中,动物的饲养人与管理人有时为同一人,有时则为不同人。动物的饲养人与管理人为同一人时,也就是由动物的所有人自己占有和管束动物,在这种情况下,赔偿主体是很清楚的。当动物的饲养人与管理人为不同人,管束动物的义务由饲养人转移给管理人,这时的赔偿主体应为管理人。至于管理人是有偿管理还是无偿管理,是长期管理还是临时管理,在所不问。

有的意见提出,"动物的饲养人"说明不了物权关系,建议修改为"所有人"、"管理人"、"占有人"或者"保有人"。有的认为,还是沿用《民法通则》"动物的饲养人或者管理人"为好。对于责任主体,德国是占有人或者管理人;法国是所有人或者使用人;意大利是所有人或者管理人;《瑞士债务法》是动物的管理人。本条沿袭了《民法通则》,仍用"动物的饲养人或者管理人"。

### 六、抗辩事由——被侵权人的故意或者重大过失

饲养动物致人损害的民事责任的抗辩事由,是指动物的饲养人或者管理人依法用以减轻或者免除其承担民事责任的事由或者理由。

并非动物的饲养人或者管理人需要对其饲养或者管理的动物造成的一切损害都要承担赔偿责任。本条规定,因被侵权人自己的故意或者重大过失造成损害的,动物的饲养人或者管理人可以不承担或者减轻责任。可以说,动物饲养人或者管理人可以免责或者减轻的事由是证明损害是因为被侵权人自己的故意或者重大过失造成的。

在动物致害中,有时被侵权人的故意或者重大过失应该是诱发动物致害的直接原因,是引起损害的全部或者主要原因。也就是说,被侵权人致害,是因自己挑逗、刺激等诱发动物的行为直接造成的,如果被侵权人的行为不足以诱发动物,其过失只是引起损害的部分原因或者次要原因,则不能认为被侵权人在该损害中存在故意或者重大过失。例如,甲明知乙有一条性情暴躁的狗且经常咬人,但甲必须从乙的家门路过,当甲路过乙的门口时,乙的狗突然窜出来把甲咬伤。此案中就不得认定甲明知乙的狗有咬人的恶习,有危险的存在,疏于防范,因此而认为甲是有重大过失的。因为甲的行为本身不能直接诱发动物损害,与动物损害没有必然的因果关系,因此,动物饲养人或者管理人就不能认为被侵权人有重大过失而减轻或者不承担责任。

可以说,被侵权人是否存在故意或者重大过失,具体行为在不同的案件中的认识是不相同的。在动物侵权案件中,对于被侵权人有故意或者重大过失的认定都是非常严格的,否则,任何主动接近动物的行为如果被认定为是故意或者重大过失的行为,那就会造成对动物饲养人或者管理人的偏袒,失去社会的公平。同时,被侵权人有故意或者重大过失的,动物饲养人或者管理人可以不承担或者减轻责任,这对饲养人或者管理人也是公平的。

### 七、举证责任倒置

本条规定,饲养的动物造成他人损害的,动物饲养人或者管理人应当承担侵权责任,但能够证明损害是因被侵权人的故意或者重大过失造成的,动物饲养人或者管理人可以不承担或者减轻责任,表明了本条适用举证责任倒置。对于动物致人损害的举证责任,《最高人民法院关于民事诉讼证据的若干规定》第4条第1款第5项规定,饲养动物致人损害的侵权诉讼,由动物饲养人或者管理人就受害人有过错或者第三人有过错承担举证责任。上述规定采取的是举证责任倒置原则,动物饲养人或者管理人如果想要减轻或者不承担责任,就必须证明被侵权人的损害是因为他自己行为的重大过失造成的。如果举证不足或者举证不能,动物饲养人或者管理人就应承担动物致害的赔偿责任。

在诉讼中举证责任通常是谁主张、谁举证。但在有些特殊的侵权案件中,如

果还适用这一原则,就会使被侵权人很难或者无法完成举证责任,这种举证上的困难,必然使原告主张的事实得不到法庭的确认,最终导致被侵权人的合法权益得不到应有的法律保护,从而不能保证对案件处理的公正性和平等性;而侵权人方面却可以因此而逃避赔偿责任。这种状况显然不公平,违背了法律公平正义的宗旨。本条适用举证责任的倒置,对保护被侵权人有重要作用。

**【立法理由】**

随着社会进步、经济发展和人们生活水平的提高,狗在城市中看家护院的功能正逐渐消失,而更多地成为人们消遣娱乐、追求生活质量的一种标志,以至于有了从"动物"到"宠物"的衍变,特别是狗,让许多城市人宠之如子。但是,随着城市养狗热的持续升温,也浮出了一些新的社会问题:"狂吠满楼道,粪便一小区,无证乱放养,不过防疫关。"这些现象成为城市狗污染的四大主题。最为严重的是,狗咬伤人的事例在各个城市屡有发生。为了更好地规范饲养动物的行为,进一步明确饲养人的责任,本条在《民法通则》的基础上,对饲养的动物致人损害的责任作了较为严格的规定。

**【相关规定】**

《中华人民共和国民法通则》第127条

饲养的动物造成他人损害的,动物饲养人或者管理人应当承担民事责任;由于受害人的过错造成损害的,动物饲养人或者管理人不承担民事责任;由于第三人的过错造成损害的,第三人应当承担民事责任。

《最高人民法院关于民事诉讼证据的若干规定》第4条第1款第5项

饲养动物致人损害的侵权诉讼,由动物饲养人或者管理人就受害人有过错或者第三人有过错承担举证责任。

《天津市养犬管理条例》第20条

公民的合法权益因受到养犬妨碍、侵害或者正常生活受到干扰、影响而发生纠纷的,当事人可以向人民调解委员会申请调解,可以依照法律规定请求停止侵害、排除妨碍、消除影响或者要求赔偿,也可以向公安机关举报。

《重庆市养犬管理暂行办法》第18条

饲养犬只应当遵守下列规定:

(八)犬只给他人造成伤害的,养犬人应立即将伤者送医疗卫生机构诊治,依法承担疾病预防和医疗费用并依法承担赔偿责任。

《厦门经济特区养犬管理办法》第21条

犬只伤害他人的,养犬人或者犬只管理人应立即将被伤害者送至二级以上医疗机构诊治,先行垫付医疗费用,并依法承担相应的民事责任。

《法国民法典》第1385条

动物的所有人,或者牲畜的使用人,在使用的时间内,对该动物或者牲畜造成的损害,不论该动物或者牲畜在其管束之下,还是走失或者逃跑,均应负赔偿责任。

《德国民法典》第833条

因动物致人死亡或者伤害人的身体健康,或者损坏财物时,动物饲养人对受害人因此产生的损害负有赔偿义务。如果损害系由于维持动物饲养人的职业、营业或者生计的家畜所造成的,而动物饲养人已尽必要注意,或者即使已尽必要注意仍难免发生损害的,不发生赔偿义务。

《德国民法典》第834条

根据合同承担替动物饲养人看管动物的人,对动物以第833条规定的方式施加于第三人的损害,负有赔偿义务。如果看管人在实施看管时已尽必要注意,或者即使已尽必要注意仍难免发生损害的,不发生赔偿义务。

《意大利民法典》第2052条

动物的所有权人或在利用动物期间对其进行管理之人,无论动物是在其保管下,还是遗失或者跑走,都要对动物所致损害承担责任,除非证明是意外事件所致。

《瑞士债务法》第56条

动物的管理人应当对动物造成的损害承担责任。

《荷兰民法典》第179条

动物之占有者对动物造成的损害承担责任;但是依据本章上节之规定,占有者对动物的致害之举有控制力也不承担责任的除外。

《美国侵权法行为法重述·第二次》第504条

(1) 除本条第3项及第4项的规定外,家畜、家禽的占有人就其家畜、家禽的侵入他人土地的,即使已尽最大注意的,也要承担责任;

(2) 前项责任包括对他人土地、土地占有人或土地占有人的家属,或上述人的动产受到的损害;

(3) 第1项的责任不包括下列的伤害:

(A) 对于其侵入无法合理预见的伤害;

(B) 家畜、家禽在公路上行走偏离进入邻近的土地而产生的伤害;

(C) 因不可预见的自然力、其他动物的行为或第三人的故意或重大过失行为导致家畜、家禽所导致的伤害。

(4) 依据普通法或成文法规定应当设置、维护栅栏,以防止家畜、家禽侵入,而土地占有人怠于设置、维持的,不得依据第1项的规定请求赔偿。

# 第十章 饲养动物损害责任

《埃塞俄比亚民法典》第 2071 条

动物的所有人对动物所致的任何损害承担责任,即使动物偶然逃脱其控制,或所致损害是不可预见的,亦复如此。

《埃塞俄比亚民法典》第 2072 条

为个人营利目的占有某动物的人,应对在其看管期间的动物所致的任何损害承担责任。

《日本民法典》第 718 条

(1) 动物占有人,对其动物加于他人的损害,负赔偿责任。但是,按动物种类及性质,以相当注意进行保管者,不在此限。

(2) 代占有人保管动物者,亦负前款责任。

《日本民法典》第 719 条

由于故意或者过失,侵害了他人权利或者法律上受保护的利益者,对由此产生的损害负有赔偿责任。


**第七十九条** 违反管理规定,未对动物采取安全措施造成他人损害的,动物饲养人或者管理人应当承担侵权责任。

【说明】

本条规定了未对动物采取安全措施造成他人损害的责任承担。

一、我国对饲养动物的相关规定

动物饲养人或者管理人不仅要对动物本身负责,还要对社会负责,履行相关法律规定的义务。目前,全国已有北京、天津、上海、河北、山东、辽宁等 20 多个省、自治区、直辖市以及石家庄、长春等近 70 个城市颁布了养犬管理的地方性法规和规章。养犬管理规定是一部协调养犬者与非养犬者、养犬者与社会公共利益之间关系的法规。各地的养犬管理规定不仅对人们普遍关注的养犬收费、携犬乘梯、养犬遛犬范围、管理处罚等问题作了规定,最主要的对于饲养人的行为进行了规范。如:(1) 携犬出户时,应当对犬束犬链,由成年人牵领,并应当避让老年人、残疾人、孕妇和儿童;携犬乘坐电梯的,应当避开乘坐电梯的高峰时间,并为犬戴嘴套,或者将犬装入犬袋、犬笼。(2) 在重点管理区内,禁止饲养烈性犬及成年体高超过 35 厘米—48 厘米的大型犬种,如獒犬、猎狐犬、澳洲牧羊犬、松狮犬、斑点狗等。(3) 主要区域和道路禁止遛犬。饲养人不得携犬进入市场、商店、商业街区、饭店、公园、公共绿地、学校、医院、展览馆、影剧院、体育场馆、社区公共健身场所、游乐场、候车室等公共场所;不得携犬乘坐除小型出租汽车以外的公共交通工具;携犬乘坐小型出租汽车时,应征得驾驶员同意,并为犬戴嘴套,或将犬装入犬袋、犬笼或者怀抱……

除此之外,养犬规定还对犬伤人后的救济措施作了规定:(1)犬伤害他人的,养犬人应当立即将被伤者送到医疗机构诊治,并先行垫付医疗费用。因养犬人或者第三人过错,致使犬伤害他人的,养犬人或者第三人应当负担被伤害人的全部医疗费用,并依法赔偿被伤害人其他损失。(2)对在禁养区内养犬的或者在重点管理区内饲养烈性犬、大型犬的,由公安机关没收其犬,并可对单位处1万元罚款,对个人处5000元罚款。对在禁遛区遛犬、携犬进入公共场所或者携犬乘坐交通工具的;违反规定携犬出户或者乘坐小型出租汽车、电梯等上述行为之一的,由公安机关予以警告,并可对单位处2000元以下罚款,对个人处500元以下罚款;情节严重的,没收其犬,吊销养犬登记证。

二、国外饲养动物管理情况介绍

1. 养狗必须办理证件上"户口"

美国、德国、日本和新加坡等国的大部分地区都要求狗主人为他们的宠物狗办理许可证,许可证章(狗牌)必须牢固地缚在狗的颈圈上。许可证主要有两方面的作用:(1)表示狗是健康的,已经注射过狂犬病疫苗,不会对周围的人造成健康上的威胁;(2)记录了主人的情况,当狗走失的时候,相关人员可以通过它顺利找到狗的主人。

2. 对狗进行培训及其管理

在德国养狗是让狗主人提心吊胆的事。为了让狗有良好的行为,绝大多数养狗人都把狗送进狗学校培训,然后才带狗到公共场合。狗在狗校里要学会与人礼貌相处,尤其不能对儿童有攻击行为。狗校还教狗有良好卫生习惯,遵守交通规则。而且各州还对养狗人在公共场合的行为作了规定,狗不得破坏公共卫生,狗主人必须随时能控制狗。柏林市规定,在人多的公共场所,必须用不长于2米的绳子牵着狗。在室内、公交场合牵狗绳不得长于1米。狗不准进入儿童游戏场所,不能进入供人休闲、躺着的草坪,不能进入游泳场地和其他标明狗不得进入的场所。各州法律都对养危险性狗有特别限制,明确规定危险狗的范围。18岁以下的人禁养此类狗,不得将其交给没有这方面资格的人看管。有独立住宅的人才能养危险性狗,房周围要有保护措施,并悬挂警示标志。在多家居住的住宅房、楼房里严禁养这种狗。饲养危险狗必须有资格证明,对狗主人的身体、品行、精神状态、狗知识及具备控制这种狗的能力,都有规定。这种狗出门时必须佩戴审批标志、戴口套,用不超过2米的绳子牵着,狗主人要携带相关证明,以备查验。

美国的法律规定,不管是什么狗,只要长着嘴巴还有4条腿,就必须给它在脖子上套一个链子。美国人常说,买一只狗,就是买了很多责任。

新加坡规定,在公共场所,狗主人必须给宠物犬系上皮带,巨型犬除系上皮带外还要戴上口套。

### 3. 责任保险

德国很多城市和州都规定，养狗人必须为狗上类似于机动车的强制保险，用于赔付因狗造成的损失。一旦狗肇事，小至咬坏衣服，大到引发交通事故，甚至造成他人伤亡，保险公司应先行赔付。鉴于德国养狗人的责任越来越大，德国养狗人协会建议养狗人为狗上更高的保险，不低于 500 万欧元赔偿额。通常养狗人每年为狗缴 75 欧元至 270 欧元保险费。如柏林规定，养狗人要为狗上不低于 100 万欧元赔偿额的保险。具有危险性的狗还要多付 30% 以上的保费。另外，除了警用、导盲犬等服务功能的狗，养狗人要交狗税，在柏林养第一只狗每年交税为 120 欧元，第二只狗则要再交 180 欧元，不许再养更多的狗。

新加坡还对饲养巨型犬作了特别规定。巨型犬的主人除了必须为犬投保 10 万新元（约合 50 万元人民币）的第三方责任险外，还必须提供 5000 新元的保证金。在犬死亡或者离开新加坡后，保证金将会如数退还，但如果犬主人违反了相关规定，保证金就会被收缴。

美国每年发生约 500 万起狗咬人的事件，致使 80 万人到医疗机构治疗，其中又有 6000 人需要住院治疗。由此引发的损失每年约 10 亿美元左右，其中保险公司赔付 3 亿多美元，其余主要是由狗主人们承担。狗主人们每年赔出 7 个亿。美国很多州的法律规定，在没有过错、没有故意招惹狗的情况下被狗咬伤，狗的主人承担全部的责任。伊利诺伊州的法律还明确规定，受害者可以得到：第一时间紧急治疗的费用；未来消除或减少伤疤产生的医疗费用；还有心理治疗、误工补偿等一系列的费用。

### 4. 处罚措施

在德国，违反"狗规"者可能被判罚数万欧元。勃兰登堡州规定，如上街不采取安全措施最高可判罚 5 万欧元；未经允许就饲养、训练、繁殖、出售危险狗的也可判罚 5 万欧元；在公共场所对狗看管不力的，可判罚 1 万欧元；养狗不及时申报的判罚 1 万欧元。

在新加坡，如果违反规定，农粮与兽医局有权扣押犬只，并对狗主人处以最高 500 新元的罚款或者吊销养狗许可证。此外，如果狗过度吠叫造成滋扰，或者导致他人受伤，或者狗主人唆使狗攻击他人，或者狗弄污了环境，狗主人都会依法受到罚款、吊销或者无法更新养狗许可证的惩处。此外，如果狗主人有遗弃狗等的行为，狗主人也要依法受到惩处。

信息化时代的今天，饲养动物早已不像是农业社会时代，动物只是充当劳动力，是一个家庭不可或缺的生产工具，它的生产价值已在逐步下降。家庭饲养宠物，是因为宠物可以给动物饲养人带来精神上的满足。如果要饲养，动物饲养人或者管理人就应当采取安全措施，避免对他人造成伤害，否则，应当承担严格的侵权责任，这也是《侵权责任法》所体现的社会公平和正义。因此说，在损害与危险有关时，让动物饲养人承担严格的责任，这样是公平的。

**【立法理由】**

饲养动物尤其是养犬是一项个人化很强的行为，由于有些养犬人素质比较低，因此使社会上无序养犬、违规养犬的情况日益突出，特别是狗咬伤人的事件逐年呈上升趋势。基于此问题的严重性，为维护百姓的人身和财产安全，《侵权责任法》对动物致人损害的侵权责任作了严格的规定。未对动物采取安全措施造成他人损害的，动物饲养人或者管理人应当承担侵权责任。这一条并未规定免责事由，即使被侵权人对损害的发生有过失，动物饲养人或者管理人也不能减轻或者不承担责任。如狗的主人携狗乘电梯，没有给狗戴嘴套，一个小孩子拿出香肠去喂小狗，被狗咬伤。这时就不得以小孩子的监护人没有尽到监护职责而认定监护人有过错，全部责任应由狗的主人承担，因为狗的主人没有采取安全措施给狗戴嘴套。

**【相关规定】**

《上海市犬类管理办法》第10条

凡饲养犬类的单位和个人，必须遵守下列规定：

（一）在准养犬颈部佩戴由市公安局统一制作的圈、牌；

（二）除领证、检疫、免疫接种和诊疗外，禁止携带犬类进入道路、广场和其他公共场所；

（三）因犬类领证、检疫、免疫接种、诊疗，而携犬进入道路、广场和其他公共场所的，应当束以犬链，并采取防止犬类咬伤他人的措施；

（四）犬类在道路、广场和其他公共场所便溺的，由携犬者立即予以清除；

（五）禁止携犬乘坐公共交通工具；

《天津市养犬管理条例》第19条

养犬人必须遵守下列规定：

（一）携犬出户时携带养犬登记证，由成年人用束犬链牵领，并应当避让他人，特别是避让老年人、残疾人、孕妇和儿童；因检疫、诊疗等特殊情况携犬出户时，将犬装在犬笼内，不得牵领。

（二）携犬乘坐电梯的，应当避开乘坐电梯的高峰时间，并为犬戴嘴套或者将犬装入犬笼、犬袋。居民委员会、村民委员会、业主委员会可以根据实际情况确定禁止携犬进入电梯的时间。

（三）不得携犬乘坐除客运出租车以外的公共交通工具，携犬乘坐客运出租车时须征得驾驶人同意。

（四）不得携犬进入市场、商店、商业街区、饭店、公园、公共绿地、学校、医院、展览馆、影剧院、体育场馆、社区公共健身场所、游乐场、候车室和其他人员聚集的

（五）在重点管理区携犬出户时，携犬人及时清除犬排泄的粪便。

《重庆市养犬管理暂行办法》第18条

饲养犬只应当遵守下列规定：

（一）不得携犬进入机关、医院、学校、体育场馆、博物馆、图书馆、影剧院、商场以及设有犬只禁入标识的公园、风景名胜区等公共场所；

（二）不得携犬乘坐除小型出租汽车以外的公共交通工具；携犬乘坐小型出租汽车时，应当征得驾驶员同意；携犬乘坐电梯的，应当将犬装入犬袋、犬笼，或者怀抱、戴嘴套；

（三）重点管理区域内携犬出户的，犬只必须挂犬牌、束犬链，犬链长度不得超过1米，并由成年人牵领；

（四）饲养烈性犬、攻击性犬的，必须在住所外显著位置张贴警示标牌；携烈性犬、攻击性犬出户的，除遵守本条相关规定外，还应当将犬只装入犬笼或者为犬只戴嘴套；

（五）不得虐待、遗弃饲养犬只；犬只死亡的，养犬人不得随意丢弃，应当及时进行无害化处理；

（六）犬只在公共场所产生的粪便，养犬人应当立即清除；

（七）饲养犬只不得干扰他人正常生活，不得放任、驱使犬只恐吓、攻击他人；犬吠影响他人休息的，养犬人应当采取措施予以制止。

《厦门经济特区养犬管理办法》第16条

犬只不得放养。

《厦门经济特区养犬管理办法》第17条

个人携带犬只到户外活动的，应携带养犬登记证、犬类免疫证，并遵守下列规定：

（一）在准养犬颈部佩戴犬牌；

（二）佩束犬链并由成年人牵领、看管；

（三）携带犬只乘坐电梯，应为犬只戴嘴套或者将犬只装入笼内、袋内；

（四）即时清除犬只粪便和呕吐物；

（五）约束犬只不得惊吓、伤害他人。

《厦门经济特区养犬管理办法》第18条

禁止携带犬只出入下列场所：

（一）公共交通工具（个人包租的除外）；

（二）国家机关及学校、儿童活动场所；

（三）博物馆、图书馆、文化馆、体育馆、展览馆、会场、影剧院、歌舞厅、游乐场等公众文化娱乐及集会场所（犬类表演、展览场所除外）；

第 79 条　《中华人民共和国侵权责任法》条文说明、立法理由及相关规定

（四）医院、候车（船、机）厅、商店、集贸市场、餐厅、酒店等公共场所。

《吉林市犬类管理办法》第 13 条

养犬人携犬出户，应当避让老年人、残疾人、孕妇和儿童，并遵守下列规定：

（一）为犬佩戴犬类登记卡和免疫标识，对犬束犬链，由成年人牵领；

（二）不得携犬进入机关、医院（宠物医院除外）、学校、影剧院、展览馆、体育场馆、餐饮服务、农贸市场等公共场所；

（三）不得携犬进入市公安部门在重大节假日或者举办重大活动期间，临时划定的禁止携犬进入的区域；

（四）不得携犬乘坐除客运出租汽车以外的公共交通工具；乘坐客运出租汽车应当事先征得驾驶员的同意，并为犬佩戴嘴套，或者将犬装入犬袋、犬笼，或者怀抱；

（五）携犬乘坐电梯时，应当避开乘坐电梯的高峰时间，并为犬佩戴嘴套，或者将犬装入犬袋、犬笼，或者怀抱；

（六）遛犬时间为夏季 7 时前，18 时后，冬季 8 时前，17 时后；

（七）立即清除犬在户外的排泄物或者呕吐物。

《哈尔滨市限制养犬规定》第 12 条

经批准养犬的单位和个人，应当遵守下列规定：

（一）不得携犬进入机关、团体、学校、企业事业单位和公共场所；

（二）不得携犬乘坐公共交通工具和电梯；

（四）携小型观赏犬出户时，必须挂犬牌、束犬链，并由成年人牵领；特种犬应当实行拴养或圈养。

《昆明市养犬管理条例》第 22 条

重点区域内，养犬人除遵守本条例第二十一条规定外，还应当遵守下列规定：

（一）个人饲养的犬只在养犬人的住所内饲养，单位饲养的烈性犬由专人负责管理，实行圈养或者拴养；

（二）携犬外出，为犬只束犬链、挂犬牌，并由具有完全民事行为能力的人牵引，约束好犬只，主动避让他人；

（三）不得携犬乘坐公共交通工具，携犬乘坐小型出租汽车，需征得驾驶人同意，并为犬只戴嘴套或者将犬只装入犬笼；

（四）携犬外出，携带清洁用具，及时清除犬只排泄物；

（五）放弃饲养的犬只，主动送交犬只留检所；

（六）对死亡的犬只，在 48 小时内进行无害化处理或者送犬只留检所。

《昆明市养犬管理条例》第 23 条

禁止携犬进入下列场所：

（一）机关、团体、企业、事业单位的办公区、生产区；

（二）医院诊疗区、学校教学区、学生集体宿舍区、幼儿园及其他少年儿童活动场所；

（三）商场、宾馆、餐饮场所；

（四）风景名胜区、市区公园、城市公共绿地等公共场所；

（五）影剧院、博物馆、图书馆、展览馆、体育场(馆)、歌舞厅、游乐场等公众文化娱乐场所；

（六）宗教活动场所；

（七）其他设有禁令标识的场所。

《西安市限制养犬条例》第13条

经登记养犬的，必须遵守下列规定：

（三）不得携犬进入机关、团体、企业事业单位和影剧院、医院、商场、饭店等公共场所，但执行侦查巡逻任务和专业表演团体用犬演出的除外；

（四）不得携犬乘坐公共交通工具；

（五）烈性犬、大型犬必须实行拴养或者圈养；

（七）办理犬类伤害他人责任保险。

**第八十条　禁止饲养的烈性犬等危险动物造成他人损害的，动物饲养人或者管理人应当承担侵权责任。**

【说明】

本条是对禁止饲养的危险动物致人损害的责任规定。

一、禁止饲养的危险动物致人损害的情况介绍

动物饲养人总是认为自己的狗最听话，很是温顺，不会咬人。据了解，即使是平时从未暴露出进攻人倾向的动物，也可能会在突然之间野性发作。狗是否温顺只是相对而言，比如獒犬对主人很温顺，但是对生人就很凶狠。如某镇的一居民家中，一条1米多长的藏獒破门而出，冲上街头咬伤6人。随后，藏獒被主人用铁链拴住，1个小时后，该藏獒挣开铁链，再次冲上街头，又咬伤了20多位居民。饲养动物人或者管理人的过失，会对他人造成无法弥补的伤害。

饲养动物对周围人的人身和财产具有的危险性不仅存在，有时甚至是巨大的。首先，许多动物在野性发作时或者发情时具有难以控制的破坏力，从而具有伤害人和损害财产的危险性。其次，动物的流动性可能形成难以控制的破坏力。动物的危险性不仅在于具有攻击性和难以预见性的行为，即使是温顺的奶牛或者绵羊卧倒在道路、轨道上也会引发交通事故，其动物饲养人也应承担侵权责任。前不久德国的一个案例：一个动物饲养人所饲养的信鸽在飞行中，被一架喷气式飞机吸入到引擎中，导致该飞机引擎出现了损害，德国法院判该动物饲养人承担

该飞机的部分损害赔偿责任。

二、有关法律的规定

美国没有统一的涉及养犬的法律,但每个州都有自己的法律。一些州的法律规定,只要狗咬了人,狗的主人就要承担责任,具体的刑事罪名有:拥有危险狗罪、饲养凶猛动物致人死亡罪等。如2001年1月,美国旧金山一对夫妇养的两条大狗将邻居活活咬死,警方对狗实施安乐死,并勒令狗主人3年内不许养狗。加州法庭的陪审团对狗主人判决二级谋杀罪、过失杀人罪和拥有危险狗罪,但洛杉矶高等法院在2002年6月推翻了陪审团二级谋杀罪的判决,维持对该夫妇犯过失杀人罪,处4年监禁的判决。又如,2002年2月,美国威斯康星州一个10岁女孩与6条罗特维尔牧犬玩耍时被咬死,狗的主人被控饲养凶猛动物致人死亡的罪名。

加拿大的温尼伯、安大略、魁北克等多个省份禁止饲养凶猛狗,狗一旦肇事,狗主人必须受到严厉的惩罚。

我国很多地方性法规对禁止饲养的烈性犬和大型犬作了明确的规定。各地对禁止饲养的烈性犬或者大型犬的品种规定不等,大致在18种至40种,如阿富汗猎犬、阿根廷杜高犬、阿根廷、比利时牧羊犬、藏獒犬、德国牧羊犬、俄罗斯高加索犬、雪达猎犬。除对烈性犬的品种有禁止饲养的规定外,对大型犬的体高也作了限制性规定。如禁止饲养成年犬体高不得超过35厘米至48厘米。

为确保群众人身安全,本条对动物伤人的侵权行为作出了非常严格的规定,只要违反管理规定饲养了烈性犬等危险动物,并造成他人损害的,动物饲养人或者管理人就应当承担侵权责任。在烈性犬潜伏种种危险的情况下,让它的饲养人或者管理人承担更加严格的责任是对社会、对公众负责的态度。本条规定了如此严格的责任就是引导爱犬的人认识到自己的社会责任和法律责任,为动物、为自己、为他人着想,不要违反规定饲养烈性犬等危险动物。

另外,需要说明一下属于大型犬的导盲犬的问题。

据了解,全球每年发生狗伤人案件500多万件,但没有一起因导盲犬伤人的案件。目前,全世界有近2万多只导盲犬在服役。美国有1万只,英国4千只,德国1100只,日本969只,法国600只……而中国一年仅能培养出3到5只。

导盲犬作为一种特殊的工作犬,必须具备非常严格的条件,不仅要性情温和、喜欢与人在一起,不具有任何攻击性,不会对他人安全产生威胁,更为重要的是,对狗的品种和血统的要求极为苛刻,只有"黄金猎犬"和"拉布拉多犬"等少数犬种才适合作为选材来源,而且培训的成功率只有30%。导盲犬的训练费用非常高,国际上一只好的导盲犬其价值是6万美元。国外驯养导盲犬的经费一般是政府、企业和个人捐助各占1/3。在我国,训练一只导盲犬大概要花费10万至20万元人民币,一般使用期限为8年左右。

在许多国家和地区,免费使用导盲犬是盲人享有的一项社会福利。对盲人使用导盲犬的权利,至少有 30 多个国家通过立法予以保障。盲人可以携带导盲犬出入所有公共场所和乘坐各种公共交通工具。拒绝盲人携带导盲犬出入者,要承担法律责任。

由于导盲犬在我国还是新生事物,管理部门和社会各界对之缺乏了解,过去往往将其作为宠物犬加以管理,限制了盲人使用导盲犬的权利。为了确保 2008 年残奥会期间残疾人出行方便,2007 年 8 月 24 日,北京市出台了《关于北京奥运会残奥会期间导盲犬使用和管理的通告》,通告指出"2008 年 7 月 20 日至 2008 年 9 月 20 日,参加北京奥运会、残奥会的盲人运动员、盲人官员和观摩北京奥运会、残奥会的盲人携导盲犬可以在本市出行"。此外,北京公交集团和地铁运营公司也出台了新规定:盲人可以携带导盲犬乘坐公交车和地铁。由此大家看到了,火炬手、中国首枚残奥会金牌获得者平亚丽手牵导盲犬在"鸟巢"内传递火炬。

《中华人民共和国残疾人保障法》(以下简称《残疾人保障法》)强调对残疾人各项"自立生活"权利的保护。如第 10 条规定:"国家鼓励残疾人自尊、自信、自强、自立,为社会主义建设贡献力量。"第 58 条专门规定:"盲人携带导盲犬出入公共场所,应当遵守国家有关规定。"《北京市养犬管理规定》第 13 条第 3 款规定:"对盲人养导盲犬和肢体重残人养扶助犬的,免收管理服务费。"有的省市也作了规定,如根据《济南市养犬管理规定》第 9 条规定,重点管理区内禁止个人饲养大型犬、烈性犬,但盲人饲养导盲犬、肢体重残的残疾人饲养扶助犬的除外。

**【立法理由】**

饲养烈性动物是很危险的行为,生活中,在人多且空间狭小的居民小区常会见到狗的主人带着大型犬、烈性犬悠闲自在地在公共场地遛犬,有的甚至不拴狗链、不戴嘴套,给周围的居民,尤其是老人和小孩带来恐惧,狗咬人、伤人事件也时有发生。

**【相关规定】**

《天津市养犬管理条例》第 19 条

养犬人必须遵守下列规定:(六)对烈性犬、大型犬实行拴养或者圈养。

《重庆市养犬管理暂行办法》第 18 条

饲养犬只应当遵守下列规定:(四)饲养烈性犬、攻击性犬的,必须在住所外显著位置张贴警示标牌;携烈性犬、攻击性犬出户的,除遵守本条相关规定外,还应当将犬只装入犬笼或者为犬只戴嘴套。

《厦门经济特区养犬管理办法》第 27 条

违反本办法规定,饲养烈性犬的,由城市管理行政执法部门对犬只予以没收,并处以五千元以上一万元以下罚款。

第 81 条　　《中华人民共和国侵权责任法》条文说明、立法理由及相关规定

《哈尔滨市限制养犬规定》第 5 条
限制养犬区内的个人只准饲养小型观赏犬,禁止饲养大型犬。

《哈尔滨市限制养犬规定》第 20 条
违反本规定有下列行为之一的,按下列规定处罚:

(二)养大型犬或携带大型犬进入本市限制养犬区的,由公安机关捕杀其犬,对单位处以每条犬 8000 元的罚款,对个人处以每条犬 6000 元的罚款,特种犬除外。

《昆明市养犬管理条例》第 13 条
重点区域内禁止饲养烈性犬。单位因工作需要饲养烈性犬的,应当向所在地公安派出所申请,经市公安局审核批准后,方可饲养。

《西安市限制养犬条例》第 6 条
重点限制养犬区内,禁止个人养烈性犬、大型犬。

重点限制养犬区内经登记,个人可养小型观赏犬。

烈性犬、大型犬和小型观赏犬的分类,由市公安机关会同农业部门确定并公告。

**第八十一条　动物园的动物造成他人损害的,动物园应当承担侵权责任,但能够证明尽到管理职责的,不承担责任。**

【说明】

本条规定了动物园的动物致人损害的责任承担。

一、动物园的动物伤人案的情况介绍

目前,全国动物园的动物伤人事件也不少,有些是由于动物园的管理措施不到位造成的,而有些是因游客的过失,如擅自跨越栏杆投喂食物、戏弄动物、与动物拍照等过度骚扰行为造成的。如:

事件一:2007 年 2 月 22 日下午,在昆明动物园内,一个小孩高兴地站在老虎后面等待拍照。可是当相机闪光灯一闪,老虎突然欠起身一回头死死咬住了小孩的头部……随后,5 个驯兽员拿着木棍、板凳不停向老虎砸去,一分钟后老虎终于松开嘴巴,小孩因伤势过重抢救无效死亡。经调解,动物园赔偿 34 万元。

事件二:2007 年 2 月,在武汉动物园大象馆外的草坪上,两头体态庞大的非洲象引来众多游客围观。因草坪四周有铁栏杆围着,还挖了一人多深的防护沟,一些游客认为十分安全,遂拿着石块、泥土、塑料瓶等扔向大象。开始,两头大象没有在意,仍在用长鼻子卷草吃。后来,有几个石块砸中一头公象,只见它突然暴躁起来,大声朝人群怒吼,可游客不为所动,还在向它扔东西。这时大象因不堪游客频繁"袭击",竟用鼻子从地上卷起一块拳头大小的石头,朝人群扔去,石头正中一名抱在父亲怀中的小女孩的头部,小女孩顿时血流满面,众人吓得四散而逃。

事件三:1999年11月17日,在上海野生动物园,许某驾车前往救助抛锚的另一辆车。当车进入东北虎区时,因前方有一车辆停留挡住去路,许某便下车催促其继续行进,随即遭到老虎袭击而死亡。经法院调解,动物园一次性给付死者30万元。

事件四:2005年7月17日,张某在海洋世界潜水时,被一条3米多长鲨鱼咬伤。张某认为自己拥有PADI和两年潜水经验,此番被袭自己无任何过错,而是海洋馆未尽到合理的照顾义务:3名潜水游客只有两个教练陪同,并未像其网站上承诺的"一对一",并且在游客潜水时有工作人员正在喂食鲨鱼。而海洋馆则认为,张某被袭是由于其擅自脱离潜水队伍及教练,还反复强调,张某的受伤是因为与鲨鱼"相撞"而非鲨鱼咬人。

事件五:2001年9月8日上午,4岁小男孩被邻居带到杭州市动物园看大猩猩,小孩出于好奇给猩猩喂食,结果猩猩从铁栅栏处伸出手臂抓住小孩的右手臂往馆舍里拖,咬伤右手臂。法院认为,猩猩馆舍的观赏区域防护措施得当,而且,公园在出售的动物园门票上、各观赏景点及事发的猩猩馆舍处均悬挂了提醒游客的警示语,即"请勿跨越栏杆、投喂食物和戏弄动物、防止发生意外"。动物园内各处悬挂有"爱护动物请勿投食"、"管好孩子注意安全"等警示语,尽到了应尽的警示义务。因此法院判决,责任应由游客自负,动物园不承担民事责任。

据动物专家介绍,一般动物在三种情况下的攻击性特别强:一是已成年正值发情期的时候;二是面临环境的改变;三是当它感觉自己的安全受到威胁的时候。比如,人出现在距离动物50米开外,动物可能选择转身就跑,但当人距离动物只有5米的时候,动物就感到受到致命威胁了,没有退路了,就会毫不犹豫地冲上来攻击你,其实这也是动物自我保护的一种方式。

二、赔偿责任

在《侵权责任法》起草过程中,有意见认为,作为一个公共场所,动物园应承担比较严格的责任,因为,既然动物园收取了门票,就有义务承担更重的责任。无论在建设规模上,还是在人力、物力的投入上,都应该比一般动物饲养人的要求高。还有意见认为,法律不能对动物园的要求太低。一般动物园年游客接待量500余万人次,学龄前儿童大约占15%—20%,因此,从保护儿童的角度考虑,应当加重动物园的责任。有人提出,被侵权人的伤害,有些时候是因为自己不遵守动物园的规定,无视警示牌、不听工作人员的劝阻,擅自挑逗动物造成的,如果动物园已尽到管理责任的,应减轻或者不承担责任。还有人提出,可以通过保险机制解决赔偿问题。据了解,现在动物园的门票里多没有包含保险费,游客可以在门票之外另买两元的保险费,保额为8万元,这完全是游客的自愿购买行为。

本条规定,动物园的动物造成他人损害的,动物园应当承担侵权责任,但能够证明尽到管理职责的,不承担责任。也就是说,如果动物园能够证明兽舍设施、设备没有瑕疵,有明显的警示牌,管理人员对游客挑逗、投打动物或者擅自翻越栏杆靠近动物等行为进行了劝阻,可以说,该尽的管理职责已经做得很好了,那么动物园就可以不承担侵权责任。

三、关于野生动物

这里还有一个问题需要说明,关于野生动物致人损害的问题。《侵权责任法(草案)》曾在2002年一审稿中对野生动物致害问题进行过规定,即自然保护区内的野生动物造成他人损害的,由管理单位承担赔偿责任,但管理单位能够证明损害是由于受害人的过错造成的除外。由于第三人的过错造成损害的,第三人应当承担侵权责任。在草案征求意见中,对此意见分歧较大。

有人提出,随着生态环境极大改善,野生动物保护力度的加强,已绝迹多年的野生动物又频频出现在人们的视野中,但随之而来的是,华南虎经常跳入村民的猪圈、羊圈里,吃掉猪,衔走大山羊;野鹿成群出没,黑熊、野猪、猕猴等破坏庄稼;羚牛、大熊猫、金丝猴、扭角羚等珍稀动物也不断发生伤人、毁物事件,农牧民防不胜防。野生动物频频伤人、毁物,给地方政府和当地群众留下"剪不断、理还乱"的后事。相关人士呼吁建立野生动物补偿机制,否则,农牧民会"谈保护色变",从而影响了保护动物的积极性。有人提出,作为国家重点保护的野生动物,从科学研究的角度、从保护物种多样性的角度都是很有必要的。然而,那些具有很强的攻击性的动物,在保护它们的同时,也会造成很多安全隐患。因此,野生动物伤害人身及损毁财产的,国家虽然不是侵权人,但要承担起赔偿或者补偿的责任。有的建议删去该条,由《中华人民共和国野生动物保护法》(以下简称《野生动物保护法》)等有关法律、法规调整。

《野生动物保护法》第14条规定,因保护国家和地方重点保护野生动物,造成农作物或者其他损失的,由当地政府给予补偿。实践中,很多地方性法规对此也都有相应规定。如《陕西省重点保护陆生野生动物造成人身财产损害补偿办法》规定,在本省行政区域内,国家和省重点保护陆生野生动物造成人身伤害或者财产损失的,受害人有依照本办法取得政府补偿的权利;造成人身伤害的,有得到政府医疗救治的权利。办法还规定,重点保护野生动物造成人身伤害且符合有关规定的,当地乡镇人民政府应当立即组织抢救。经抢救后需继续治疗或住院治疗的,应到县级人民政府指定的医疗机构治疗。抢救治疗费用由县级人民政府林业行政主管部门核实报销。同时规定,人身伤害医疗救治费和人身财产损害补偿费列入各级财政预算,由各级财政按照财政管理体制分级负担。重点保护野生动物造成人身伤害的,医疗救治费和损害补偿费省级财政负担80%,设区市、县级财政各负担10%;造成农作物、经济林木、家畜损害的,损害补偿费省级财政负担20%,设区市、县级财政各负担40%。

从上述规定可以看出,实践中,对受到野生动物损害的单位和个人已经有了相关的救济措施。因此,《侵权责任法》对野生动物致害问题没有再作专条规定。

**【立法理由】**

作为旅游景区,管理单位有义务为游客提供安全的游览环境,但因游客违反相关的安全管理规定而造成自己损害的,动物园如果尽到管理职责的,是可以作为抗辩理由的。

**【相关规定】**

《北京市公园条例》第 46 条

游人游览公园禁止下列行为:(二)营火、烧烤,捕捞、捕捉动物,采挖植物,恐吓、投打、伤害动物或者在非投喂区投喂动物。

《北京市公园条例》第 56 条

违反本条例第四十六条规定,有下列行为的,按下列规定处罚:(二)营火、烧烤,捕捞、捕捉动物,采挖植物,恐吓、投打、伤害动物或者在非投喂区投喂动物的,责令改正,并可以处 50 元以上 100 元以下罚款;造成损失的,依法承担赔偿责任;构成犯罪的,依法追究刑事责任。

**第八十二条** 遗弃、逃逸的动物在遗弃、逃逸期间造成他人损害的,由原动物饲养人或者管理人承担侵权责任。

**【说明】**

本条是关于脱离控制的动物造成他人损害的责任规定。

一、流浪动物的现状

1. 相关数字

据有关部门日前统计,在北京,流浪猫、流浪狗约有 100 万只;在中等城市如长沙,流浪猫约有 3 万多只,流浪狗有 7000 多只。流浪的动物繁殖能力惊人,据了解,一只狗一年生育两次,一次生仔 1 到 13 只;一只猫一年生育 3 次,一次生仔 4 到 8 只,其繁殖速度每年以几何数字增长。

导致饲养的动物流落街头的主要原因是:(1)因动物患病被饲养人抛弃;(2)饲养人不愿承担过高的办证费等费用;(3)不愿意饲养动物所生育的幼仔;(4)饲养人家庭生育了小孩,不再饲养动物;(5)城乡拆迁等原因抛弃所饲养的动物;(6)饲养的动物走失。

2. 流浪动物的危害

流浪动物无依无靠,只能自食其力。它们多在垃圾桶周围觅食,在城市的大街小巷到处乱窜;它们身上携带着各种病毒和寄生虫,成了流动的"生物武器",遇上适当的时机很可能成为威胁市民健康的祸害;它们的排泄物、呕吐物以及尸体可能带有病毒,很容易形成疾病的传染源,还可能污染水源,对公共卫生安全构成威胁。同时,流浪动物比较野性,容易对人产生仇视的情绪,攻击性强,危及人们的安全。

据有关部门统计,流浪动物伤人事件中,流浪狗约占82%,流浪猫约占12%。在北京,每月到"狂犬病免疫预防门诊"就诊的人数就有近万人,其中大多是被流浪猫、狗抓伤、咬伤。至今,已知的人与猫、狗共患的疾病约有60多种,其中危害较大的常见疾病有10多种,如狂犬病、弓形虫病、钩端螺旋体病、结核病、皮霉菌病等。在我国,狂犬病的发病率和致死率多年居各类传染病之首,狂犬病的死亡率几乎是100%。

3. 管理措施

面对流浪动物数量不断增多、伤人事件不断高升的现状,一些地方采取了禁养措施。如陕西省汉中市和黑龙江省黑河市曾全面禁止养狗,强制捕杀辖区内的流浪狗甚至是正在饲养的宠物狗,但因社会争议较大而中止。

二、承担责任的主体

《侵权责任法(草案)》一审稿、二审稿对流浪动物的问题没有作出规定。但在征求意见和调研时,一些部门、地方和专家建议,在《侵权责任法》中对流浪动物的问题作出规定,明确饲养人和管理人的管理责任,有助于从源头遏制遗弃饲养的动物,看管好自己饲养的动物以防丢失的情况发生。鉴于流浪动物问题的严重性,本章增加了遗弃、逃逸的动物在遗弃、逃逸期间造成他人损害的,由原动物饲养人或者管理人承担侵权责任。

动物的遗弃是指动物饲养人抛弃了动物。逃逸的动物是指饲养人并不是放弃了自己饲养的权利,而是暂时地丧失了对该动物的占有和控制。例如,饲养人张某的狗跑出去多日,张某明确表示他不再要这条狗了,尔后该狗把他人咬伤。又如,李某饲养的牛离开牛群四处游荡,后来在公路上与汽车相撞,由此引发了交通事故。又如,甲饲养的一条狗经常咬人,于是甲将狗捆上石头投入河中后离开,希望狗被溺死,后狗被人救起而成为流浪狗并将乙咬伤。以上几个事件有的动物是被饲养人主动遗弃的,有的动物是逃逸的。

那么,动物在失去饲养人或者管理人控制下造成他人损害的,应当如何确定责任主体?法国、意大利等国民法典明确规定,动物的所有人或者使用人在使用期间,对走失或者逃脱的动物所造成的损害,应负赔偿责任。《智利民法典》规定,动物即使在逃逸或者迷失后造成损害,其所有权人亦负责任。《阿根廷民法典》规定,造成损害的动物非因看管者的过失而逃逸或迷失的,其所有权人的责任停止。动物的主人不得提出抛弃该动物的所有权而规避其损害的赔偿义务。《埃塞俄比亚民法典》规定,动物的所有人对动物所致的任何损害承担责任,即使动物偶然逃脱其控制,或所致损害是不可预见的,亦得如此。《阿尔及利亚民法典》规定,动物管理人,即使他并非为动物的所有人,应对动物(包括走失或者逃离的动物)致害的结果承担民事责任。但管理人能证明损害系不可归咎于管理人的意外原因所致者除外。英国判例对于丧失占有的动物造成损害的,如果尚能认为丧失占有的动物为被告之物,虽然该动物已恢复其天然状态,被告仍应负责。

因此说,无论动物饲养人或者管理人遗弃动物,还是未尽到管理责任致使动物逃逸,其行为都是加剧了动物对人和社会的危险性,而损害的事实正是由于动物在失去人为的管理和控制下任意流动的危险性所导致。因此,为了社会公众利益,为了充分保护被侵权人利益,遗弃、逃逸动物的原饲养人或者管理人就应当对自己遗弃动物的行为,以及疏于管理没有尽到管理义务的行为承担责任。

**【立法理由】**

随着饲养动物的人越来越多,一些饲养的动物或者被抛弃,或者不慎走失,城市里流浪猫、狗等动物不断增多。数量众多的流浪动物不但成为城市管理的难题,而且对城市居民生活、健康也产生了严重危害。

**【相关规定】**

《天津市养犬管理条例》第 19 条第 7 项

养犬人不得虐待、遗弃所养犬。

《厦门经济特区养犬管理办法》第 22 条

养犬人不得遗弃犬只。

《昆明市养犬管理条例》第 21 条

养犬人应当遵守下列规定:(四) 不得遗弃犬只。

《哈尔滨市限制养犬规定》第 11 条

单位和个人将已登记注册的犬转让或犬失踪、死亡的,应当在 30 日内到公安机关办理过户或注销手续。

《哈尔滨市限制养犬规定》第 18 条

发现无主犬时,公安机关应当立即捕杀。

《吉林市犬类管理办法》第 14 条

养犬人不得虐待、遗弃犬。

《法国民法典》第 1385 条

动物的所有人,或者牲畜的使用人,在使用的时间内,对该动物或牲畜造成的损害,不论该动物或牲畜在其管束之下,还是走失或逃逸,均应负赔偿之责任。

《意大利民法典》第 2052 条

动物的所有权人或在利用动物期间对其进行管理之人,无论动物是在其保管之下,还是遗失或者逃走,都要对动物所致损害承担责任,除非证明损害是意外事件所致。

《美国侵权行为法重述·第二次》第 508 条

特定地区生长出没的野兽被人所占有，但该野兽脱离其占有，并恢复为该特定地区生长出没的野兽之后，占有人对该野兽所导致的伤害不承担责任。

《智利民法典》第 2326 条第 1 款

动物即使在逃逸或迷失后造成损害，其所有权人亦负责任，但逃逸、迷失或损害不能归咎于所有人或其负责看管或喂养动物的雇员的过失时，不在此限。

《阿根廷民法典》第 1126 条

即使动物在造成损害时未处于所有权人之雇员的看管之下，亦由所有权人对损害承担责任（第一款）。动物所致损害不属该类动物通常习性所造成的，也不排除所有权人的责任。

《阿根廷民法典》第 1127 条

造成损害的动物非因看管者的过失而逃逸或迷失的，其所有权人的责任停止。

《阿根廷民法典》第 1131 条

动物的主人不得提出抛弃该动物的所有权而规避其损害的赔偿义务。

《埃塞俄比亚民法典》第 2072 条第 1 款

动物的所有人对动物所致的任何损害承担责任，即使动物偶然逃脱其控制，或所致损害是不可预见的，亦得如此。

《阿尔及利亚民法典》第 139 条

动物管理人，即使他并非为动物的所有人，应对动物（包括走失或逃离的动物）致害的结果承担民事责任（第 1 款）。但管理人能证明损害系不可归咎于管理人的意外原因所致者除外。

**第八十三条** 因第三人的过错致使动物造成他人损害的，被侵权人可以向动物饲养人或者管理人请求赔偿，也可以向第三人请求赔偿。动物饲养人或者管理人赔偿后，有权向第三人追偿。

【说明】

本条是因第三人的过错致使动物造成他人损害，由谁承担责任的规定。

一、第三人的过错

第三人的过错是指被侵权人和动物饲养人或者管理人以外的人对动物造成损害有过错。第三人的过错在大多数场合表现为：有意挑逗、投打、投喂、诱使动物，其后果致使他人受到人身或者财产的损害，其实质是实施了诱发动物致害的行为。对此问题，日本专家认为，某人唆使动物给他人造成损害只能解释为将动物当做道具使用的人自身的加害行为，应适用《日本民法典》第 709 条由于故意或者过失,侵害了他人权利或者法律上受保护的利益者,对由此产生的损害负有赔偿责任的规定。鉴于第 718 条动物占有人负赔偿其动物造成他人损害的责任。但是,按动物种类及性质,以相当注意进行保管者,不在此限。在第三人唆使动物给他人造成损害的情形下,动物原占有人是否承担责任,需要根据其是否尽到了第 718 条规定的注意义务来判断。

二、对被侵权人救济的选择权

本条赋予了被侵权人的选择权。因第三人的过错致使动物造成被侵权人损害的,被侵权人既可以请求第三人承担赔偿责任,也可以请求动物饲养人或者管理人承担赔偿责任。这样规定,就可以使被侵权人根据具体情况要求赔偿。例如,甲饲养了一匹马,拴在自家的院内,乙路过此院看马很漂亮,便拿棍子拍马,马受惊挣脱绳子冲出门,把正在路过的丙撞伤。这时被撞伤的丙既可以要求动物饲养人甲赔偿,也可以要求第三人乙赔偿。如果乙是个流浪汉,那么,作为第三人的乙与动物饲养人甲哪个更有赔偿能力就很明显了,被侵权人当然会选择经济实力强的动物饲养人甲进行赔偿。法律赋予被侵权人的选择权,一方面可使被侵权人获得法律救济、得到实际赔偿的可能性增大;另一方面,也会使动物饲养人对动物的管理更加尽注意义务,从而减少动物伤人的机会。这样的设计可以让被侵权人受到更多的保护。

三、动物饲养人或者管理人的追偿权

本条还赋予了动物饲养人或者管理人的追偿权。动物饲养人或者管理人对被侵权人赔偿后,有权向第三人追偿。动物饲养人或者管理人之所以享有追偿权,是因为动物饲养人或者管理人实际上是代替第三人履行的赔偿义务,在动物饲养人或者管理人与第三人之间,第三人仍然是责任的最终承担者。法律规定,允许动物饲养人或者管理人在赔偿了被侵权人的损害后对第三人进行追偿,一方面有利于被侵权人及时获得救济,另一方面也是维护动物饲养人或者管理人自身权益的一项重要手段。

根据本条规定,第三人过错造成他人损害的,可作为动物饲养人或者管理人减轻或者不承担责任的事由,但这种减轻或者免责往往是从最终意义上讲的,而不是绝对的。审判实践中,经常出现损害是由第三人造成的,但第三人是谁一时难以查明,这时,可以先由饲养人或者管理人承担起责任,然后饲养人或者管理人再向第三人追偿。如果第三人找到了,动物饲养人或者管理人还可以追偿;如果第三人找不到,那就应由饲养人或者管理人承担全部责任。

【立法理由】

现实中经常发生的动物伤人事件,并非被侵权人自己有过错,也非动物独立行为致人伤害,很多情形是由于第三人的原因致使动物伤及他人。如某甲故意在马身边按车喇叭,致使拴在木桩上的马受惊挣脱绳子,冲出去撞伤了行人。众所周知,很难要求动物是具有识别行为后果能力,像这种在人的强制或者驱使下损害他人权益的行为,表面看似乎是动物致人伤害,其实动物已成为人的工具。本条就是要解决因第三人的原因,造成动物伤害他人的赔偿问题。

【相关规定】

《中华人民共和国民法通则》第 127 条

饲养的动物造成他人损害的,动物饲养人或者管理人应当承担民事责任;由于受害人的过错造成损害的,动物饲养人或者管理人不承担民事责任;由于第三人的过错造成损害的,第三人应当承担民事责任。

《最高人民法院关于民事诉讼证据的若干规定》第 4 条第 1 款第 5 项

饲养动物致人损害的侵权诉讼,由动物饲养人或者管理人就受害人有过错或者第三人有过错承担举证责任。

《日本民法典》第 719 条

由于故意或者过失,侵害了他人权利或者法律上受保护的利益者,对由此产生的损害负有赔偿责任。

**第八十四条 饲养动物应当遵守法律,尊重社会公德,不得妨害他人生活。**

【说明】

本条是动物饲养人应当遵守法律的规定。

老百姓养猫、狗等宠物,本无可非议,但饲养的动物伤害别人、滋事扰民、污染环境,那就不是他个人的事了。生活中,在居民小区,饲养的猫、狗很多,猫狗群吠,常常扰民。平日走在路上,居民们更是小心翼翼,不仅要防止踩上狗的排泄物,还要提防被冷不丁窜出的猫狗吓着。有些狗不是虎视眈眈盯着路人,就是趴卧在路边,居民们经过时都是提心吊胆,放假期间也不敢让孩子随意出去玩耍,生怕狗伤到孩子。

饲养宠物虽是爱心的体现,但事物都有两个方面,宠物除了能给人们带来快乐与安慰,也会给人带来伤害,而动物的一切行为约束全部靠动物饲养人的管制。

针对目前养犬伤人案件日益严重,本条规定,饲养动物应当遵守法律,尊重社会公德,不得妨害他人生活。既然饲养了动物,饲养人就应该意识到自己担负着遵守社会公德和保护公共环境双重社会责任,不能放任宠物侵扰他人的正常生活。动物饲养人应当自觉规范自己的行为,应该按照规定饲养动物:如(1) 动物饲养人或者管理人在携犬出户时,应当对犬束犬链,由成年人牵领,并应当避让老年人、残疾人、孕妇和儿童。(2)动物饲养人或者管理人不得让动物干扰他人正常生活。犬吠影响他人休息时,养犬人应当采取有效措施予以制止。(3)不得携犬进入市场、商店、商业街区、饭店、公园、公共绿地、学校、医院、展览馆、影剧院、体育场馆、社区公共健身场所、游乐场、候车室等公共场所;不得携犬乘坐除小型出租汽车以外的公共交通工具;携犬乘坐小型出租汽车时,应征得驾驶员同意,并为犬戴嘴套,或者将犬装入犬袋、犬笼或者怀抱;(4)养犬人要定期为犬注射预防狂犬病疫苗;不得虐待、遗弃所养犬。(5)携犬出户时,对犬在户外排泄的粪便,携犬人应当立即清除……

由于动物本身所具有的危险性,因此,动物致人损害的赔偿责任,是一种特殊的民事侵权责任。动物饲养人或者管理人既然占有或者控制着动物,就应该谨慎管束,肩负起对自己、对社会、对公众的责任,不能只图自己的喜好,只享受宠物带来的快乐,而疏于对动物的管理。否则,动物致他人损害的,就要承担无过错责任予以赔偿。本条这样规定有利于切实保障广大人民群众的人身和财产安全,维护社会的稳定和正常秩序。

人与宠物和谐相处,是社会和谐、社会安定的一种体现。一个社区鸡飞狗跳,人与宠物、宠物与环境冲突不断,社会如何安居乐业。饲养动物的问题可以说涉及千家万户,涉及不同群体的利益。因此,对于动物饲养人或者管理人来讲,应当严格履行饲养动物的一些必要义务,规范自己的行为,不要给他人的生活带来不便,要充分考虑到不饲养动物人的利益,要依法、科学、文明地饲养动物。如果动物饲养人或者管理人都能遵守规范,能设身处地的处理因养犬所造成的邻里纠纷,对社会的和谐、安宁也是一份不小的贡献。希望动物饲养人或者管理人为和谐社会的文明建设做出努力,为创造良好的社会环境尽到应尽的义务。

**【立法理由】**

目前,我国城乡居民养犬成风。有的养犬人放任犬只在公共场所随意大小便,严重污染环境;有的养犬人疏于对犬只的管理,夜深人静犬吠扰民,搞得邻里不和,严重影响广大人民群众的正常生活;有的养犬人违反管理规定,饲养大型犬、烈性犬及多只犬,犬只无序繁殖,狗满为患;有的养犬人不按规定拴束狗链、带嘴套,不分时间、地点、场合任意遛狗,恶狗伤人不断发生,严重扰乱公共秩序,妨碍公共安全。面对养犬带来的严重危害,广大人民群众叫苦连连。本条倡导养犬人,依法养犬、文明养犬。

## 【相关规定】

**《天津市养犬管理条例》第 19 条**

养犬人必须遵守下列规定:(八) 不得妨碍、侵害他人的合法权益,不得干扰、影响相邻居民的正常生活。

**《重庆市养犬管理暂行办法》第 6 条**

养犬人的合法权益依法受保护。但养犬人必须依法养犬、文明养犬,不得损害他人的合法权益。

**《厦门经济特区养犬管理办法》第 19 条**

养犬人应加强对犬只的训练和管理,养犬不得影响他人正常工作、学习、生活。影响他人正常工作、学习、生活时,养犬人应当及时采取有效措施予以消除。

**《哈尔滨市限制养犬规定》第 12 条**

经批准养犬的单位和个人,应当遵守下列规定:

(五) 犬在户外排泄的粪便,携犬人应当立即清除;

(六) 养犬不得侵扰他人的正常生活;

(七) 定期为犬注射预防狂犬病等疫苗。

**《哈尔滨市限制养犬规定》第 17 条**

犬伤害他人,养犬者应当立即将伤者送至当地卫生防疫站进行预防接种,视伤情到卫生医疗机构进行诊治,并依法赔偿损失。

**《哈尔滨市限制养犬规定》第 20 条**

违反本规定有下列行为之一的,按下列规定处罚:

(五) 携犬出户违反规定、养犬侵扰他人的正常生活或未定期为犬注射预防狂犬病等疫苗的,由公安机关对责任人处以 200 元以上 500 元以下的罚款;情节严重的,捕杀其犬,吊销犬类准养证件;

(六) 携犬人对犬在户外排泄粪便未及时清除的,由市容环卫部门处以 50 元以上 100 元以下的罚款。

**《哈尔滨市限制养犬规定》第 21 条**

有下列行为之一的,由公安机关按照《中华人民共和国治安管理处罚条例》的规定处理;构成犯罪的,依法追究刑事责任:

(一) 纵犬伤人的;

(三) 拒绝、阻碍执法人员依法执行公务的。

**《昆明市养犬管理条例》第 21 条**

养犬人应当遵守下列规定:

(一) 养犬不得干扰他人正常生活;

（二）不得放任、驱使犬只恐吓、伤害他人；
（三）养犬不得破坏环境卫生或者公共设施；
（四）不得遗弃犬只。

**《昆明市养犬管理条例》第 22 条**

重点区域内,养犬人除遵守本条例第二十一条规定外,还应当遵守下列规定：

（一）个人饲养的犬只在养犬人的住所内饲养,单位饲养的烈性犬由专人负责管理,实行圈养或者拴养；

（二）携犬外出,为犬只束犬链、挂犬牌,并由具有完全民事行为能力的人牵引,约束好犬只,主动避让他人；

（三）不得携犬乘坐公共交通工具,携犬乘坐小型出租汽车,需征得驾驶人同意,并为犬只戴嘴套或者将犬只装入犬笼；

（四）携犬外出,携带清洁用具,及时清除犬只排泄物；

（五）放弃饲养的犬只,主动送交犬只留检所；

（六）对死亡的犬只,在 48 小时内进行无害化处理或者送犬只留检所。

**《昆明市养犬管理条例》第 23 条**

禁止携犬进入下列场所：

（一）机关、团体、企业、事业单位的办公区、生产区；

（二）医院诊疗区、学校教学区、学生集体宿舍区、幼儿园及其他少年儿童活动场所；

（三）商场、宾馆、餐饮场所；

（四）风景名胜区、市区公园、城市公共绿地等公共场所；

（五）影剧院、博物馆、图书馆、展览馆、体育场(馆)、歌舞厅、游乐场等公众文化娱乐场所；

（六）宗教活动场所；

（七）其他设有禁令标识的场所。

**《昆明市养犬管理条例》第 26 条**

犬只伤害他人的,养犬人应当立即将伤者送疾病预防控制中心注射人用狂犬病疫苗,及时送医疗机构诊治,并承担相应的医疗费用和法律责任。

养犬人、动物诊疗机构发现犬只患有疑似狂犬病或者人畜共患传染疫病时,应当及时报告农业(畜牧)行政管理部门处置。

**《昆明市养犬管理条例》第 27 条**

携犬外出不遵守相关法律、法规规定,导致犬只伤亡的,由养犬人自行承担责任。

**《西安市限制养犬条例》第 13 条**

经登记养犬的,必须遵守下列规定:

(一)不得污染市容环境卫生;

(二)不得危害公共利益,不得干扰他人生活、工作;

(三)不得携犬进入机关、团体、企业事业单位和影剧院、医院、商场、饭店等公共场所,但执行侦查巡逻任务和专业表演团体用犬演出的除外;

(四)不得携犬乘坐公共交通工具;

(五)烈性犬、大型犬必须实行拴养或者圈养;

(六)持防疫证每年定期到县级以上畜禽防疫单位为犬进行检疫和免疫;

(七)办理犬类伤害他人责任保险。

# 第十一章　物件损害责任

本章共7条,规定了建筑物、构筑物或者其他设施及其搁置物、悬挂物发生脱落、坠落造成他人损害责任;建筑物、构筑物或者其他设施倒塌造成他人损害责任;从建筑物中抛掷物品或者从建筑物上坠落的物品造成他人损害责任;堆放物倒塌造成他人损害责任;在公共道路上堆放、倾倒、遗撒妨碍通行的物品造成他人损害责任;林木折断造成他人损害责任;在公共场所或者道路上挖坑、修缮安装地下设施等造成他人损害责任,窨井等地下设施造成他人损害责任。

物件损害责任,是指建筑物、构筑物或者其他设施及其搁置物、悬挂物,堆放物,妨碍通行物和林木等由于存在缺陷或者疏于管理、维护,造成他人损害,侵权人应当承担的侵权责任。

物件,包括建筑物、构筑物或者其他设施及其搁置物、悬挂物,堆放物,妨碍通行物和林木等。在《侵权责任法》立法过程中,有的意见认为,应当将本章章名中的"物件"修改为"建筑物和物件"、"工作物"或者"物品"。考虑到长期以来,"物件"这一用法已经被我国的民法理论和实践所接受,因此,《侵权责任法》仍采用"物件"的表述。

物件损害责任是侵权责任法的重要组成部分,很多国家和地区都对物件损害责任作了规定。例如,《德国民法典》规定了土地、建筑物以及其他附着于土地上的工作物的占有人、维护义务人的责任;《法国民法典》和《意大利民法典》用一个概括性的条款规定了物的照管人的责任,另外又单独规定了建筑物所有人的责任;《荷兰民法典》规定了土地、建筑物、构筑物、道路和其他工作物致人损害责任;《日本民法典》和《韩国民法典》规定了土地工作物、竹木等致人损害责任;我国台湾地区"民法"规定了建筑物和其他工作物致人损害责任。

**第八十五条**　建筑物、构筑物或者其他设施及其搁置物、悬挂物发生脱落、坠落造成他人损害,所有人、管理人或者使用人不能证明自己没有过错的,应当承担侵权责任。所有人、管理人或者使用人赔偿后,有其他责任人的,有权向其他责任人追偿。

【说明】

本条是关于建筑物、构筑物或者其他设施及其搁置物、悬挂物脱落、坠落造成他人损害责任的规定。主要规定了以下内容:

一、建筑物、构筑物或者其他设施及其搁置物、悬挂物

建筑物是指人工建造的、固定在土地上，其空间用于居住、生产或者存放物品的设施，如住宅、写字楼、车间、仓库等。

构筑物或者其他设施是指人工建造的、固定在土地上、建筑物以外的某些设施，例如道路、桥梁、隧道、城墙、堤坝等。

建筑物、构筑物或者其他设施上的搁置物、悬挂物是指搁置、悬挂在建筑物、构筑物或者其他设施上，非建筑物、构筑物或者其他设施本身组成部分的物品。例如，搁置在阳台上的花盆、悬挂在房屋天花板上的吊扇、脚手架上悬挂的建筑工具等。

建筑物、构筑物或者其他设施及其搁置物、悬挂物脱落、坠落，是指建筑物、构筑物或者其他设施的某一组成部分以及搁置物、悬挂物从建筑物、构筑物或者其他设施上脱落、坠落。例如，房屋墙壁上的瓷砖脱落、房屋天花板坠落、吊灯坠落、屋顶瓦片滑落、房屋窗户玻璃被风刮碎坠落、阳台上放置的花盆坠落等。

二、所有人、管理人或者使用人

建筑物、构筑物或者其他设施的所有人、管理人或者使用人应当对建筑物、构筑物或者其他设施及其搁置物、悬挂物进行合理的管理、维护，避免给他人造成损害。例如，要保证建筑物等设施及其搁置物、悬挂物的稳固；应当进行必要的检查，发现可能造成他人损害的，要及时采取相应的安全措施等。建筑物、构筑物或者其他设施及其搁置物、悬挂物脱落、坠落造成他人损害的，本条规定了三个侵权责任主体：

（1）所有人。所有人是指对建筑物等设施拥有所有权的人。建筑物、构筑物或者其他设施多为不动产。一般来讲，不动产的所有人是指不动产登记机构依法登记确定的人。我国《物权法》第9条规定："不动产物权的设立、变更、转让和消灭，经依法登记，发生效力；未经登记，不发生效力，但法律另有规定的除外。"第16条规定："不动产登记簿是物权归属和内容的根据。"有时，虽然没有登记，但是也可以依法确定不动产的所有人。例如，我国《物权法》第30条规定："因合法建造、拆除房屋等事实行为设立或者消灭物权的，自事实行为成就时发生效力。"因此，在农村宅基地上自建的房屋和城市中一些依法新建的房屋，虽然没有来得及登记，仍然可以依法确定具体的所有人。

（2）管理人。管理人是指对建筑物等设施及其搁置物、悬挂物负有管理、维护义务的人。我国国有资产一般由特定的机关或者单位进行管理。例如，《物权法》第54条规定："国家举办的事业单位对其直接支配的不动产和动产，享有占有、使用以及依照法律和国务院的有关规定收益、处分的权利。"《中华人民共和国教育法》（以下简称《教育法》）第28条规定，学校及其他教育机构管理、使用本单位的设施和经费。因此，一般来讲，公立学校里国家所有的建筑物、构筑物等由

学校管理,学校是其管理人。

(3) 使用人。使用人是指因租赁、借用或者其他情形使用建筑物等设施的人。一般来讲,使用人承担责任有两种情形。第一,使用人依法对其使用的建筑物、构筑物或者其他设施负有管理、维护的义务时,因其管理、维护不当造成他人损害。第二,使用人对建筑物、构筑物或者其他设施的搁置物、悬挂物管理、维护不当,造成他人损害。

三、归责原则

本条采用过错推定原则。损害发生后,被侵权人证明自己的损害是因建筑物等设施或者其搁置物、悬挂物脱落、坠落造成的,所有人、管理人或者使用人对自己没有过错承担举证责任,其不能证明自己没有过错的,应当承担侵权责任。

四、所有人、管理人或者使用人的追偿权

其他责任人是指所有人、管理人或者使用人之外的,对损害的发生负有责任的人。实践中,有时损害的发生除了与所有人、管理人或者使用人的过错有关外,还与其他人有关,只是该其他人不直接对被侵权人承担侵权责任。但是,所有人、管理人或者使用人向被侵权人赔偿后,有权向该其他责任人追偿。例如,房屋所有人与承揽人签订承揽合同,由承揽人为房屋安装防盗网。由于承揽人的过错,防盗网没有安装牢固,后来坠落将他人砸伤。房屋所有人不能证明自己没有过错的,应当对被侵权人承担侵权责任。另外,由于防盗网的坠落与承揽人的过错有关,根据《合同法》的规定,承揽人应当向房屋所有人承担责任。因此,房屋所有人对被侵权人赔偿后,有权向承揽人追偿。

【立法理由】

建筑物、构筑物或者其他设施及其搁置物、悬挂物脱落、坠落造成他人损害责任,是《侵权责任法》中的重要制度。《民法通则》第 126 条规定:"建筑物或者其他设施以及建筑物上的搁置物、悬挂物发生倒塌、脱落、坠落造成他人损害的,它的所有人或者管理人应当承担民事责任,但能够证明自己没有过错的除外。"《最高人民法院关于审理人身损害赔偿案件适用法律若干问题的解释》第 16 条规定,道路、桥梁、隧道等人工建造的构筑物因维护、管理瑕疵致人损害的,适用《民法通则》第 126 条的规定,由所有人或者管理人承担赔偿责任,但能够证明自己没有过错的除外。在《民法通则》、司法解释和司法实践经验的基础上,《侵权责任法》对建筑物、构筑物或者其他设施及其搁置物、悬挂物脱落、坠落造成他人损害责任作了规定。

【相关规定】

《中华人民共和国民法通则》第 126 条

建筑物或者其他设施以及建筑物上的搁置物、悬挂物发生倒塌、脱落、坠落造成他人损害的,它的所有人或者管理人应当承担民事责任,但能够证明自己没有过错的除外。

《中华人民共和国物权法》第91条

不动产权利人挖掘土地、建造建筑物、铺设管线以及安装设备等,不得危及相邻不动产的安全。

《最高人民法院关于审理人身损害赔偿案件适用法律若干问题的解释》第16条

下列情形,适用民法通则第一百二十六条的规定,由所有人或者管理人承担赔偿责任,但能够证明自己没有过错的除外:

(一) 道路、桥梁、隧道等人工建造的构筑物因维护、管理瑕疵致人损害的;

(二) 堆放物品滚落、滑落或者堆放物倒塌致人损害的;

(三) 树木倾倒、折断或者果实坠落致人损害的。

前款第(一)项情形,因设计、施工缺陷造成损害的,由所有人、管理人与设计、施工者承担连带责任。

《最高人民法院关于民事诉讼证据的若干规定》第4条第1款第4项

下列侵权诉讼,按照以下规定承担举证责任:(四)建筑物或者其他设施以及建筑物上的搁置物、悬挂物发生倒塌、脱落、坠落致人损害的侵权诉讼,由所有人或者管理人对其无过错承担举证责任。

《法国民法典》第1384条第1款

任何人不仅对自己的行为造成的损害负赔偿责任,而且对应由其负责之人的行为或者照管之物造成的损害负赔偿责任。

《法国民法典》第1386条

建筑物的所有人对建筑物因保管或建筑不善而毁损时所致的损害,应负赔偿的责任。

《德国民法典》第836条

(1) 因建筑物或其他附着于土地的工作物倒塌,或因建筑物或工作物的部分脱落,致使某人死亡,或某人的身体或健康受到伤害,或物被损坏的,只要倒塌或脱落系因建造有瑕疵或维护不足所致,土地的占有人就有义务向受害人赔偿因此而发生的损害。占有人以避开危险为目的而尽了交易上必要的注意的,不负赔偿义务。

(2) 倒塌或脱落是在土地的前占有人的占有结束后1年以内发生的,土地的前占有人就损害负责任,但前占有人在其占有期间尽了交易上必要的注意,或后占有人本可因尽此注意义务而避开危险的除外。

(3) 前两款意义上的占有人,是自主占有人。

《德国民法典》第837条

因权利的行使而在他人的土地上占有建筑物或其他工作物的,即代替土地的占有人而负担第 836 条所规定的责任。

《德国民法典》第 838 条

为占有人而承担建筑物或附着于土地的工作物的维护，或根据其所享有的用益权而须维护建筑物或工作物的人，就倒塌或部分脱落所引起的损害，以与占有人相同的方式负责。

《意大利民法典》第 2051 条

任何人对其保管之物所导致的损害均要承担责任，除非证明损害是意外事故所致。

《意大利民法典》第 2053 条

建筑物或其他工作物的所有权人，对因这些物的倒塌所致损害要承担责任，但是，证明倒塌不可能由维修或建筑物的瑕疵所致的除外。

《瑞士债务法》第 58 条

（1）房屋或者其他建筑物的所有人对因设计缺陷，或者结构缺陷，或者维修不足造成的损害承担赔偿责任。

（2）所有人可以向应当承担责任的人追偿。

《智利民法典》第 934 条

在就诉讼请求为通知后，建筑物因其恶劣状况而倒塌者，其所有人应向邻人赔偿一切损失，但倒塌出于意外事件时，如洪水、闪电、地震，不发生赔偿责任，但经证实该建筑物如非处于恶劣状态下则不可能因意外事件而倒塌者，不在此限。

未就诉讼请求为通知时，不发生损害赔偿责任。

《智利民法典》第 2323 条

建筑物因所有人未进行必要的修葺或因欠缺善良家父的注意而倒塌时，所有人应对第三人（不处于第 934 条规定的情形的）的损害承担责任。

如建筑物为两人或数人共有，应按他们的所有权份额的比例分担损害赔偿金。

《日本民法典》第 717 条

（一）因土地的工作物设置或保存有瑕疵，致他人产生损害时，工作物的占有人对受害人负损害赔偿责任。但是，占有人为防止损害发生已尽了必要注意时，损害应由所有人赔偿。

（二）前款规定，准用于竹木栽植或支撑有瑕疵情形。

（三）于前两款情形，就损害原因另有责任者时，占有人或所有人可以对其行使求偿权。

我国台湾地区"民法"第 191 条

土地上之建筑物或其他工作物所致他人权利之损害，由工作物之所有人负赔偿责任。但其对于设置或保管并无欠缺，或损害非因设置或保管有欠缺，或于防止损害之发生,已尽相当之注意者,不在此限。

前项损害之发生,如别有应负责任之人时,赔偿损害之所有人,对于该应负责者,有求偿权。

**第八十六条** 建筑物、构筑物或者其他设施倒塌造成他人损害的,由建设单位与施工单位承担连带责任。建设单位、施工单位赔偿后,有其他责任人的,有权向其他责任人追偿。

因其他责任人的原因,建筑物、构筑物或者其他设施倒塌造成他人损害的,由其他责任人承担侵权责任。

【说明】

本条是关于建筑物、构筑物或者其他设施倒塌造成他人损害责任的规定。倒塌,是指建筑物、构筑物或者其他设施坍塌、倒覆,造成该建筑物、构筑物或者其他设施丧失基本使用功能。例如,楼房倒塌、桥梁的桥墩坍塌、电视塔从中间折断、烟囱倾倒等。

一、建设单位与施工单位的连带责任以及建设单位、施工单位对其他责任人的追偿权

(一)建筑物、构筑物或者其他设施倒塌造成他人损害的,由建设单位与施工单位承担连带责任

在《侵权责任法》立法过程中,对于建筑物、构筑物或者其他设施倒塌致人损害的责任承担,有不同意见:有的意见认为,为了更好地保护被侵权人,应当规定由建设单位、设计单位、施工单位、监理单位等承担连带责任。有的意见认为,在实践中,被侵权人一般都不去要求设计、施工单位等承担责任,有时甚至根本不知道设计、施工单位是谁,因此,通常是向建设单位求偿。所以没有必要将侵权责任主体的范围扩大至设计单位、施工单位等。建议规定由建设单位承担侵权责任,建设单位赔偿后,可以向有过错的勘察单位、设计单位、施工单位和监理单位等追偿。

经研究,本条第1款规定,建筑物、构筑物或者其他设施倒塌造成他人损害的,由建设单位与施工单位承担连带责任。建设单位、施工单位赔偿后,有其他责任人的,有权向其他责任人追偿。本款对建筑物、构筑物或者其他设施倒塌造成他人损害规定了两个责任主体:

(1)建设单位。通常情况下,建设单位依法取得土地使用权,在该土地上建造建筑物、构筑物或者其他设施,是建设工程合同的总发包人。实践中,房地产开发企业、机关和工厂是比较常见的建设单位。很多相关的法律、法规都对建设单位的义务进行了规定。根据《合同法》和《建设工程质量管理条例》的规定,建设

单位对建设工程发包的,不得将应当由一个承包人完成的建设工程肢解成若干部分发包给几个承包人。建设单位依法对建设工程质量负责。建设单位违反《建设工程质量管理条例》的规定,对建设工程未组织竣工验收,擅自交付使用,或者验收不合格,擅自交付使用,或者对不合格的建设工程按照合格工程验收,造成损失的,依法承担赔偿责任。

(2)施工单位。施工单位与建设单位或者其他发包人签订建设工程合同,对建设工程进行施工。实践中,建筑公司是比较常见的施工单位。施工单位既包括总承包施工单位,也包括分包施工单位。我国相关的法律对施工单位的责任作了规定,《建筑法》第55条规定:"建筑工程实行总承包的,工程质量由工程总承包单位负责,总承包单位将建筑工程分包给其他单位的,应当对分包工程的质量与分包单位承担连带责任。分包单位应当接受总承包单位的质量管理。"第58条规定:"建筑施工企业对工程的施工质量负责。建筑施工企业必须按照工程设计图纸和施工技术标准施工,不得偷工减料。工程设计的修改由原设计单位负责,建筑施工企业不得擅自修改工程设计。"第67条规定,承包单位将承包的工程转包的,或者违反本法规定进行分包的,对因转包工程或者违法分包的工程不符合规定的质量标准造成的损失,与接受转包或者分包的单位承担连带赔偿责任。

根据本条第1款的规定,建筑物、构筑物或者其他设施倒塌造成他人损害的,由建设单位与施工单位承担连带责任。建筑物倒塌造成他人损害的,被侵权人既可以要求建设单位承担侵权责任,也可以要求施工单位承担侵权责任,还可以要求二者共同承担侵权责任。

(二)建设单位和施工单位的追偿权

建筑物、构筑物或者其他设施倒塌的,除了建设单位、施工单位以外,还可能存在其他责任人。例如,如果设计人的设计存在缺陷,造成建筑物倒塌,根据《建筑法》和《建设工程质量管理条例》的规定,设计单位应当对建筑物的倒塌负责。根据本条的规定,对第三人承担责任的直接主体是建设单位和施工单位,不包括设计单位。此时,设计单位属于本条第1款所说的其他责任人,建设单位、施工单位赔偿后,有权向设计单位追偿。

一般来讲,本条第1款规定的"其他责任人",主要包括以下范围:

(1)勘察单位、设计单位等。《建筑法》第56条规定:"建筑工程的勘察、设计单位必须对其勘察、设计的质量负责。勘察、设计文件应当符合有关法律、行政法规的规定和建筑工程质量、安全标准、建筑工程勘察、设计技术规范以及合同的约定。设计文件选用的建筑材料、建筑构配件和设备,应当注明其规格、型号、性能等技术指标,其质量要求必须符合国家规定的标准。"第73条规定,建筑设计单位不按照建筑工程质量、安全标准进行设计,造成损失的,承担赔偿责任。《建设工程质量管理条例》第19条规定:"勘察、设计单位必须按照工程建设强制性标准进行勘察、设计，并对其勘察、设计的质量负责。注册建筑师、注册结构工程师等注册执业人员应当在设计文件上签字，对设计文件负责。"

（2）监理单位。《合同法》第276条规定，发包人与监理人的权利和义务以及法律责任，应当依照本法委托合同以及其他有关法律、行政法规的规定。《建筑法》第35条规定："工程监理单位不按照委托监理合同的约定履行监理义务，对应当监督检查的项目不检查或者不按照规定检查，给建设单位造成损失的，应当承担相应的赔偿责任。工程监理单位与承包单位串通，为承包单位谋取非法利益，给建设单位造成损失的，应当与承包单位承担连带赔偿责任。"《建设工程质量管理条例》第36条规定，工程监理单位代表建设单位对施工质量实施监理，并对施工质量承担监理责任。

（3）勘察、设计、监理单位以外的责任人。例如，根据《建筑法》第79条的规定，负责颁发建筑工程施工许可证的部门及其工作人员对不符合施工条件的建筑工程颁发施工许可证的，负责工程质量监督检查或者竣工验收的部门及其工作人员对不合格的建筑工程出具质量合格文件或者按合格工程验收，造成损失的，由该部门承担相应的赔偿责任。

二、因其他责任人的原因，建筑物、构筑物或者其他设施倒塌造成他人损害的，由其他责任人承担侵权责任

建筑物、构筑物或者其他设施倒塌有多种原因，有的是因质量不合格，有的是由于年久失修，有的是业主擅自改变承重结构，不宜都由建设单位、施工单位承担责任。因此，本条第2款规定，因其他责任人的原因，建筑物、构筑物或者其他设施倒塌造成他人损害的，由其他责任人承担侵权责任。建筑物等设施因质量不合格而倒塌造成他人损害的，一般适用本条第1款的规定；如果建筑物等设施倒塌是因超过合理使用期限、业主擅自改变承重结构等特殊情形造成的，被侵权人可以根据本条第2款的规定，依法直接请求造成建筑物等设施倒塌的其他责任人承担侵权责任。《建设工程质量管理条例》第42条规定："建设工程在超过合理使用年限后需要继续使用的，产权所有人应当委托具有相应资质等级的勘察、设计单位鉴定，并根据鉴定结果采取加固、维修等措施，重新界定使用期。"如果建筑物等设施已经超过合理的使用年限，所有人不采取必要的加固、维修等安全措施，导致建筑物等设施倒塌造成他人损害的，所有人即属于本条第2款规定的"其他责任人"，被侵权人可以依照本条第2款的规定，要求所有人承担侵权责任。根据《物权法》第71条的规定，业主对其建筑物专有部分行使权利不得危及建筑物的安全。《建设工程质量管理条例》第69条规定，房屋建筑使用者在装修过程中擅自变动房屋建筑主体和承重结构，造成损失的，依法承担赔偿责任。如果业主或者其他房屋使用者在装修房屋的过程中，擅自拆改房屋的承重墙导致房屋倒塌造成他人损害的，该业主或者其他使用人即属于本条第2款规定的"其他责任人"，

应当承担侵权责任。

**【立法理由】**

近年来我国发生多起房屋、桥梁倒塌事故,对人民群众的生命、财产安全造成了较大危害,建筑物、构筑物等设施的质量问题引发了社会的广泛关注。《侵权责任法》专门对建筑物、构筑物或者其他设施倒塌造成他人损害的情形作了规定。

建筑物倒塌造成他人损害的,是否应当明确规定建设单位、施工单位等承担侵权责任,在《侵权责任法》立法过程中,有不同意见。有的意见认为,建筑物倒塌严重危害人民群众的人身、财产安全,应当对此作出严格规定,从而促使建设单位等提高建设工程质量,杜绝"豆腐渣"工程,保障人民群众的生命财产安全。有的意见认为,造成建筑物、构筑物或者其他设施倒塌的原因复杂,建议依照《建筑法》、《建设工程质量管理条例》等法律、法规的规定追究责任,没有必要在《侵权责任法》中专门规定。经同有关部门研究,《侵权责任法》区分了建筑物倒塌与脱落、坠落的不同责任,规定建筑物、构筑物或者其他设施倒塌造成他人损害的,由建设单位与施工单位承担连带责任。建设单位、施工单位赔偿后,有其他责任人的,有权向其他责任人追偿。因其他责任人的原因,建筑物、构筑物或者其他设施倒塌造成他人损害的,由其他责任人承担侵权责任。

**【相关规定】**

《中华人民共和国合同法》第 282 条

因承包人的原因致使建设工程在合理使用期限内造成人身和财产损害的,承包人应当承担损害赔偿责任。

《中华人民共和国建筑法》第 55 条

建筑工程实行总承包的,工程质量由工程总承包单位负责,总承包单位将建筑工程分包给其他单位的,应当对分包工程的质量与分包单位承担连带责任。分包单位应当接受总承包单位的质量管理。

《中华人民共和国建筑法》第 56 条

建筑工程的勘察、设计单位必须对其勘察、设计的质量负责。勘察、设计文件应当符合有关法律、行政法规的规定和建筑工程质量、安全标准、建筑工程勘察、设计技术规范以及合同的约定。设计文件选用的建筑材料、建筑构配件和设备,应当注明其规格、型号、性能等技术指标,其质量要求必须符合国家规定的标准。

《中华人民共和国建筑法》第 58 条

建筑施工企业对工程的施工质量负责。

建筑施工企业必须按照工程设计图纸和施工技术标准施工,不得偷工减料。工程设计的修改由原设计单位负责,建筑施工企业不得擅自修改工程设计。

《中华人民共和国建筑法》第60条

建筑物在合理使用寿命内,必须确保地基基础工程和主体结构的质量。

建筑工程竣工时,屋顶、墙面不得留有渗漏、开裂等质量缺陷;对已发现的质量缺陷,建筑施工企业应当修复。

《中华人民共和国建筑法》第61条

交付竣工验收的建筑工程,必须符合规定的建筑工程质量标准,有完整的工程技术经济资料和经签署的工程保修书,并具备国家规定的其他竣工条件。

建筑工程竣工经验收合格后,方可交付使用;未经验收或者验收不合格的,不得交付使用。

《中华人民共和国建筑法》第62条

建筑工程实行质量保修制度。

建筑工程的保修范围应当包括地基基础工程、主体结构工程、屋面防水工程和其他土建工程,以及电气管线、上下水管线的安装工程,供热、供冷系统工程等项目;保修的期限应当按照保证建筑物合理寿命年限内正常使用,维护使用者合法权益的原则确定。具体的保修范围和最低保修期限由国务院规定。

《中华人民共和国建筑法》第66条

建筑施工企业转让、出借资质证书或者以其他方式允许他人以本企业的名义承揽工程的,责令改正,没收违法所得,并处罚款,可以责令停业整顿,降低资质等级;情节严重的,吊销资质证书。对因该项承揽工程不符合规定的质量标准造成的损失,建筑施工企业与使用本企业名义的单位或者个人承担连带赔偿责任。

《中华人民共和国建筑法》第67条第2款

承包单位有前款规定的违法行为的,对因转包工程或者违法分包的工程不符合规定的质量标准造成的损失,与接受转包或者分包的单位承担连带赔偿责任。

《中华人民共和国建筑法》第69条第1款

工程监理单位与建设单位或者建筑施工企业串通,弄虚作假、降低工程质量的,责令改正,处以罚款,降低资质等级或者吊销资质证书;有违法所得的,予以没收;造成损失的,承担连带赔偿责任;构成犯罪的,依法追究刑事责任。

《中华人民共和国建筑法》第70条

违反本法规定,涉及建筑主体或者承重结构变动的装修工程擅自施工的,责令改正,处以罚款;造成损失的,承担赔偿责任;构成犯罪的,依法追究刑事责任。

《中华人民共和国建筑法》第73条

建筑设计单位不按照建筑工程质量、安全标准进行设计的,责令改正,处以罚款;造成工程质量事故的,责令停业整顿,降低资质等级或者吊销资质证书,没收违法所得,并处罚款;造成损失的,承担赔偿责任;构成犯罪的,依法追究刑事责任。

《中华人民共和国建筑法》第 74 条

建筑施工企业在施工中偷工减料的,使用不合格的建筑材料、建筑构配件和设备的,或者有其他不按照工程设计图纸或者施工技术标准施工的行为的,责令改正,处以罚款;情节严重的,责令停业整顿,降低资质等级或者吊销资质证书;造成建筑工程质量不符合规定的质量标准的,负责返工、修理,并赔偿因此造成的损失;构成犯罪的,依法追究刑事责任。

《中华人民共和国建筑法》第 75 条

建筑施工企业违反本法规定,不履行保修义务或者拖延履行保修义务的,责令改正,可以处以罚款,并对在保修期内因屋顶、墙面渗漏、开裂等质量缺陷造成的损失,承担赔偿责任。

《中华人民共和国建筑法》第 79 条

负责颁发建筑工程施工许可证的部门及其工作人员对不符合施工条件的建筑工程颁发施工许可证的,负责工程质量监督检查或者竣工验收的部门及其工作人员对不合格的建筑工程出具质量合格文件或者按合格工程验收的,由上级机关责令改正,对责任人员给予行政处分;构成犯罪的,依法追究刑事责任;造成损失的,由该部门承担相应的赔偿责任。

《中华人民共和国建筑法》第 80 条

在建筑物的合理使用寿命内,因建筑工程质量不合格受到损害的,有权向责任者要求赔偿。

《中华人民共和国刑法》第 137 条

建设单位、设计单位、施工单位、工程监理单位违反国家规定,降低工程质量标准,造成重大安全事故的,对直接责任人员,处五年以下有期徒刑或者拘役,并处罚金;后果特别严重的,处五年以上十年以下有期徒刑,并处罚金。

《中华人民共和国刑法》第 138 条

明知校舍或者教育教学设施有危险,而不采取措施或者不及时报告,致使发生重大伤亡事故的,对直接责任人员,处三年以下有期徒刑或者拘役;后果特别严重的,处三年以上七年以下有期徒刑。

《最高人民法院关于审理人身损害赔偿案件适用法律若干问题的解释》第 16 条

下列情形,适用民法通则第一百二十六条的规定,由所有人或者管理人承担赔偿责任,但能够证明自己没有过错的除外:

(一)道路、桥梁、隧道等人工建造的构筑物因维护、管理瑕疵致人损害的;

(二)堆放物品滚落、滑落或者堆放物倒塌致人损害的;

(三)树木倾倒、折断或者果实坠落致人损害的。

前款第(一)项情形,因设计、施工缺陷造成损害的,由所有人、管理人与设计、施工者承担连带责任。

**第八十七条** 从建筑物中抛掷物品或者从建筑物上坠落的物品造成他人损害，难以确定具体侵权人的，除能够证明自己不是侵权人的外，由可能加害的建筑物使用人给予补偿。

【说明】

本条是关于从建筑物中抛掷物品或者从建筑物上坠落的物品造成他人损害，难以确定具体侵权人时，如何对被侵权人进行救济的规定。

造成他人损害的物品须是从建筑物中抛掷或坠落的。如果物体并非从建筑物中抛掷或坠落，不适用该规定。例如，在群众性活动中，被他人从人群中抛掷的物品砸伤而无法确定侵权人时，被侵权人不能依据这一条主张由参加活动的所有可能的侵权人承担赔偿责任。在道路上被机动车撞伤而无法确定具体的加害车辆时，被侵权人不能主张由当时所有经过的可能加害的车辆承担赔偿责任。

难以确定具体侵权人是指无法确定物品具体是从哪一个房间抛掷、坠落的，因此无法确定具体的侵权人。在建筑物使用人是多人的情况下，从建筑物中抛掷物品或者从建筑物上坠落的物品造成他人损害，难以确定具体侵权人的，要从这些使用人中确定可能的侵权人。本条规定的建筑物使用人，是指在侵权行为发生时建筑物的实际使用人。建筑物使用人在建筑物内进行活动，控制、管理着建筑物和建筑物内的物品，建筑物抛掷物、坠落物致人损害，无法确定具体侵权人时，在他们中间确定可能的侵权人，符合社会生活实践经验。

使用人包括使用建筑物的所有权人、承租人、借用人以及其他使用建筑物的人。物业服务公司是否属于建筑物使用人，要视具体情况而定，一般情况下，物业服务公司只是与业主签订合同，负责对物业的管理、服务，并不占有、控制建筑物本身，其不属于建筑物使用人。但是，如果物业服务公司实际占有、使用建筑物，则其也属于建筑物使用人。

如果按照社会生活实践经验、科学手段以及其他方法，可以推测认为抛掷物、坠落物有可能是从某人使用的建筑物中抛掷或坠落的，则该使用人就是本条所说的"可能加害的建筑物使用人"。当然，这种可能性必须在一定的合理范围内。例如，如果被侵权人在街上被建筑物上的抛掷物、坠落物砸伤，难以确定具体侵权人的，并非该条街上所有的建筑物的使用人均要承担责任，而是首先要将范围界定在侵权行为发生地周围合理范围内的建筑物的使用人。再如，如果被侵权人在一座居民楼的北面被从该楼上抛掷或坠落的物品砸伤，一般认为，居住在该楼南面的居民不属于"可能加害的建筑物使用人"。

本条采用举证责任倒置。根据本条规定,无法确定具体侵权人的,由被侵权人证明自己是被建筑物上的抛掷物、坠落物伤害的,由建筑物使用人证明自己不是侵权人。建筑物使用人不能证明自己不是侵权人的,要对被侵权人受到的损害进行补偿。如果有证据能够确定具体的侵权人,则其他可能加害的建筑物使用人无须再举证证明自己不是侵权人。

建筑物抛掷物、坠落物造成他人损害,难以确定具体侵权人的,由可能加害的建筑物使用人对被侵权人给予补偿。各个可能加害的建筑物使用人之间不承担连带责任,而是按份分别对被侵权人进行补偿。被侵权人不能要求某一个或一部分可能加害的建筑物使用人补偿其全部的损害,可能加害的建筑物使用人按照自己应承担的份额对被侵权人进行补偿后,也不能向其他可能加害的建筑物使用人追偿。但是,发现真正侵权人的,可以向真正的侵权人进行追偿。

【立法理由】

实践中,建筑物不明抛掷物、坠落物致人损害的情形时有发生,比较典型的有"重庆烟灰缸案"、"济南菜板案"和"深圳玻璃案"等。由于缺乏明确的法律规定,法院在审理这类案件时没有统一、明确的依据。为了统一审判依据,保护当事人的合法权益,《侵权责任法》对从建筑物中抛掷物品或者从建筑物上坠落的物品造成他人损害,难以确定具体侵权人时,如何救济被侵权人作了规定。

本法起草过程中,对于建筑物不明抛掷物、坠落物致人损害的责任承担,有不同意见。

第一种意见认为,不宜规定由建筑物使用人承担侵权责任。理由是:

(1)侵权责任的承担需要以可归责性为前提,缺乏可归责性的,受害人就应当风险自负。建筑物抛掷物、坠落物致人损害,难以确定具体侵权人的,缺乏可归责性,让所有可能加害的建筑物使用人承担责任,对他们不公平。

(2)建筑物抛掷物、坠落物致人损害,难以确定具体侵权人时的责任归属,既不能用建筑物所有人、管理人责任来分析,也无法用共同侵权来解释,更难以用英美法系"市场份额"理论来推理。由可能加害的建筑物使用人承担侵权责任,缺乏理论基础,世界其他国家和地区也没有这样的立法例。

(3)让所有可能加害的建筑物使用人承担侵权责任,牵涉的范围太大,容易引发更多的矛盾。

(4)《侵权责任法》不能解决所有的问题,不可能保证所有被侵权人的损失都能够得到充分的填补。对于建筑物不明抛掷物、坠落物致人损害这类涉及公众安全的问题,可以考虑通过社会保险、国家救助基金制度等解决。

第二种意见认为,应当由可能加害的建筑物使用人承担赔偿责任。理由是:

(1)一般情况下,真正的侵权人就在建筑物使用人的范围内,如果仅仅因为不能够确定具体的行为人而让被侵权人自己承担损害后果,对被侵权人不公平,同时也是对侵权行为的纵容。

(2)这种情况与共同危险行为类似,在难以确定具体侵权人时,可以借鉴共同危险行为的责任承担方式,由可能加害的建筑物使用人承担侵权责任。

(3)让可能加害的建筑物使用人承担侵权责任,有利于发现真正的侵权人。由于建筑物使用人以外的人难以深入了解建筑物的使用情况,因此由被侵权人寻找具体的侵权人是极其困难的。同一建筑物的使用人多是长期生活在一起的邻居,相对比较熟悉,可以更方便地知道真正的侵权人,但是,人们大多抱着"多一事不如少一事"的心态,特别是碍于邻里关系,不愿提供证据证明他人的违法行为,这就使得更加难以查找到真正的侵权人,有时即使是公安机关也很难查出具体侵权人。让可能加害的建筑物使用人对被侵权人承担赔偿责任,可以促使他们积极举证,有利于确定真正的侵权人。

第三种意见认为,应当由可能加害的建筑物使用人对被侵权人给予补偿。建筑物抛掷物、坠落物造成他人损害,难以确定具体侵权人的,如果让被侵权人自己承担不利后果,对被侵权人不公平。如果让可能加害的建筑物使用人承担赔偿责任,建筑物使用人也难以接受。但是,让可能加害的建筑物使用人对被侵权人给予补偿,既保护了被侵权人的合法权益,同时也使建筑物使用人在心理上更容易接受,有利于缓和矛盾,解决纠纷。

经过对上述意见反复研究,本条规定,从建筑物中抛掷物品或者从建筑物上坠落的物品造成他人损害,难以确定具体侵权人的,除能够证明自己不是侵权人的外,由可能加害的建筑物使用人给予补偿。本条的规定,填补了法律的空白,解决了困扰司法实践的难题,体现了本法"促进社会和谐稳定"的立法目的。具体来说,这一规定有以下几个方面的意义:填补被侵权人的损失,实现社会公平正义;合理分散损失,促进社会和谐稳定;有利于维护社会秩序。

**第八十八条** 堆放物倒塌造成他人损害,堆放人不能证明自己没有过错的,应当承担侵权责任。

【说明】

本条是关于堆放物倒塌造成他人损害责任的规定。

堆放物是指堆放在土地上或者其他地方的物品。堆放物须是非固定在其他物体上,例如,建筑工地上堆放的砖块、木料场堆放的圆木等。

本条所说的倒塌,包括堆放物整体的倒塌和部分的脱落、坠落、滑落、滚落等。例如,码头堆放的集装箱倒塌、建筑工地上堆放的建筑材料倒塌、伐木场堆放的圆木滚落等。

堆放人是指将物体堆放在某处的人。堆放人可能是所有人，也可能是管理人。本条采用过错推定原则。堆放人不能证明自己没有过错的，承担侵权责任。堆放物的倒塌是因不可抗力、第三人的故意造成的，堆放人不承担侵权责任。如《最高人民法院关于处理涉及汶川地震相关案件适用法律问题的意见（二）》第9条规定，因地震灾害致使堆放物品倒塌、滚落、滑落致人损害的，所有人或者管理人不承担赔偿责任。需要说明的是，在这些情形，仍然需要堆放人举证证明自己对堆放物倒塌致人损害没有过错，不能证明自己没有过错的，堆放人仍然要承担侵权责任。

**【立法理由】**

堆放人应当合理选择堆放地点、堆放高度，要堆放稳固并看管好堆放的物品，防止被他人随意挪动，防止他人特别是限制行为能力人和无行为能力人攀爬等。《最高人民法院关于贯彻执行〈中华人民共和国民法通则〉若干问题的意见（试行）》规定，因堆放物品倒塌造成他人损害的，如果当事人均无过错，应当根据公平原则酌情处理。《最高人民法院关于审理人身损害赔偿案件适用法律若干问题的解释》第16条规定，堆放物品滚落、滑落或者堆放物倒塌致人损害的，适用《民法通则》第126条的规定，由所有人或者管理人承担赔偿责任，但能够证明自己没有过错的除外。《侵权责任法》在司法实践经验的基础上规定，堆放物倒塌造成他人损害，堆放人不能证明自己没有过错的，应当承担侵权责任。

**【相关规定】**

《最高人民法院关于贯彻执行〈中华人民共和国民法通则〉若干问题的意见（试行）》第155条

因堆放物品倒塌造成他人损害的，如果当事人均无过错，应当根据公平原则酌情处理。

《最高人民法院关于审理人身损害赔偿案件适用法律若干问题的解释》第16条第1款第2项

下列情形，适用民法通则第一百二十六条的规定，由所有人或者管理人承担赔偿责任，但能够证明自己没有过错的除外：

（二）堆放物品滚落、滑落或者堆放物倒塌致人损害的。

《最高人民法院关于处理涉及汶川地震相关案件适用法律问题的意见（二）》第9条

因地震灾害致使堆放物品倒塌、滚落、滑落或者树木倾倒、折断或者果实坠落致人损害的，所有人或者管理人不承担赔偿责任。

**第八十九条** 在公共道路上堆放、倾倒、遗撒妨碍通行的物品造成他人损害的,有关单位或者个人应当承担侵权责任。

【说明】

本条是关于在公共道路上堆放、倾倒、遗撒妨碍通行物造成他人损害责任的规定。

公共道路是指公共通行的道路。根据《公路法》和《公路管理条例》的规定,公路是指经公路主管部门验收认定的城间、城乡间、乡间能行驶汽车的公共道路。公路包括公路渡口、公路路基、路面、桥梁、涵洞、隧道。根据《道路交通安全法》的规定,道路是指公路、城市道路和虽在单位管辖范围但允许社会机动车通行的地方,包括广场、公共停车场等用于公众通行的场所。本条所说的公共道路包括但不限于《公路法》、《公路管理条例》中的公路以及《道路交通安全法》中的道路。公共道路既包括通行机动车的道路,也包括人行道路。另外,广场、停车场等可供公众通行的场地、建筑区划内属于业主共有但允许不特定的公众通行的道路都属于公共道路。

本条规定的堆放、倾倒、遗撒妨碍通行物,是指在公共道路上堆放、倾倒、遗撒物品,影响他人对该公共道路正常、合理的使用。

在公共道路上堆放、倾倒、遗撒妨碍通行物,既可以是堆放、倾倒、遗撒固体物,例如,在公共道路上非法设置路障、晾晒粮食、倾倒垃圾等;也可以是倾倒液体、排放气体,例如,运油车将石油泄漏到公路上、非法向道路排水、热力井向道路散发出大量蒸汽。

被侵权人被堆放、倾倒、遗撒的妨碍通行物损害,有多种情形。例如,行人在公共道路上被妨碍通行物绊倒、滑倒;司机被公共道路上非法堆放的物体遮挡视线,驾驶机动车撞到路旁的建筑上。

本条规定的有关单位或者个人,主要是指堆放、倾倒、遗撒妨碍通行物的单位或者个人。任何人都应当遵守道路管理规则,避免在道路上堆放、倾倒、遗撒妨碍通行物。在公共道路上堆放、倾倒、遗撒妨碍通行物造成他人损害的,应当承担侵权责任。堆放、倾倒、遗撒妨碍通行物,可能是行为人主动将物品堆放、倾倒、抛撒在公共道路上,例如,故意将垃圾倾倒在路面上;也可能是有关的单位或者个人疏于对物品的管理,导致该物品妨碍公共道路的通行,例如,在运输货物的时候,行为人没有将货物束紧,货物在运输途中散落到公路上。但是,也不完全排除对公共道路负有管理、维护义务的单位或者个人的责任。为了保障公共道路具有良好的使用状态,公共道路的管理、维护者要及时发现道路上出现的妨碍通行的情况并采取合理的措施。例如,要及时发现并清理道路上出现的妨碍通行物。

【立法理由】

公共道路的使用关系到公众的利益,在道路上堆放、倾倒、遗撒妨碍通行物,会对他人的安全造成不合理的危险。《公路法》第46条规定:"任何单位和个人不得在公路上及公路用地范围内摆摊设点、堆放物品、倾倒垃圾、设置障碍、挖沟引水、利用公路边沟排放污物或者进行其他损坏、污染公路和影响公路畅通的活动。"《道路交通安全法》第48条规定,机动车载物的长、宽、高不得违反装载要求,不得遗洒、飘散载运物。

【相关规定】

《中华人民共和国物权法》第73条

建筑区划内的道路,属于业主共有,但属于城镇公共道路的除外。

《中华人民共和国道路交通安全法》第30条

道路出现坍塌、坑漕、水毁、隆起等损毁或者交通信号灯、交通标志、交通标线等交通设施损毁、灭失的,道路、交通设施的养护部门或者管理部门应当设置警示标志并及时修复。

公安机关交通管理部门发现前款情形,危及交通安全,尚未设置警示标志的,应当及时采取安全措施,疏导交通,并通知道路、交通设施的养护部门或者管理部门。

《中华人民共和国道路交通安全法》第31条

未经许可,任何单位和个人不得占用道路从事非交通活动。

《中华人民共和国道路交通安全法》第48条第1款

机动车载物应当符合核定的载质量,严禁超载;载物的长、宽、高不得违反装载要求,不得遗洒、飘散载运物。

《中华人民共和国公路法》第46条

任何单位和个人不得在公路上及公路用地范围内摆摊设点、堆放物品、倾倒垃圾、设置障碍、挖沟引水、利用公路边沟排放污物或者进行其他损坏、污染公路和影响公路畅通的活动。

**第九十条　因林木折断造成他人损害,林木的所有人或者管理人不能证明自己没有过错的,应当承担侵权责任。**

【说明】

本条是关于林木折断造成他人损害责任的规定。

本条所说的林木,包括自然生长和人工种植的林木。在《侵权责任法》立法过程中,有的意见提出,应当将林木限于公共场所的林木或者分布在城镇规划区、居民点和村庄的林木,不包括林地规划范围和非人类居住区的林木。《侵权责任法》的本条规定并未限定林木生长的地域范围,林地中的林木、公共道路旁的林木以及院落周围零星生长的树木等折断造成他人损害,林木的所有人或者管理人不能证明自己没有过错的,均要承担侵权责任。当然,根据林木生长的具体情况,认定林木所有人或者管理人的过错应有所区别。

林木折断造成他人损害,不仅包括林木枝蔓等的掉落造成他人损害,还包括其他情形,例如,实践中出现的椰树果实坠落砸伤路人、树木倒伏压坏路旁汽车等。

林木的所有人或者管理人应当对林木进行合理的维护,防止林木出现危害他人安全的情形。例如,所有人或者管理人应当固定好新栽的树木,在林木可能危害他人的安全时,要设置明显标志并采取相应的安全措施,及时消除危险状态。例如,要及时修剪干枯的树枝、采伐干枯的树木,及时清理树上的积雪,及时采摘成熟的果实等。

本条采用过错推定原则。林木折断造成他人损害,林木的所有人或者管理人不能证明自己没有过错的,应当承担侵权责任。所有人或者管理人要证明自己没有过错,通常要证明其对林木已经尽到了管理、维护的义务。需要说明的是,很多时候,林木的折断表面上是由于自然原因或者第三人等的原因造成的,但实质上与所有人或者管理人的过错有关。例如,大风将因虫害而枯死的大树刮倒,砸伤了过路的行人。大风和虫害是导致树木折断的因素,但由于虫害可能是因所有人或者管理人没有尽到管理、维护的义务造成的,因此,所有人或者管理人不能证明自己没有过错的,仍然要承担侵权责任。再如,他人驾驶机动车撞到树木上,造成树木倾斜,后来树木倾倒或者折断造成他人损害,所有人或者管理人不能证明在该树木被撞倾斜后,自己为了防止该树木倾倒或者折断而及时采取了合理措施的,仍然要承担责任。

【立法理由】

林木折断造成他人损害属于物件损害责任中的重要部分,林木的所有人或者管理人对其所有或者管理的林木负有管理、维护的义务。

【相关规定】

《中华人民共和国森林法》第27条

国有企业事业单位、机关、团体、部队营造的林木,由营造单位经营并按照国家规定支配林木收益。

集体所有制单位营造的林木,归该单位所有。

农村居民在房前屋后、自留地、自留山种植的林木,归个人所有。城镇居民和职工在自有房屋的庭院内种植的林木,归个人所有。

集体或者个人承包国家所有和集体所有的宜林荒山荒地造林的,承包后种植的林木归承包的集体或者个人所有；承包合同另有规定的，按照承包合同的规定执行。

《最高人民法院关于审理人身损害赔偿案件适用法律若干问题的解释》第16条

下列情形，适用民法通则第一百二十六条的规定，由所有人或者管理人承担赔偿责任，但能够证明自己没有过错的除外：（三）树木倾倒、折断或者果实坠落致人损害的。

《越南社会主义共和国民法典》第630条

树木因倒伏或折断造成他人损害的，树木所有人必须赔偿损害；若损害完全由于受害人自己的过错造成的，或因不可抗力造成，则树木的所有人不承担赔偿责任。

**第九十一条** 在公共场所或者道路上挖坑、修缮安装地下设施等，没有设置明显标志和采取安全措施造成他人损害的，施工人应当承担侵权责任。

窨井等地下设施造成他人损害，管理人不能证明尽到管理职责的，应当承担侵权责任。

【说明】

本条是关于在公共场所或者道路上施工等造成他人损害责任和窨井等地下设施造成他人损害责任的规定。

在公共场所或者道路上施工，是指在公共场所或者道路上挖坑、修路、修缮安装地下设施等。例如架设电线、铺设管道、维修公路、修缮下水道等。

在公共场所或者道路上施工，应当取得有关管理部门的许可，必须设置明显的警示标志和采取有效的安全措施。根据《道路交通安全法》第32条、第104条的规定，因工程建设需要占用、挖掘道路，或者跨越、穿越道路架设、增设管线设施，应当事先征得道路主管部门的同意；影响交通安全的，还应当征得公安机关交通管理部门的同意。施工作业单位应当在经批准的路段和时间内施工作业，并在距离施工作业地点来车方向安全距离处设置明显的安全警示标志，采取防护措施；施工作业完毕，应当迅速清除道路上的障碍物，消除安全隐患，经道路主管部门和公安机关交通管理部门验收合格，符合通行要求后，方可恢复通行。未经批准，擅自挖掘道路、占用道路施工或者从事其他影响道路交通安全活动，致使通行的人员、车辆及其他财产遭受损失的，依法承担赔偿责任。根据《公路法》第32条的规定："改建公路时，施工单位应当在施工路段两端设置明显的施工标志、安全标志。需要车辆绕行的，应当在绕行路口设置标志；不能绕行的，必须修建临时道路，保证车辆和行人通行。"根据《城市道路管理条例》第24条、第35条的规定，城市道路的养护、维修工程应当按照规定的期限修复竣工,并在养护、维修工程施工现场设置明显标志和安全防围设施,保障行人和交通车辆安全。经批准挖掘城市道路的,应当在施工现场设置明显标志和安全防围设施;竣工后,应当及时清理现场,通知市政工程行政主管部门检查验收。

在公共场所或者道路上施工,应当设置明显标志和采取安全措施。(1)设置的警示标志必须具有明显性。施工人设置的警示标志要足以引起他人对施工现场的注意,从而使他人采取相应的安全应对措施,如减速、绕行等。例如,在高速公路上施工,必须在距离施工现场较远的地方就要设置警示标志,而不能只在直接施工的地点设置警示标志;阴天或者夜间的施工,应当设置必要的照明设备等。(2)施工人要保证警示标志的稳固并负责对其进行维护,使警示标志持续地存在于施工期间。例如,应当保证警示标志牢固,防止被风刮走;在警示标志毁损时,应当及时修复等。(3)仅设置明显的标志不足以保障他人安全的,施工人还应当采取其他有效的安全措施。例如,在道路上挖坑,通常应当将施工现场用保护设施围起来,而不仅仅是提醒行人注意道路上的坑。施工人采取的措施,在正常情况下必须足以保证他人的安全。

公共场所施工致人损害的责任人是施工人。施工人直接控制着施工场地,因此应当承担对施工场地的管理和维护义务,保障他人的安全。施工人是指组织施工的单位或者个人,而非施工单位的工作人员或者个体施工人的雇员。施工人一般是承包或者承揽他人的工程进行施工的单位或者个人,有时也可能是自己为自己的工程施工。

本条第2款规定,窨井等地下设施造成他人损害,管理人不能证明尽到管理职责,应当承担侵权责任。

窨井是指上下水道或者其他地下管线工程中,为便于检查或疏通而设置的井状构筑物。其他地下设施包括地窖、水井、下水道以及其他地下坑道等。

窨井等地下设施的管理人,是指负责对该地下设施进行管理、维护的单位或者个人。城市地下设施复杂,例如有输水、输油、输气、输电设施等,不同的地下设施可能属于不同的单位管理,在损害发生后要明确具体的管理人,由相关的管理人依法承担侵权责任。

**【立法理由】**

公共场所是不特定人聚集、通行的场所,在这些场所施工,很有可能对他人造成损害,因此,需要更加注意保护他人的安全。《民法通则》第125条规定:"在公共场所、道旁或者通道上挖坑、修缮安装地下设施等,没有设置明显标志和采取安全措施造成他人损害的,施工人应当承担民事责任。"司法实践证明,《民法通则》的这一规定符合社会实践的需要,是科学合理的。《侵权责任法》借鉴了《民法通则》的做法,规定在公共场所或者道路上挖坑、修缮安装地下设施等,没有设置明显标志和采取安全措施造成他人损害的,施工人应当承担侵权责任。

实践中,经常出现地下设施缺乏防护措施而致人损害的情形。通过《侵权责任法》的规定,明确窨井等地下设施致人损害时责任的承担,有利于保护被侵权人的利益,也有利于促使地下设施的管理人认真履行职责,确保窨井等地下设施的安全,保护公众的合法权益。

【相关规定】

《中华人民共和国民法通则》第 125 条

在公共场所、道旁或者通道上挖坑、修缮安装地下设施等,没有设置明显标志和采取安全措施造成他人损害的,施工人应当承担民事责任。

《中华人民共和国道路交通安全法》第 32 条第 1、2 款

因工程建设需要占用、挖掘道路,或者跨越、穿越道路架设、增设管线设施,应当事先征得道路主管部门的同意;影响交通安全的,还应当征得公安机关交通管理部门的同意。

施工作业单位应当在经批准的路段和时间内施工作业,并在距离施工作业地点来车方向安全距离处设置明显的安全警示标志,采取防护措施;施工作业完毕,应当迅速清除道路上的障碍物,消除安全隐患,经道路主管部门和公安机关交通管理部门验收合格,符合通行要求后,方可恢复通行。

《中华人民共和国道路交通安全法》第 104 条第 1 款

未经批准,擅自挖掘道路、占用道路施工或者从事其他影响道路交通安全活动的,由道路主管部门责令停止违法行为,并恢复原状,可以依法给予罚款;致使通行的人员、车辆及其他财产遭受损失的,依法承担赔偿责任。

《中华人民共和国道路交通安全法》第 105 条

道路施工作业或者道路出现损毁,未及时设置警示标志、未采取防护措施,或者应当设置交通信号灯、交通标志、交通标线而没有设置或者应当及时变更交通信号灯、交通标志、交通标线而没有及时变更,致使通行的人员、车辆及其他财产遭受损失的,负有相关职责的单位应当依法承担赔偿责任。

《中华人民共和国公路法》第 32 条

改建公路时,施工单位应当在施工路段两端设置明显的施工标志、安全标志。需要车辆绕行的,应当在绕行路口设置标志;不能绕行的,必须修建临时通道,保证车辆和行人通行。

《中华人民共和国公路法》第 44 条

任何单位和个人不得擅自占用、挖掘公路。

因修建铁路、机场、电站、通信设施、水利工程和进行其他建设工程需要占用、

挖掘公路或者使公路改线的,建设单位应当事先征得有关交通主管部门的同意;影响交通安全的,还须征得有关公安机关的同意。占用、挖掘公路或者使公路改线的,建设单位应当按照不低于该段公路原有的技术标准予以修复、改建或者给予相应的经济补偿。

《中华人民共和国公路法》第45条

跨越、穿越公路修建桥梁、渡槽或者架设、埋设管线等设施的,以及在公路用地范围内架设、埋设管线、电缆等设施的,应当事先经有关交通主管部门同意,影响交通安全的,还须征得有关公安机关的同意;所修建、架设或者埋设的设施应当符合公路工程技术标准的要求。对公路造成损坏的,应当按照损坏程度给予补偿。

《中华人民共和国治安管理处罚法》第37条第2、3项

有下列行为之一的,处五日以下拘留或者五百元以下罚款;情节严重的,处五日以上十日以下拘留,可以并处五百元以下罚款:

(二)在车辆、行人通行的地方施工,对沟井坎穴不设覆盖物、防围和警示标志的,或者故意损毁、移动覆盖物、防围和警示标志的;

(三)盗窃、损毁路面井盖、照明等公共设施的。

# 第十二章　附　　则

**第九十二条　本法自 2010 年 7 月 1 日起施行。**

【说明】

本条规定了《侵权责任法》的施行日期。

【立法理由】

《立法法》第 51 条规定："法律应当明确规定施行日期。"法律的施行时间是法律开始发生效力的时间。一部法律何时开始发生效力，需要具体的规定。正确理解法律关于施行时间的规定，是运用法律的前提条件。

法律从何时施行？目前我国立法实践中主要是在法律条文中直接规定，从其公布之日起生效施行。这样可以使法律立刻发挥规范相关法律关系的准绳作用。也有不少法律在法律条文中确定法律公布一段时间后的某一日期，作为法律开始生效施行的日期。这样可以为法律的实施留出一定的宣传和准备时间。两种方式的共同点在于，无论哪种方法，法律发挥其作用的时间都是确定的。选择不同的规定方式是由不同法律的性质和现实对这部法律的不同需要程度决定的。

《侵权责任法》是中国特色社会主义法律体系中的支架性法律，是保障公民、法人的生命健康、人身自由、名誉权、隐私权、物权、知识产权等民事权益，维护经济秩序，构建和谐社会的基本规范。《侵权责任法》的制定和施行，有利于减少民事纠纷，维护广大群众的合法权益，促进社会公平正义，促进社会和谐稳定，应当早日实施《侵权责任法》。《侵权责任法》关系公民的日常生活和企业的生产经营，内容丰富，涉及面广，为其实施留出充分的准备时间也是十分必要的。

综合考虑《侵权责任法》的重要性和进行前期准备的必要性，本条规定，《侵权责任法》自 2010 年 7 月 1 日起施行。这样，《侵权责任法》的实施就有了半年的准备期。在准备期间，要广泛宣传和深入学习这部法律，相关的部门要依法制定配套制度，为《侵权责任法》的实施做好准备工作。

【相关规定】

《立法法》第 51 条

法律应当明确规定施行日期。

# 附录 《中华人民共和国侵权责任法》条文索引

## 中华人民共和国侵权责任法

(2009年12月26日第十一届全国人民代表大会常务委员会第十二次会议通过,自2010年7月1日起施行)

### 目 录

第一章 一般规定
第二章 责任构成和责任方式
第三章 不承担责任和减轻责任的情形
第四章 关于责任主体的特殊规定
第五章 产品责任
第六章 机动车交通事故责任
第七章 医疗损害责任
第八章 环境污染责任
第九章 高度危险责任
第十章 饲养动物损害责任
第十一章 物件损害责任
第十二章 附则

### 第一章 一般规定

**第一条** 为保护民事主体的合法权益,明确侵权责任,预防并制裁侵权行为,促进社会和谐稳定,制定本法。

(见本书第1页)

**第二条** 侵害民事权益,应当依照本法承担侵权责任。

本法所称民事权益,包括生命权、健康权、姓名权、名誉权、荣誉权、肖像权、隐私权、婚姻自主权、监护权、所有权、用益物权、担保物权、著作权、专利权、商标专用权、发现权、股权、继承权等人身、财产权益。

(见本书第4页)

**第三条** 被侵权人有权请求侵权人承担侵权责任。

(见本书第11页)

**第四条** 侵权人因同一行为应当承担行政责任或者刑事责任的,不影响依法承担侵权责任。

因同一行为应当承担侵权责任和行政责任、刑事责任,侵权人的财产不足以支付的,先承担侵权责任。

(见本书第14页)

**第五条** 其他法律对侵权责任另有特别规定的,依照其规定。

(见本书第17页)

## 第二章 责任构成和责任方式

**第六条** 行为人因过错侵害他人民事权益,应当承担侵权责任。

根据法律规定推定行为人有过错,行为人不能证明自己没有过错的,应当承担侵权责任。

(见本书第20页)

**第七条** 行为人损害他人民事权益,不论行为人有无过错,法律规定应当承担侵权责任的,依照其规定。

(见本书第27页)

**第八条** 二人以上共同实施侵权行为,造成他人损害的,应当承担连带责任。

(见本书第31页)

**第九条** 教唆、帮助他人实施侵权行为的,应当与行为人承担连带责任。

教唆、帮助无民事行为能力人、限制民事行为能力人实施侵权行为的,应当承担侵权责任;该无民事行为能力人、限制民事行为能力人的监护人未尽到监护责任的,应当承担相应的责任。

(见本书第37页)

**第十条** 二人以上实施危及他人人身、财产安全的行为,其中一人或者数人的行为造成他人损害,能够确定具体侵权人的,由侵权人承担责任;不能确定具体侵权人的,行为人承担连带责任。

(见本书第40页)

**第十一条** 二人以上分别实施侵权行为造成同一损害,每个人的侵权行为都足以造成全部损害的,行为人承担连带责任。

(见本书第43页)

**第十二条** 二人以上分别实施侵权行为造成同一损害,能够确定责任大小的,各自承担相应的责任;难以确定责任大小的,平均承担赔偿责任。

(见本书第44页)

**第十三条** 法律规定承担连带责任的,被侵权人有权请求部分或者全部连带责任人承担责任。

(见本书第46页)

**第十四条** 连带责任人根据各自责任大小确定相应的赔偿数额;难以确定责任大小的,平均承担赔偿责任。

支付超出自己赔偿数额的连带责任人,有权向其他连带责任人追偿。

(见本书第50页)

**第十五条** 承担侵权责任的方式主要有:

(一)停止侵害;

(二)排除妨碍;

(三)消除危险;

(四)返还财产;

(五)恢复原状;

(六)赔偿损失;

(七)赔礼道歉;

(八)消除影响、恢复名誉。

以上承担侵权责任的方式,可以单独适用,也可以合并适用。

(见本书第53页)

**第十六条** 侵害他人造成人身损害的,应当赔偿医疗费、护理费、交通费等为治疗和康复支出的合理费用,以及因误工减少的收入。造成残疾的,还应当赔偿残疾生活辅助具费和残疾赔偿金。造成死亡的,还应当赔偿丧葬费和死亡赔偿金。

(见本书第58页)

**第十七条** 因同一侵权行为造成多人死亡的,可以以相同数额确定死亡赔偿金。

(见本书第66页)

第十八条　被侵权人死亡的,其近亲属有权请求侵权人承担侵权责任。被侵权人为单位,该单位分立、合并的,承继权利的单位有权请求侵权人承担侵权责任。

被侵权人死亡的,支付被侵权人医疗费、丧葬费等合理费用的人有权请求侵权人赔偿费用,但侵权人已支付该费用的除外。

(见本书第 67 页)

第十九条　侵害他人财产的,财产损失按照损失发生时的市场价格或者其他方式计算。

(见本书第 70 页)

第二十条　侵害他人人身权益造成财产损失的,按照被侵权人因此受到的损失赔偿;被侵权人的损失难以确定,侵权人因此获得利益的,按照其获得的利益赔偿;侵权人因此获得的利益难以确定,被侵权人和侵权人就赔偿数额协商不一致,向人民法院提起诉讼的,由人民法院根据实际情况确定赔偿数额。

(见本书第 74 页)

第二十一条　侵权行为危及他人人身、财产安全的,被侵权人可以请求侵权人承担停止侵害、排除妨碍、消除危险等侵权责任。

(见本书第 78 页)

第二十二条　侵害他人人身权益,造成他人严重精神损害的,被侵权人可以请求精神损害赔偿。

(见本书第 80 页)

第二十三条　因防止、制止他人民事权益被侵害而使自己受到损害的,由侵权人承担责任。侵权人逃逸或者无力承担责任,被侵权人请求补偿的,受益人应当给予适当补偿。

(见本书第 88 页)

第二十四条　受害人和行为人对损害的发生都没有过错,可以根据实际情况,由双方分担损失。

(见本书第 91 页)

第二十五条　损害发生后,当事人可以协商赔偿费用的支付方式。协商不一致的,赔偿费用应当一次性支付;一次性支付确有困难的,可以分期支付,但应当提供相应的担保。

(见本书第 94 页)

## 第三章　不承担责任和减轻责任的情形

**第二十六条**　被侵权人对损害的发生也有过错的,可以减轻侵权人的责任。

(见本书第 98 页)

**第二十七条**　损害是因受害人故意造成的,行为人不承担责任。

(见本书第 103 页)

**第二十八条**　损害是因第三人造成的,第三人应当承担侵权责任。

(见本书第 106 页)

**第二十九条**　因不可抗力造成他人损害的,不承担责任。法律另有规定的,依照其规定。

(见本书第 110 页)

**第三十条**　因正当防卫造成损害的,不承担责任。正当防卫超过必要的限度,造成不应有的损害的,正当防卫人应当承担适当的责任。

(见本书第 113 页)

**第三十一条**　因紧急避险造成损害的,由引起险情发生的人承担责任。如果危险是由自然原因引起的,紧急避险人不承担责任或者给予适当补偿。紧急避险采取措施不当或者超过必要的限度,造成不应有的损害的,紧急避险人应当承担适当的责任。

(见本书第 117 页)

## 第四章　关于责任主体的特殊规定

**第三十二条**　无民事行为能力人、限制民事行为能力人造成他人损害的,由监护人承担侵权责任。监护人尽到监护责任的,可以减轻其侵权责任。

有财产的无民事行为能力人、限制民事行为能力人造成他人损害的,从本人财产中支付赔偿费用。不足部分,由监护人赔偿。

(见本书第 123 页)

**第三十三条**　完全民事行为能力人对自己的行为暂时没有意识或者失去控制造成他人损害有过错的,应当承担侵权责任;没有过错的,根据行为人的经济状况对受害人适当补偿。

完全民事行为能力人因醉酒、滥用麻醉药品或者精神药品对自己的行为暂时没有意识或者失去控制造成他人损害的,应当承担侵权责任。

(见本书第 128 页)

**第三十四条**　用人单位的工作人员因执行工作任务造成他人损害的,由用人单位承担侵权责任。

劳务派遣期间,被派遣的工作人员因执行工作任务造成他人损害的,由接受劳务派遣的用工单位承担侵权责任;劳务派遣单位有过错的,承担相应的补充责任。

(见本书第 131 页)

**第三十五条** 个人之间形成劳务关系,提供劳务一方因劳务造成他人损害的,由接受劳务一方承担侵权责任。提供劳务一方因劳务自己受到损害的,根据双方各自的过错承担相应的责任。

(见本书第 138 页)

**第三十六条** 网络用户、网络服务提供者利用网络侵害他人民事权益的,应当承担侵权责任。

网络用户利用网络服务实施侵权行为的,被侵权人有权通知网络服务提供者采取删除、屏蔽、断开链接等必要措施。网络服务提供者接到通知后未及时采取必要措施的,对损害的扩大部分与该网络用户承担连带责任。

网络服务提供者知道网络用户利用其网络服务侵害他人民事权益,未采取必要措施的,与该网络用户承担连带责任。

(见本书第 141 页)

**第三十七条** 宾馆、商场、银行、车站、娱乐场所等公共场所的管理人或者群众性活动的组织者,未尽到安全保障义务,造成他人损害的,应当承担侵权责任。

因第三人的行为造成他人损害的,由第三人承担侵权责任;管理人或者组织者未尽到安全保障义务的,承担相应的补充责任。

(见本书第 158 页)

**第三十八条** 无民事行为能力人在幼儿园、学校或者其他教育机构学习、生活期间受到人身损害的,幼儿园、学校或者其他教育机构应当承担责任,但能够证明尽到教育、管理职责的,不承担责任。

(见本书第 162 页)

**第三十九条** 限制民事行为能力人在学校或者其他教育机构学习、生活期间受到人身损害,学校或者其他教育机构未尽到教育、管理职责的,应当承担责任。

(见本书第 167 页)

**第四十条** 无民事行为能力人或者限制民事行为能力人在幼儿园、学校或者其他教育机构学习、生活期间,受到幼儿园、学校或者其他教育机构以外的人员人身损害的,由侵权人承担侵权责任;幼儿园、学校或者其他教育机构未尽到管理职责的,承担相应的补充责任。

(见本书第 169 页)

附录 《中华人民共和国侵权责任法》条文索引

## 第五章 产品责任

**第四十一条** 因产品存在缺陷造成他人损害的,生产者应当承担侵权责任。

(见本书第172页)

**第四十二条** 因销售者的过错使产品存在缺陷,造成他人损害的,销售者应当承担侵权责任。

销售者不能指明缺陷产品的生产者也不能指明缺陷产品的供货者的,销售者应当承担侵权责任。

(见本书第181页)

**第四十三条** 因产品存在缺陷造成损害的,被侵权人可以向产品的生产者请求赔偿,也可以向产品的销售者请求赔偿。

产品缺陷由生产者造成的,销售者赔偿后,有权向生产者追偿。

因销售者的过错使产品存在缺陷的,生产者赔偿后,有权向销售者追偿。

(见本书第184页)

**第四十四条** 因运输者、仓储者等第三人的过错使产品存在缺陷,造成他人损害的,产品的生产者、销售者赔偿后,有权向第三人追偿。

(见本书第186页)

**第四十五条** 因产品缺陷危及他人人身、财产安全的,被侵权人有权请求生产者、销售者承担排除妨碍、消除危险等侵权责任。

(见本书第188页)

**第四十六条** 产品投入流通后发现存在缺陷的,生产者、销售者应当及时采取警示、召回等补救措施。未及时采取补救措施或者补救措施不力造成损害的,应当承担侵权责任。

(见本书第190页)

**第四十七条** 明知产品存在缺陷仍然生产、销售,造成他人死亡或者健康严重损害的,被侵权人有权请求相应的惩罚性赔偿。

(见本书第196页)

## 第六章 机动车交通事故责任

**第四十八条** 机动车发生交通事故造成损害的,依照道路交通安全法的有关规定承担赔偿责任。

(见本书第201页)

**第四十九条** 因租赁、借用等情形机动车所有人与使用人不是同一人时,发生交通事故后属于该机动车一方责任的,由保险公司在机动车强制保险责任限额范围内予以赔偿。不足部分,由机动车使用人承担赔偿责任;机动车所有人对损害的发生有过错的,承担相应的赔偿责任。

(见本书第 207 页)

**第五十条** 当事人之间已经以买卖等方式转让并交付机动车但未办理所有权转移登记,发生交通事故后属于该机动车一方责任的,由保险公司在机动车强制保险责任限额范围内予以赔偿。不足部分,由受让人承担赔偿责任。

(见本书第 211 页)

**第五十一条** 以买卖等方式转让拼装或者已达到报废标准的机动车,发生交通事故造成损害的,由转让人和受让人承担连带责任。

(见本书第 215 页)

**第五十二条** 盗窃、抢劫或者抢夺的机动车发生交通事故造成损害的,由盗窃人、抢劫人或者抢夺人承担赔偿责任。保险公司在机动车强制保险责任限额范围内垫付抢救费用的,有权向交通事故责任人追偿。

(见本书第 217 页)

**第五十三条** 机动车驾驶人发生交通事故后逃逸,该机动车参加强制保险的,由保险公司在机动车强制保险责任限额范围内予以赔偿;机动车不明或者该机动车未参加强制保险,需要支付被侵权人人身伤亡的抢救、丧葬等费用的,由道路交通事故社会救助基金垫付。道路交通事故社会救助基金垫付后,其管理机构有权向交通事故责任人追偿。

(见本书第 219 页)

## 第七章　医疗损害责任

**第五十四条** 患者在诊疗活动中受到损害,医疗机构及其医务人员有过错的,由医疗机构承担赔偿责任。

(见本书第 224 页)

**第五十五条** 医务人员在诊疗活动中应当向患者说明病情和医疗措施。需要实施手术、特殊检查、特殊治疗的,医务人员应当及时向患者说明医疗风险、替代医疗方案等情况,并取得其书面同意;不宜向患者说明的,应当向患者的近亲属说明,并取得其书面同意。

医务人员未尽到前款义务,造成患者损害的,医疗机构应当承担赔偿责任。

(见本书第 227 页)

**第五十六条** 因抢救生命垂危的患者等紧急情况,不能取得患者或者其近亲属意见的,经医疗机构负责人或者授权的负责人批准,可以立即实施相应的医疗措施。

(见本书第231页)

**第五十七条** 医务人员在诊疗活动中未尽到与当时的医疗水平相应的诊疗义务,造成患者损害的,医疗机构应当承担赔偿责任。

(见本书第232页)

**第五十八条** 患者有损害,因下列情形之一的,推定医疗机构有过错:
(一)违反法律、行政法规、规章以及其他有关诊疗规范的规定;
(二)隐匿或者拒绝提供与纠纷有关的病历资料;
(三)伪造、篡改或者销毁病历资料。

(见本书第235页)

**第五十九条** 因药品、消毒药剂、医疗器械的缺陷,或者输入不合格的血液造成患者损害的,患者可以向生产者或者血液提供机构请求赔偿,也可以向医疗机构请求赔偿。患者向医疗机构请求赔偿的,医疗机构赔偿后,有权向负有责任的生产者或者血液提供机构追偿。

(见本书第237页)

**第六十条** 患者有损害,因下列情形之一的,医疗机构不承担赔偿责任:
(一)患者或者其近亲属不配合医疗机构进行符合诊疗规范的诊疗;
(二)医务人员在抢救生命垂危的患者等紧急情况下已经尽到合理诊疗义务;
(三)限于当时的医疗水平难以诊疗。

前款第一项情形中,医疗机构及其医务人员也有过错的,应当承担相应的赔偿责任。

(见本书第243页)

**第六十一条** 医疗机构及其医务人员应当按照规定填写并妥善保管住院志、医嘱单、检验报告、手术及麻醉记录、病理资料、护理记录、医疗费用等病历资料。

患者要求查阅、复制前款规定的病历资料的,医疗机构应当提供。

(见本书第248页)

**第六十二条** 医疗机构及其医务人员应当对患者的隐私保密。泄露患者隐私或者未经患者同意公开其病历资料,造成患者损害的,应当承担侵权责任。

(见本书第256页)

**第六十三条** 医疗机构及其医务人员不得违反诊疗规范实施不必要的检查。

(见本书第260页)

**第六十四条** 医疗机构及其医务人员的合法权益受法律保护。干扰医疗秩序,妨害医务人员工作、生活的,应当依法承担法律责任。

(见本书第 263 页)

## 第八章 环境污染责任

**第六十五条** 因污染环境造成损害的,污染者应当承担侵权责任。

(见本书第 266 页)

**第六十六条** 因污染环境发生纠纷,污染者应当就法律规定的不承担责任或者减轻责任的情形及其行为与损害之间不存在因果关系承担举证责任。

(见本书第 276 页)

**第六十七条** 两个以上污染者污染环境,污染者承担责任的大小,根据污染物的种类、排放量等因素确定。

(见本书第 281 页)

**第六十八条** 因第三人的过错污染环境造成损害的,被侵权人可以向污染者请求赔偿,也可以向第三人请求赔偿。污染者赔偿后,有权向第三人追偿。

(见本书第 283 页)

## 第九章 高度危险责任

**第六十九条** 从事高度危险作业造成他人损害的,应当承担侵权责任。

(见本书第 286 页)

**第七十条** 民用核设施发生核事故造成他人损害的,民用核设施的经营者应当承担侵权责任,但能够证明损害是因战争等情形或者受害人故意造成的,不承担责任。

(见本书第 289 页)

**第七十一条** 民用航空器造成他人损害的,民用航空器的经营者应当承担侵权责任,但能够证明损害是因受害人故意造成的,不承担责任。

(见本书第 292 页)

**第七十二条** 占有或者使用易燃、易爆、剧毒、放射性等高度危险物造成他人损害的,占有人或者使用人应当承担侵权责任,但能够证明损害是因受害人故意或者不可抗力造成的,不承担责任。被侵权人对损害的发生有重大过失的,可以减轻占有人或者使用人的责任。

(见本书第 296 页)

**第七十三条** 从事高空、高压、地下挖掘活动或者使用高速轨道运输工具造成他人损害的,经营者应当承担侵权责任,但能够证明损害是因受害人故意或者不可抗力造成的,不承担责任。被侵权人对损害的发生有过失的,可以减轻经营者的责任。

(见本书第300页)

**第七十四条** 遗失、抛弃高度危险物造成他人损害的,由所有人承担侵权责任。所有人将高度危险物交由他人管理的,由管理人承担侵权责任;所有人有过错的,与管理人承担连带责任。

(见本书第304页)

**第七十五条** 非法占有高度危险物造成他人损害的,由非法占有人承担侵权责任。所有人、管理人不能证明对防止他人非法占有尽到高度注意义务的,与非法占有人承担连带责任。

(见本书第307页)

**第七十六条** 未经许可进入高度危险活动区域或者高度危险物存放区域受到损害,管理人已经采取安全措施并尽到警示义务的,可以减轻或者不承担责任。

(见本书第309页)

**第七十七条** 承担高度危险责任,法律规定赔偿限额的,依照其规定。

(见本书第310页)

## 第十章 饲养动物损害责任

**第七十八条** 饲养的动物造成他人损害的,动物饲养人或者管理人应当承担侵权责任,但能够证明损害是因被侵权人故意或者重大过失造成的,可以不承担或者减轻责任。

(见本书第313页)

**第七十九条** 违反管理规定,未对动物采取安全措施造成他人损害的,动物饲养人或者管理人应当承担侵权责任。

(见本书第321页)

**第八十条** 禁止饲养的烈性犬等危险动物造成他人损害的,动物饲养人或者管理人应当承担侵权责任。

(见本书第327页)

**第八十一条** 动物园的动物造成他人损害的,动物园应当承担侵权责任,但能够证明尽到管理职责的,不承担责任。

(见本书第330页)

**第八十二条** 遗弃、逃逸的动物在遗弃、逃逸期间造成他人损害的,由原动物饲养人或者管理人承担侵权责任。

(见本书第 333 页)

**第八十三条** 因第三人的过错致使动物造成他人损害的,被侵权人可以向动物饲养人或者管理人请求赔偿,也可以向第三人请求赔偿。动物饲养人或者管理人赔偿后,有权向第三人追偿。

(见本书第 336 页)

**第八十四条** 饲养动物应当遵守法律,尊重社会公德,不得妨害他人生活。

(见本书第 338 页)

## 第十一章 物件损害责任

**第八十五条** 建筑物、构筑物或者其他设施及其搁置物、悬挂物发生脱落、坠落造成他人损害,所有人、管理人或者使用人不能证明自己没有过错的,应当承担侵权责任。所有人、管理人或者使用人赔偿后,有其他责任人的,有权向其他责任人追偿。

(见本书第 343 页)

**第八十六条** 建筑物、构筑物或者其他设施倒塌造成他人损害的,由建设单位与施工单位承担连带责任。建设单位、施工单位赔偿后,有其他责任人的,有权向其他责任人追偿。

因其他责任人的原因,建筑物、构筑物或者其他设施倒塌造成他人损害的,由其他责任人承担侵权责任。

(见本书第 348 页)

**第八十七条** 从建筑物中抛掷物品或者从建筑物上坠落的物品造成他人损害,难以确定具体侵权人的,除能够证明自己不是侵权人的外,由可能加害的建筑物使用人给予补偿。

(见本书第 354 页)

**第八十八条** 堆放物倒塌造成他人损害,堆放人不能证明自己没有过错的,应当承担侵权责任。

(见本书第 356 页)

**第八十九条** 在公共道路上堆放、倾倒、遗撒妨碍通行的物品造成他人损害的,有关单位或者个人应当承担侵权责任。

(见本书第 358 页)

**第九十条** 因林木折断造成他人损害,林木的所有人或者管理人不能证明自己没有过错的,应当承担侵权责任。

(见本书第 359 页)

**第九十一条** 在公共场所或者道路上挖坑、修缮安装地下设施等,没有设置明显标志和采取安全措施造成他人损害的,施工人应当承担侵权责任。

窨井等地下设施造成他人损害,管理人不能证明尽到管理职责的,应当承担侵权责任。

(见本书第 361 页)

## 第十二章 附 则

**第九十二条** 本法自 2010 年 7 月 1 日起施行。

(见本书第 365 页)